Störerhaftung bei Handeln Dritter

# Schriften zum Medien-, Urheber- und Wirtschaftsrecht

Herausgegeben von Prof. Dr. Georgios Gounalakis

Band 8

PETER LANG

Frankfurt am Main · Berlin · Bern · Bruxelles · New York · Oxford · Wien

Andreas Walter

# Störerhaftung bei Handeln Dritter

PETER LANG
Internationaler Verlag der Wissenschaften

**Bibliografische Information der Deutschen Nationalbibliothek**
Die Deutsche Nationalbibliothek verzeichnet diese Publikation in der Deutschen Nationalbibliografie; detaillierte bibliografische Daten sind im Internet über http://dnb.d-nb.de abrufbar.

Zugl.: Marburg, Univ., Diss., 2011

Gedruckt auf alterungsbeständigem,
säurefreiem Papier.

D 4
ISSN 1867-1012
ISBN 978-3-631-60715-2



www.peterlang.de

# Danksagung

Ich danke Herrn *Prof. Dr. Georgios Gounalakis* herzlich für die Betreuung dieser Arbeit sowie die Aufnahme in die vorliegende Schriftenreihe. Herrn *Prof. Dr. Michael Kling* danke ich sehr für die wohlwollende und rasche Zweitkorrektur. Ich danke Herrn *Dr. Udo Kornmeier*, Herrn *Dr. Kristofer Bott*, Herrn *Moses Pelham*, Herrn *Viktor Winkler, LL.M. (Harvard)* und Herrn *Dr. Dirk Schulz, LL.M.* sehr für die überaus konstruktiven und durchaus auch kontroversen Diskussionen über den Gegenstand dieser Arbeit. Vielmals bedanken möchte ich mich auch bei Herrn *Prof. Dr. Joachim Rückert* und Herrn *Prof. Dr. Christoph Degenhardt* für Ihre zielführenden Anregungen beim Verfassen dieser Schrift. Frau *Iris Werner* und Herrn *Rudi Kern* habe ich für die große Hilfe im Vorfeld der Veröffentlichung dieser Arbeit zu danken. Meinen Eltern, *Erich und Marion Walter*, danke ich für alles, was sie für mich getan haben.

Ganz besonders danken möchte ich meiner Ehefrau *Kerstin Walter* für Ihre ständige Unterstützung und dafür, dass sie es mit mir aushält.

Frankfurt am Main, 2011

*Andreas Walter*

# Inhalt

# Gliederung

*„there is a difference between doing wrong and being wrong“*[1]

# A Problemstellung

Eine Eigentumsbeeinträchtigung in anderer Weise als durch Entziehung oder Vorenthaltung des Besitzes gibt dem Beeinträchtigten einen Beseitigungs- und, falls weitere Beeinträchtigungen zu besorgen sind, Unterlassungsanspruch, § 1004 Abs. 1 BGB. So kurz sowohl Tatbestand als auch Rechtsfolge gefasst sind, so viele Schwierigkeiten und (offene) Fragen beinhalten beide. So kann man auf der einen Seite trefflich darüber streiten, was denn genau die Beseitigung einer Beeinträchtigung in Abgrenzung zur Naturalrestitution des Schadensersatz sein mag.[2] Auf der anderen Seite lässt sich aber auch darüber diskutieren, ob wirklich jede Beeinträchtigung, die nicht von §§ 985, 986 BGB umfasst ist, einen Anspruch aus § 1004 Abs. 1 BGB geben soll. So wundert es nicht, dass die Ansprüche aus § 1004 Abs. 1 BGB auch als zu den „dunkelsten und umstrittensten Kapiteln des Privatrechts“[3] gehörig attackiert wurden.

Die Voraussetzungen der Vindikation nach §§ 985, 986 BGB sind lediglich Eigentum des Anspruchstellers auf der einen und Besitz des Anspruchsgegners, der kein Recht zum Besitz hat, auf der anderen Seite.[4] Ein weitergehendes Kausalitäts- oder Verschuldenserfordernis besteht indes nicht.[5] Der der Vindikation als

1 *DMX*, Let me fly.

2 Siehe hierzu beispielsweise nur Stönner, S. 73 ff.; Heiß, S. 33 f.; Fuchs-Wissemann, S. 13/14; *Ogorek* in Coing/Wilhelm, S. 73–76; Baur 1961, S. 139 ff.; Picker, S. 18 ff.; *Picker* in FS v. Gernhuber, S. 344/345; Hohloch, S. 156 ff.; Stickelbrock, S. 464–466; Jabornegg/Strasser, S. 107 ff.; Herrmann, S. 5; Steinbach, S. 33 ff.; Kawasumi, S. 182–184; Waas, S. 1205 ff.; Wolf, S. 43 ff.; Wenzel, S. 243; *Ebbing* in Erman, § 1004, Rnrn. 65/66; *Münch* in Soergel, § 1004, Rnrn. 283 ff.; *Gursky* in Staudinger, § 1004, Rnrn. 137–140; Larenz/Canaris, § 86 VI (S. 700–703); E. Wolf, S. 156; Wieling, S. 369; Schapp/Schur, Rnr. 154; Brehm/Berger, § 7, Rnrn. 27 ff.; Schwab/Prütting, Rnr. 577.

3 Larenz/Canaris, § 86 II, Vor 1 (S. 675).

4 Siehe statt aller nur Baur/Stürner, § 11, Rnr. 39; *Ebbing* in Erman, Vor §§ 985 ff, Rnr. 1; *Bassenge* in Palandt, § 985, Rnrn. 2, 5 u. 11; *Stadler* in Soergel, § 985, Rnrn. 9, 15 u. 26; *Scherer/Englert* in Prütting/Wegen/Weinreich, § 985, Rnr. 2; *Fritzsche* in Bamberger/Roth, § 985, Rnrn. 1 u. 2.

5 Wie vor; unmissverständlich *Ebbing* in Erman, Vor §§ 985 ff, Rnr. 1.

Minus und Ergänzung in § 1004 BGB nachkonstruierte[6] Beseitigungs- und Unterlassungsanspruch enthält dem Wortlaut[7] nach ebenfalls kein Kausalitäts- oder Verschuldenserfordernis. Vielmehr knüpft § 1004 Abs. 1 BGB *expressis verbis* scheinbar an den bloßen Erfolg der Beeinträchtigung und nicht an eine konkrete Handlung an.[8] Buchstäbliches Regelungsziel von § 1004 Abs. 1 BGB ist nicht die Verhinderung bestimmter Handlungen, sondern das (Hervorrufen) unliebsamer Erfolge[9] beziehungsweise Zustände[10].[11]

Im Falle von §§ 985, 986 BGB ist die Zurechnung des Erfolgs (= Besitz des Anspruchsgegners) zweifelsfrei und unproblematisch möglich. Anders die Zurechnung des Erfolgs (= Beeinträchtigung) bei § 1004 Abs. 1 BGB. Will man dem in seinem Eigentum Beeinträchtigten nicht einen Anspruch *contra omnes* zugestehen, so bedarf es gewisser Einschränkungen.[12]

Fragen die §§ 985, 986 BGB nach der bloßen objektiven Besitzlage, so könnte die Beeinträchtigung des § 1004 Abs. 1 BGB darüber hinaus die Verknüpfung mit einem menschlichen Verhalten oder einem Zustand, der Störung, erfordern. Störer wäre demnach derjenige, dem die Beeinträchtigung zugerechnet werden kann.

In einer ersten Stufe soll in der Regel die für den Erfolg überhaupt nicht kausale Ursache herausgefiltert werden.[13]

---

6 Mot. III, S. 422/423 in Mugdan III, S. 236; ebs. *Gursky* in Staudinger, § 1004, Rnr. 2; *Münch* in Soergel, § 1004, Rnr. 14; Wetzel, S. 115/116; Herrmann, S. 1; Kawasumi, S. 184.

7 „§ 1004 Beseitigungs- und Unterlassungsanspruch (1) Wird das Eigentum in anderer Weise als durch Entziehung oder Vorenthaltung des Besitzes beeinträchtigt, so kann der Eigentümer von dem Störer die Beseitigung der Beeinträchtigung verlangen. Sind weitere Beeinträchtigungen zu besorgen, so kann der Eigentümer auf Unterlassung klagen."

8 Ebs. Baur 1961, S. 122.

9 Baur 1961, S. 138.

10 Münzberg, S. 381.

11 *Fritzsche* in Bamberger/Roth, § 1004, Rnr. 53; *Bassenge* in Palandt, § 1004, Rnr. 12; *Englert* in Prütting/Wegen/Weinreich, § 1004, Rnr. 2; *Münch* in Soergel, § 1004, Rnr. 116; ebs. auch schon Mot. III, S. 423 in Mugdan III, S. 236.

12 *Wesel* in FS v. Lübtow, S. 800.

13 Wetzel, S. 105; *Gursky* in Staudinger, § 1004, Rnr. 93; *Medicus* in MünchKomm, 4. Aufl., § 1004, Rnr. 11; *Ebbing* in Erman, § 1004, Rnr. 114; *Köhler* in Köhler/Piper, Vor § 13, Rnr. 66; Mießner, S. 87; Mantz, S. 243; *Reesa* in Heermann/Ohly, S. 182; Herrmann, u. a. S. 556; Nordemann/Dustmann, S. 382; Leible/Sosnitza, S. 3226; Gercke 2006, S. 597; Bensching, S. 62; Schmidt, u. a. S. 37; Schwab/Prütting, Rnr. 574; ebs. auch schon *RGZ 81, 360* und dann *BGH GRUR 1965, S. 104–110 („Personalausweise")*, S. 106; *BGH GRUR 1984, S. 54–56 („Kopierläden")*, S. 55; *BGH NJW 1990, S. 1529–1531 („Schönheits-Chirurgie")*, S. 1530; *BGH NJW–RR 1991, S. 1258–1260 („Honorarfrage")*, S. 1259; *BGH NJW 1997, S. 2180–2182 („Architektenwettbewerb")*, S. 2180; *BGH GRUR 1999, S. 418–420 („Möbelklassiker")*, S. 419; *BGH GRUR 2002, S. 618–619 („Meißner Dekor")*, S. 619; *BGH GRUR 2004, S. 860–864 („Internet-Versteigerung I")*, S. 864; *BGH CR 2007, S. 523–527 („Internet-Versteigerung II")*, S. 526; *BGH GRUR 2008, S. 702–707 („Internet-Versteigerung III")*, S. 706.

Will man dem Schmetterling in Brasilien nicht die Pflicht auferlegen, den Flügelschlag, der kausal für den Tornado in Texas ist, zu unterlassen[14] oder dem auf dem Stuhl Sitzenden aufgeben, das Aufstehen zu unterlassen, weil er schon alleine hierdurch einen völlig neuen Kausalverlauf in Gang setzt[15], so bedarf es weiterer Stufen der Filterung.[16] Diese weitere Stufe der Zurechnung ergänzt das kausalgesetzliche Müssen um ein Sollen der Zurechnung.[17] Es geht hierbei also nicht um eine naturgesetzliche Erkenntnis von Ursache und Wirkung, sondern vielmehr um Wertungsentscheidungen. Die Frage danach, welche weiteren Zurechnungsfilter mehr oder weniger geeignet und erforderlich sind, um einen Erfolg zuzurechnen, beschäftigt die Rechtswissenschaft im Allgemeinen[18] und im Zusammenhang mit der Störerhaftung im Besonderen[19] seit geraumer Zeit.[20]

Trotz all dieser Unklarheiten ist seitens der Rechtsprechung konkret zu entscheiden, ob und wie dem Verhalten des Mühlwasserentziehers[21], des Access-

14 Beispiel nach Lorenz, S. 181: *„Predictability: Does the flap of a butterfly's wings in Brazil set off a tornado in Texas?"*.

15 Beispiel nach Kant KrV, S. 432 (= A 450/B 478).

16 Baur 1961, S. 132; Kotz, S. 68 ff.; Mießner, S 88 ff.; Mantz, S. 249 ff; *Reesa* in Heermann/Ohly, S. 183 ff.; Herrmann, u. a. S. 557 ff.; Haedicke 1999, S. 401/402; Armbrüster, S. 3088/3089; Nordemann/Dustmann, S. 382; Leible/Sosnitza, S. 3226/3227; Gercke 2006, S. 597/598; Ahrens 2007, S. 8.

17 Kelsen, S. 22; ähnlich auch die Konzeption der Zurechnung in *Aristoteles*, Nikomachische Ethik, Übersetzung von *Dirlmeier*, 2., durchgesehene Aufl., Dietzingen, 2003 (Originalausgabe 1837), 1113b–1114a.

18 Siehe hierzu nur *Heinrichs* in Palandt, Vorb. V. § 249, Rnrn. 54–107; *Schubert* in Bamberger/Roth, § 249, Rnrn. 44–140; *Spickhoff* in Soergel, § 823, Rnrn. 19–28; *Jansen* in HKK, §§ 249–253, 255, Rnrn. 63–84; *Ebert* in Erman, Vor §§ 249–253, Rnrn. 28–117; Günther, Schuld und kommunikative Freiheit, Frankfurt am Main, 2005, insgesamt, dort dann insbesondere S. 10–12.

19 Siehe hierzu nur *Bassenge* in Palandt, § 1004, Rnrn. 15–26; *Fritzsche* in Bamberger/Roth, § 1004, Rnrn. 13–31; *Münch* in Soergel, § 1004, Rnrn. 114–194; *Ebbing* in Erman, § 1004, Rnrn. 106–150; *Medicus* in MünchKomm 4. Aufl., § 1004, Rnrn. 38–58; *Gurksy* in Staudinger, § 1004, Rnrn. 92–121; Schwab/Prütting, Rnr. 574; Stönner, S. S. 28 ff.; Heiß, S. 1 ff.; Offtermatt, S. 48 ff.; Wetzel, S. 104/105; Wiethölter, S. 54; Münzberg, S. 384; Picker, S. 25 ff.; *Picker* in FS v. Gernhuber, S. 343 ff.; Herrmann; Steinbach, S. 15 ff.; Lepeska, S. 92 ff.; Bensching, S. 69 ff.; Mießner, S. 84; Wolf, S. 43 ff.; Mantz, S. 243 ff.

20 So stellte beispielsweise *Mittermeier* fest, dass die Zurechnung entfallen müsse, wenn „gewisse Organe, die ihn (den Täter) zum Rechtsthun hätten antreiben können (...) unvollkommen (...), gar nicht (...) oder mit ungeheurer Macht (...) entwickelt sind. (Deswegen) ist es wichtig, die Organe (...) näher zu betrachten (er meint den Schädel zu vermessen)." (Klammerzusätze von mir). Mit verschiedenen Zurechnungskonzepten beschäftigten sich neben dem Gesetzgeber in Mot. III., S. 427/428 in Mugdan III, S. 238/239 und Prot. I, S. 4256/4257 in Jakobs/Schubert SR I, S. 851/852 auch bereits Lehmann, S. 20; Heiß, S. 12 ff.; Wetzel, S. 106/107 und Münzberg, S. 384; Picker, S 49 ff.; Jabornegg/Strasser, S. 79 ff.; Herrmann, S. 129 ff.; Steinbach, S. 15.

21 *RGZ 13, 52*; *RGZ 26, 224.*

Providers[22], des „Inhabers" eines Internetanschlusses[23] beziehungsweise einer sonstigen Zugangsberechtigung[24], des Foren-Betreibers[25], des Internetauktionators[26], des Vertriebspartners[27], des Großhändlers[28], des Deutschen Fußball Bunds e.V., der Bandenwerbeflächen vergibt[29], des Teicheigentümers, dessen Frösche lauthals quaken[30], des Eigentümers schnatternder Gänse[31] oder des Imkers[32] die objektive Beschränkung des Eigentums eines Dritten zuzurechnen ist. Nicht zuletzt aufgrund der immer weiter fortschreitenden technischen Entwicklungen, des mit anhaltender Verstädterung verbundenen Zusammenrückens der Menschen und der daraus resultierenden Wirkungsausdehnung über die eigene Sphäre hinaus, verschärft sich der von § 1004 Abs. 1 BGB zu lösende Konflikt immer weiter.[33]

Im Fokus dieser Diskussion scheinen jedoch zuallererst technische[34] und soziale[35] Aspekte der Zumutbarkeit einer Haftung als Störer zu stehen. Die eigentliche Kernfrage und Gegenstand dieser Arbeit ist indes, ob und mit welchen Ergebnissen das *Sollen* – also die konkrete Zurechnungsanweisung – dem geltenden Recht entnommen werden kann.

Hierzu sollen zunächst Grundlagen des negatorischen Haftungssystems nachgezeichnet werden[36], um sodann die verschiedenen Zurechnungsprobleme herauszuarbeiten[37] und diese anschließend zu beleuchten[38]. Die so gefundenen und mit

---

22 *OLG Hamburg MMR 2005, S. 453–458*; siehe hierzu auch unten S. 207 ff.

23 *BGH NJW 2010, S. 2061–2064 („Sommer unseres Lebens")*; *LG Hamburg MMR 2007, S. 491–494*; *LG Hamburg MMR 2007, S. 131–132*; *LG Hamburg CR 2007, S. 54–55; LG Hamburg CR 2006, S. 780–782*; *LG Mannheim MMR 2007, S. 537–539*; *LG Mannheim CR 2007, S. 394–396*; *LG Frankfurt am Main CR 2007, S. 670–672*; *OLG Düsseldorf Beschluss Aktz. 20 W 157/07 v. 27.12.2007 (z. n. Juris)*; *OLG Frankfurt am Main MMR 2008, S. 603–609*; siehe hierzu auch unten S. 219 ff.

24 *BGH NJW 2009, S. 1960–1962 („Halzband").*

25 *LG München CR 2006, S. 496–498.*

26 *BGH GRUR 2004, S. 860–864 („Internet-Versteigerung I"); BGH CR 2007, S. 523–527 („Internet-Versteigerung II")*; *BGH GRUR 2008, S. 702–707 („Internet-Versteigerung III")*; *BGH NJW 2008, S. 758–764 („Jugendgefährdende Medien bei eBay").*

27 *LG Potsdam Urteil Aktz. 52 O 67/07 v. 12.12.2007 (zitiert nach Beck RS).*

28 *OLG Frankfurt am Main Urteil Aktz. 11 U 9/07 v. 30.10.2007 (zitiert nach Beck RS).*

29 *LG Hamburg MMR 2008, S. 355–356.*

30 *RG JW 1910 Nr. 13, S. 654.*

31 *RG WarnR 1917 Nr. 224, S. 385.*

32 *LG Ellwangen in NJW 1985, S. 2339–2340.*

33 Ebs. auch schon *Ogorek* in Coing/Wilhelm, S. 41.

34 Siehe nur *LG Frankfurt am Main CR 2007, S. 670–671*, S. 671 oder *LG Hamburg CR 2006, S. 780–782*, S. 782.

35 Womit sich beispielsweise *LG Mannheim CR 2007, S. 394–396*, S. 395/396 beschäftigt.

36 Unten S. 22 ff.

37 Unten S. 40 ff.

38 Unten S. 150 ff.

der Literatur und Rechtsprechung abgeglichenen Ergebnisse sollen dann in ein Gesamthaftungssystem eingebettet auf ihre Stimmigkeit überprüft werden.[39] In aller Kürze soll der Frage des Innenausgleichs zwischen dem in Haftung genommenen mittelbaren Störer und dem unmittelbaren Störer nachgegangen werden.[40]

Die zuvor erarbeiteten Haftungsregeln sollen dann unter Berücksichtigung der hierfür geltenden Sonderregelungen auf verschiedene aktuelle Probleme angewendet werden, insbesondere auf solche, die sich aus der Nutzung des Internets ergeben.[41]

Schlussendlich werden noch die Kernergebnisse der Arbeit zusammengefasst dargestellt.[42]

39 Unten S. 179 ff.
40 Unten S. 199 ff.
41 Unten S. 205 ff.
42 Unten S. 222 ff.

# B Grundlagen

## I. Geschichtlicher Hintergrund des Negatorischen Anspruchs

### 1. Die *actio negatoria* des römischen Rechts

Gleichzeitig mit der Abkehr vom Bauerntum als wirtschaftliche und gesellschaftliche Grundlage der Rechtsanschauung und einem aufkommendem Mehr an Individualismus entstand im römischen Recht die Idee des absoluten, ausschließenden Eigentums.[43] Mit dem absoluten Eigentumsbegriff einher ging die Möglichkeit der Einräumung abgespaltener dinglicher Nutzungsrechte, sog. Servituten zugunsten Dritter.[44] Das Servitut vermindert demnach das Eigentumsrecht an einer Sache zum Vorteil des Dritten.[45] Daher drängt sich der mögliche Wunsch des Dritten auf Feststellung des Bestehens von einem Servitut[46] oder der des Eigentümers auf Feststellung der Freiheit von einem solchen[47] förmlich auf.[48] Entsprechend enthalten die Digesten im Kapitel über Servitutenklagen (D. 8.5) die Regeln für beide Stoßrichtungen: die *actio confessoria*[49] zur Anerkennung eines Servituts[50] und die *actio negatoria*[51] zur Anerkennung der Freiheit von einem Servitut[52].

Hierbei ist umstritten, ob die *actio negatoria* der römischen Quellen bloße Servitutenklage oder bereits (allgemeine) Eigentumsklage war.[53] Würde die römische *actio negatoria* Servitutenklage sein, so müsste der Eigentümer jeweils auch das Nichtvorliegen eines Servituts beweisen.[54] Eben auf diese scheinbar

---

43 Kawasumi, S. 25; Kaser/Knütel, § 22, Rnrn. 1–12.
44 Kaser, S. 440; Kawasumi, S. 27.
45 Luden, S. 10.
46 Luden, S. 264.
47 Luden, S. 243.
48 Kawasumi, S. 27; Kaser/Knütel, § 28, Rnr. 24.
49 Beispielsweise in D. 8.5.2.1; die *actio confessoria* firmiert auch als *actio usus fructus*, D. 7.6.5.1.
50 Kaser, S. 447.
51 Beispielsweise in D. 8.5.8.5.–7.
52 Kaser, S. 439.
53 *Ogorek* in Coing/Wilhelm, S. 44; Kawasumi, S. 55/56.
54 *Ogorek* in Coing/Wilhelm, S. 45.

unerwünschte Beweisschwierigkeit und die Idee vom umfassenden Eigentumsschutz gestützt, setzte sich dann wohl das jedenfalls später vorherrschende Verständnis der *actio negatoria* als allgemeine Eigentumsfreiheitsklage durch.[55] Schon seit der justinianischen Kodifikation war die in D. 8.5.8.5.[56] beschriebene Lösung also nicht nur gegen die Anmaßung einer nicht bestehenden Dienstbarkeit, sondern auch (schon) gegen andere Beeinträchtigungen des (Grund-) Eigentums, wie beispielsweise tatsächliche[57] Einwirkungen, gerichtet.[58] Gerade dieses weite Verständnis der *actio negatoria* als der *rei vindicatio* vergleichbare[59], Eigentumsfreiheitsklage, die dem Grundeigentümer „nahezu schrankenlose Abwehrrechte zur Verfügung stellt“[60], führt zu einem viel größeren Kreis potenzieller Störer als wenn nur diejenigen Nachbarn in Betracht gekommen wären, die sich einer (anerkannten) Dienstbarkeit berühmen.

---

55 Puchta, S. 150; Vangerow, S. 706/707; Windscheid, S. 678; *Ogorek* in Coing/Wilhelm, S. 47 m.w.N.; Kawasumi, S. 64; *Thier* in Dölmeyer/Mohnhaupt/Somma, S. 220; Kaser/Knütel, § 27, Rnr. 23; *Medicus* in MünchKomm, 4. Aufl., § 1004, Rnr. 2; *Münch* in Soergel, § 1004, Rnr. 2; *Kohl* in AK, § 1004, Rnr. 4.

56 *„Aristo cerellio vitali respondit non putare se ex taberna casiaria fumum in superiora aedificia iure immitti posse, nisi ei rei servitutem talem admittit. idemque ait: et ex superiore in inferiora non aquam, non quid aliud immitti licet: in suo enim alii hactenus facere licet, quatenus nihil in alienum immittat, fumi autem sicut aquae esse immissionem: posse igitur superiorem cum inferiore agere ius illi non esse id ita facere. alfenum denique scribere ait posse ita agi ius illi non esse in suo lapidem caedere, ut in meum fundum fragmenta cadant. dicit igitur aristo eum, qui tabernam casiariam a minturnensibus conduxit, a superiore prohiberi posse fumum immittere, sed minturnenses ei ex conducto teneri: agique sic posse dicit cum eo, qui eum fumum immittat, ius ei non esse fumum immittere. ergo per contrarium agi poterit ius esse fumum immittere: quod et ipsum videtur aristo probare. sed et interdictum uti possidetis poterit locum habere, si quis prohibeatur, qualiter velit, suo uti.“* (Übersetzungsvorschlag nach Behrends/Knütel/Kupisch/Seiler: „Aristo erteilt Carellius Vitalis das Gutachten, er sei nicht der Auffassung, dass es rechtlich nicht zulässig sei, den Rauch der Käserei den darüberliegenden Gebäuden zuzuführen, sofern nicht insoweit eine Dienstbarkeit besteht (...). Selbst aus einem höhergelegenen Gebäude dürfe man kein Wasser oder etwas anderes den unteren Gebäuden zuführen. Auf seinem eigenen Grundstück dürfe man nämlich nur insofern tun, was man wolle, als man nicht ein fremdes Grundstück mit Immission belaste (...). Daher könne (hier) der Eigentümer des höher gelegenen Grundstücks darauf klagen, dass der Nachbar kein Recht habe, so zu handeln“ (Klammerzusätze von mir).

57 Hier dann konkret Rauch, Wasser Bruchstücke von Steinen oder Käsegeruch.

58 *Thier* in Dölmeyer/Mohnhaupt/Somma, S. 220; Guillamón, S. 244; *Ogorek* in Coing/Wilhelm, S. 46; Kawasumi, S. 42.

59 Puchta, S. 149; Vangerow, S. 707; so auch schon in Prot I 4256/2457 der 343. Sitzung der 1. Kommission in Jakobs/Schubert SR I, S. 849/850 und in Mot. III, S.422 in Mugdan III, S. 236.

60 *Ogorek* in Coing/Wilhelm, S. 47.

Zu der Lösung in D. 8.5.8.5 stellt das in D. 47.10.44[61] angesprochene Gutachten von *Iavolenus* abermals erweiternd klar, dass dem Beeinträchtigten über die *actio negatoria* hinaus die *actio iniuriarium*, also die Klage auf Geldleistung, zur Verfügung stünde, wenn der Störer mit *animus iniuriandi*, also mit einem subjektiven Vorsatzelement, gehandelt habe.[62]

## 2. Die Kodifikation der *actio negatoria* im BGB

Der im Rahmen des BGB-Kodifikationsprozesses von *Reinhold Johow* vorgelegte erste Entwurf eines Sachenrechts setzte auf die Ideen des römischen Rechts auf.[63] Er begriff die (zunächst nur auf Grundstücke bezogene) Negatorienklage[64] zwar als Eigentumsklage, begrenzte sie aber als – unter weiteren Voraussetzungen auch strafbewehrte – Feststellungsklage[65]. Mithin war ein Anspruch auf Schadensersatz aus der Negatorienklage ausgeschlossen. Diese Begrenzung basiert einerseits auf der damals recht neuen Möglichkeit der Klagehäufung[66] gegenüber der im römischen

61 „*Si inferiorum dominus aedium superioris vicini fumigandi causa fumum faceret, aut si superior vicinus in inferiores aedes quid aut proiecerit aut infuderit, negat labeo iniuria rum agi posse: quod falsum puto, si tamen iniuriae faciendae causa immittitur.*" (Übersetzungsvorschlag nach Schilling/Otto/Sintenis: „Wenn der Eigentümer des tiefer gelegenen Gebäudes, um den des obern durch Rauch zu plagen, Rauch macht, oder der obere Nachbar auf die tieferliegenden Gebäude etwas herabgeworfen oder gegossen hat, so leugnet Labeo, dass Injurienklage erhoben werden könne. Ich halte dies für unrichtig, sobald es injuiöser Absicht geschicht").

62 Ebs. Guillamón, S. 242.

63 Johow, S. 1122 (988).

64 § 205 TE-SachR „Der Eigenthümer eines Grundstücks kann auf Feststellung der Unbeschränktheit seines Eigenthums gegen denjenigen Klage erheben, welcher durch sein Verhalten dem Kläger genügend Anlaß zu der Annahme giebt, daß er sich ein Recht an dem Grundstücke zuschreibe."
§ 206 TE-SachR „Der Eigenthümer eines Grundstücks kann auf Feststellung des nachbarlichen Rechtsverhältnisses gegen den Inhaber eines benachbarten Grundstücks Klage erheben, wenn derselbe durch sein Verhalten dem Kläger genügend Anlaß zu der Annahme giebt, daß er sich nachbarrechtliche Befugnisse, die ihm nicht zustehen, anmaße oder derartigen Befugnissen des Klägers seine Anerkennung versage.
Die Klage findet nicht statt, wenn kein verständiges Interesse an der Feststellung der Unerlaubtheit und der Zurückweisung des nachbarrechtlichen Verhaltens ersichtlich ist."
§ 207 TE-SachR „Handlungen, welche nach der ergehenden Rechtsfeststellung wegen ihrer unmittelbaren oder wegen ihrer mittelbaren Folge als rechtswidrig erscheinen, sind von dem Richter mit Strafandrohung zu verbieten, wenn das bisherige Verhalten des Beklagten eine Wiederholungsgefahr besorgen läßt. (...)"

65 Johow, S. 1125 (991).

66 So in § 260 der seit 1879 in Kraft getretenen Zivilprozessordnung.

Prozess vorgesehenen Entscheidung für eine bestimmte *actio*.[67] Andererseits wollte *Johow* die aus seiner Sicht rein dingliche Negatorienklage von den deliktischen Ansprüchen trennen[68]. So sollten die § 823 ff. BGB wenigstens eine Handlung erfordern, während § 1004 BGB und §§ 985, 986 BGB bloß nach der objektiven Eigentumsverletzung, also dem Erfolg, fragen. Diametral zu dieser Idee knüpft *Johows* Entwurf dennoch immer auch an eine Handlung[69] als Tatbestandsvoraussetzung an.[70] Insoweit führte schon der erste Sachenrechtsentwurf nicht zu einer trennenden Zuordnung der Handlungshaftung zu deliktischer Haftung einerseits und Erfolgshaftung zu den sachenrechtlichen Ansprüchen andererseits.[71]

Unter Vertiefung dieser Divergenz wurde in der Beratung der ersten Kommission dann auch beantragt, dass der Tatbestand einen „beschränkenden Eingriff"[72], eine „Störung"[73], ein „Einwirken", „Hindern"[74] oder „Beschränken"[75] erfordern solle. Dass diese beantragten Tatbestandsvoraussetzungen allesamt wiederum an Handlungen und nicht an die bloß objektive Verletzung anknüpfen, hinderte die 1. Kommission nicht daran festzustellen, dass „die Ausdrücke übereinstimmend die gegenwärtige objektive Verletzung des Eigenthums bezeichnen"[76].

Durch Annahme[77] des Antrags 4b von *Kurlbaum* wurde der Anwendungsbereich der Negatorienklage, orientiert an der Besitzstörungsklage, über Grundstücke hinaus auch auf bewegliche Sachen erweitert.[78] Darüber hinaus soll eine analoge Anwendung[79] der Klage in „weitem Umfange" zulässig sein.[80]

---

67 Johow, S. 1125 (991).

68 Johow, S. 1136/1137 (1002/1003).

69 „Anlass geben" in § 205 TE-SachR; „Anlass geben" in § 206 S. 2 TE-SachR, „Handlungen, welche (...) rechtswidrig erscheinen" in § 207 S. 1 TE-SachR, „Errichteten (...) und (...) betriebenen (...) Unternehmen" in § 207 S. 2 TE-SachR und „Hat der Beklagte (...) gehandelt" in § 209 TE-SachR.

70 Nicht umsonst übertitelte *Johow* in der Begründung seines Sachenrechtsentwurfs § 207 mit „Verbot von Handlungen" und nicht „Verbot von Erfolgen" oder Ähnlichem, Johow, S. 1139 (1005).

71 So dann (sogar) auch Kawasumi, S. 97.

72 Antrag 1 von *v. Mandry* in Jakobs/Schubert SR I, S. 848.

73 Antrag 2 von *Planck* in Jakobs/Schubert SR I, S. 848 und Antrag 4b von Kurlbaum in in Jakobs/Schubert SR I, S. 849.

74 Antrag 3 von *v. Schmitt* in Jakobs/Schubert SR I, S. 849.

75 Antrag 5 von *v. Weber* in in Jakobs/Schubert SR I, S. 850.

76 Prot I 4255 der 343. Sitzung der 1. Kommission in Jakobs/Schubert SR I, S. 851.

77 Prot I 4259 der 343. Sitzung der 1. Kommission in Jakobs/Schubert SR I, S. 853.

78 So dann auch Prot I 4264 der 344. Sitzung der 1. Kommission in Jakobs/Schubert SR I, S. 855 und Mot. III, S. 423 in Mugdan III, S. 236.

79 Hierzu Kotz, S. 155–158; *Münch* in Soergel, § 1004, Rnrn. 109–113; *Gursky* in Staudinger, § 1004, Rnrn. 14–16.

80 Mot. III, S. 392 in Mugdan III, S. 218.

Die Negatorienklage in der Fassung des § 1004 Abs. 1 BGB sollte sich also nach alledem jedenfalls gegen denjenigen richten, der – wie auch immer – ein geschütztes Rechtsgut des Klägers beeinträchtigt, mithin willentlich einen rechtswidrigen Zustand aufrecht erhalte.[81] Hierbei kommt es bei einer Beeinträchtigung durch eine Sache auch nicht darauf an, ob der Beklagte Eigentümer dieser Sache ist oder nicht.[82]

Anders gewendet scheint der Anspruch der (neuen) bürgerlich-rechtlichen *actio negatoria* gegen jeden gerichtet zu sein, dessen „Verhalten (...) dem rechtmäßigen Zustand im Wege steht“[83].

### 3. Zwischenergebnis

Anspruchsgegner der ursprünglichen *actio negatoria* war derjenige, der sich eines anerkannten Servituts berühmte, sei es auch durch reale Taten. Schon die erste Durchbrechung hin zu einer allgemeinen Eigentums(freiheits)klage erschwerte die sichere Bestimmung des Anspruchsgegners. Die weitere Auflösung des dinglichen Anknüpfungspunkts vom engen Grundeigentum über das Eigentum im allgemeinen Sinne hin zur generellen Öffnung führte zu einer weiteren Erosion des ursprünglich engen Anwendungsbereichs der *actio negatoria.*

Kam für die Servitutenklage nur der eine Störer, der sich gerade einer Dienstbarkeit berühmte, in Betracht, so scheint der Kreis der Störer nach der historischen Weiterentwicklung und ohne weitere Zurechnungselemente schier endlos sein.

## II. Rechtsfolgen des Negatorischen Anspruchs

Der Anspruch aus § 1004 Abs. 1 BGB hat dem Wortlaut nach Ansprüche auf Beseitigung der Beeinträchtigung und Unterlassung zur Rechtsfolge.

---

81 Mot. III, S. 423 in Mugdan III, S. 236.

82 *Planck* hatte in seinem Antrag 2b in Jakobs/Schubert SR I, S. 848 vorgesehen, dass die Beseitigungskosten vom Eigentümer der störenden Sache zu tragen seien. Dieser Antrag wurde dann von der Kommission mangels „genügendem Grund“ abgelehnt (Prot I 4260 der 343. Sitzung der 1. Kommission in Jakobs/Schubert SR I, S. 853).

83 Mot. III, S. 392 in Mugdan III, S. 218 (Auslassungszeichen von mir).

# 1. Beseitigung, § 1004 Abs. 1 S. 1 BGB

Auf den ersten Blick könnte man meinen, dass es zwischen den Anspruchsinhalten des Beseitigungsanspruchs auf der einen und schadensersatzrechtlicher Normen auf der anderen Seite zu Überschneidungen kommt.

Beseitigung ist – wie auch schon bei der römischen *actio negatoria*[84] – das Wiederfreimachen des geschützten Gutes vom beschränkenden Zustand.[85] Nichts anders – nur eben spezieller – ist die Rechtsfolge der §§ 985, 986 BGB. Vorausgesetzt, das Eigentum wurde durch Besitzentziehung beschränkt, ist die Wiederfreimachung von dieser Beschränkung die Aufgabe der Besitzentziehung, mithin genau die von §§ 985, 986 BGB vorgesehene Folge. Erst die oben[86] bereits angesprochene neue Offenheit des § 1004 Abs. 1 BGB führt zur weitergehenden Frage, was genau denn nun vom Anspruchsgegner zu beseitigen ist. Problematisch erscheint die Bestimmung der Rechtsfolge bereits bei einer unmittelbar zu einer Störung führenden Handlung in einem nicht besonders kompliziert gelagerten Fall. So wird beispielsweise diskutiert, ob derjenige, der eine Fensterscheibe mit einem Stein einwirft, nach § 1004 Abs. 1 BGB nur den geworfenen Stein wegnehmen oder auch die durch den Wurf zerstörte Scheibe ersetzen müsse.[87]

Noch schwieriger liegt die Sache, wenn Zustand oder Handlung gar nicht unmittelbar, sondern bloß mittelbar zum Erfolg geführt hat. Unter Umständen kann nämlich der Anspruchsgegner gar nicht den ganzen missbilligten Erfolg beseitigen. Bei den eingangs aufgeführten Beispielen wären ansonsten der flügelschlagende Schmetterling und der ehemals auf dem Stuhl Sitzende für die Beseitigung eines für sie unüberschaubar ausufernden Erfolgs verantwortlich.[88]

Der Anspruchsgegner kann und muss das geschützte Gut wieder von der Beeinträchtigung frei machen. Er muss also wieder einen Zustand ohne die von ihm ausgehende Beeinträchtigung schaffen, mithin die ihn zurechenbare – und keine andere – Beeinträchtigung beseitigen. Auch für die Bestimmung des Inhalts der Beseitigungspflicht aus § 1004 Abs. 1 S. 1 BGB kommt es daher auf die hier un-

---

84 Kaser, S. 439.

85 Mot. III, S. 424 in Mugdan III, S. 237.

86 Oben S. 26.

87 Beispiel nach Baur 1961, S. 140, der die erste Auflage des *Ermannschen* BGB-Kommentars, die den Ersatz der Scheibe aus § 1004 Abs. 1 BGB ablehnt, zitiert und mit der zweiten Auflage desselben Kommentars, derzufolge die Pflicht zum Ersatz der Scheibe aus § 1004 Abs. 1 BGB hingegen bestehen soll, gegenüberstellt. In der aktuellen Auflage scheint *Ebbing* in Erman, § 1004, Rnrn. 89–91 den Anspruch wiederum auf die Entfernung des Steins und das Unterlassen weiterer Steinwürfe zu beschränken.

88 Oben S. 19, bei Fn. 14 u. 15.

tersuchte Frage an, ob und wie dem negatorischen Anspruchsgegner ein Erfolg zuzurechnen ist.

## 2. Unterlassung, § 1004 Abs. 1 S. 2 BGB

§ 194 Abs. 1 BGB stellt dem positiven Tun das negative Unterlassen (des Tuns) gegenüber. Unterlassen werden kann demnach nur ein Tun, mithin eine Handlung. Im Sinne von § 1004 Abs. 1 S. 2 BGB soll diejenige Handlung zukünftig unterlassen werden, die unmittel- oder mittelbar[89] zum unerwünschten Erfolg geführt hat und wegen der die Besorgnis besteht, dass sie zu weiteren unerwünschten Erfolgen führen wird.

Nachdem in dieser Arbeit ermittelt wurde, welche Beeinträchtigungen zuzurechnen sind, wird auch noch zu diskutieren sein, ob auch solche Erfolge, die zwar aufgrund einer vergleichbaren Handlung eintreten, sich jedoch vom ursprünglich zugerechneten Erfolg unterscheiden, vom anfänglichen Unterlassungsanspruch umfasst sind oder einen neuen Anspruch zur Folge haben.[90]

An dieser Stelle ist es jedoch ausreichend, festzustellen, dass nach § 1004 Abs. 1 S. 2 BGB eine zukünftige und zurechenbare Beeinträchtigung zu unterlassen ist – auch für den Unterlassungsanspruch ist folglich zunächst entscheidungserheblich, ob und wie dem Anspruchgegner ein Erfolg zuzurechnen ist.

## 3. Zwischenergebnis

Anders als der Wortlaut von § 1004 Abs. 1 BGB auf den ersten Blick vermuten lässt, kommt es sowohl auf Tatbestands-[91] als auch auf Rechtsfolgenseite[92] darauf an, welche Erfolge einem Anspruchsgegner zuzurechnen sind. Jedenfalls beim Unterlassungsanspruch nach § 1004 Abs. 1 S. 2 BGB kommt es, wie gezeigt[93] auf eine zurechenbare Handlung an.

---

89 Prot. I, S. 4257 in Jakobs/Schubert SR I, S. 852.

90 Zu dieser sogenannten *Kerntheorie* siehe beispielsweise nur *BGH GRUR 2004, S. 860–864 („Internet-Versteigerung I“)*, S. 864; Teplitzky 1999, S. 1050 und Borck, S. 525/526; siehe hierzu auch unten S. 199 f.

91 Oben S. 22 ff.

92 Oben S. 26 ff.

93 Oben S. 28 f.

# III. Verschiedene negatorische Ansprüche im Deutschen Recht

Das Deutsche Zivilrecht kennt, abgesehen von dem bislang hier Zitierten aus § 1004 Abs. 1 BGB, zahlreiche weitere der *actio negatoria* vergleichbare Anspruchsgrundlagen. Um die Möglichkeit eines einheitlichen Zurechnungskonzepts auszuloten, sind zunächst die verschiedenen Anspruchsgrundlagen daraufhin zu untersuchen, ob vereinzelt besondere Zurechnungsregeln angeordnet sind. Bejahendenfalls sind diese Besonderheiten herauszuarbeiten, um sie dann später in das Gesamtsystem einzupassen.

## 1. Negatorischer Anspruch wegen Namensbestreitung- bzw. Anmaßung, § 12 BGB

Dem Namensberechtigten gibt § 12 BGB Anspruch auf Beseitigung einer durch Namensanmaßung entstandenen Beeinträchtigung und – falls weitere Beeinträchtigung zu besorgen sind – auf Unterlassung der Anmaßung. Würde der Verletzer schuldhaft handeln, so wäre er darüber hinaus schadensersatzpflichtig.[94]

Schon dem Wortlaut[95] nach entspricht § 12 BGB grob der Regelung in § 1004 Abs. 1 BGB. Darüber hinaus gewährt § 12 S. 1 Var. 1 BGB die Beseitigungs- und Unterlassungsansprüche *expressis verbis* auch im Falle des bloßen Bestreitens der Namensberechtigung, also völlig unabhängig von einer (weitergehenden) Beeinträchtigung. Eine Duldungspflicht im Sinne von § 1004 Abs. 2 BGB scheint allerdings nicht zu bestehen. § 12 BGB hat insoweit eine bloße Handlung (= Bestreiten) und eine finale, also zu einer Beeinträchtigung führende Handlung (= finale Anmaßung) im Blick. Vom ersten Tatbestand und der fehlenden Duldungspflicht einmal abgesehen, ist der (quasi-)negatorische Anspruch des § 12 BGB an § 1004 Abs. 1 BGB angelehnt.[96]

Bezüglich § 12 S. 1 Var. 1 besteht gar kein Zurechnungsproblem, weil ohne Weiteres feststellbar ist, wer ein Namensrecht bestreitet. Hinsichtlich der in § 12 S. 1 Var. 2 BGB geregelten beeinträchtigenden Anmaßung, für die es auch auf

94 Denkschrift, S. 8 in Mugdan III, S. 236.

95 § 12 Namensrecht. „Wird das Recht zum Gebrauch eines Namens dem Berechtigten von einem anderen bestritten oder wird das Interesse dadurch verletzt, dass ein anderer unbefugt den gleichen Namen gebraucht, so kann der Berechtigte von dem anderen Beseitigung der Beeinträchtigung verlangen. Sind weitere Beeinträchtigungen zu besorgen, so kann er auf Unterlassung klagen."

96 So dann auch Mot. I, S. 89 in Mugdan III, S. 593; ebs. *Duve* in HKK, §§ 1–14, Rnr. 61.

eine Handlung und einen Erfolg ankommt, stellen sich dieselben Fragen zur Zurechnung wie auch bei § 1004 Abs. 1 BGB.

## 2. Negatorischer Anspruch wegen des Gebrauchs der gleichen Firma, § 37 Abs. 2 HGB

Der Tatbestand des § 37 Abs. 2 HGB[97] ist gegenüber dem des § 12 BGB insoweit verkürzt, als dass nur die Unterlassung zukünftiger Handlungen, nicht aber die Beseitigung bereits eingetretener kausaler Beeinträchtigungen verlangt werden kann. Haftungsgrund des § 37 Abs. 2 HGB ist allerdings dennoch genau wie bei § 1004 Abs. 1 BGB eine zu einem unerwünschten Erfolg führende Handlung. Es stellen sich also bei § 37 Abs. 2 HGB trotz verkürzter Rechtsfolge die gleichen Zurechnungsfragen wie bei § 1004 Abs. 1 BGB.

## 3. Negatorischer Anspruch wegen verbotener Eigenmacht, § 862 Abs. 1 BGB

Dem durch verbotene Eigenmacht gestörten Besitzer gibt § 862 Abs. 1 S. 1 BGB einen Anspruch auf Beseitigung der Störung. § 862 Abs. 1 S. 2 BGB ergänzt diesen um einen auf zukünftige Störungen gerichteten Unterlassungsanspruch. Verbotene Eigenmacht ist die widerrechtliche Entziehung oder sonstige Störung des Besitzes, § 858 Abs. 1 BGB. § 862 Abs. 1 BGB ist im Ergebnis also die besitzrechtliche quasi-Entsprechung[98] des eigentumsrechtlichen § 1004 Abs.1 BGB. Insoweit spricht § 858 Abs. 1 BGB wie auch § 1004 Abs. 1 BGB von einer Handlung – nämlich dem Entziehen oder sonstigen Stören – und einem Erfolg. § 862 Abs. 1 BGB enthält also keine über § 1004 Abs. 1 BGB hinausgehende Zurechnungsanordnung.

---

97 § 37 (Unzulässiger Firmengebrauch) Abs. 2 HGB: „Wer in seinen Rechten dadurch verletzt wird, dass ein anderer eine Firma unbefugt gebraucht, kann von diesem die Unterlassung des Gebrauchs der Firma verlangen."

98 Siehe hierzu schon Johow, S. 1123 (989).

## 4. Negatorischer Anspruch des Grundeigentümers wegen Gefahr drohender Anlagen, § 907 Abs. 1 BGB

Der Grundstückseigentümer bekommt durch § 907 Abs. 1 BGB[99] einen Anspruch darauf, dass auf seinem Nachbargrundstück keine qualifizierten Anlagen hergestellt oder gehalten werden. Hierbei hat § 907 Abs. 1 BGB verschiedene Zielrichtungen. Einerseits nämlich in Satz 2 privilegierte Anlagen, die speziellen landesgesetzlichen Vorschriften entsprechen, und andererseits in Satz 1 alle übrigen Anlagen.

Die in § 907 Abs. 1 S. 1 BGB geregelten Ansprüche haben das bloße Herstellen oder Halten von Anlagen im Blick, von denen eine unzulässige Einwirkung mit hoher Wahrscheinlichkeit auszugehen droht. Hingegen gibt § 907 Abs. 1 S. 2 BGB für landesgesetzlichen Vorschriften genügenden Anlagen diesen Anspruch erst dann, wenn die Einwirkung tatsächlich hervortritt. Anders als § 907 Abs 1 S. 2 BGB, der ebenso wie § 1004 Abs. 1 BGB Handlung (= Herstellen oder Betreiben) und Erfolg erfordert, reicht für § 907 Abs. 1 S. 1 BGB neben der Handlung schon das bloße Vorliegen einer hinreichend großen Gefahr aus.[100] Auf Tatbestandsseite geht § 907 Abs. 1 S. 1 BGB also, zumindest dem Wortlaut nach, über § 1004 Abs. 1 BGB hinaus. Auf Rechtsfolgenseite hat § 907 Abs. 1 BGB die gesamte Anlage und nicht wie § 1004 Abs. 1 BGB nur die jeweils störenden Teile davon zum Gegenstand. Zu der nachgegangenen Frage der Zurechnung, mithin wer Anspruchsgegner ist, schweigt § 907 Abs. 1 BGB ebenso wie § 1004 Abs. 1 BGB.[101]

## 5. Anspruch auf Treffen von Vorkehrungen wegen drohendem Gebäudeeinsturz, § 908 BGB

§ 908 BGB gibt dem Grundstückseigentümer einen Anspruch wegen der von einem mit dem Nachbargrundstück verbundenen Gebäude oder einem sonstigen Werk ausgehenden Gefahr. Anders als § 1004 Abs. 1 BGB benennt § 908 BGB allerdings denjenigen, gegen den der Anspruch besteht. Anspruchsgegner ist, wer

---

99 § 907 Abs. 1 BGB: „Der Eigentümer eines Grundstücks kann verlangen, dass auf dem Nachbargrundstück nicht Anlagen hergestellt oder gehalten werden, von denen mit Sicherheit vorauszusehen ist, dass ihr Bestand oder ihre Benutzung eine unzulässige Einwirkung auf sein Grundstück zur Folge hat. Genügt eine Anlage den landesgesetzlichen Vorschriften, die einen bestimmten Abstand von der Grenze oder sonstige Schutzmaßregeln vorschreiben, so kann die Beseitigung der Anlage erst verlangt werden, wenn die unzulässige Einwirkung tatsächlich hervortritt."

100 *Baur* in Soergel, § 907, Rnr. 1; *Fritzsche* in Bamberger/Roth, § 907, Rnr. 2; *Lorenz* in Erman, § 1004, Rnr. 1.

101 Ebs. Herrmann, S. 162.

nach § 836 Abs. 1 BGB oder §§ 837, 838 BGB für einen aufgrund der Gefahr eintretenden Schaden verantwortlich wäre. Das kann der Grundstücks- oder Gebäudebesitzer sein oder derjenige, der für das Gebäude unterhaltspflichtig ist.

Anders als § 907 Abs. 1 BGB hat § 908 BGB nicht die nachteiligen Folgen des Bestehens oder Betreibens einer Anlage, sondern ganz allgemeine, von jedem Gebäude und Werk ausgehende Gefahren, wie beispielsweise auch den natürlichen Einsturz nach einer gewissen Zeit im Blick.[102] § 908 BGB verlagert also die Haftung des Grundstücks- und Gebäudebesitzers sowie des Gebäudeunterhaltspflichtigen vor.[103] Demnach sollen Gefahren im Sinne vonn § 908 BGB dem Verletzer spezieller Unterhaltungspflichten zugerechnet werden. § 908 BGB enthält insoweit eine gegenüber § 1004 Abs. 1 BGB (scheinbar) detailliertere Zurechnungsregel.[104]

## 6. Negatorischer Anspruch des Grundeigentümers gegen den Nießbraucher, § 1053 BGB

Der negatorische Anspruch des § 1053 BGB richtet sich gegen denjenigen Nießbrauchsberechtigten, der von der Sache über seine Berechtigung hinaus Gebrauch macht. Eine Gebrauchsanmaßung an sich ist aber schon Beeinträchtigung im Sinne von § 1004 Abs. 1 BGB.[105] Zum Schutz des der Sache näher als ein Dritter stehenden Nießbrauchers verlangt § 1053 BGB daher dessen vorherige Abmahnung. Die Vorschrift schafft also keinen neuen negatorischen Anspruch, sondern schränkt im Ergebnis lediglich den Unterlassungsanspruch von § 1004 Abs. 1 S. 2 BGB für einen speziellen Sonderfall ein.[106] Folglich trifft § 1053 BGB auch keine eigene Zurechnungsregelung.

## 7. Negatorischer Anspruch des Hypothekars, §§ 1133 S. 1, 1134 BGB

Nach § 240 BGB müssen Sicherheiten, die im Laufe der Sicherungszeit unverschuldet unzureichend, also in ihrem Wert gemindert[107] werden, vom Sicherungs-

102 Prot. III, S.3609 in Mugdan III, S. 604.
103 Ebs. *Säcker* in MünchKomm, 5. Aufl., § 908, Rnr. 1.
104 Hierauf wird später (S. 186 f.) noch einmal zurückzukommen sein.
105 *Münch* in Soergel, § 1004, Rnr. 44; *Fritzsche* in Erman, § 1004, Rnr. 41.
106 *Stürner* in Soergel, § 1053, Rnr. 1; *Michalski* in Erman, § 1053, Rnr. 1.
107 *Fahse* in Soergel, § 240, Rnr. 1.

gläubiger ergänzt werden. Für Hypotheken erweitern die §§ 1133, 1134 BGB diese Rechtsidee bereits ins Vorfeld der Wertminderung. Sie nämlich geben dem Sicherungsnehmer im Ergebnis die Chance, bereits einer besorgten Wertminderung der Sicherheit schon vor deren Eintritt entgegentreten zu können.[108]

### a. Einfacher negatorischer Schutz des Hypothekars, §§ 1133 S. 1, 1134 Abs. 1 BGB

§§ 1133 S. 1, 1134 Abs. 1 Var. 1 BGB gewährt dem Hypothekar einen speziellen Unterlassungsanspruch gegen den Eigentümer und trifft insoweit eine spezielle Zurechnungsregelung für Hypothekengeschäfte.

Hingegen ist § 1134 Abs. 1 Var. 2 BGB Anspruchsgrundlage des Hypothekars gegen einen auf das sichernde Grundstück einwirkenden Dritten. Ein einwirkender Dritter ist demnach nicht nur Unterlassungsansprüchen des Grundstückeigentümers ausgesetzt sondern daneben auch denen des Hypothekars. § 1134 Abs. 1 Var. 2 BGB erweitert also im Ergebnis den Kreis der Anspruchsberechtigten nach § 1004 Abs. 1 S. 2 BGB, schweigt aber hinsichtlich einer weitergehenden Bestimmung des Anspruchsgegners, des Störers.

### b. Spezielle Regelung des negatorischen Schutzes bei Einwirkung Dritter, § 1134 Abs. 2 S. 2 BGB

Nach § 1134 Abs. 2 S. 1 BGB hat der Hypothekar Anspruch auf Anordnung (geeigneter) gerichtlicher Maßregeln, die den Eigentümer zur Abwendung bevorstehender Beeinträchtigungen des haftenden Grundstücks bewegen mögen. Solch geeignete Maßregeln könnten die Anordnung der Zwangsverwaltung oder die Sequestration sein.[109] Erweitert wird dieser Anordnungsanspruch durch § 1134 Abs. 2 S. 2 BGB für den Fall, dass der Eigentümer erforderliche Vorkehrungen gegen Einwirkungen Dritter unterlässt. Gegner des Anordnungsanspruchs ist, anders als beim oben angesprochenen § 1134 Abs. 1 Var. 2 BGB, nicht ein (möglicherweise) einwirkender Dritter, sondern der sicherungsgebende Eigentümer, der erforderliche Vorkehrungen unterlassen hat.

---

108 So dann auch in der 391. Sitzung der 1. Kommission diskutiert, Prot. I 5120 in Jakobs/Schubert SR II, S. 533.

109 *Konzen* in Soergel, § 1134, Rnr. 3.

Obgleich in § 1134 Abs. 2 S. 2 BGB die Rede von Einwirkungen durch Dritte ist, enthält die Bestimmung keine über § 1004 Abs. 1 BGB hinausgehende Zurechnungsregel für Beseitigungs- und Unterlassungsansprüche, sondern einen völlig anderen Anspruch, nämlich einen auf Anordnung einer Maßregel.[110]

## 8. Urheberrechtlicher negatorischer Anspruch, § 97 Abs. 1 S. 1 UrhG

Ebenso wie § 1004 Abs. 1 BGB gibt § 97 Abs. 1 S. 1 UrhG Anspruch auf Beseitigung einer Beeinträchtigung und deren zukünftige Unterlassung. Hierbei entspricht § 97 Abs. 1 S. 1 UrhG[111] fast wortgleich dem im ersten Regierungsentwurf eines Urheberrechtsgesetz vorgelegten § 107 Abs. 1 S. 1 Var. 1 u. 2 UrhG-E v. 23.03.1962[112]. In dem zuvor geltenden dreigliedrigen urheberrechtlichen Schutzsystem aus dem Gesetz betreffend das Urheberrecht an Werken der Literatur und der Tonkunst (LUG), dem Gesetz betreffend das Urheberrecht an Werken der bildenden Künste und der Photographie (KUG) und dem Gesetz über das Verlagsrecht (VerlG) waren verschuldensunabhängige Beseitigungs- und Unterlassungsansprüche nicht ausdrücklich normiert. Allerdings wurden bis zur Geltung des § 97 Abs. 1 S. 1 UrhG in ständiger Rechtsprechung Beseitigungs- und Unterlassungsansprüche in analoger Anwendung von § 1004 Abs. 1 BGB zugebilligt.[113] So verwundert es auch nicht, dass § 97 Abs. 1 S. 1 UrhG dem § 1004 Abs. 1 BGB nachgestaltet wurde[114] und – wie seine Vorlage – zu Zurechnungsfragen dem Wortlaut nach ebenfalls keine nähere Auskunft gibt.[115]

---

110 So dann auch *Wolfsteiner* in Staudinger, § 1134, Rnr. 9; siehe hierzu auch unten S. 188 f.

111 § 97 Abs. 1 S. 1 UrhG „Wer das Urheberrecht oder ein anderes nach diesem Gesetz geschütztes Recht widerrechtlich verletzt, kann von dem Verletzten auf Beseitigung der Beeinträchtigung, bei Wiederholungsgefahr auf Unterlassung in Anspruch genommen werden."

112 Abgedruckt in Schulze, S. 379.

113 *RGZ 153,1 („Rundfunksendung von Schallplatten")*, S. 27; so dann auch in der Regierungsbegründung zum Entwurf eines Gesetz über Urheberrecht und verwandte Schutzrechte (Urheberrechtsgesetz) der Bundesregierung vom 23. März 1962 in BT-Drucks. IV/270, zitiert in Schulze, S. 564 (zu dem heute dem § 97 UrhG entsprechenden § 107 UrhG-E).

114 Regierungsbegründung zum Entwurf eines Gesetzes über Urheberrecht und verwandte Schutzrechte (Urheberrechtsgesetz) der Bundesregierung vom 23. März 1962 in BT-Drucks. IV/270, zitiert in Schulze, S. 564 (zu dem heute dem § 97 UrhG entsprechenden § 107 UrhG-E); ebs. *Wild* in Schricker, § 97, Rnr. 41; *Vinck* in Loewenheim, § 81, Rnr. 22.

115 *A. Nordemann* in Fromm/Nordemann, § 97, Rnr. 144.

## 9. Negatorischer Anspruch des Patentinhabers, § 139 Abs. 1 PatG

Auch § 139 Abs. 1 PatG[116] gewährt – wie beispielsweise auch § 97 Abs. 1 S. 1 UrhG – einen Anspruch gegen den Verletzer eines näher bezeichneten Rechts, hier dann an einer patentierten Erfindung im Sinne von §§ 9 bis 13 PatG. Dem Wortlaut nach entspricht der Anspruchsgegner des § 139 PatG insoweit dem des § 97 Abs. 1 S. 1 Var. 2 UrhG bezeichneten Verletzers. Ebenso wie aus § 97 Abs. 2 UrhG für das Urheberrecht folgt aus § 139 Abs. 1 PatG für das Patentrecht, dass die Formulierung „Verletzer" nicht etwa auch auf ein Verschuldenserfordernis hinweist.[117] Der in § 139 Abs. 1 PatG genannte Verletzer entspricht daher zunächst einmal dem in § 1004 Abs. 1 BGB angesprochenen Störer[118]. Allerdings nimmt § 11 PatG bestimmte Fallgruppen, unter anderem nichtgewerbliche Handlungen im privaten Bereich (§ 11 Nr. 1 PatG), aus dem Anwendungsbereich des Patentgesetzes und damit auch des negatorischen Anspruchs heraus. § 139 Abs. 1 PatG trifft insoweit eine engere Zurechnungsregel als § 1004 Abs. 1 BGB.

## 10. Negatorischer Anspruch des Inhabers einer Geschäftsbezeichnung oder Marke, §§ 14 Abs. 5, 15 Abs. 4 MarkenG

Nach § 14 Abs. 5 MarkenG[119] hat der Inhaber von Markenschutz im Sinne von § 4 MarkenG einen Unterlassungsanspruch gegen denjenigen, der die Marke ohne seine Zustimmung im geschäftlichen Verkehr benutzt. Hinsichtlich der unterhalb des Markenschutzes ebenfalls geschützten geschäftlicher Bezeichnungen gewährt § 15 Abs. 4 MarkenG[120] gegenüber demjenigen, der die Bezeichnung im geschäftlichen Verkehr benutzt, gleichfalls einen Unterlassungsanspruch.

116 § 139 Abs. 1 PatG: „Wer entgegen den §§ 9 bis 13 eine patentierte Erfindung benutzt, kann vom Verletzten in Anspruch genommen werden."

117 Ebs. Mes, § 139, Rnr. 47.

118 Mes, § 139, Rnr. 38.

119 § 14 Abs. 5 MarkenG: „Wer ein Zeichen entgegen den Absätzen 2 bis 4 benutzt, kann von dem Inhaber der Marke bei Wiederholungsgefahr auf Unterlassung in Anspruch genommen werden. Der Anspruch besteht auch dann, wenn eine Zuwiderhandlung erstmalig droht."

120 § 15 Abs. 4 MarkenG: „Wer eine geschäftliche Bezeichnung oder ein ähnliches Zeichen entgegen Absatz 2 oder Absatz 3 benutzt, kann von dem Inhaber der geschäftlichen Bezeichnung bei Wiederholungsgefahr auf Unterlassung in Anspruch genommen werden. Der Anspruch besteht auch dann, wenn eine Zuwiderhandlung droht."

Insoweit treffen §§ 14 Abs. 5, 15 Abs. 4 MarkenG eine dem § 139 Abs. 1 PatG vergleichbare Zurechnungsregel: Störer im Sinne des Markengesetzes ist nämlich, wer Störer im Sinne von § 1004 Abs. 1 BGB ist und im geschäftlichen Verkehr handelt.[121] Weitergehende besondere Zurechnungsbestimmungen werden auch durch §§ 14 Abs. 5 u. 15 MarkenG nicht getroffen.[122]

## 11. Negatorischer Anspruch des Gebrauchsmusterinhabers, § 24 Abs. 1 GebrMG

Hinsichtlich der Zuordnungsregel entspricht die in § 24 Abs. 1 GebrMG[123] normierte *actio negatoria* des Gebrauchsmustergesetzes eine dem patentrechtlichen Unterlassungsanspruch vergleichbare Konstruktion. Der Inhaber des Schutzrechts hat zunächst einmal gegen jede rechtswidrige Benutzung im Sinne von §§ 11 bis 14 GebrMG einen Anspruch auf Unterlassung der Störung. Nach § 12 GebrMG genießen bestimmte Benutzungen allerdings schon gar keinen gebrauchsmusterrechtlichen Schutz. Dies gilt nach § 12 Nr. 1 GebrMG insbesondere ebenfalls für Handlungen im privaten Bereich zu nichtgewerblichen Zwecken. Aus § 24 Abs. 1 GebrMG folgen demnach keine besonderen Zurechnungsregeln.

## 12. Negatorischer Anspruch des Geschmacksmusterinhabers, § 42 Abs. 1 GeschmMG

Eine den anderen gewerblichen Schutzrechten vergleichbare Regel stellt § 42 Abs. 1 GeschmMG[124] auf. Demnach hat der Verletzte Beseitigungs- und Unterlassungsanspruch gegen den rechtswidrigen Benutzer des Geschmacksmusters. Auch wurden wieder bestimmte Benutzungen wie die zu nichtgewerblichen Zwe-

121 Fezer, § 14, Rnr. 509.

122 Siehe hierzu nur *BGH GRUR 2004, S. 860–864 („Internet-Versteigerung I“),* S. 863.

123 § 24 Abs. 1 GebrMG: „Wer entgegen den §§ 11 bis 14 ein Gebrauchsmuster benutzt, kann von dem Verletzten bei Wiederholungsgefahr auf Unterlassung in Anspruch genommen werden. Der Anspruch besteht auch dann, wenn eine Zuwiderhandlung erstmalig droht.“

124 § 42 Abs. 1 GeschmMG: „Wer entgegen § 38 Abs. 1 Satz 1 ein Geschmacksmuster benutzt (Verletzer), kann von dem Rechtsinhaber oder einem anderen Berechtigten (Verletzten) auf Beseitigung der Beeinträchtigung und bei Wiederholungsgefahr auf Unterlassung in Anspruch genommen werden. Der Anspruch auf Unterlassung besteht auch dann, wenn eine Zuwiderhandlung erstmalig droht.“

cken im privaten Bereich aus dem gesetzlichen Schutz herausgenommen, § 40 GeschmMG. Auch aus § 42 Abs. 1 GeschmMG folgen demnach keine besonderen Zurechnungsregeln.

## 13. Wettbewerbsrechtlicher negatorischer Schutz, § 8 Abs. 1 UWG

§ 8 Abs. 1 UWG gewährt einen Anspruch auf Beseitigung und Unterlassung unlauteren Wettbewerbs. Hierbei grenzt § 8 Abs. 3 UWG den Kreis der Anspruchsberechtigten ein. Aber auch hinsichtlich der Anspruchsgegner, also der wettbewerbsrechtlichen Störer, trifft das Gesetz gegen den unlauteren Wettbewerb besondere Regelungen. So muss der Anspruchsgegner zunächst einmal überhaupt Adressat des Wettbewerbsrechts sein, um Schuldner von § 8 Abs. 1 UWG sein zu können.[125] Die wettbewerbsrechtliche Generalklausel verbietet nur Wettbewerbshandlungen. Wobei Wettbewerbshandlungen nach § 2 Abs. 1 Nr. 1 UWG nur solche Handlungen sind, die einen Bezug zu einem Unternehmen haben. Nicht erfasst ist daher das bloße private Verhalten, sei es auch wirtschaftlich orientiert.[126] Durch §§ 3, 2 Abs. 1 Nr. 1 UWG werden – genau wie bei den vorgenanten gewerblichen Schutzrechten aus dem Patent-, Marken-, Gebrauchs- und Geschmacksmusterrecht – Handlungen im privaten Bereich zu nichtgewerblichen Zwecken gänzlich von der Anwendbarkeit ausgenommen. Darüber hinaus enthält § 8 Abs. 1 UWG demnach ebenfalls keine besonderen Zurechnungsregeln.

## 14. Kartellrechtlicher negatorischer Schutz, § 33 Abs. 1 GWB

Dem Betroffenen gibt § 33 Abs. 1 GWB[127] einen negatorischen Anspruch gegen denjenigen, der sich wettbewerbsbeschränkend verhält. Hierbei lassen die Bestimmungen des GWB, gerade im Lichte der Richtlinie über unlautere Geschäftsprak-

125 *Beckedorf* in Harte/Henning, § 8, Rnr. 60.

126 *Keller* in Harte/Henning, § 2, Rnr. 19.

127 § 33 Abs. 1 GWB: „Wer gegen eine Vorschrift dieses Gesetzes, gegen Artikel 81 oder 82 des Vertrages zur Gründung der Europäischen Gemeinschaft oder eine Verfügung der Kartellbehörde verstößt, ist dem Betroffenen zur Beseitigung und bei Wiederholungsgefahr zur Unterlassung verpflichtet. Der Anspruch auf Unterlassung besteht bereits dann, wenn eine Zuwiderhandlung droht. Betroffen ist, wer als Mitbewerber oder sonstiger Marktbeteiligter durch den Verstoß beeinträchtigt ist."

tiken[128], oft schon die bloße Handlung als Voraussetzung genügen, erfordern insoweit also nicht einmal eines über ein Verhalten hinausgehendes Erfolgs. § 33 Abs. 1 S. 1 GWB geht hierüber sogar hinaus und gewährt Unterlassungsansprüche schon bei drohender Zuwiderhandlung. Unabhängig von einem drohenden Erfolg würde dem Wortlaut bereits eine drohende Handlung ausreichen. Durch die im GWB gegenüber dem UWG stärker an der bloßen Handlung ausgerichteten Bestimmungen geht § 33 Abs. 1 GWB daher trotz des nahezu gleichen Wortlauts über § 8 Abs. 1 UWG hinaus. Eine folglich ohnehin in den meisten Fällen auch überflüssige, besondere Zurechnungsanweisung wird durch § 33 Abs. 1 GWB nicht getroffen.

## 15. Negatorischer Anspruch des Inhabers absoluter Rechte, analog § 1004 Abs. 1 BGB

Über seinen eigentlich eigentumsrechtlichen Regelungsbereich hinaus wird dem Inhaber anderer absoluter Rechte als dem Eigentum in entsprechender Anwendung von § 1004 Abs. 1 BGB ein Anspruch auf Beseitigung und Unterlassung gewährt.[129] Voraussetzung ist eine planwidrige Regelungslücke[130], mithin eine fehlende negatorische Regelung für das jeweilige, dem Eigentum vergleichbare Ausschließlichkeitsrecht. Entsprechend wurde die analoge

---

128 RL 2005/29/EG des Europäischen Parlaments über unlautere Geschäftspraktiken vom 11. Mai 2005.

129 *Bassenge* in Palandt, § 1004, Rnr. 4; *Ebbing* in Erman, § 1004, Rnrn. 8/9; *Fritzsche* in Bamberger/Roth, § 1004, Rnr. 2; *ders.* in Fritzsche, S. 112; *Münch* in Soergel, § 1004, Rnr. 112; *Englert* in Prütting/Wegen/Weinreich, § 1004, Rnr. 3; *Gursky* in Staudinger, § 1004, Rnr. 16; *Kohl* in AK, § 1004, Rnr. 1; *Medicus* in MünchKomm, 4. Aufl, § 1004, Rnr. 6; Schmidt, S. 71; Baur 1961, S. 117; Münzberg, S. 394; Picker, S. 89; Mießner, S. 80; Kotz, S. 101; Larenz/Canaris, S. 676; *Gamer* in Wenzel, Kap. 13, Rnr. 23; *Kamps* in Götting/Schertz/Seitz, § 49, Rnr. 1; *BVerfGE NJW 1983, S. 1415–1417 („Bezeichnung der CDU als «NPD Europas» im Wahlkampf"); BVerfGE NJW 1991, S. 1475–1477 („Unterlassung herabsetzender Äußerungen"); BVerfGE NJW 1998, S. 1381–1385 („Gegendarstellung und Richtigstellung auf Titelseite einer Zeitschrift"); BVerfGE NJW 2003, S. 1855–1856 („Widerruf und Unterlassung einer Äußerung in der Presse"); BGH NJW 1958, S. 1043–1044; BGH NJW 1961, S. 1913–1914; BGH NJW 1962, S. 1438–1439; BGH NJW 1966, S. 647–649; BGH NJW 1976, S. 1198–1202; BGH NJW 1988, S. 1589–1590; BGH NJW 1995, S. 861–865 („Caroline von Monaco I"); BGH NJW 2008, S. 2262–2266; ebs. auch schon RGZ 148, S. 114–127, S.* 122/123.

130 *BVerfG Beschluss NJW 1974, S. 268–269*, S. 269; *BVerfGE NJW 1990, S. 1593–1595*, S. 1594; *BVerfG Beschluss NJW 1995, S. 1141–1144*, S. 1141/1142; *BGH NJW 1996, S. 466–467*, S. 467; *BGH NJW 1997, S. 2683–2685*, S. 2684; Larenz/Canaris, S. 202; *Wank*, Die Auslegung von Gesetzen, 3. Aufl., Köln u. a., 2009, S. 109

Anwendung *der actio negatoria* auch bereits durch den ursprünglichen bürgerlichrechtlichen Gesetzgeber angelegt.[131]

# IV. Zwischenergebnis Grundlagen

Auch wenn die verschiedenen negatorischen Ansprüche im Deutschen Zivilrecht dem Wortlaut nach nicht deckungsgleich sind, orientieren sie sich allesamt an Handlung und Erfolg, wobei teilweise die bloße Handlung ausreichend zu sein scheint. Hinsichtlich der getroffenen Zurechnungsanordnung bilden sich zwei Untergruppen solcher Beseitigungs- und Unterlassungsansprüche heraus: Einerseits solche Ansprüche, die für jedermann gelten[132] und andererseits solche, die nur im Rahmen eines besonderen gewerblichen Bezugs eingreifen[133]. Diese in besonderen Fallkonstellationen scheinbar Schwierigkeiten bereitende[134] Unterscheidung wird in ein lösendes Gesamtsystem einzupassen sein.

131 So jedenfalls Mot. III 392 in Mugdan III, S. 218: „eine analoge Anwendung (...) wird allerdings im weiten Umfange zulässig sein (...)“ (Auslassungszeichen von mir).

132 U. a. § 1004 Abs. 1 BGB, § 12 BGB, § 37 Abs. 2 HGB, § 907 Abs. 1 BGB, § 908 BGB, § 1053 BGB, §§ 1133, 1134 BGB.

133 U. a. § 139 PatG, § 24 Abs. 1 GebrMG, § 42 Abs. 1 GeschmMG, § 8 Abs. 1 UWG, § 33 Abs. 1 GWB.

134 Aufgezeigt unter anderem von Fritzsche, S. 428/429; Mießner, S. 95; Döring, S. 7/8; Teplitzky, Kapitel 14, Rnr. 10c; *Köhler* in Hefermehl/Köhler/Bornkamm, UWG § 8, Rnr. 2.16; *Beckedorf* in Harte/Henning, § 8, Rnr. 66; Köhler 1997, S. 898 f.; Schünemann, S. 123; Jergolla, S. 659; Ahrens 2007, S. 1284/1285; v. Gierke, S. 895; themtisiert unter anderem auch in *BGH NJW 1990, S. 1529–1531 („Schönheits-Chirurgie“); BGH NJW-RR 1994, S. 872–874 („Kosmetikstudio“); BGH GRUR 2001, S. 1038–1042 („ambiente. de“); BGH GRUR 2004, S. 693–696 („Schöner Wetten“); BGH NJW 2008, S. 758–764 („Jugendgefährdende Medien bei eBay“).*

# C. Zurechnung als grundlegendes Problem des negatorischen Anspruchs

## I. Grundlagen

Zurechnungsfragen sind Herzstück einer Rechtsordnung[135]; entscheiden sie doch letztendlich, wer für welche missbilligten Erfolge verantwortlich sein soll. Hinsichtlich der *actio negatoria* sind insoweit – anders als beispielsweise im Schadensersatzrecht – Zurechnungsfragen lediglich zur Haftungsbegründung relevant. Einmal abgesehen von den zivilrechtlich anerkannten Zurechnungskriterien im engeren Sinne (beispielsweise Äquivalenz, Adäquanz, Normzwecklehre etc.) ergeben sich *de lege lata* verschiedene weitere, letztendlich auch als Zurechnungsfilter dienende, Tatbestandsmerkmale, die sich möglicherweise auch auf die *actio negatoria* übertragen lassen.

### 1. Vergleich *actio negatoria* ./. deliktsrechtlicher Schadensersatz

Deliktische Schadensersatzansprüche erfordern grundsätzlich ein dem Anspruchsgegner wenigstens zurechenbares Verschulden, also die wenigstens fahrlässige Begehung eines zu einem unerwünschten Erfolg führenden Verhaltens. Ein Verschuldenserfordernis lässt sich aber den negatorischen Anspruchsgrundlagen nicht entnehmen.[136]

### 2. Vergleich *actio negatoria ./. rei vindicatio*

Der Herausgabeanspruch des sog. Eigentümer-Besitzer-Verhältnisses nach §§ 985, 986 BGB verengt den Kreis möglicher Anspruchsgegner dadurch, dass der Anspruch nur gegen den Besitzer der Sache ohne Recht zum Besitz gerichtet sein kann. Eine solche Verengung von § 1004 BGB würde am Sinn und Zweck der *actio negatoria*, nämlich der Wiederherstellung desjenigen Zustands, der dem Inhalt

---

135 Siehe hierzu nur Günther, dort insbesondere bereits S. 1–4.

136 So bereits Prot. I, S. 4261 in Jakobs/Schubert SR I, S. 854.

des jeweils betroffenen absoluten Rechts entspricht[137], mithin Schutz der Freiheits- und Eigentumssphäre des Einzelnen gegen äußere Einwirkungen[138], nicht entsprechen und lässt sich daher auch nicht auf negatorische Ansprüche übertragen.

## 3. Vergleich *actio negatoria* ./. Kondiktionsansprüche

Kondiktionsansprüche sind zunächst einmal gegen denjenigen gerichtet, der etwas ohne rechtlichen Grund erlangt hat. Die Betrachtung der *actio negatoria* ist aber in die andere Richtung gerichtet, nämlich darauf, dass der Inhaber eines absoluten Rechts in seinem Recht beeinträchtigt wird. Anders ausgedrückt betrachten Bereicherungsansprüche die Seite, die etwas erlangt hat, verkürzt also die Schädigerseite, wohingegen die Beseitigungs- und Unterlassungsansprüche die Geschädigtenseite im Blick haben. Will man nun Beseitigungs- und Unterlassungsansprüche nur gegen denjenigen zulassen, der etwas im weitesten Sinne erlangt hat, so würde man absolute Rechte der Beeinträchtigung durch Dritte, die – möglicherweise auch gewollt – nichts erlangen, unberücksichtigt lassen. Daher lässt sich die Systematik des Kondiktionsrechts aus mehreren Gründen nicht auf negatorische Ansprüche übertragen.[139]

## 4. Vergleich zivilrechtliche *actio negatoria* ./. Strafrecht

Strafrechtliche Verantwortlichkeit wird aufgrund eines individualisierten Schuldvorwurfs, der sich letztendlich an der Freiheit, anders Handeln zu können, orientiert, zugerechnet oder (besser) zugeschrieben.[140] Ziel negatorischer Ansprüche ist aber wie gesagt die (rasche) Wiederherstellung eines des Inhalts des beeinträchtigten Rechts entsprechenden Zustands beziehungsweise die zukünftige Unterlassung (weiterer) Beeinträchtigungen. Die Orientierung an einem individualisierten Schuldvorwurf stünde indes aber bereits der an sich erwünschten *raschen* Wieder-

137 Mot. III 423 in Mugdan III, S. 236.
138 *Münch* in Staudinger, § 1004, Rnr. 4.
139 Anders aber Picker, S. 51/52; *Picker* in FS v. Gernhuber, S. 338; hierzu dann eingehend unten S. 47 ff.
140 Zum Modell der Zuschreibung mittels individueller Verantwortung und zur (tatsächlichen) Freiheit (anders) zu handeln, *Günther*, Schuld und kommunikative Freiheit, Frankfurt am Main, 2005, S. 152 ff.; hierzu auch *Albrecht*, Kriminologie, 3. Aufl., München, 2005, S. 40/41; *Roxin*, Strafrecht AT, Bd. I, 4. Aufl., München, 2005, § 19, Rnr. 20 ff., *Fischer* in Tröndle/Fischer, 56. Aufl., München, 2009, Vor § 13, Rnr. 47 u. Vor §§ 19 bis 21.

herstellung entgegen, erfordert die Feststellung individueller Schuld doch – wie ja auch für das Strafrecht in § 46 Abs. 2 StGB vorgesehen – eine weitgehende Erforschung unter anderem der den Täter motivierenden Hintergründe. Überdies kann es für die Pflicht zur Beseitigung und/oder Unterlassung nicht darauf ankommen, ob die Beeinträchtigung individuell vorwerfbar ist oder nicht – ansonsten würden Beeinträchtigungen, die nicht vorwerfbar sind, hingenommen werden müssen. Eine derartige Einschränkung würde aber nicht § 903 S. 1 BGB widersprechen, wonach der Eigentümer andere von *jeder*, und nicht bloß von einer vorwerfbaren, Einwirkung ausschließen kann. Die strafrechtliche Zurechnungssystematik lässt sich folglich ebenfalls nicht auf negatorische Ansprüche übertragen.

### 5. Zwischenergebnis

Die schlichte Übertragung anderer Zurechnungskonzeptionen würde hinsichtlich § 1004 Abs. 1 BGB (und anderer negatorischer Ansprüche) einen Fremdkörper einpflanzen, der sich bereits im Ansatz nicht mit dem Sinn und Zweck der *actio negatoria* vereinbaren lässt. Daher sollen die negatorischen Ansprüche hinsichtlich anderer, passender Zurechnungsmodelle untersucht werden.

## II. Gegenstand der *actio negatoria*: Zustands- oder Handlungshaftung?

Zunächst scheint fraglich, ob Gegenstand der *actio negatoria* Zustandshaftung und/oder Verhaltenshaftung ist.[141] In Weiteren soll dann untersucht werden, ob und bejahendenfalls woran ein Rechtswidrigkeitsurteil im Rahmen negatorischer Ansprüche anknüpfen soll.[142]

141 Unten S. 43–137.
142 Unten S. 141 ff.

## 1. Grundlegung

Theoretisch können sowohl der Eintritt unerwünschter Zustände wie auch bestimmte unerwünschte Verhaltensweisen haftungsbegründend sein.[143] Ebenso ist denkbar, dass ein Rechtswidrigkeitsurteil – so es denn von der *actio negatoria* überhaupt verlangt wird – Zustände oder Verhalten missbilligt oder gar beides. Dieser Frage soll sich zunächst im Hinblick auf eine Zustandshaftung genähert werden.[144]

Im Folgenden soll daher untersucht werden, ob sich eine Zustandshaftung durch Übertragung der polizeirechtlichen Systematik von Zustands- und Handlungsstörung[145], der im Wesentlichen von *Picker* vorgezeichneten Rechtsusurpationstheorie[146] oder anderweitig[147] begründen lässt.

## 2. Polizeirechtliche Systematik von Zustands- und Handlungsstörung

Ebenso wie auch das Zivilrecht hat das Öffentliche Recht zunächst denjenigen, von dem Beeinträchtigungen ausgehen, im Blick. Das öffentlich-rechtliche Polizeirecht entwickelte sich hierbei vom Inbegriff absoluter Staatsgewalt mit breitestmöglichem Zugriff in alle Lebensbereiche ausgehend hin zum bloßen Gefahrenabwehrrecht.[148] Insoweit schaut das Polizeirecht anders als § 1004 BGB nicht auf Beeinträchtigungen im zivilrechtlichen Sinne, sondern hat als eigene Erfolgskategorie den Gefahrenbegriff zur Grundlage. Beschreibt im Zivilrecht die Beeinträchtigung grundsätzlich schon jede Beschränkung des jeweils geschützten Rechtsguts, so ist der polizeirechtliche Gefahrenbegriff demgegenüber – trotz gegenläufiger Tendenzen[149] – deutlich enger ausgestaltet. Gefahr in diesem Sinne

---

143 So hat beispielsweise § 823 Abs. 2 BGB unerwünschtes Verhalten im Blick, wohingegen § 25 AtG den Eintritt eines unerwünschten Erfolgs, nämlich ein von einer Kernanlage ausgehendes nukleares Ereignis, als Haftungsgrundlage sieht.

144 Unten S. 43–137.

145 So im Ergebnis Stickelbrock, S. 500, die allerdings vom Vorbestehen eines zivilrechtlichen Dualismus von Handlungs- und Zustandshaftung ausgeht und deswegen die zum öffentlichen Recht entwickelten Lösungen übertragen möchte.

146 Picker, u. a. S. 49.

147 Siehe dann hierzu unten S. 76 ff.

148 Schenke, Rnrn. 2–5.

149 Hierzu im Überblick *Kugelmann*, Der polizeirechtliche Gefahrenbegriff in Gefahr, in: Die Öffentliche Verwaltung (DÖV) 2003, S. 781–789, S. 781 ff. und *Frankenberg*, Kritik des Bekämpfungsrechts, in: Kritische Justiz (KJ) 2005, S. 370–380, S. 377, der von „hyperpräventivem Sonderpolizeirecht“ spricht.

ist eine Sachlage, die im Einzelfall tatsächlich bei verständiger Würdigung in naher Zukunft die hinreichende Wahrscheinlichkeit eines Schadenseintritts mit sich bringt.[150] Die polizeirechtlich relevante Gefahr beschreibt also eine viel höhere Eingriffsschwelle als die zivilrechtliche Beeinträchtigung, für die im Grunde schon eine bloße Belästigung ausreichen kann.

Vergleichbar dem Beseitigungs- und Unterlassungsanspruch des § 1004 BGB bleibt auch bei den Gefahrenabwehrgesetzen zunächst fraglich, wer genau den nun Störer, also von den jeweiligen Regelungen passivlegitimiert sein soll. Auch im Polizeirecht stellt sich also die Frage, welche Störungen eine Person zum Störer machen oder, anders gewendet, wem ein bestimmter Erfolg zuzurechnen ist. Die polizeirechtliche Systematik trennt insoweit in Handlungs- und Zustandsstörer, also der Verursachung von Gefahren durch Handlungen von Personen und bloße Zustände von Sachen.[151] Hierbei soll sich die Verantwortlichkeit des Verhaltensstörers aus der in Art. 2 Abs. 1 GG garantierten allgemeinen Handlungsfreiheit ergeben[152], wohingegen die Zustandsverantwortlichkeit aus der in Art. 14 Abs. 1 S. 2 GG normierten Sozialbindung des Eigentums folgen soll[153].

## a. Polizeipflichtigkeit des Verhaltensstörers

Auf der Suche nach demjenigen, der aufgrund eines Verhaltens polizeipflichtig sein soll, stellen sich dieselben Fragen wie auch bei der zivilrechtlichen Störerhaftung. Zweifelsohne ist erster Ansatzpunkt auch des Gefahrenabwehrrechts die Äquivalenztheorie.[154] Ebenso wie im Straf- und Zivilrecht[155] sollen also durch die Frage nach der *conditio sine qua non* solche Bedingungen, die mit dem Erfolg – hier dann also der Gefahr – überhaupt nichts zu tun haben, abgeschieden werden.[156]

Bei der Abwehr einer Gefahr steht deren möglichst rasche Beseitigung, gleich ob und warum jemandem ein persönlicher Schuldvorwurf gemacht werden kann, im alleinigen Vordergrund des polizeilichen Handelns.[157] Die Wertung, ob jemand

150 Siehe nur *BVerfGE NJW 2006*, S. 1939–1951, S. 1947; *BVerwG NJW 1996, S. 333–334*, S. 333; *BVerwG NJW 1980, S. 1640–1641*, S. 1640; Schenke, Rnr. 69.

151 Drews/Wacke/Vogel/Martens, S. 293; Schenke, Rnr. 229; Spießhofer, S. 4.

152 Spießhofer, S. 10.

153 *Papier* in Maunz/Dürig, Art. 14, Rnr. 509; Spießhofer, S. 11.

154 Spießhofer, S. 29; Drews/Wacke/Vogel/Martens, S. 311; *Denninger* in Handbuch des Polizeirechts, E 76; Schenke, Rnr. 241.

155 Siehe oben Fn. 13.

156 Spießhofer, S. 29; Drews/Wacke/Vogel/Martens, S. 311.

157 Spießhofer, S. 30.

Störer oder Nichtstörer im Sinne des Polizeirechts ist, ist daher ausschließlich danach zu treffen, ob eine Gefahr objektiv zugerechnet werden kann oder nicht. Subjektive Beweggründe müssen daher gänzlich außer Acht bleiben. Wenig ergiebig ist ebenso die Frage danach, ob eine Gefahr rechtswidrig geschaffen wurde oder nicht – ausreichend ist auch hier das schlichte Bestehen der Gefahr. Ebenfalls als untauglich[158] erweist sich die zivilrechtlich anerkannte Filterung[159] mittels der Adäquanz. In diesem Sinne ist ein Ereignis adäquat, wenn es im Allgemeinen und nicht nur unter besonders eigenartigen, unwahrscheinlichen und nach dem gewöhnlichen Verlauf der Dinge außer Betracht zu lassenden Umständen geeignet ist, einen Erfolg der eingetretenen Art herbeizuführen.[160] Im Sinne einer funktionierenden Gefahrenabwehr soll aber gerade auch in Ausnahmesituationen, die ja mittels der Adäquanz herausgefiltert würden, derjenige, von dem eine Gefahr ausgeht, die Gefahr auch beseitigen.

Durch die Verengung des Erfolgstatbestandsmerkmals – Gefahr anstelle Beeinträchtigung – wird im Polizeirecht vielmehr an die Unmittelbarkeit zwischen Erfolg und Handlung angeknüpft, die als ausreichend empfunden wird. Demnach soll jedes Verhalten ursächlich und mithin zurechenbar sein, das unmittelbar, also ohne Zwischenschritte, zur Gefahr führt.[161] Polizeirechtlich erheblich ist daher jedes Verhalten, das unmittelbar die Gefahrengrenze überschreitet.[162] Im Übrigen soll wohl auch der Zweckveranlasser, also derjenige, dessen Verhalten in einem hinreichend engen inneren Zusammenhang mit der geschaffenen Gefahr steht, polizeipflichtig sein.[163]

### b. Polizeipflichtigkeit des Zustandsstörers

Die Verantwortlichkeit des sog. Zustandsstörers knüpft nicht an menschliches Verhalten, sondern in einem ersten Schritt an Gefahren an, die von Sachen oder Tieren ausgehen. Zugerechnet werden die hiervon ausgehenden Gefahren dann dem Inhaber tatsächlicher Gewalt oder – nach den jeweiligen Landespolizeige-

---

158 Ebs. Spießhofer, S. 32.

159 St. Rspr. siehe nur *BGH NJW 1953, S. 700–701,* S. 700; *BGH NJW 2008, S. 2431–2432,* S. 2431.

160 Siehe statt aller *BGH NJW 1953, S. 700–701*, S. 700.

161 Drews/Wacke/Vogel/Martens, S. 313; *Denninger* in Handbuch des Polizeirechts, E 77; Schenke, Rnr. 242.

162 Drews/Wacke/Vogel/Martens, S. 313.

163 Drews/Wacke/Vogel/Martens, S. 314; Schenke, Rnr. 244.

setzen teilweise nachrangig[164] – dem Eigentümer im zivilrechtlichen Sinne. Voraussetzung ist aber – wie eingangs bereits dargestellt – nicht irgendeine Beeinträchtigung, sondern das Bestehen einer konkreten Gefahr für ein polizeirechtlich geschütztes Rechtsgut. Die Gefahrenabwehrregelungen zur Zustandsstörerhaftung entsprechen folglich weniger dem auf einer bloßen Beeinträchtigung beruhenden negatorischen Anspruch aus § 1004 Abs. 1 BGB, sondern mehr der besonderen zivilrechtlichen Gefährdungshaftung, wie sie beispielsweise in §§ 833, 834 BGB für Tierhalter- und Aufseher, in §§ 836, 837 für den Grundstücks- und Gebäudebesitzer oder in § 7 StVG für den Fahrzeughalter vorgesehen sind. Insoweit wird die zivilrechtliche Gefährdungshaftung auf bestimmte, einzeln genannte Gefahrenherde (Tiere, Gebäude etc.) begrenzt. Die öffentlich-rechtliche Regelung scheint zunächst zügellos, bedarf allerdings noch einer polizeilichen Ermessensentscheidung. Diese polizeiliche Ermessensentscheidung hat sich am Übermaßverbot und deren Element der Zumutbarkeit zu orientieren und setzt folglich auch der gefahrenabwehrrechtlichen Zustandsstörerhaftung Grenzen.[165]

### c. Übertragbarkeit der polizeirechtlichen Störersystematik

Die polizeirechtliche Störersystematik lässt sich nicht auf die von der *actio negatoria* zu lösenden zivilrechtlichen Herausforderungen übertragen.[166] Dies gilt weder für die Verhaltens- noch für die Zustandshaftung. Erster wesentlicher Unterschied ist das Erfordernis völlig unterschiedlicher Erfolge. Sollen die öffentlichen-rechtlichen Regelungen einen Verantwortlichen erst beim Vorliegen einer konkreten Gefahr bestimmen, so ist die Erfolgsschwelle der zivilrechtlichen negatorischen Ansprüche, die nur eine Beeinträchtigung erfordern, hiergegen eher niedrig. Das Polizeirecht hat die schnelle und sichere Beseitigung von Gefahren im Blick und knüpft deswegen nur an unmittelbar zur Gefahrenlage führendem Verhalten an. Innerhalb dieser Verhaltenshaftung ist aber auch Zurechnungsfilterung über das

---

164 So beispielsweise § 7 Abs. 1 S. 1, Abs. 2 S. 2 HSOG; Art. 8 Abs. 1, 2 S. 1 BayPAG; §§ 5 Abs. 1 ME; §§ 14 Abs. 1, 3 S. 1 ASOG; § 6 Abs. 1 S. 1, Abs. 2 S. 1 BbgPolG; § 6 Abs. 1, Abs. 2 S. 1 BremPolG; § 7 Abs. 1 S. 1, Abs. 2 S. 2 NdsSOG; § 5 Abs. 1 S. 1, Abs. 2 S. 1 PolGNW; § 5 Abs. 1 S. 1, Abs. 2 S. 1 POGRP; § 5 Abs. 1 S. 1, Abs. 2 S. 1 SPolG; § 8 Abs. 1 S. 1, Abs. 2 S. 1 SOG LSA; anders aber beispielsweise in § 17 Abs. 1, Abs. 2 S. 1 OBG Bdg.

165 Drews/Wacke/Vogel/Martens, S. 321.

166 Ebs. Herrmann, S. 66; im Übrigen wird eine solche Übertragbarkeit regelmäßig nicht einmal angesprochen; a. A. – allerdings mit der grundsätzlichen Idee des auch im Zivilrecht vorbestehenden Dualismus von Handlungs- und Zustandshaftung – Stickelbrock, S. 500.

Tatbestandsmerkmal Unmittelbarkeit nicht für die *actio negatoria* brauchbar zu machen. Würde man im Rahmen zivilrechtlicher negatorischer Ansprüche nur unmittelbar zur Beeinträchtigung führendes Verhalten zurechnen wollen, so würde sich oftmals gar kein Verantwortlicher – beispielsweise für Froschquaken[167] oder den umherfliegenden Bienenschwarm[168] – finden lassen.

Auch die Übertragung der polizeirechtlichen Zustandshaftung muss scheitern. Das vom polizeirechtlichen Gesetzgeber gewählte Modell der Zustandshaftung wird erst durch die höhere Schwelle der Gefahr im Polizeirecht möglich. Eine solche Gefährdungshaftung kennt das Zivilrecht indes auch. Dort wird die Gefährdungshaftung dann teilweise und je nach Grad der Gefahr durch andere Filter – wie beispielsweise einem zusätzlichen Verschuldenserfordernis – beschränkt. Gänzlich anders als die öffentliche Interessen im Blick habende polizeirechtliche Störersystematik soll die zivilrechtliche *actio negatoria* private Interessen ausgleichen.[169]

Die Verwendung des Begriffs „Störerhaftung" für die Haftung im Rahmen zivilrechtlicher negatorischer Ansprüche auf der einen Seite und für öffentlichrechtliche Pflichtigkeit auf der anderen Seite schafft keine Klarheit, sondern verdunkelt die völlig unterschiedlichen Problemkreise mitsamt den hierzu vom Gesetzgeber bereitgestellten Lösungsmodellen. Zur Erkenntnisgewinnung, wer denn Anspruchsgegner zivilrechtlicher negatorischerr Ansprüche sei, kann aus dem polizeirechtlichen System jedenfalls kein Gewinn gezogen werden.

## 3. Rechtsusurpationstheorie

Mit der in seiner Dissertationsschrift[170] aus dem Jahre 1972 vorgelegten bildhaften und prima vista sehr einleuchtend anmutenden[171] Rechtsusurpationstheorie[172] eröffnete *Eduard Picker* eine völlig neue Blickmöglichkeit auf den zivilrechtlichen Beseitigungs- und Unterlassungsanspruch, an dem sich zahlreiche weitere

167 *RG JW 1910 Nr. 13, S. 654.*
168 *LG Ellwangen in NJW 1985, S. 2339–2340.*
169 So auch schon Schmidt, S. 22.
170 Picker.
171 Ebs. Herrmann, S. 79; *Kohl* in AK, § 1004, Rnr. 19; Waas, S. 1206; Larenz/Canaris, S. 696;
172 *Usurpation* von lat. *usurpare*, wörtlich durch Gebrauch an sich reißen.

Schriften abzuarbeiten hatten.[173] Grundlage seiner Theorie ist eine andere Auffassung was relevante Beeinträchtigung im Sinne von § 1004 Abs. 1 BGB sei.[174] *Picker* beschreibt insoweit die rechtliche Integrität des Eigentums als zunächst einmal voneinander getrennte Rechtskreise.[175] Erst die Überlagerung des einen Rechtskreises über einen anderen soll nach der Usurpationstheorie eine Beeinträchtigung darstellen.[176] Der Usurpator, also der demnach den Rechtskreis eines anderen Überlagernde, ist folglich nach dieser Lehre der Störer.[177] Das durch die Störung beim Eigentümer entstandene Minus sei (vergleichbar einer bereicherungsrechtlichen Ausgangslage[178]) durch die Beeinträchtigung zuweisungswidrig als Plus – quasi als Kehrseite – beim Störer.[179] Weitergehende Risiken habe demnach eben („*casum sentit dominus*") der Eigentümer zu tragen.

Historisch betrachtet, greift die Usurpationstheorie eine Ideenwelt des römischen Rechts auf, von der auch *Johows* Entwurf eines Sachenrechts[180] nicht unbeeinflusst blieb.[181] Demnach soll § 1004 Abs. 1 BGB gemeinsam mit § 985 BGB Gewähr für die von § 903 S. 1 BGB verlangte umfassende Befugnis des Eigentümers bieten. Ein Zusammenhang mit dem deliktischen Handlungsbegriff besteht dieser Theorie zufolge nicht – im Gegenteil: im Sinne der Rechtsusurpationstheorie ist die Störerhaftung reine Zustandshaftung.[182] Der Lehre von der Usurpation folgend gibt es also rein sachenrechtliche Beseitigungsansprüche aufgrund verschobener dinglicher Rechtskreise auf der einen und verschuldensabhängige, deliktische Ansprüche, die auf einem Verhalten basieren, auf der anderen Seite. Der sachenrechtliche Beseitigungsanspruch nach § 1004 Abs. 1 BGB soll demnach nur dann und solange eingreifen, wie ein Recht usurpiert, also belastet wird.[183]

173 Beispielsweise Herrmann, u. a. S. 74–100; Jabornegg/Strasser, S. 97 ff.; Larenz/Canaris, S. 695; *Medicus* in MünchKomm, 4. Aufl., § 1004, Rnrn. 25–28; *Baldus* in MünchKomm, 5. Aufl., § 1004, Rnrn. 33–38; *Münch* in Soergel, § 1004, Rnrn. 118–122; *Gursky* in Staudinger, § 1004, Rnrn., 5–13; *Jauerning* in Jauerning, § 1004, Rnr. 20; Waas, S. 1206 ff.; Kotz, S. 144–149; Wolf, S. 75–187; Kawasumi, u. a. S. 152–178; Neuner, S. 388/389.

174 Hierzu Picker, S. 49.

175 Picker, S. 49/50.

176 Picker, S. 50; die Usurpationstheorie ebenso verstehend: Herrmann, S. 77; Wolf, S. 76/77; Jabornegg/Strasser, S. 102; *Münch* in Soergel, § 1004, Rnr. 118; *Gursky* in Staudinger, § 1004, Rnr. 96; Larenz/Canaris, S. 696; *Medicus* in MünchKomm, 4. Aufl., § 1004, Rnr. 25; Waas, S. 1206; Neuner, S. 388; Kawasumi, S. 155.

177 *Münch* in Soergel, § 1004, Rnr. 118.

178 *Picker* in FS v. Gernhuber, S. 338; Gursky 1989, S. 398.

179 Picker, S. 51/52; *Picker* in FS v. Gernhuber, S. 338.

180 Siehe hierzu oben S. 24 ff.

181 Ebs. Kawasumi, S. 181.

182 So dann auch unmissverständlich Gursky 1989, S. 402.

183 Picker, S. 130.

Beendet der Usurpator die Beeinträchtigung im *Pickerschen* Sinne, bewegt er also seinen Rechtskreis von dem des Beeinträchtigten fort, so entfiele mangels weiterer Beeinträchtigung auch der negatorische Anspruch.[184]

Aufgrund der Besonderheiten der Rechtsusurpationstheorie soll im Folgenden erst den erst durch ihre Anwendung entstehenden Unschärfen nachgegangen werden:

## a. Historischer Anknüpfungspunkt der Rechtsusurpationstheorie

*Picker* knüpft seine Usurpationstheorie an die Servitutenklage des römischen Rechts an.[185] Insbesondere bezieht er seine Lehre auf den von *Johow* vorgelegten Teilentwurf zum Sachenrecht, der „unrichtige Verquickungen von dinglichen und deliktischem Anspruch“[186] verworfen habe.[187] Insoweit geht er davon aus, dass der *Johowsche* Entwurf der *actio negatoria* in den Motiven der ersten Kommission unverändert und „unmissverständlich im gleichen Sinne beschrieben“[188] und von der zweiten Kommission „sachlich nicht beanstandet“[189] worden sei.[190] Allerdings habe die erste Kommission das auf eine Zustandshaftung hindeutende Element des „habere“[191], also des bloßen Habens, „in das Kriterium des aufrechterhaltenen Willens verkehrt und verflüchtigt“[192]. Schon *Johows* Teilentwurf Sachenrecht knüpfte allerdings nicht trennscharf nur an einen Zustand, sondern eben auch an Handlungen an[193], weswegen er wohl seine Begründung zu § 207 seines Sachenrechtsentwurfs auch mit „Verbot von *Handlungen*“[194] übertitelte. Aber selbst wenn *Johows* Entwurf tatsächlich nur eine Zustandshaftung im Blick hatte, so sollte der negatorische Anspruch der ersten Kommission zufolge „lediglich eine objektive Rechtsverletzung zur Voraussetzung“[195] haben. Eine solch objektive Rechtsverletzung könnte durchaus auch eine Handlung sein. Im Unterschied zum deliktischen

184 Picker, S. 130; *Picker* in FS v. Gernhuber, S. 335; ebs. *Gursky* in Staudinger, § 1004, Rnr. 99.
185 Picker, S. 79.
186 Picker, S. 79.
187 Picker, S. 79.
188 Picker, S. 79.
189 Picker, S. 79 – Ein wenig versteckt in Fußnote 145.
190 Picker, S. 79.
191 Johow, S 1137 (1003) – *Habere*, lat. Haben.
192 Picker, S. 80 auf Mot. III 423 in Mugdan III, S. 236 Bezug nehmend.
193 Oben S. 24 ff., dort dann insbesondere Fn. 69.
194 Johow, S. 1139 (1005) – Hervorhebung von mir.
195 Prot. I, S. 4261 in Jakobs/Schubert SR I, S. 854.

Schadensersatzanspruch sei keine „subjektive Zurechenbarkeit“[196], nach heutiger Lesart also lediglich kein Verschulden, erforderlich.[197] Demnach konnte aus Sicht der ersten Kommission eine Beeinträchtigung im Sinne des negatorischen Anspruchs jedenfalls auch (wenn nicht gar nur[198]) auf einer Handlung beruhen.

Anders lässt sich auch der widerspruchslos angenommene Antrag in der 96. Sitzung der Vorkommission des Reichsjustizamts nicht erklären, demzufolge ein neuer § 73a CPO eingefügt werden sollte, um den damaligen § 73 CPO zu ergänzen. Der im Wesentlichen dem heutigen § 76 ZPO entsprechende § 73 CPO gab dem Besitzmittler die Möglichkeit, den mittelbaren Besitzer in den Prozess einzubeziehen. Dem neu einzufügenden § 73a CPO zufolge sollte diese Möglichkeit auch demjenigen eröffnet werden, der „wegen einer Beeinträchtigung des Eigenthums auf Grund einer Handlung verklagt ist, die er im Namen eines Dritten vorgenommen zu haben behauptet“[199]. § 73a CPO entspricht inhaltlich dem heutigen § 77 ZPO. Die erste Kommission hatte hinsichtlich des negatorischen Anspruchs also durchaus auch auf einer Handlung basierende Beeinträchtigungen im Blick.

Im Rahmen der Sitzungen der zweiten Kommission wurde von *Achilles* mit Antrag Nr. 96, 105 erneut die entsprechende Anwendung des damalige § 73 CPO für den Fall, dass „wegen einer Beeinträchtigung des Eigenthums auf Grund einer Handlung, die (...) in Ausübung des Rechts eines Dritten vorgenommen“ wurde, vorgeschlagen.[200] Auch dieser Antrag wurde ohne Widersprüche verlangt.[201] Weitergehende Änderungen wurden auch von der 2. Kommission nicht erwogen[202], sodass die *actio negatoria* dann unverändert in § 1004 BGB der ersten Fassung des Bürgerlichen Gesetzbuchs aufgenommen wurde.[203]

Obgleich sich in der vor Geltung des BGB liegenden Geschichte der *actio negatoria* zweifelsohne Anknüpfungspunkte für eine reine Zustandshaftung finden[204], wollte der BGB-Gesetzgeber § 1004 Abs. 1 BGB, anders als von der Rechtsusurpationstheorie behauptet, gerade nicht auf eine Zustandshaftung beschränken.[205]

---

196 Prot. I, S. 4261 in Jakobs/Schubert SR I, S. 854.
197 Prot. I, S. 4261 in Jakobs/Schubert SR I, S. 854.
198 Siehe hierzu dann unten S. 137.
199 Prot-RJA 967 in Jakobs/Schubert SR I, S. 860.
200 Prot. III 4048 in Mugdan III, S. 697; detaillierter in Jakobs/Schubert SR I, S. 861.
201 Prot. III 4048 in Mugdan III, S. 697/698.
202 So ja auch Picker, S. 79 in Fn. 145.
203 RGBl 1986, S. 195 ff. – bis heute unverändert im Wortlaut (oben Fn. 7).
204 Siehe oben S. 6 ff.
205 Im Ergebnis wohl ebenso Wolf, S. 137–140; Münzberg, S. 379–381; *BGH NJW 2006, S. 992–993 („Störerhaftung des Vermieters für vom Mieter am Nachbarhaus verursachten Brandschaden“),* S. 992.

## b. Auslegung des Tatbestandsmerkmals „Beeinträchtigung“ als systematischen Anknüpfungspunkt der Rechtsusurpationstheorie

Entscheidender systematischer Anknüpfungspunkt der Rechtsusurpationstheorie ist der Beeinträchtigungsbegriff.[206] Beeinträchtigung im Sinne dieser Lehre scheint eine einen fremden Rechtskreis überlagernde[207] Wirkung zu sein. Demnach wäre eine Beeinträchtigung zu bejahen, wenn der Störer seinen Rechtskreis zulasten des Gestörten in dessen Rechtskreis hinein ausweitet, weswegen der Rechtskreis des Gestörten zugunsten des Störers verkleinert würde. Der Störer hat folglich – quasi als Kehrseite der Beeinträchtigung – genau dasjenige Mehr, das dem von ihm Gestörten fehlt.[208] Folgt man der Rechtsusurpationstheorie, wäre der Störer vergleichbar dem Kondiktionsschuldner[209] um ein Stück[210] des Rechtskreises des Gestörten bereichert.[211] Im Ergebnis sei die Beeinträchtigung als sachenrechtliche Kategorie auf der einen und Schaden bzw. Verletzung als Begriffe des Schuldrechts auf der anderen Seite etwas völlig Unterschiedliches[212], hätten also keine gemeinsame Schnittmenge. Im Folgenden soll daher der Inhalt des diffizil erörterten[213] Beeinträchtigungsbegriffs durch Auslegung[214] freigelegt werden.

### *aa. Grammatikalische Untersuchung*

Etymologische Basis der *Beeinträchtigung* ist die *Eintracht*. Der Begriff der *Eintracht* ist zusammengesetzt aus *eine* und *Tracht*, wobei das Wort *Tracht* dem mittelniederdeutschen *dracht*, was soviel heißt wie „das was getragen wird“, entstammt. Eintracht steht insoweit für tragen der einen Tracht, also für einig, geschlossen, verbunden und geschlossen. Antonym hierzu verhält sich die *Zwietracht*, also die Trennung von dem Einen in Zwei (oder mehrere). Durch die Vorsilbe *Be* wird – für dieses Präfix untypisch[215] – das Adjektiv *einträchtig* verneint, vor allem aber lässt sich erst durch diese Vorsilbe ebenso gut das Verb *beeinträchtigen* wie das

206 Picker, S. 49; *Picker* in FS v. Gernhuber, S. 343; Gursky 1989, S. 398; *Gursky* in Staudinger, § 1004, Rnr. 6 u. 7.
207 Picker, S. 50.
208 Picker, S. 50.
209 Picker, S. 52.
210 Picker, S. 51.
211 *Picker* in FS v. Gernhuber, S. 338.
212 Picker, S 49; *Picker* in FS v. Gernhuber, S. 344.
213 *Schapp* Freiheit im Rechte, S. 23.
214 Nach *Hart*, The Concept of Law, S. 123 schlichte Anwendung der „general rules for the use of language“.
215 Grimm/Grimm DWB, Bd. 1, Sp. 1204.

Substantiv *Beeinträchtigung* bilden. Beeinträchtigung meint dem Wortlaut nach also Abkehr von der zuvor bestehenden Eintracht.[216] Versteht man ein absolutes Recht (wie auch das Eigentum[217]) als grundsätzlich einträchtig, so würde Beeinträchtigung *expressis verbis* jede Beschränkung der Absolutheit bedeuten, also im Falle des Eigentums jedes Minus der absoluten, ausschließlichen Befugnis des Eigentümers im Sinne von § 903 S. 1 BGB umfassen.

Der Wortlaut von § 1004 Abs. 1 S. 1 BGB gebietet allerdings aus sich selbst heraus keine zwingende Definition des Beeinträchtigungsbegriffs hin zu einer Zustands- oder Handlungshaftung, sondern lässt vielmehr beide Deutungsvarianten zu.

### *bb. Historische Untersuchung*

Will man die nähere Bedeutung des vor deutlich über einhundert Jahren ausgewählten Rechtsbegriffs *Beeinträchtigung* historisch erschließen, sind das Verständnis des ursprünglichen von dem des späteren Gesetzgebers zu scheiden. Insoweit ist auch die Auslegung traditioneller Rechtsbegriffe Veränderungen und Wandlungen unterworfen.[218] Daher sollen im Folgenden der Reihe nach Verständnis des ursprünglichen Gesetzgebers und seiner Nachfolger beleuchtet werden.

#### *aaa. Historisch-genetische Betrachtung*

In der Arbeit der ersten Kommission zum Bürgerlichen Gesetzbuch debütierte der Beeinträchtigungsbegriff noch als Eigentumsverletzung[219] oder, um es mit den Worten *Winscheids* auszudrücken, als Einwirkung gegen den Willen des Eigentümers[220] beziehungsweise Hinderung seiner Verfügungsfreiheit[221]. Insoweit ging die erste Kommission von einer Rechts*verletzung* als Ausgangspunkt negatorischer Ansprüche aus.[222] So nannte die Redaktionsvorlage der ersten Kommission für das Sachenrecht noch die *Verletzung* als Tatbestandsvoraussetzung der Störerhaftung.[223] Im späteren Entwurf der Redaktionskommission wurde dann die

---

216 Siehe hierzu auch Kluge/Seebold, S. 100 („Gegensatz zu (...) Eintracht").

217 Mot. III, S. 392 in Mugdan III, S. 218.

218 So auch *BVerfGE NJW 1983, S. 25–32 („Verfassungswidrigkeit des Staatshaftungsgesetzes")*, S. 25.

219 Mot. III 422 in Mugdan III, S. 236.

220 Windscheid, S. 674.

221 Windscheid, S. 675.

222 So u. a. in der Sitzung vom 03.09.1894 in Prot I 4257 in Jakobs/Schubert SR I, S. 852; Prot. I 4261 in Jakobs/Schubert SR I, S. 854 und in der Sitzung vom 05.09.1984 in Prot. I 4269 in Jakobs/Schubert SR I, S. 857.

223 RedVorl § 921 in Jakobs/Schubert SR I, S. 859.

Formulierung *Verletzung* durch *Beeinträchtigung* ersetzt.[224] Entsprechend wurde nachfolgend auch der bis heute unverändert[225] gebliebene Entwurf der ersten Kommission gefasst.[226] Grundlage des bürgerlichrechtlichen Eigentumsbegriffs ist § 903 BGB, wonach der Eigentümer andere von jeder Einwirkung auf sein Eigentum ausschließen kann.[227] Eigentum wird daher bereits durch jeden diesem umfassenden Eigentumsbegriff widersprechenden Zustand beeinträchtigt.[228] Die Beeinträchtigung würde also (nur) an den tatsächlichen Zustand des Eingriffs in das Ausschließlichkeitsrecht des Eigentums angeknüpft. Anders als von der Rechtsusurpationstheorie angenommen[229], kommt es den Beeinträchtigungsbegriff einengend[230] weder auf eine darüber hinausgehende Verletzung der Integrität[231] oder Anmaßung eines Rechts noch auf die Bereicherung[232] des Störers um einen usurpierten Teil des Eigentums an.[233]

Dieser historisch-gesetzgeberischen Wertung entspricht es auch, dass die erste Kommission bereits in ihrer Sitzung vom 11.01.1886 davon spricht, dass – dort bezogen auf Namensrechte – durchaus eine unerlaubte Handlung denkbar sei, die nicht zu einem Schadensersatz verpflichte, aber dennoch eine einen Beseitigungs- und Unterlassungsanspruch gewährende Beeinträchtigung sei.[234] Noch weiter ging der auch die Grundbuchordnung beratende BGB-Gesetzgeber in seiner Sitzung vom 11.06.1888. Nach der „Sprechweise des B.G.B.“[235] weise die Wahl des Begriffs *Beeinträchtigung* gegenüber dem der *Verletzung* darauf hin, dass bereits die bloße Gefährdung eines Rechts tatbestandsmäßig erfasst ist.[236] Insoweit liegt die Schwelle der Beeinträchtigung also aus Sicht des damaligen Gesetzgebers un-

224 ZustSachR § 921 in Jakobs/Schubert SR I, S. 859.

225 So bekannt gemacht in RGBl 1986, S. 195 ff. und dem Wortlaut (oben Fn. 7) nach bis heute unverändert.

226 KE § 920 in Jakobs/Schubert SR I, S. 859.

227 Mot. III 423 in Mugdan III, S. 236.

228 Mot. III 423 in Mugdan III, S. 236; Prot. I 4255 in Jakobs/Schubert SR I, S. 851; ebs. Crome System, § 1004, § 419 Vorb., S. 424; *Brodmann* in Planck, § 1004, Anm. 2 b; *Wesel* in FS v. Lübtow, S. 792; Wetzel, S. 104/105; v. Bar 1992, S. 8; Fritzsche, S. 140; *Fritzsche* in Bamberger/Roth, § 1004, Rnr. 34; *Ebbing* in Erman, § 1004, Rnr. 1; *Kohl* in AK, § 1004, Rnr. 32; *Münch* in Soergel, § 1004, Rnr. 23; in diesem ersten Schritt ebs. *Gursky* in Staudinger, § 1004, Rnr. 17.

229 Im Ganzen: Picker, S. 49 ff.

230 Pawlowski, Rnr. 773; *Medicus* in MünchKomm, 4. Aufl., § 1004, Rnr. 25.

231 Picker, S. 50.

232 *Picker* in FS v. Gernhuber, S. 338; Gursky 1989, S. 398.

233 Ebs. *Fritzsche* in Bamberger/Roth, § 1004, Rnr. 34; *Kohl* in AK, § 1004, Rnr. 32; *Münch* in Soergel, § 1004, Rnr. 26.

234 Prot. I 7522 in Jakobs/Schubert FR, S. 305/306.

235 Prot. I 13358 in Jakobs/Schubert SR III, S. 144.

236 Prot. I 13358 in Jakobs/Schubert SR III, S. 144.

terhalb derer der Verletzung. Oder anders gewendet ist durchaus jede Verletzung auch eine Beeinträchtigung, aber freilich nicht (schon) jede Beeinträchtigung zugleich eine Verletzung.

Der ursprünglich gewählte Beeinträchtigungsbegriff sollte also keine mit der Verletzung schnittmengenfreie Usurpation erfordern, sondern – entgegen der Meinung von *Picker*[237] – einen wesensgleichen, möglicherweise auch weniger intensiven Eingriff beschreiben.

Aus historisch-genetischer Sicht ist tatbestandliche Voraussetzung der Beeinträchtigung daher einzig und allein die Verkürzung des aus dem Eigentum entstammenden Ausschließlichkeitsrechts. Im Rahmen des speziellen Beeinträchtigungsbegriffs von § 1004 Abs. 1 BGB haben Entziehung und Vorenthaltung (§ 1004 Abs. 1 S. 1 BGB) auf der einen und zu duldende Störungen (§ 1004 Abs. 2 BGB) auf der anderen Seite als besondere Beeinträchtigungen außen vor zu bleiben.

*bbb. Historisch-progressive Betrachtung*

Möglicherweise hat sich die gesetzgeberische Sicht des Beeinträchtigungsbegriffs über die Jahre hinweg von der historisch-genetischen entfernt. Der Gesetzgeber verwendet – wie in der nachfolgenden[238] systematischen Betrachtung näher zu beleuchten sein wird – nach wie vor den Rechtsbegriff der *Beeinträchtigung*.[239] Hierbei spricht der spätere Gesetzgeber beispielsweise in dem einen Großteil vorbestehender Ansprüche ausschließenden § 19 Abs. 2 AKG von Ansprüchen, die auf einer „Verletzung *oder* Beeinträchtigung beruhen". Verletzung und Beeinträchtigung scheinen also verschiedenartig und nicht jede Verletzung gleichzeitig auch eine Beeinträchtigung zu sein. In seiner ursprünglichen Fassung des Regierungsentwurfs sollte die Bestimmung[240] sich nur auf Ansprüche aus § 1004 BGB beziehen. Aufgrund des Beschlusses des 22. Ausschusses für Geld und Kredit wurde anstelle des Verweises auf § 1004 BGB eine Beeinträchtigung oder Verletzung des Eigentums zur Anspruchsvoraussetzung der Norm.[241] Durch diese Änderung war jedoch keine Erweiterung der Vorschrift über den Beeinträchtigungsbegriff hinaus beabsichtigt. Klargestellt werden sollte vielmehr, dass sowohl Ansprüche, die einer Beeinträchtigung bedürfen, wie auch solche, die einer Verletzung bedür-

237 *Picker* in FS v. Gernhuber, S. 344.
238 Unten S. 56 ff.
239 Siehe beispielhaft nur in § 76 Abs. 1 Nr. 1 TKG, § 3 Abs. Abs. 5 Nr. 3 TMG, § 3 Abs. 1 UWG, § 36 Abs. 1 FlsBergV, § 145 StGB, § 97 Abs. 1 UrhG, § 35 Abs. 3 BauGB oder § 4 LuftSiG.
240 Damals noch als § 18 AKG in BT-Drucks II/1659, S. 10.
241 BT-Drucks II/3529, S. 20

fen, in der Regel ausgeschlossen sind.[242] Eine materielle Änderung sei durch diese klarstellende Hinzufügung ausdrücklich nicht enthalten.[243] Auch der Gesetzgeber des Jahres 1957 war also der Meinung, dass der Begriff der Beeinträchtigung auch jede Verletzung erfassen würde, sah allerdings insoweit schon damals eine gewisse Quelle für Missverständnisse.

Im Regierungsentwurf zum UWG ist der Gesetzesbegründung aus dem Jahre 2003 zu entnehmen, dass eine Behinderung oder Beschränkung jedenfalls eine Beeinträchtigung darstellt.[244] In der Regierungsbegründung zum Entwurf eines Gesetzes zur Verbesserung des zivilgerichtlichen Schutzes bei Gewalttaten und Nachstellungen sowie zur Erleichterung der Überlassung der Ehewohnung bei Trennung heißt es auf Seite 12, dass Gegenstand des bürgerlichrechtlichen Unterlassungsanspruchs *Verletzungen* und *unzumutbare Belästigungen* sein können.[245] Ebenso wie das Verständnis des ursprünglichen Gesetzgebers äußert der Gesetzgeber knapp hundert Jahre später also ebenfalls, dass der Anspruch in § 1004 Abs. 1 BGB auch Eingriffe erfassen will, die unterhalb der Schwelle einer Verletzung liegen. Noch deutlicher äußert der moderne Gesetzgeber auf Seite 3 der Entwurfsbegründung zum Graffiti-Bekämpfungsgesetz (§ 303 Abs. 2 StGB) en passent, dass § 1004 Abs. 1 BGB „umfassend im Sinne der Belange des Eigentümers ausgestaltet" sei und keiner Substanzverletzung bedürfe.[246] Der BGB-Gesetzgeber scheint also bislang sein Verständnis hinsichtlich des Beeinträchtigungsbegriffs nicht geändert zu haben. Bei einer Beeinträchtigung handelt es sich nach Auffassung des Gesetzgebers um einen mit einer Verletzung wesensgleichen, möglicherweise auch durchaus weniger intensiven[247] Eingriff. Eine Stütze dafür, dass es sich bei einer Beeinträchtigung um eine dingliche Belastung eines Rechts handeln soll, die von der deliktischen Verletzung zu trennen sein soll, lässt sich auch den späteren Äußerungen des Gesetzgebers nicht entnehmen.

### *ccc. Zwischenergebnis historische Untersuchung*

Weder die historisch-gentische noch die auf zwischenzeitlich getroffene Äußerungen des Gesetzgebers gestützte Untersuchung konnte die von der Rechtsusur-

242 BT-Drucks II/3529, Begründung S. 9.
243 BT-Drucks II/3529, Begründung S. 9.
244 BT-Drucks 15/1487, S. 30.
245 BT-Drucks 14/5429, S. 12.
246 BT-Drucks 15/5317, S. 3.
247 So spricht der Gesetzgeber beispielsweise in anderem Kontext selbst davon, dass „die Verwendung des Begriffs Beeinträchtigung eine sehr niedrige Hürde" setze (BT-Drucks 15/3789, S. 4).

pationstheorie vorausgesetzten Annahmen zur Tatbestandseinengung des bürgerlichrechtlichen negatorischen Anspruchs bestätigen. Vielmehr scheint der Beeinträchtigungsbegriff aus rechtshistorischer Sicht offen und als wesensgleicher, von einer Störerbereicherung unabhängiger Eingriff zum Verletzungsbegriff angelegt zu sein. Anders gewendet scheint der Beeinträchtigungsbegriff die „Vorverlegung der Verteidigungslinie“[248] gegenüber der deliktischen Verletzung zu sein.[249]

### *cc. Systematische Untersuchung*

Systematisch soll nachstehend zunächst auf den Bedeutungsinhalt des Beeinträchtigungsbegriffs im BGB[250] und anderen Bundesgesetzen[251] eingegangen werden. Hieran anschließend soll der Versuch unternommen werden vom normativen Kontext[252] des Beeinträchtigungsbegriffs in § 1004 BGB auf dessen Inhalt rückzuschließen.

#### *aaa. Beeinträchtigungsbegriff an anderen Stellen des BGB*

Das Bürgerliche Gesetzbuch enthält außer in § 1004 Abs. 1 BGB unter anderem in den Bestimmungen §§ 12 S. 1 u. 2, 161 Abs. 1, 567, 881 Abs. 4, 883, 906 Abs. 1 u. 2, 910 Abs. 2, 916, 1027, 1028, 1065, 1288 Abs. 1, 1318 Abs. 2 Nr. 2, 1598a Abs. 3, 1905 Abs. 1 Nr. 4, 2113, 2115, 2287, 2288, 2332 BGB das Substantiv Beeinträchtigung beziehungsweise das Verb beeinträchtigen. Einige dieser Bestimmungen lassen sich durchaus mit dem von der Rechtsusurpationstheorie angenommen Beeinträchtigungsbegriff in Einklang bringen. So gehen die §§ 567 S. 2, 881 Abs. 4, 2113 Abs. 1, 2115 S.1, 2287 Abs. 1 und 2332 BGB allesamt von einer ein Recht belastenden Beeinträchtigung aus. Auch der in §§ 161 Abs. 1, 883 Abs. 2, 906, 910 Abs. 2, 916, 1027, 1028 und 1065 BGB enthaltene Beeinträchtigungsbegriff würde – wenn auch etwas gekünstelt[253] – der von *Picker* formulierten Theorie nicht widersprechen.

Hingegen spricht § 12 S. 1 BGB davon, dass auch eine Verletzung eine zu beseitigende Beeinträchtigung (des Namens) sein kann. Nach §§ 1288 Abs. 1, 1318 Abs. 2 Nr. 2, 1598a Abs. 3, 1905 BGB können darüber hinaus auch Interesse,

---

248 Wiethölter, S. 55.

249 So auch Wiethölter, S. 55 (erwartungsgemäß anders hingegen Picker, S. 85).

250 Unten, hier anschließend.

251 Unten S. 57 f.

252 Unten S. 58 ff.

253 Die Vorstellung, dass quakende Frösche im Nachbarteich das Berühmen eines einer Dienstbarkeit vergleichbaren Rechts sein sollen, ist zumindest erstaunlich. Ebenso mutet es merkwürdig an, dass bei einem solch engen Verständnis der Beeinträchtigung eine Vormerkung mangels eigener Dinglichkeit nicht vor weiteren Vormerkungen schützen würde.

Kindswohl, körperliche und seelische Gesundheit sowie (schuldrechtliche) Ansprüche beeinträchtigt werden.

Laut § 2288 BGB kann Beeinträchtigung – deutlich im Gegensatz zur *Pickerschen* Theorie[254] – sogar jedes Zerstören, Beiseiteschaffen, Beschädigen, Veräußern und Belasten sein.[255]

Davon ausgehend, dass der BGB-Gesetzgeber nicht völlig unterschiedliche Tatbestandsmerkmale – entgegen seiner Absicht[256] – immer mit dem gleichen Begriff der Beeinträchtigung beschreiben wollte, ergibt sich die Untauglichkeit eines derart engen Beeinträchtigungsbegriffs wie von der Rechtsusurpationslehre vorausgesetzt.

*bbb. Beeinträchtigungsbegriff in anderen zivilrechtlichen Bundesgesetzen*

Der Bundesgesetzgeber verwendet den Beeinträchtigungsbegriff über das Bürgerliche Gesetzbuch hinaus in zahlreichen anderen Gesetzen. Ebenso wie innerhalb des BGB passt die Verwendung in einigen Fällen durchaus zum *Pickerschen* Verständnis der Beeinträchtigung.[257] Andererseits verwendet der Gesetzgeber den Rechtsbegriff der Beeinträchtigung aber in den Anspruchsgrundlagen der gewerblichen Schutzrechte und des Urheberrechts als verschuldensunabhängiges Minus zur deliktischen Verletzung.[258] Gleiches gilt im Wettbewerbs- und Kartellrecht.[259] § 77 ZPO[260] geht sogar ausdrücklich davon aus, dass entgegen der Konzeption der

254 Siehe nur Picker, S. 85.

255 Hierauf hatte auch schon Schmidt, S. 46 im Jahre 1924 hingewiesen; ebs. Offtermatt, S. 36.

256 So soll nach Mot. III 392 in Mugdan III, S. 218 der Rechtsinhalt absoluter Rechte jedenfalls im Sachen-, Familien- und Erbrecht insgesamt einheitlich bestimmt sein.

257 So beispielsweise in § 42 Abs. 3 BauGB, § 41 Abs. 1 Nr. 3 BNatSchG, § 172 Abs. 2 InsO, § 24 AKG, § 6 MRRG oder § 28 Abs. 1 OWiG.

258 So u. a. in § 97 Abs. 1 S. 1 UrhG im Gegensatz zum Schadensersatzanspruch in § 97 Abs. 2 UrhG, in § 139 Abs. 1 S. 1 PatG im Gegensatz zum Schadensersatzanspruch in § 139 Abs. S. 1 PatG, in § 14 Abs. 5 MarkenG im Gegensatz zum Schadensersatzanspruch in § 14 Abs. 6 MarkenG, in § 15 Abs. 4 MarkenG im Gegensatz zum Schadensersatzanspruch in § 15 Abs. 5 MarkenG, in § 24 Abs. 1 S. 1 GebrMG im Gegensatz zum Schadensersatzanspruch in § 24 Abs. 2 GebrMG.

259 Hier dann in § 8 UWG im Gegensatz zum Schadensersatzanspruch in § 9 UWG und § 33 Abs. 1 GWB im Gegensatz zu § 33 Abs. 3 GWB.

260 „§ 77 Urheberbenennung bei Eigentumsbeeinträchtigung – Ist von dem Eigentümer einer Sache oder von demjenigen, dem ein Recht an einer Sache zusteht, wegen einer *Beeinträchtigung des Eigentums oder seines Rechts* Klage auf Beseitigung der Beeinträchtigung oder auf Unterlassung weiterer Beeinträchtigungen erhoben, so sind die Vorschriften des § 76 entsprechend anzuwenden, sofern der Beklagte die Beeinträchtigung in Ausübung des Rechts eines Dritten vorgenommen zu haben behauptet." (Hervorhebung von mir).

Rechtsusurpationstheorie nicht nur das Eigentumsrecht, sondern auch das Eigentum selbst beeinträchtigt sein kann. Auch in den Bestimmungen des Strafrechts findet der Beeinträchtigungsbegriff regelmäßig sowohl als Überbegriff als auch für Verletzungen und minderintensive Eingriffe Verwendung. So ist Beeinträchtigen im Sinne von § 145 StGB unter anderem das Beseitigen, Unkenntlichmachen oder Entstellen von Verbotszeichen. Nach § 315 Abs. 1 StGB kann die Sicherheit einer Schienenbahn durch Zerstörung, Beschädigung oder Beseitigung von Beförderungsmitteln oder ähnlich gefährlicher Eingriffe beeinträchtigt werden. Auch im Übrigen scheint der Gesetzgeber immer wieder davon auszugehen, dass Beeinträchtigung – zumindest außerhalb des BGB – im Wesentlichen die Trias Beseitigen, Beschädigen und Zerstören umfasst und weniger eingriffsintensiv als die Verletzung sein kann.[261]

Auch die Auswertung anderer Bundesgesetze spricht also eher dafür, dass die Formulierung *Beeinträchtigung* immer dann verwendet wird, wenn ein Eingriff, der durchaus gegenüber der Verletzung auf einer minderen Stufe stehen kann, bezeichnet werden soll. Ansatzpunkte dafür, dass durch die Wendung Beeinträchtigung nur ein ein (absolutes) Recht belastender, also rechtsusurpierender Eingriff beschrieben und andere – beispielsweise deliktische – negative Folgen ausgeschlossen werden sollen, lassen sich nicht finden.

#### *ccc. Kontext des Beeinträchtigungsbegriffs in § 1004 BGB*

Möglicherweise ergibt sich aber aus dem sonstigen Kontext von § 1004 BGB, dass der dort benutzte Beeinträchtigungsbegriff dennoch nur dingliche Belastungen absoluter Rechte im Sinne übereinander verschobener Rechtskreise[262] umfasst. Hierfür spricht wohl zunächst einmal die Anordnung der Bestimmung im Sachenrecht. Deliktische Ansprüche sind hingegen in den §§ 823 ff. BGB geregelt. Für den Gesetzgeber wäre es ein Leichtes gewesen, Beseitigungs- und Unterlassungsansprüche (dann auch insoweit unmissverständlich) in den Kontext der unerlaubten Handlungen zu setzen. Im Bereich des gewerblichen Rechtsschutzes und des Urheberrechts ist er wie dargestellt auch genauso verfahren.[263]

Das BGB bietet zwei Richtungen von Ansprüchen aus dem Eigentum; einerseits solche wegen Entziehung und Vorenthaltung und andererseits die – hier interessanten – wegen aller anderer Beeinträchtigungen. Hierbei wollen die §§ 985 ff. BGB den nicht berechtigten, unverklagten gutgläubigen Besitzer weitgehend

---

261 So beispielsweise auch in § 36 Abs. 1 FlsBergV, § 56 Abs. 2 BEG, § 296 Abs. 1 InsO, § 303 Abs. 1 InsO, § 117 Abs. 3 Nr. 4 AO, § 9 TierSchG oder § 44 Abs. 1 S. 3 TKG.

262 Picker, S. 49/50.

263 Siehe oben S. 57, bei Fn. 258.

privilegieren. Die deliktischen Vorschriften sehen eine dem Eigentümer-Besitzer-Verhältnis vergleichbare komplexe Privilegienregelung nicht vor, sondern fragen nach schuldhaften Handlungen, die zu einem rechtswidrigen Erfolg führen. Deswegen ist ja ausgehend von § 993 Abs. 1 a. E. BGB auch die Anwendung zahlreicher Ansprüche bei Bejahung eines Eigentümer-Besitzer-Verhältnisses gesperrt.[264] Die nicht aufgrund einer Vindikationslage durch die §§ 985 ff. BGB ausgeschiedenen Ansprüche hat der Gesetzgeber direkt im Anschluss an die komplexen Regelungen des Eigentümer-Besitzer-Verhältnisses geregelt. Ein erster Ansatzpunkt könnte also sein, dass der Gesetzgeber die Ansprüche des Eigentümers aufgrund seines Eigentums nicht künstlich zerreißen wollte.

Nach §§ 827, 828 BGB werden bestimmte Täter als teilweise oder gänzlich deliktsunfähig verstanden. Dies mag für die Frage nach Schadensersatz nachvollziehbar sein. Nicht nachvollziehbar wäre es aber, wenn diese – für das gesamte Recht der unerlaubten Handlungen anwendbare – Ausnahmevorschriften auch dazu führen würden, dass eine Beeinträchtigung weder gegenwärtig zu beseitigen noch zukünftig zu unterlassen wäre.[265] Nichts anderes gilt (sinnvollerweise) auch für das Eigentümer-Besitzer-Verhältnis und den dortigen Herausgabeanspruch, §§ 985, 986 BGB.

Insoweit die Usurpationstheorie gegen jede „unrichtige Verquickungen von dinglichem und deliktischem Anspruch"[266] streitet, scheint sie im Übrigen auch unbeantwortet zu lassen, warum die von ihr zur Ausfüllung des Beeinträchtigungsbegriffs verwendete schuldrechtliche „Anleihe"[267] im Bereicherungsrecht gegenüber der im Deliktsrecht vorteilhaft sein soll.[268]

Auch aus dem Kontext des Beeinträchtigungsbegriffs in § 1004 BGB ergibt sich folglich kein Hinweis auf die Richtigkeit des von der Rechtsusurpationstheorie vorausgesetzten Beeinträchtigungsbegriffs.

### *dd. Teleologische Untersuchung*

Ziel der bürgerlich-rechtlichen *actio negatoria* ist die Wiederherstellung desjenigen Zustands, der dem Inhalt des jeweils betroffenen absoluten Rechts entspricht[269], mithin Schutz der Freiheits- und Eigentumssphäre des Einzelnen gegen äußere Einwirkungen.[270] Teleologisch zielt § 1004 Abs. 1 BGB folglich auf

264 Siehe statt aller *Stadler* in Soergel, Vor § 987, Rnrn. 18 ff. m.w.N..
265 So auch schon Fuchs-Wissemann, S. 12.
266 Picker, S. 79.
267 Steinbach, S. 92.
268 Steinbach, S. 92.
269 Mot. III 423 in Mugdan III, S. 236.
270 *Münch* in Staudinger, § 1004, Rnr. 4.

Verhinderung der Verkürzung absoluter Rechtspositionen. Um es mit dem von der Rechtsusurpationstheorie bemühten Bild von Rechtskreisen zu beschreiben, soll § 1004 Abs. 1 BGB eine Intervention dann ermöglichen, wenn der Rechtskreis eines absoluten Rechts von außen verkleinert, überlagert oder in sonstiger Weise verändert wird. Wesen eines absoluten, also eines ausschließlichen Rechts ist es nämlich zunächst einmal, andere von jeder Einwirkung auszuschließen. Die Überlagerung des betreffenden Rechtskreises des Ausschließlichkeitsrechts stellt sich folglich lediglich als besondere Einwirkungsform dar, vor der § 1004 Abs. 1 BGB ebenfalls schützen soll.

Ebenso widerspricht auch die von der *Pickerschen* Lehre angenommenen Auffassung[271], dass durch den Beeinträchtigungsbegriff nur Einschränkungen des „rechtlichen Könnens" im Gegensatz zu den von § 823 BGB beschriebenen Einschränkungen des „tatsächlichen Könnens" gemeint seien, dem Sinn und Zweck absoluter Rechte. Kern des Ausschließlichkeitsrechts ist es, mit dem Werk (§ 15 Abs. 1 UrhG), der patentierten Erfindung (§ 9 PatG), der Marke (§ 14 Abs. 1 MarkenG), dem Gegenstand des Gebrauchs- (§ 11 Abs. 1 GebrMG) oder Geschmacksmusters (§ 36 Abs. 1 GeschmMG) oder eben der Sache selbst (§ 903 Abs. 1 BGB) nach Belieben zu verfahren. Aus dem Umkehrschluss von § 3 Abs. 1 UWG folgt sich hier nahtlos einfügend, dass nicht etwa nur rechtliche Einwirkungen sondern sämtliche unlauteren geschäftlichen *Handlungen* zulässig sind, die ausschließlich die Interessen des Handelnden selbst beeinträchtigen.

Die von der Usurpationstheorie behauptete Verengung auf einander überlagernde Rechtskreise oder Einwirkungen auf das rechtliche Können und Nichtberücksichtigung anderer Eingriffe widerspricht dem Sinn und Zweck des negatorischen Schutzes.

Auch die Betrachtung des Sinns und Zwecks negatorischen Schutzes gebietet daher ein anderes Verständnis der Beeinträchtigung als das der Rechtsusurpationstheorie.

### *ee. Verfassungskonforme Untersuchung*

Einfachgesetzliche Vorschriften – wie beispielsweise solche des bürgerlichen Rechts – müssen grundsätzlich in Einklang mit dem höherrangigen[272] Grundgesetz stehen.[273] Während das Bürgerliche Gesetzbuch, insbesondere die in § 1004 Abs. 1 BGB verankerte *actio negatoria*, unverändert blieb, veränderte sich die

271 Picker, S. 51.

272 Zum Erfordernis der Vereinbarkeit mit höherrangigem Recht bereits Kelsen, S. 90 ff., lange vor Geltung des Grundgesetzes.

273 Siehe statt aller nur *BVerfG NJW 1958, S. 257–259 („Lüth")*, S. 257.

verfassungsmäßige Werteordnung des Deutschen Staates mehrfach. Gerade in der Zeit zwischen 1933 und 1945 erfuhr der bürgerlichrechtliche Eigentumsbegriff eine völlig neue Wendung, nämlich weg von liberalistisch-individualistischen Wertgrundlagen hin zu einer „NS-Gemeinschaftsideologie“[274], nach der „Gemeinnutz vor Eigennutz“[275] gehen sollte.[276] Nach 1945 wandelte sich der verfassungsrechtliche Rahmen weg von nationalsozialistischen Leitprinzipien wie Volk, Rasse, Gemeinschaft und Führertum hin – oder besser zurück[277] – zu individualistischer Prägung.[278] Auch wenn die Grundrechte im Zivilrecht keine unmittelbare Wirkung haben, so gebieten sie dennoch eine Begrenzung einfachen Rechts.[279] Der Rechtsgehalt der Grundrechte hat sich folglich durch das Medium der jeweils anzuwendenden Vorschriften zu entfalten.[280] Älteres Recht – wie beispielsweise § 1004 Abs. 1 BGB – kann also durch die mittelbare Wirkung der Grundrechte eine Änderung der Ausrichtung erfahren.[281] Insoweit ist die rangniedrigere Norm im Lichte der ranghöheren Norm, hier also § 1004 BGB[282] im Lichte des Grundgesetzes, auszulegen.[283] Dies gilt namentlich auch (und gerade) für den offenbar unbestimmten Rechtsbegriff der Beeinträchtigung.[284]

Die Garantie des Eigentums – und anderer absoluter Rechte – ist von besonderer Bedeutung für den sozialen Rechtsstaat und wesentliches Element grundrechtlichen Schutzes. Die Eigentumsgarantie gibt und sichert ihrem Träger einen Freiheitsraum im vermögensrechtlichen Bereich und will ihm dadurch eine eigenverantwortliche Gestaltung seines Lebens ermöglichen.[285] Eigentum im Sinne der Verfassung ist durch Privatnützigkeit und grundsätzliche Verfügungsbefug-

---

274 Rüthers, S. 351.

275 Ziffer 14 des Parteiprogramms der NSDAP vom 24. Februar 1920, abgedruckt bei Rosenberg, Das Parteiprogramm -Wesen, Grundsätze und Ziele der NSDAP, 25. Aufl., München, 1943, S. 14.

276 Rüthers, S. 352.

277 Rüthers, S. 351; ebs. (sogar) *Wieacker* Privatrechtsgeschichte, S. 604.

278 *Laudenklos*, *Rohls* und *Wolf* in Rückert, S. 326.

279 *Alexy*, Theorie der Grundrechte; 2. Aufl., Frankfurt am Main, 1994, S. 492/493.

280 *BVerfG NJW 1958, S. 257–259 („Lüth“)*, S. 257.

281 *BVerfG NJW 1958, S. 257–259 („Lüth“)*, S. 257.

282 *BVerfGE 7, 230–238 („Form der freien Meinungsäußerung“)*, Ziffern 16 u. 17; *LG Essen NJW 1973, S. 2290–2291*, S. 2291.

283 *Wank*, Die Auslegung von Gesetzen, 3. Aufl., Köln u. a., 2009, S. 68; *Larenz/Canaris*, Methodenlehre der Rechtswissenschaft, 3. Aufl., Berlin u. a., 1995, S. 159/160; *Coing/Honsell* in Staudinger/Eckpfeiler, S. 31; *BVerfGE NJW 1953, S. 1057–1059*, S. 1057; *BVerfG NJW 1958, S. 257–259 („Lüth“)*, S. 257; *BVerfGE NJW 1958, S. 1227–1228 („Verfassungskonforme Gesetzesauslegung“)*, S. 1227.

284 Bucher, S. 2292.

285 *BVerfG NJW 2000, S. 2573–2576 („Haftung des Grundstückseigentümers für Altlasten“)*, S. 2574.

nis gekennzeichnet.[286] Auch der bürgerlichrechtliche Gesetzgeber hat bei der Bestimmung von Inhalt und Schranken der als Eigentum grundrechtlich geschützten Rechtspositionen die grundgesetzliche Anerkennung des Privateigentums durch Art. 14 Abs. 1 GG auf der einen und die durch Art. 14 Abs. 3 GG vorgesehene Sozialpflichtigkeit des Eigentums auf der anderen Seite zu beachten.[287] Insoweit können Regelungen, die dem Eigentümer (Haftungs-) Pflichten auferlegen oder seine Rechte verkürzen, grundsätzlich den Schutzbereich des Art. 14 GG berühren. Durch die Ausdehnung der *actio negatoria* auf andere Ausschließlichkeitsrechte[288] könnte auch der Schutzbereich anderer Grundrechte betroffen sein. Hinsichtlich einer verfassungskonformen Auslegung des Beeinträchtigungsbegriffs kommt es insoweit lediglich darauf an, ob das Grundgesetz ein engeres oder weiteres Verständnis gebietet. Der Gesetzgeber ist zunächst einmal verpflichtet, Obsoleszenz und Disfunktionalität des Eigentums zu bewahren. Art. 14 Abs. 1 GG soll dem Einzelnen nicht nur die Freiheit von gezielten und gewollten staatlichen Eingriffen, sondern auch und gerade von tatsächlichen Einwirkungen oder Störungen des Staates gewähren.[289] Das Grundgesetz strebt weitestgehenden Eigentumsschutz an. Eine Beeinträchtigung im Sinne von § 1004 Abs. 1 BGB ist demnach bereits dann zu bejahen, wenn ein Erfolg seiner Wirkung nach geeignet ist, Entfaltungsinteressen zu verkürzen.[290] Grundsätzlich obliegt jedoch dem Gesetzgeber die inhaltliche Einschätzungs- und Entscheidungsprärogative[291]; eine sichere Auslegung des Rechtsbegriffs der Beeinträchtigung in die eine oder andere Richtung lässt die verfassungskonforme Betrachtung daher nicht zu. Es scheint aber eher so, als ob ein möglichst weites Verständnis des Beeinträchtigungsbegriffs der grundgesetzlichen Anforderung näher kommt denn ein eingeengtes.

#### *ff. Zwischenergebnis Auslegung*

Die Auslegung des in § 1004 Abs. 1 BGB verwendeten Tatbestandsmerkmals der Beeinträchtigung konnte das von der Rechtsusurpationstheorie vertretene enge Verständnis des Beeinträchtigungsbegriffs nicht bestätigen. Argumente für die Auffassung *Pickers*, dass Beeinträchtigung und Verletzung gänzlich getrennte

286 *BVerfGE NJW 1971, S. 2163–2165*, S. 2163; ebs. *Papier* in Maunz/Dürig, Art. 14, Rnr. 14.

287 *BVerfG NJW 2000, S. 2573–2576 („Haftung des Grundstückseigentümers für Altlasten")*, S. 2574.

288 Siehe oben S. 29 ff.

289 *Papier* in Maunz/Dürig, Art. 14, Rnr. 29 (m.w.N.).

290 So *BVerfG NJW 2003, S. 3262–3263*, S. 3263 zur *Beeinträchtigung* des Persönlichkeitsrechts.

291 Siehe nur *BVerfG NJW 2004, S. 3620–3622*, S. 3622.

Rechtsbegriffe ohne Überschneidungen[292] seien, ließen sich ebenfalls nicht finden. Auch für die von der Usurpationslehre befürwortete „Anleihe"[293] im Bereicherungsrecht lässt sich kein Ansatzpunkt finden. Beeinträchtigung ist vielmehr jede zur Verletzung wesensgleiche und möglicherweise weniger intensive[294] und von einer Störerbereicherung unabhängige Verkürzung des in § 903 BGB gewährten Eigentumsfreiheitsbegriffes. Umfasst ist (wie auch von § 2288 BGB bereits vorgegeben) jedes Zerstören, Beiseiteschaffen, Beschädigen, Veräußern und Belasten.[295]

### c. Plausibilität der Rechtsusurpationstheorie

Auch wenn der von der Rechtsusurpationslehre angenommene Beeinträchtigungsbegriff – obgleich auf den ersten Blick sehr einleuchtend[296] und unabhängig von besonderen Zurechnungsgründen[297] – nicht mit dem in § 1004 Abs. 1 BGB enthaltenen Tatbestandsmerkmal übereinstimmt, könnte die Lehre an sich dennoch zur Störerbestimmung geeignet sein. Im Folgenden soll daher die Plausibilität der Rechtsusurpationslehre hinsichtlich möglicher Bruchstellen innerhalb der eigenen Annahmen untersucht werden.

---

292 *Picker* in FS v. Gernhuber, S. 338.

293 Steinbach, S. 92.

294 Zu Recht weist *Kohl* in AK, § 1004, Rnr. 38 darauf hin, dass auch jede Werterhöhung Beeinträchtigung im Sinne des § 1004 Abs. 1 BGB sei.

295 Von einem ähnlich weiten Verständnis des bürgerlichrechtlichen Beeinträchtigungsbegriffs gehen auch *Brodmann* in Planck, § 1004, Anm. 2 b; Crome System, Vorb. § 419, S. 424; *Medicus* in MünchKomm, 4. Aufl., § 1004, Rnrn. 20 ff.; *Kohl* in AK, § 1004, Rnr. 32; *Fritzsche* in Bamberger/Roth, § 1004, Rnr. 37; *Ebbing* in Erman, § 1004, Rnrn. 12–15; *Bassenge* in Palandt, § 1004, Rnrn. 5–11; *Münch* in Soergel, § 1004, Rnrn. 23 ff. ; Schmidt, S. 55/56; Stönner, S. 51; Heiß, S. 43; *Wieacker* in Wollenschläger, S. 206; Wiethölter, S. 55; Münzberg, S. 377 ff.; Baur 1961, S. 141; Herrmann, S. 134; Stickelbrock, S. 467/468; Heinze, S. 64; Steinbach, S. 152/153; *Wenzel* Nachbarrecht, S. 243; Armbrüster, S. 3089; Bensching, S. 66; Wolf, S, 367; E.Wolf, S. 149; Brehm/Berger, § 7, Rnr. 11 und Baur/Stürner, § 12, Rnr. 7 aus; ebs. aber etwas unscharf wohl Offtermatt, S. 46 („fortwirkende Störungsursache"). Anderer Auffassung selbstverständlich Picker, S 49; *Picker* in FS v. Gernhuber, S. 344; *Gursky* in Staudinger, § 1004, Rnr. 20; Gursky 1989, S. 397; ebs. aber scheinbar auch Kotz, S. 100, ohne sich allerdings mit der Auslegung des Beeinträchtigungsbegriffs näher auseinander zu setzen. Etwas unklar indes *Englert* in Prütting/Wegen/Weinreich, § 1004, Rnr. 5 demzufolge wohl nur *nachteilige* Zustandsabweichung eine Beeinträchtigung im Sinne von § 1004 Abs. 1 BGB darstellen sollen.

296 Siehe oben S. 47–49.

297 *Picker* in FS v. Gernhuber, S. 339.

### *aa. Unschärfe des Usurpationsbegriffs bei Immissionsfällen*

Die im Wesentlichen von *Picker* entwickelte Lehre geht (wie eingangs dargestellt[298]) davon aus, dass Störung im Sinne von § 1004 Abs. 1 BGB die Usurpation eines dem Gestörten zustehenden Rechts ist. Diese Usurpation, also die Anmaßung eines eigenen Nutzungsrechts an der eben dadurch beeinträchtigten Sache, setzt das Verschieben des Rechtskreises des Störers über den des Gestörten voraus.[299] Es geht also immer um die Beeinträchtigung der *rechtlichen* Integrität einer Sache durch einen Zustand.[300] § 906 BGB bestimmt nun Duldungsrechte des Eigentümers für das Hinüberwirken unwägbarer Stoffe. Solche Immissionen sind im Umkehrschluss demnach jedenfalls Beeinträchtigungen im Sinne von § 1004 Abs. 1 BGB. Hierbei sind Störungen im weitesten Sinne erfasst, beispielsweise also Immissionen von Geräuschen, Luftverunreinigung, Erschütterungen, Licht und so weiter. Nach der *Pickerschen* Konstruktion maßt sich der Emittent *faktisch* ein fremdes Recht an; auf eine (darüber hinausgehende) ausdrückliche Anmaßung käme es daher gar nicht mehr an.[301] Wie oben bereits angesprochen[302], mutet es wenigstens gekünstelt[303] an, den Standpunkt zu vertreten, dass das lauthalse Froschkonzert im Gartenteich[304], der Lärm von Discogästen beim Verlassen des Lokals[305] oder auf einem Spielplatz spielender Kinder[306] die Anmaßung eines besonderen Nutzungsrechts vergleichbar einer Dienstbarkeit sei.[307]

Greift man den von der Usurpationslehre gezogenen Vergleich zum Bereicherungsrecht auf, weswegen der Störer also genau um dasjenige bereichert sein würde, was dem Gestörten durch die Beeinträchtigung fehlt[308], ergibt sich jedenfalls für Immissionsfälle eine gewisse Unschärfe.[309] Lässt man sich nämlich einmal darauf ein, dass der Gestörte seines Rechts auf eine bestimmte Immission *ent*reichert sei, so wäre der Emittent dennoch nicht um dieses Immissionrecht *be*reichert. Ihm wird es in der Regel nicht darauf ankommen, gerade dem Grundstück des Gestörten Imponderabilien zuzuführen. In seinem Fokus steht näm-

---

298 Oben S. 47 ff.
299 Picker, S. 50.
300 So *Medicus* in MünchKomm, 4. Aufl., § 1004, Rnr. 25.
301 *Picker* in FS v. Gernhuber, S. 347; ebs. Gursky 1989, S. 398.
302 Oben S. 56 ff.
303 Nach Jabornegg/Strasser, S. 102 ist es sogar „eindeutig falsch".
304 *RG JW 1910 Nr. 13, S. 654.*
305 (sogar) *EGMR NJW 2005, S. 3767–3769.*
306 *LG Frankfurt NJW-RR 1986, S. 817–818.*
307 Genau so aber Picker, S. 130; *Picker* in FS v. Gernhuber, S. 347 und Gursky 1989, S. 398.
308 Picker, S. 51/52.
309 Ebs. Herrmann, S. 93/94; Jabornegg/Strasser, S. 102; *Medicus* in MünchKomm, 4. Aufl., § 1004, Rnr 26.

lich regelmäßig nicht die Immission, also das Hineinsenden, sondern nur seine Emission, also das Heraussenden. Emission und Immission müssen, ja werden sich daher aber oft gerade nicht entsprechen – von Kehrseite im Sinne des Bereicherungsrechts kann also eigentlich keine Rede sein. Nicht ganz verständlich ist allerdings auch, wenn die Gegner der Usurpationslehre die Auffassung vertreten, dass der Emittent von dem Nachteil des Gestörten gar nichts habe.[310]

Besonders merkwürdig wird das Ergebnis bei Anwendung der Usurpationstheorie, wenn die Beeinträchtigung von mehreren Störern hervorgerufen wird bzw. das Wirken eines Dritten – und hierum geht es in dieser Arbeit dann ja letztendlich[311] – zwischen Emittent und Gestörten tritt. Denn welches bereicherungsrechtlich relevante erlangte Etwas will man denn beispielsweise dem Inhaber eines Internetanschlusses, über dessen unverschlüsselte WLAN-Verbindung durch einen ihm unbekannten Dritten illegal Musik über eine Tauschbörse zum Download angeboten wird, zuschreiben, ohne rot zu werden.[312] Gleiches gilt beispielsweise auch für den Betreiber eines Selbstbedienungs-Copy-Shops, dessen Fotokopierer für die urheberrechtswidrige Vervielfältigung benutzt wird[313], den Spediteur, der fremde, rechtswidrig mit einer fremden Marke versehene Waren, transportiert[314] oder im weiten Bereich der Persönlichkeitsrechtsverletzung[315] durch Medien gegenüber Autor[316], Verleger[317], Herausgeber[318] und technischem Verbreiter[319]. Zudem ist bei all diesen Beispielfällen auch nicht (mehr) klar, wer

310 So aber beispielsweise Herrmann, S. 93.

311 Siehe dann vor allem unten S. 150 ff. und 179 ff.

312 Siehe hierzu (allerdings ohne Anwendung der Rechtsusurpationstheorie): *LG Hamburg MMR 2007, S. 491–494*; *LG Hamburg MMR 2007, S. 131–132*; *LG Hamburg CR 2007, S. 54–55*; *LG Hamburg CR 2006, S. 780–782*; *LG Mannheim MMR 2007, S. 537–539*; *LG Mannheim CR 2007, S. 394–396*; *LG Frankfurt am Main CR 2007, S. 670–672*; *OLG Düsseldorf Beschluss vom 27.12.2007 Aktz. 20 W 157/07 (z. n. Juris); OLG Frankfurt am Main MMR 2008, S. 603–609* und *BGH NJW 2010, S. 2061–2064 („Sommer unseres Lebens“).*

313 *BGH GRUR 1984, S. 54–56 („Kopierläden“).*

314 *BGH GRUR 1957, S. 352–354 („Pertusin II“).*

315 Dazu auch sogleich unten S. 71 ff.

316 *LG Berlin NJW 1997, S. 1373–1375 („Berlins gierigster Lehrer“).*

317 *BGH NJW 1952, S. 660–661 („Constanze I“)*; *BGH NJW 1963, S. 902–904 („Fernsehansagerin“).*

318 *BGH NJW 1980, S. 994–996 („Wahlkampf-Illustrierte“).*

319 *BGH GRUR 2004, S. 693–696 („Schöner Wetten“)*; *BGH GRUR 2004, S. 860–864 („Internet-Versteigerung I“)*; *BGH CR 2007, S. 523–527 („Internet-Versteigerung II“)*; *BGH GRUR 2008, S. 702–707 („Internet-Versteigerung III“)*; *OLG Hamburg NJW-RR 2006, S. 1054–1061 („Cybersky“)*; ebs. in den USA bspw. *Supreme Court of the United States GRUR Int. 2005 S. 859–863 („MGM v. Grokster et al.“).*

welchen Rechtskreis wie über wessen Rechtskreis verschoben haben soll.[320] So berühmen sich die Inhaber von Internetanschluss, Copy-Shop oder Spedition gerade keines Nutzungsrechts. Die bei einfachen Fällen noch der Verständlichkeit dienende Bildhaftigkeit der Rechtsusurpationstheorie schafft hier folglich weitere Probleme, statt, dass sie solche verhindert. Die Umetikettierung eines faktischen Verhaltens zu einer Rechtsfolgen auslösenden Erklärung ist ohnehin zahlreichen Bedenken ausgesetzt.[321] Auch der widersprüchliches Verhalten unberücksichtigt lassende, schuldrechtliche *venire contra factum proprium*-Grundsatz verlangt wenigstens, dass derjenige, der sich möglicherweise widersprüchlich verhält, den Erklärungsinhalt des Verhaltens, zu dem er sich sodann in Widerspruch setzt, kennt.[322] Regelmäßig wird es aber weder Verhalten noch gar Erklärung, die ein Sich-Berühmen zum Inhalt hätte, geben, sodass auch aus Sicht des *venire contra factum proprium*-Grundsatzes die gewünschte Umetikettierung scheitert. In den genannten Beispielfällen kann von der seitens der Rechtsusurpationstheorie vorausgesetzten (und benötigten) faktischen Rechtsanmaßung gar keine Rede sein. Von einer faktischen Behauptung einer Dienstbarkeit bei bloß tatsächlichem Handeln kann mithin grundsätzlich nicht ausgegangen werden.[323]

Fraglich bleibt insoweit auch, was wäre denn, wenn der Emittent von sich aus sofort mit oder bestenfalls sogar schon vor der Immission beim Beeinträchtigten klarstellt, dass er sich gleichwohl der von ihm verursachten Beeinträchtigung gerade keines Nutzungsrechts berühme. Zu Problemen würde die Idee der faktischen Anmaßung eines Nutzungsrechts im Übrigen auch dann führen, wenn dieses Recht gar nicht wirksam eingeräumt werden könnte. So kommt beispielsweise auch ein faktisches Arbeitsverhältnis, das auf eine sittenwidrige Tätigkeit gerichtet ist, nicht in Betracht.[324]

Nicht frei von Schwierigkeiten ist das von der Usurpationstheorie vorausgesetzte Erfordernis des angemaßten Nutzungsrechts, das ja in Wahrheit nicht be-

---

320 So wohl auch Herrmann, S. 93.

321 Siehe hierzu nur *BGH NJW 1954, S. 231* oder *BGH NJW 1955, S. 1067–1069* zur sog. faktischen bzw. fehlerhaften Gesellschaft oder *BAG 07.06.1972 AP Nr. 18 zu § 611 BGB („Faktisches Arbeitsverhältnis“)*, wonach ein sog. faktisches Arbeitsverhältnis primär dem (faktischen) Arbeitnehmer seine Lohnansprüche sichern will und ihn nicht auf bereicherungsrechtliche Ansprüche verweisen möchte.

322 *Roth* in MünchKomm, 5. Aufl., § 242, Rnr. 259; *Grünberg/Sutschet* in Bamberger/Roth, § 242, Rnr. 109.

323 Worüber auch der Evidenzappell *Gurskys* in Gursky 1989, S. 398 („ist es aber *offensichtlich*, dass sich der Störer objektiv so verhält, als stünde ihm eine entsprechende Dienstbarkeit (...) zu“) nicht hinwegtäuschen kann.

324 *BGH NJW 1976, S. 1958–1960* dazu, dass ein Arbeitsverhältnis, das die öffentliche Vorführung von Geschlechtsverkehr zum Gegenstand habe, nicht wirksam vereinbart werden könne, weswegen auch ein faktisches Arbeitsverhältnis nicht bestehen kann.

steht, weswegen der sich das Recht Anmaßende ja überhaupt Störer ist, in dem speziellen Fall, in dem die Beeinträchtigung vom Gestörten selbst mitverantwortet wird.[325] Da der Eigentümer in der Regel nach § 903 BGB zunächst auch Inhaber aller Nutzungsrechte an einer Sache ist, kann er sich meist auch nicht eines ihm in Wahrheit nicht zustehenden Nutzungsrechts berühmen – ihm steht das Nutzungsrecht ja gerade zu. Räumt der Gestörte in diesem Fall konkludent seinem Störerkollegen das Nutzungsrecht mit ein – dann gäbe es gar keinen Störer – oder müsste dieser gar alleine die gemeinsam verantwortete Beeinträchtigung beseitigen? Verschärft wird dieses Problem dadurch, dass die Usurpationslehre die Verantwortlichkeit nicht an ein Handeln[326], sondern an die bloß dingliche Zuordnung[327] knüpft. Was also, wenn die Beeinträchtigung von einer einem Dritten gemeinsam mit dem Gestörten gehörigen Sache ausgeht?

Es will nicht recht einleuchten, warum die Rechtsusurpationstheorie den Beeinträchtigungsbegriff mit bereicherungsrechtlichen „Anleihen"[328] aufladen will, obgleich die dort notwendigen Sonderregelungen – beispielsweise wegen Entreicherung oder Sittenwidrigkeit – dem Sachenrecht fremd sind. Besonders anschaulich lassen sich die hiermit verbundenen Schwierigkeiten anhand von sogenannten Immissionsfällen aufzeigen, die letztendlich einen Kern der Störerhaftung bilden.

Mittels der Rechtsusurpationstheorie lassen sich sogenannte Immissionsfälle – die ja immerhin ein wesentlicher Anwendungsbereich der Störerhaftung sind – nicht immer trennscharf lösen.

### *bb. Unschärfe des Usurpationsbegriffs bei Eigentumsaufgabe*

Die Störerbestimmung mittels der Usurpationstheorie geht davon aus, dass Störer derjenige ist, dessen ihm dinglich zugeordnete Sache auf die Sache eines anderen einwirkt.[329] Demnach würde die Störereigenschaft entfallen, wenn die dingliche Zuordnung der beeinträchtigenden Sache zum (dann vorherigen) Störer nicht

---

325 Grundlegend zum Problem der Mitverantwortung unter Störern Fuchs-Wissemann, S. 17 ff.

326 Gursky 1989, S. 402.

327 Gursky 1989, S. 400.

328 Steinbach, S. 92.

329 Gursky 1989, S. 400.

mehr besteht.[330] Ausführlich wurde bereits von Gegnern[331], Anhängern[332] und den wohl zwischen diesen Polen liegenden Autoren[333] über sich aus der Dereliktion des Eigentums ergebenden Schwierigkeiten der Rechtsusurpationslehre geschrieben. Im Kern geht es um die Frage, ob ein Störer durch Aufgabe des Eigentums zum Nichtstörer wird und folglich nicht mehr von einer Beseitigungspflicht getroffen wird. Zu eben diesem Ergebnis muss die *Pickersche* Theorie nahezu zwingend kommen – berühmt sich der vormalige Usurpator durch die Eigentumsaufgabe ja gerade keines Rechts (mehr), hat also, anders gewendet, seinen Rechtskreis von demjenigen des Gestörten wieder entfernt.[334]

Davon abgesehen, dass es ungerecht erscheint, dass denjenigen, der Abfall vorübergehend auf einem fremden Grundstück lagert, eine Beseitigungspflicht trifft, wohingegen derjenige, der den gleichen Abfall dauerhaft auf fremdem Grund „entsorgen" möchte und sein Eigentum daran aufgibt, keine derartige Pflicht träfe[335], ist dieses Modell auch gesetzes-systematisch problembehaftet.[336] Nach § 1005 BGB hat der Eigentümer einer Sache ein Verfolgungsrecht insoweit sie sich auf fremdem Grund befindet. Dieses Recht verlöre der Eigentümer im Falle der Dereliktion. Der ja zunächst einmal entstandene Beseitigungsanspruch könnte im Folgenden nur nach den Unmöglichkeitsregeln untergegangen sein. Der Störer ist aber nach § 1004 Abs. 1 BGB nicht nur zur Beseitigung der Beeinträchtigung in eigener Person verpflichtet, sondern steht in der Pflicht, alles zur Beseitigung Erforderliche auf eigene Kosten vorzunehmen.[337] Ansonsten wäre die Beseitigungspflicht hinsichtlich solcher Beeinträchtigungen, die gar nicht vom Störer in Person beseitigt werden können (beispielsweise erhebliche Bodenverunreinigungen, schwere Gegenstände usw.) immer unmöglich. Wie sich bereits

---

330 So auch Picker, S. 113; *Picker* in FS v. Gernhuber, S. 350.

331 *BGH NJW 2005, S. 1366–1369 („Umfang der Beseitigungspflicht bei Boden-kontamination")*, S. 1367; *Medicus* in MünchKomm, 4. Aufl., § 1004, Rnr. 28; *Münch* in Soergel, § 1004, Rnrn. 76, 185, 190; *Ebbing* in Erman, § 1004, Rnr. 132; *Fritzsche* in Bamberger/Roth, § 1004, *Bassenge* in Palandt, § 1004, Rnr. 25; Rnr. 20; Larenz/Canaris, S. 689 u. 696; Hohloch, S. 178; Mertens, S. 1785; Steinbach, S. 91/92; Bensching, S. 86; Wolf, S. 100.

332 Picker, S. 113; *Picker* in FS v. Gernhuber, S. 338; Gursky 1989, S. 401; *Gursky* in Staudinger, § 1004, Rnr. 113; wohl eher auch als Anhänger (Rnr. 780) Pawlowski, Rnr. 770.

333 *Kohl* in AK, § 1004, Rnr. 51; Waas, S. 4.

334 Entsprechend dann auch Picker, S. 113; *Picker* in FS v. Gernhuber, S. 338; Gursky 1989, S. 401; *Gursky* in Staudinger, § 1004, Rnr. 113.

335 Beispiel nach *Medicus* in MünchKomm, 4. Aufl., § 1004, Rnr. 28.

336 Noch deutlicher Larenz/Canaris, S. 689 „(...) widerspricht (...) der Lösung des Gesetzes und leuchtet im übrigen auch vom Ergebnis her nicht ein" (Auslassungszeichen von mir).

337 Mot. III 425 in Mugdan III, S. 237.

§ 275 Abs. 2 BGB entnehmen lässt, wird die Erfüllung einer Leistungspflicht aber nur dann unmöglich, wenn sie unverhältnismäßig große Aufwendungen erfordert. Ein Grund, warum für den einmal entstandenen Beseitigungsanspruch nicht die Unmöglichkeitsregeln aus § 275 ff. BGB gelten sollen, ist nicht ersichtlich.[338] Der sein Eigentum aufgebende Störer verliert demnach zwar sein Verfolgungsrecht nach § 1005 BGB, bleibt allerdings weiterhin in der Pflicht, die von ihm verursachte Beeinträchtigung zu beseitigen[339], es sei denn, die Beseitigung würde einen unverhältnismäßigen Aufwand erfordern. Der Störer kann sich also seiner Beseitigungspflicht nicht dadurch entziehen, dass er sein Eigentum an der störenden Sache aufgibt. (Auch) insoweit führt die Anwendung der Rechtsusurpationstheorie daher zu Unschärfen.

### *cc. Unschärfe des Usurpationsbegriffs bei Störungen innerhalb einander überlagernder Rechtskreise*

Angenommen, der Inhaber einer Musikbox stellt diese auf einem Grundstück ab und verlässt das Grundstück. Der insoweit berechtigte Grundstückseigentümer schaltet das Gerät bei voller Lautstärke an, vermag es aber unverschuldet nicht mehr auszuschalten. Durch die lärmende Dauerlast entsteht ein sich fortlaufend vertiefender Schaden an den Lautsprechern der Musikbox. Würde man der von *Picker* konzipierten Lehre –derzufolge Störerhaftung bloße Zustandshaftung sei[340] – folgen, so würde das Ausschließlichkeitsrecht am Grundstück durch die lärmende Musikbox usurpiert und der Grundstückseigentümer mithin von demjenigen beeinträchtigt, dem die Musikbox dinglich zugeordnet ist, also ihrem Eigentümer. Dieser hätte einen Beseitigungsanspruch gegenüber dem Eigentümer der Musikbox, der seinerseits Pech zu haben scheint, zur Folge. Noch deutlicher wird

338 Ebs. *BGH NJW 2008, S. 3122–3123*, S. 3123; Baur/Stürner, S. 126; *Unberath* in Bamberger/Roth, § 275, Rnr. 18; *Heinrichs* in Palandt, § 275, Rnr. 2 (der wohl als bloßen Tippfehler von einem „Beseitigungsanspruch aus § 1006 BGB" spricht); zur Anwendbarkeit der schuldrechtlichen Vorschriften auf dingliche Ansprüche nach alten Schuldrecht Mot. III 398 in Mugdan III, S. 222; zur Anwendbarkeit von § 275 Abs. 2 auch auf sachenrechtliche Ansprüche nach neuem Schuldrecht BT-Drucks. 14/6040, S. 130; zur grundsätzlichen Berücksichtigung der Unmöglichkeit ebs. sogar Picker, S. 134; und auch *Gursky* in Staudinger, § 1004, Rnr. 148, der allerdings eine Berücksichtigung der Unmöglichkeit unter Anwendung des § 275 BGB auf Ansprüche aus § 1004 BGB ablehnt, sondern diese auf den allgemeinen Grundsatz *„ultra posso nemo obligatur"* (Lat. „über das Können hinaus wird niemand verpflichtet") stützen will.

339 *Medicus* in MünchKomm, 4. Aufl., § 1004, Rnr. 28; *Münch* in Soergel, § 1004, Rnrn. 76, 185, 190; *Ebbing* in Erman, § 1004, Rnr. 132; *Fritzsche* in Bamberger/Roth, § 1004, *Bassenge* in Palandt, § 1004, Rnr. 25; Rnr. 20; Larenz/Canaris, S. 689 u. 696; Hohloch, S. 178; Mertens, S. 1785; Steinbach, S. 91/92; Bensching, S. 86; Wolf, S. 100.

340 Gursky 1989, S. 402.

das Problem, zu dem die Rechtsusurpationstheorie führt, bei folgendem Fall: Angenommen ein nicht dem Grundstückeigentümer gehörendes Fahrzeug steht auf dessen Grundstück. Schon auf den ersten Blick ist unklar wer in diesem Beispielfall wessen Eigentum beeinträchtigt. Im Ergebnis ist jedenfalls der Grundstückseigentümer in seinem Eigentum genau so beeinträchtigt wie der Fahrzeugeigentümer[341] – beide können nämlich nicht frei über ihr Eigentum verfügen. Anders als von *Picker* behauptet[342] bedarf es zur weiteren Beurteilung dieses Beispiels gerade doch des „Blicks in die Vergangenheit"[343], um zu einem sinnvollen Ergebnis zu gelangen. Ist nämlich der Grundstückseigentümer der Dieb des Fahrzeugs, ist er es, der sich dem Herausgabeanspruch des Fahrzeuginhabers ausgesetzt sieht, der andererseits kein Störer wäre. Wurde das Fahrzeug hingegen auf dem Grundstück ohne das Wissen von dessen Inhaber abgestellt, so hat der Fahrzeugeigentümer jedenfalls ein Verfolgungsrecht nach § 1005 BGB. Hat der Fahrzeugeigentümer sein Fahrzeug selbst auf dem ihm fremden Grundstück abgestellt, so ist er als Störer dem Beseitigungsanspruch des Grundstückseigentümers ausgesetzt. Entscheidend in diesem Beispielfall ist also nicht der Zustand selbst, sondern das zum Zustand führende Vorgeschehen, mithin die Quelle der Beeinträchtigung.

Die Rechtsusurpationstheorie führt folglich immer dann zu Schwierigkeiten, wenn mehrere „Rechtskreise" einander überlagern und einige dieser Überlagerungen zulässig oder wenigstens zu dulden sind.[344]

### *dd. Unschärfe des Usurpationsbegriffs bei gesetzlichem Eigentumserwerb*

Die bereits dargestellten, sich bei Anwendung der Usurpationslehre ergebenden, Unschärfen könnten durch die Folgen des gesetzlichen Eigentumserwerbs noch verstärkt werden. Die §§ 946 ff. BGB treffen Regelungen für den Fall, dass das Eigentum des einen mit dem Eigentum des anderen verbunden, vermischt oder verarbeitet wird. Grundsätzliches Regelungsziel der Vorschriften ist es, eine der entstandenen wirtschaftlichen Einheit der verbundenen, vermischten oder verarbeiteten Sachen entsprechende Klärung der Eigentumslage herbeizuführen.[345] Geht also beispielsweise eine Flasche durch das Hinabfallen auf den Boden zu Bruch, und der Inhalt sickert ins Erdreich, so erwirbt der Grundeigentümer Eigentum auch an der Flüssigkeit – entweder nach § 945 BGB durch Verbindung

341 Dessen absolute Eigentumsfreiheit bereits durch §§ 1005, 867 BGB eingeschränkt wäre.
342 Picker, S. 30.
343 Picker, S. 30.
344 Ebs. Jabornegg/Strasser, S. 106.
345 *Henssler* in Soergel, § Vor 946, Rnr. 1.

mit dem Grundstück oder durch §§ 948 Abs. 1, 947 Abs. 1 BGB wegen der Vermischung mit dem Erdreich.

Angenommen bei der Anlieferung von Treibstoffen bei einer Tankstelle sickern versehentlich an der Einfüllvorrichtung vorbeigelaufene, giftige Flüssigkeiten aufgrund der ordnungsgemäß durchgängigen Bodenplatte nicht nach unten ins Erdreich hinab, sondern fließen über die Betonplatte hinüber auf das Nachbargrundstück. Würde man nun der Usurpationstheorie folgen, so hätte der Inhaber des Tankstellengrundstücks womöglich einen Anspruch auf Beseitigung der ihn ggf. auch beeinträchtigenden Bodenkontamination des Nachbargrundstücks durch den insoweit betroffenen Nachbarn. Erwarten würde man freilich genau eine gegenteilige Haftungslage.

Ebenso würde beispielsweise derjenige, der auf dem Grundstück eines Dritten ohne Verschulden Tausende von Brennnesselsamen aussäht, kein Recht usurpieren, da der Grundstückseigentümer ja nach §§ 946, 94 Abs. 1 S. 1 BGB Eigentümer der Samen würde. Nach der *Pickerschen* Lehre würde daher der arme, in kurzer Zeit jedoch an Brennnesseln reiche, Grundstückseigentümer gegenüber dem Säer keinen Beseitigungsanspruch haben, sondern wäre bloß möglicherweise nachbarrechtlichen Beseitigungsansprüchen des Säers wegen Nichteinhaltung der Grenzabstände ausgesetzt.

Die Rechtsusurpationstheorie führt demnach auch im Bereich des gesetzlichen Eigentumserwerbs zu gewissen Unschärfen bei der Bestimmung von Beeinträchtigung und Störer.

### *ee. Unschärfe des Usurpationsbegriffs bei Persönlichkeitsrechtsverletzungen*

Anders als eine Persönlichkeitsverletzung ist die Beeinträchtigung von Persönlichkeitsrechten regelmäßig nicht gegenwärtig andauernd, sondern liegt bei Verfolgung in der Vergangenheit.[346] Der insoweit Betroffene hat gegen den zukünftigen Störer nach § 1004 Abs. 2 BGB unproblematisch Anspruch auf Unterlassung weiterer Verletzungshandlungen. Probleme bereitet aber der von der Usurpationslehre vorausgesetzte Beeinträchtigungsbegriff. Da dieser Lehre zufolge nicht jede Verletzung schon Beeinträchtigung ist, beschreiben nach dieser Lehre in der

346 Picker, S. 89; *Gursky* in Staudinger, § 1004, Rnr. 13; *Ebbing* in Erman, § 1004, Rnr. 155; Kotz, S. 157; Larenz/Canaris, S. 676; *Gamer* in Wenzel, Kap. 13, Rnr. 23; *Kamps* in Götting/Schertz/Seitz, § 49, Rnr. 1.

Vergangenheit liegende Äußerungen[347] keine Usurpation, sind folglich keine Beeinträchtigungen im Sinne von § 1004 Abs. 1 BGB und gewähren dem Betroffenen daher keinen Anspruch auf Berichtigung oder Widerruf beispielsweise einer ehrverletzenden Äußerung. Demnach würde die Usurpationslehre – bei besagter ehrverletzender Äußerung – dem Betroffenen bei vorausgesetztem Verschulden des Äußernden lediglich Schadensersatzansprüche gewähren. Der dem Betroffenen regelmäßig viel wichtigere[348] Anspruch auf Berichtigung oder Widerruf der Äußerung wäre ihm jedoch an sich verwehrt.[349] Auch den Rezipienten, also den Hörern, Zusehern oder Lesern persönlichkeitsrechtsverletzender Medieninhalte, würde ohne negatorische Ansprüche auf Gegendarstellung beziehungsweise Richtigstellung die Wahrheit oder zumindest eine alternative Version davon verschlossen bleiben. Soweit ersichtlich, besteht jedoch Einigkeit darüber, dass der in seiner Ehre Verletzte einen Anspruch auf Berichtigung oder Widerruf der ehr- oder persönlichkeitsrechtsverletzten Äußerung haben soll und nicht auf die bloße Liquidation von Schadensersatz verwiesen sein soll.[350] Dem wollen sich auch die Befürworter der Rechtsusurpationstheorie nicht verschließen und stützen „ihren" verschuldensunabhängigen Berichtigungs- und Widerrufsanspruch auf ein „Gebot der Gerechtigkeit"[351] oder den „unmittelbar evidenten Satz, dass Schadensverhütung besser als Schadensausgleich"[352] sei. Ein verschuldensunabhängiger Anspruch auf Beseitigung einer Persönlichkeitsrechtsverletzung lässt sich, nachdem sie ausgesprochen ist, nicht mit der Rechtsusurpationstheorie in Einklang bringen,

347 Wendet man die der Rechtsusurpationstheorie zugrundeliegende Idee streng an, könnte eine Äußerung ohnehin keinesfalls eine Usurpation darstellen. Wurde sie nämlich bereits geäußert, ist sie nicht mehr gegenwärtig, wird sie noch geäußert werden, ist noch gar keine Usurpation gegeben. Eine Rechtsusurpation durch Äußerungen würde daher eigentlich nur in der einen logischen Sekunde vorliegen, in der die Äußerung gesprochen wird (also quasi während Satzanfang und Satzende).

348 *v. Hutten* in Götting/Schertz/Seitz, § 47, Rnr. 1.

349 So dann zunächst auch Picker, S. 89.

350 Picker, S. 89; *Gursky* in Staudinger, § 1004, Rnr. 13; *Ebbing* in Erman, § 1004, Rnr. 155; Kotz, S. 157; Larenz/Canaris, S. 676; *Gamer* in Wenzel, Kap. 13, Rnr. 23; *Kamps* in Götting/Schertz/Seitz, § 49, Rnr. 1; *BVerfGE NJW 1983, S. 1415–1417 („Bezeichnung der CDU als «NPD Europas» im Wahlkampf"); BVerfGE NJW 1991, S. 1475–1477 („Unterlassung herabsetzender Äußerungen"); BVerfGE NJW 1998, S. 1381–1385 („Gegendarstellung und Richtigstellung auf Titelseite einer Zeitschrift"); BVerfGE NJW 2003, S. 1855–1856 („Widerruf und Unterlassung einer Äußerung in der Presse"); BGH NJW 1958, S. 1043–1044; BGH NJW 1961, S. 1913–1914; BGH NJW 1962, S. 1438–1439; BGH NJW 1966, S. 647–649; BGH NJW 1976, S. 1198–1202; BGH NJW 1988, S. 1589–1590; BGH NJW 1995, S. 861–865 („Caroline von Monaco I"); BGH NJW 2008, S. 2262–2266; ebs. auch schon RGZ 148, S. 114–127, S. 122/123.*

351 Picker, S. 90.

352 *Gursky* in Staudinger, § 1004, Rnr. 13.

es sei denn, man bemüht (wie deren Vertreter) übergesetzliche Regelungen. Auch insoweit wirft die Anwendung der Rechtsusurpationstheorie weitere Schwierigkeiten auf.

### *ff. Friktion mit den besitzrechtlichen Vorschriften*

Nach § 862 Abs 1 S. 1 BGB hat der Besitzer einen Anspruch auf Beseitigung von Störungen im Besitz durch verbotene Eigenmacht. Der Rechtsbegriff der verbotenen Eigenmacht umfasst sowohl die Entziehung als auch die (sonstige) Störung des Besitzes, § 858 Abs. 1 BGB. Wie sich § 863 BGB entnehmen lässt, soll Störung in diesem Sinne „Vornahme (einer) störenden Handlung“[353] sein. Umfasst sind also lediglich tatsächliche Handlungen. Einmal davon abgesehen, dass eine Besitzstörung zumindest dem Wortlaut nach auf eine Handlung zurückzugehen hat, würde sich der Beeinträchtigungsbegriff der Rechtsusurpationstheorie nicht auf den besitzrechtlichen Abwehranspruch übertragen lassen. Beeinträchtigung im Sinne der *Pickerschen* Lehre ist eine einen fremden Rechtskreis überlagernde[354], also eine rechtliche und keine tatsächliche Wirkung. Demnach soll der Störer, vergleichbar dem Kondiktionsschuldner[355], um ein Stück[356] des Rechtskreises des Gestörten bereichert[357] sein. § 862 Abs. 1 S. 1 BGB hat aber – wie eingangs dargestellt – gerade nicht (nur) rechtliche, sondern primär bloß tatsächliche[358] Störungen im Blick.[359] Würde man für § 1004 Abs. 1 S. 1 BGB der Rechtsusurpationstheorie folgen, so hätte der Besitzer weitergehende Abwehrrechte als der Eigentümer, der „nach Belieben verfahren und andere von jeder Einwirkung ausschließen“[360] kann. Es sei denn, man versteht die von § 858 Abs. 1 BGB verwendete Formulierung „im Besitz stört“ so, als ob der Gesetzgeber stattdessen „im Recht auf Besitz stört“ formuliert habe.[361] Diesenfalls käme man zu dem Ergebnis, dass besitzrechtliche Störung und eigentumsrechtliche Be-

353 § 863 BGB (Klammerzusatz von mir).

354 Picker, S. 50.

355 Picker, S. 52.

356 Picker, S. 51.

357 *Picker* in FS v. Gernhuber, S. 338.

358 So auch schon Johow, S. 548 (424) in der Begründung der von ihm entworfenen Vorgängerbestimmung in § 72 SachenR-E („Der Inhaber ist befugt, eigenmächtige Entsetzungen aus der thatsächlichen Gewalt und eigenmächtige Störungen derselben sich mit Gewalt zu erwehren“); siehe hierzu auch Jakobs/Schubert SR I, S. 178; und Mot. III, S. 125 in Mugdan III, S. 69/70; Prot. III, S. 3352 in Mugdan III, S. 507.

359 Ebs. *Medicus* in MünchKomm, 4. Aufl., § 1004, Rnr. 27; *Stadler* in Soergel, § 858, Rnr. 8; *Fritzsche* in Bamberger/Roth, § 858, Rnrn. 9–14; *Lorenz* in Erman, § 858, Rnr. 3; *Bassenge* in Palandt, § 862, Rnrn. 2–5.

360 § 903 S. 1 BGB.

361 So dann (konsequent) auch Gursky 1989, S. 400.

einträchtigung im Gleichschritt Anwendung fänden. § 858 Abs. 1 S. 1 BGB bestimmt jedoch, dass die Störung des Besitzes (selbst), also die Ausübung der tatsächlichen Gewalt über eine Sache (§ 854 Abs. 1 BGB), und nicht des Besitzrechts des Besitzers Verbotene Eigenmacht, mithin Voraussetzung des in § 862 Abs. 1 S. 1 BGB genannten Beseitigungsanspruchs ist. Tatbestandsmerkmal ist also nicht die Störung in einem Besitzrecht, sondern die Störung im Besitz.

Der von Picker entwickelten Lehre folgend, müsste der besitzrechtlich-negatorische Anspruch also entweder mehr Rechte gewähren als der eigentumsrechtliche oder man müsste den Umfang der von §§ 856 Abs. 1 S. 1, 864 Abs. 1 BGB bestimmten Störung *contra legem*[362] nach unten korrigieren. Auch die nähere Betrachtung des Anspruchs wegen Besitzstörungen spricht folglich gegen die Anwendung der Rechtsusurpationslehre.[363]

## d. Zwischenergebnis zur Usurpationstheorie

Der für die Rechtsusurpationstheorie zentrale[364] Beeinträchtigungsbegriff lässt sich wie dargestellt[365] nicht im Sinne der *Pickerschen* Lehre verstehen, sondern beschreibt – insoweit deutlich weiter – jede zur Verletzung wesensgleiche und möglicherweise weniger intensive und von einer Störerbereicherung unabhängige Verkürzung des in § 903 BGB gewährten Eigentumsfreiheitsbegriffs. Umfasst ist insbesondere jedes Zerstören, Beiseiteschaffen, Beschädigen, Veräußern und Belasten.[366] Darüber hinaus führt die Anwendung der Usurpationslehre zu Unschärfen bei Immissionsfällen[367], in Fällen der Eigentumsaufgabe durch den (der Theorie folgend vormaligen) Störer[368], der mehrfachen Überlagerung der konstruktiv angenommenen Rechtskreise[369] oder solchen des gesetzlichen Eigentumserwerbs[370] und schafft unüberwindbare Schwierigkeiten für negatorische Ansprüche hinsichtlich Persönlichkeitsrechtsverletzungen[371] und im Zusammenhang

362 § 862 BGB beinhalte nach Gursky 1989, S. 400 und *Picker* in FS v. Gernhuber, S. 355 eine „versteckte Verweisung auf § 1004 BGB".
363 Ebs. *Medicus* in MünchKomm, 4. Aufl., § 1004, Rnr. 27.
364 Picker, S. 49.
365 Oben S. 51 ff.
366 Siehe oben S. 62 ff.
367 Oben S. 64 ff.
368 Oben S. 67 ff.
369 Oben S. 69 f.
370 Oben S. 70 f.
371 Oben S. 71 ff.

mit den besitzrechtlichen Vorschriften[372]. Die Rechtsusurpationstheorie ist daher weder zur Fixierung der Beeinträchtigung noch zur Bestimmung des Störers im Rahmen von § 1004 Abs. 1 BGB brauchbar. Recht jedoch hat wohl insoweit der *Picker*-Schüler[373] *Kawasumi*, wenn er darauf hinweist[374], dass der BGB-Gesetzgeber *Winscheids* Anspruchsbegriff zur Grundlage seiner Kodifikation machte, wodurch er „das Wesen des negatorischen Anspruchs" missachtete.[375] Die Verfechter der *Pickerschen* Lehre gehen von einer Verlängerung[376] der Geschichte der *actio negatoria* aus. Der BGB-Gesetzgeber hat jedoch wie oben dargestellt[377] diese „historischen Wurzeln weitestgehend durchschnitten"[378], sodass von der ursprünglichen *actio negatoria* des römischen Privatrechts[379] nicht viel übrig blieb. Hierauf kann es aber zur Bestimmung geltenden Rechts kaum ankommen. Die auf den ersten Blick sehr einleuchtend anmutende[380] Rechtsusurpationstheorie ist daher unter Geltung von § 1004 BGB abzulehnen.[381]

## 4. Zivilrechtliche Zustandshaftung eigener Art

Möglicherweise lässt sich trotz Ablehnung der Übertragbarkeit der öffentlichrechtlichen Störersystematik und der Rechtsusurpationstheorie eine Zustands-

372 Oben S. 73 f.
373 Kawasumi, Vorwort.
374 Kawasumi, S. 182.
375 Was er aber (wie sich schon aus Art. 74 Abs. 1 Nr. GG ergibt) natürlich durfte.
376 Picker, S. 79.
377 Oben S. 24 ff. und S. 52 ff.
378 Ebs. *Kohl* in AK, § 1004, Rnr. 7.
379 Oben S. 22 ff.
380 Ebs. Herrmann, S. 79; *Kohl* in AK, § 1004, Rnr. 19; Waas, S. 1206; Larenz/Canaris, S. 696;
381 *BGH NJW 2005, S. 1366–1369 („Umfang der Beseitigungspflicht bei Bodenkontamination")*, S. 1367; *Medicus* in MünchKomm, 4. Aufl., § 1004, Rnr. 28; *Münch* in Soergel, § 1004, Rnrn. 76, 185, 190; *Ebbing* in Erman, § 1004, Rnr. 132; *Fritzsche* in Bamberger/Roth, § 1004, *Bassenge* in Palandt, § 1004, Rnr. 25; Rnr. 20; Larenz/Canaris, S. 689 u. 696; Schwab/Prütting, Rnr. 573a; Wieling, S. 365; Jabornegg/Strasser, S. 106; Hohloch, S. 178; Mertens, S. 1785; Stickelbrock, S. 473; Steinbach, S. 91/92; Bensching, S. 86; Wolf, S. 100; ebs. wohl auch *Kohl* in AK, § 1004, Rnr. 19.

störerhaftung *sui generis* im Rahmen negatorischer Ansprüche begründen.[382] Bejahendenfalls wäre dann noch zu untersuchen, ob die negatorische Haftung ausschließlich eine Zustands- also Erfolgshaftung sein soll oder ob der Störer sowohl für seine Handlungen als auch für die ihm dinglich zugeordneten Sachen haften soll.

## a. Auslegung von § 1004 Abs. 1 BGB hinsichtlich des Haftungsgrundes

Oben[383] wurde bereits der in § 1004 Abs. 1 BGB enthaltene Beeinträchtigungsbegriff näher beschrieben. In einem zweiten Anlauf soll nun § 1004 Abs. 1 BGB in Gänze ausgelegt und hinsichtlich des Haftungsgrundes untersucht werden.

### *aa. Grammatikalische Untersuchung*

#### *aaa. § 1004 Abs. 1 S. 1 BGB*

„Wird das Eigentum (...) beeinträchtigt, so kann der Eigentümer von dem Störer die Beseitigung der Beeinträchtigung verlangen“[384] – mehr gibt der Gesetzeswortlaut für eine grammatikalische Untersuchung nicht her. Der Beeinträchtigungsbegriff wurde bereits ausgelegt[385], Gegenstand der Beeinträchtigung ist das Eigentum (oder ein anderes absolutes Recht[386]), geschuldet ist die Beseitigung der Beeinträchtigung, die der Eigentümer, also der Inhaber des absolutes Eigentumsrechts, verlangen kann. Dem Wortlaut nach bislang noch nicht näher beleuchtet wurden die Formulierungen „von dem Störer“ und „wird (...) beeinträchtigt“.

---

382 Von einer *Zustandsstörerhaftung* sprechen jedenfalls unter anderem Offtermatt, S. 60; Wetzel, S, 108/109; Heinze, S. 93; Pleyer, S. 305; Kübler, S. 277 ff.; Stickelbrock, S. 500; Picker, S. 50; Jabornegg/Strasser, S. 141 ff.; Gursky 1989, S. 402; Fritzsche, S. 427; Bensching, S. 97 ff.; Reichenbach, S. 164; Mießner, S, 85; Kotz, S. 156; Mantz, S. 244; Wolf, S. 226; Katzenstein, S. 1130; Larenz/Canaris, S. 686; Baur/Stürner, § 12, Rnr. 13; Schwab/Prütting, Rnrn. 573a/574; Wieling, S. 363; *Münch* in Soergel, § 1004, Rnrn. 129–134; *Englert* in Prütting/Wegen/Weinreich, § 1004, Rnr. 4; *Gursky* in Staudinger, § 1004, Rnrn. 102–112; *Fritzsche* in Bamberger/Roth, § 1004, Rnr. 20; *BGH NJW 2007, S. 2182–2183, S. 2182*; *BGH NJW 2005, S. 1366–1369, S. 1369*; *BGH NJW 1999, S. 2896–2897, S. 2896.*

383 Oben S. 51 ff.

384 § 1004 Abs. 1 S. 1 BGB (Auslassungszeichen von mir).

385 Oben S. 51 ff.

386 Hierzu bereits oben S. 38.

Die Bezeichnung *Störer* geht zurück auf das althochdeutsche Verb *(zer)stören*, was für *vernichten, verhindern, verwüsten, verwirren* und *bewegen* steht.[387] Der *Störer* ist demnach der *Störenfried*, also derjenige, der den *Frieden (zer)stört*.[388] Fraglich ist nun, ob die Beeinträchtigung im Sinne von § 1004 Abs. 1 BGB durch den Störer und eine dem Störer dinglich zugeordnete Sache hervorgerufen sein soll. Die Wendung *beeinträchtigt* findet sich in Satz 1 der Bestimmung als eine das Prädikat *werden* ergänzendes Prädikativum. Die Verwendung des Prädikats *wird* spricht eher dafür, dass der gesetzgeberische Verfasser von einer Eigentumsbeeinträchtigung ausging, die durch eine Handlung verursacht *wird* und nicht von einer, die durch einen Zustand verursacht *ist*. Das Verb *werden* lässt sich im Präsens nämlich ausschließlich für die Beschreibung von Aktivitäten verwenden[389], wohingegen das im Präsens verwendete Verb *sein* auch Zustände[390] beschreiben kann. Hätte der Gesetzgeber § 1004 Abs. 1 S. 1 BGB also ohne Rücksicht auf die Störungsquelle formulieren wollen, so hätte er die Norm nicht mit „*wird* das Eigentum (...) beeinträchtigt“[391], sondern „*ist* das Eigentum (...) beeinträchtigt“ eingeleitet. Der Wortlaut von § 1004 Abs. 1 S. 1 BGB spricht folglich eher dafür, dass solche Beeinträchtigungen gemeint sind, die auf einer Handlung des Störers beruhen.[392]

*bbb. § 1004 Abs. 1 S. 2 BGB*

Anders als der erste Satz der Bestimmung äußert sich § 1004 Abs. 1 S. 2 BGB zur Frage nach Handlung oder Zustand. Hiernach kann der Eigentümer auf Unterlassung klagen, wenn weitere Beeinträchtigungen zu besorgen sind. Der Störer hat in diesem Falle also weitere Beeinträchtigungen zu *unterlassen. Unterlassen* werden kann eine Handlung – fraglich nun, ob ein Zustand *unterlassen* werden kann. Unterlassen ist die Nichtvornahme eines Tuns[393]; also ein Nicht*handeln*[394]. Dem Wortlaut streng folgend könnte bestenfalls das Bewirken eines Zustands, nicht aber der Zustand selbst unterlassen werden. § 1004 Abs. 1 S. 2 BGB hat daher *expressis verbis* ausschließlich Handlungen im Blick.

---

387 Pfeifer, S. 1370/1371.

388 Kluge/Seebold, S. 887/888; Grimm/Grimm DWB, Bd. 19, Sp. 409.

389 Beispielsweise *wird* beeinträchtigt, *wird* gerupft, *wird* gestempelt, *wird* getragen, *wird* gefahren, *wird* gestützt, *wird* geschrieben, *wird* verpflichtet und so fort.

390 Beispielsweise *ist* beeinträchtigt, *ist* gerupft, *ist* gestempelt, *ist* blau, *ist* hell, *ist* riesig, *ist* verpflichtet und so fort.

391 § 1004 Abs. 1 S. 1 BGB (Hervorhebung und Auslassungszeichen von mir).

392 Ebs. Herrmann, S. 52 allerdings ohne nähere Begründung; gegenteilig – aber soweit ersichtlich ebenfalls ohne Begründung – Picker, S. 27 u. 78.

393 Statt aller siehe *Peters* in Staudinger, § 194, Rnr. 8.

394 *Henrich* in Bamberger/Roth, § 194, Rnr. 32.

*ccc. Zwischenergebnis Grammatikalische Auslegung*

Dem Wortlaut nach hat § 1004 Abs. 1 S. 2 BGB eine Handlung im Blick. Für § 1004 Abs. 1 S. 1 BGB lässt sich ein derart eindeutiger Befund nicht stellen, jedoch spricht der Wortlaut auch hier eher für eine Handlungs- denn für eine Zustandshaftung.

***bb. Historische Untersuchung***

Die historische Untersuchung des in § 1004 Abs. 1 BGB enthaltenen Beeinträchtigungsbegriffs hat ergeben, dass dieser aus rechtshistorischer Sicht offen und als wesensgleicher, von einer Störerbereicherung unabhängiger Eingriff zum Verletzungsbegriff angelegt ist.[395] Der Begriff der Beeinträchtigung verlegt also gegenüber dem deliktischen Verletzungsbegriff die „Verteidigungslinie“[396] vor.[397] In diesem zweiten Anlauf soll nun der Rest der bürgerlichrechtlichen *actio negatoria* aus historischer Sicht – und zwar gleichfalls durch die Brille des ursprünglichen[398] wie auch der modernen[399] Gesetzgeber – betrachtet werden.

*aaa. Historisch-genetische Betrachtung*

Grundlegendes Ziel der Ansprüche aus dem Eigentum war die Herstellung eines seinem Inhalt entsprechenden tatsächlichen Zustands[400], eines Zustands also, in dem der Eigentümer mit der Sache nach Belieben verfahren und andere von jeder Einwirkung ausschließen kann (§ 903 S. 1 BGB). Hierbei sollte es nicht darauf ankommen, ob der dem Eigentumsrecht widerstreitende Zustand aufgrund einer Handlung oder aufgrund einer „objektiven Rechtsverletzung“[401] vorliegt.[402] Da es im Wesentlichen zwei die Sache selbst schützende Ansprüche aus dem Eigentum, nämlich den Herausgabeanspruch aus § 985 BGB einerseits und die negatorischen Ansprüche aus § 1004 BGB andererseits, gibt, stellt sich nun die Frage, ob eine „objektive Rechtsverletzung“ für beide Ansprüche tatbestandsmäßig vorausgesetzt ist oder möglicherweise nur für § 985 BGB und nicht für § 1004 BGB und – bejahendenfalls – was überhaupt mit „objektive Rechtsverletzung“ im Sinne des BGB gemeint ist. Für den Vindikationsanspruch genügt insoweit „Besitz oder

395 Oben S. 52 ff.
396 Wiethölter, S. 55.
397 Oben S. 55; Formulierung von Wiethölter, S. 55.
398 Sogleich S. 78 ff.
399 Sogleich S. 85 ff.; zur Notwendigkeit einer solchen Betrachtung *BVerfGE NJW 1983, S. 25–32 („Verfassungswidrigkeit des Staatshaftungsgesetzes“), S. 25.*
400 Mot. III 392 in Mugdan III, S. 218.
401 Prot. I, S. 4261 in Jakobs/Schubert SR I, S. 854; ebs. auch Mot. III 393 in Mugdan III, S. 219.
402 Mot. III 393 in Mugdan III, S. 218/219.

Innehabung"[403] der vindizierten Sache. Vom historischen Gesetzgeber vorgesehener Anknüpfungspunkt der sich neben den eigentumsrechtlichen Herausgabeanspruch stellenden[404] *actio negatoria* sei „lediglich das gegenwärtige objektive Bestehen eines durch den Willen einer anderen Person aufrecht erhaltenen Zustands".[405] Bevor daher § 1004 Abs. 1 BGB historisch erschlossen werden kann, ist zu untersuchen, was es mit diesen beiden scheinbaren Voraussetzungen auf sich hat.

---

403 Mot. III 396 in Mugdan III, S. 221.

404 Mot. III 422 in Mugdan III, S. 236.

405 Mot. III 423 in Mugdan III, S. 236.

### (1.) Erforderlichkeit eines Aufrechterhaltungswillens zur Bejahung der Störerhaftung

Immer wieder wird von Rechtsprechung[406] und Literatur[407] auf das von den

---

406 *RGZ 92, 22 („Zum Begriffe der Störung im Sinne des § 1004 BGB")*, S. 24; *BGHZ 14, 163 („Constanze II")*, Rnr. 24; *BGH NJW 1984, S. 2207–2209*, S. 2209; *BGH NJW 1985, S. 1773–1774*, S. 1774; *BGH NJW-RR 1988, S. 1309–1310*, S. 1309; *BGH NJW-RR 1990, S. 534–535*, S. 535; *BGH NJW 1990, S. 1529–1531 („Schönheits-Chirurgie")*, S. 1530; *BGH NJW-RR 1991, S. 1258–1260 („Honorarfrage")*, S. 1259; *BGH NJW-RR 1994, S. 872–874 („Kosmetikstudio")*, S. 873; *BGH NJW 1995, S. 715–717*, S. 716; *BGH NJW 1997, S. 2180–2182 („Architektenwettbewerb")*, S. 2180; *BGH NJW-RR 1997, S. 1468–1470*, S. 1469; *BGH GRUR 1999, S. 418-420 („Möbelklassiker")*, S. 419; *BGH GRUR 2001, S. 1038-1042 („ambiente.de")*, S. 1039; *BGH GRUR 2002, S. 618–619 („Meißner Dekor")*, S. 619; *BGH NJW 2002, S. 2642–2645*, S. 2643; *BGH NJW 2004, S. 762–765*, S. 765; *BGH GRUR 2004, S. 860–864 („Internet-Versteigerung I")*, S. 864; *BGH CR 2007, S. 523–527 („Internet-Versteigerung II")*, S. 526; *BGH GRUR 2008, S. 702–707 („Internet-Versteigerung III")*, S. 706.

407 Warnemeyer, § 1004, Anm. I 6; *Brodmann* in Planck, § 1004, Anm. 3; Achilles-Greiff 1923, § 1004, Anm. 3 (ebs. die Folgeauflagen); *Kober* in Staudinger 1935, § 1004, Rnr. 3 (allerdings zurückhaltend: „Störer ist *auch* derjenige (...)" – Hervorhebung und Auslassungszeichem von mir, in den Vorauflagen des Staudinger findet sich noch gar kein Hinweis auf einen „Aufrechterhaltungswillen"); *Hoche* in Palandt 1941, § 1004, Anm. 4; *Kohl* in AK, § 1004, Rnr. 50; *Münch* in Soergel, § 1004, Rnr. 114; *Gursky* in Staudinger, § 1004, Rnr. 94; *Fritzsche* in Bamberger/Roth, § 1004, Rnr. 15; *Ebbing* in Erman, § 1004, Rnr. 117; *Bassenge* in Palandt, § 1004, Rnr. 19; *Dreier* in Dreier/Schulze, § 97, Rnr. 33; *v. Wolff* in Wandtke/Bullinger, § 97, Rnr. 14; *J.B. Nordemann* in Fromm/Nordemann, § 97, Rnr. 156; *Meckel* in HK-UrhR, § 97, Rnr. 26; Brehm/Berger, Rnr. 7.25; Schapp/Schur, § 9, Rnr. 156; Baur/Stürner, § 12, Rnr. 14; Ahrens 2007, S. 4 (These 6 Abs. 3) und S. 7 (These 10 Abs. 1); Lement, S. 211; Mantz, S. 243; Spindler/Volkmann, S. 2 (II Abs. 3); Ehret, S. 760; Nordemann/Dustmann, S. 382; Leible/Sosnitza, S. 3226; Kitz 2005, S. 299 (dort etwas versteckt in Fn. 17); Schmitz/Dierking, S. 422; *Ahrens* in FS Canaris, S. 6; Hornung, S. 91; Ernst/Seichter, S. 515; Ehlers/Fock/Harlfinger, S. 936; Schmidt, S. 65 (demzufolge sogar die negatorische Haftung nach §§ 104 ff. BGB ausgeschlossen sein könne, wonach dann eine beispielsweise von einem Kind bewusst geschaffene und gewollte Beeinträchtigung auch nicht zu beseitigen wäre); Stönner, S. 14; Heiß, S. 2–4; Offtermatt, S. 60 (demzufolge die negatorische Haftung aber gerade nicht nach §§ 104 ff. BGB ausgeschlossen sein könne) u. S. 19 (allerdings mit einem nicht nachvollziehbaren Verweis auf RGSt 18, 98); Wetzel, S. 106; Heinze, S. 65; Kübler, S. 284; Picker, S. 129 (allerdings mit dem Hinweis „Dass der [Störer-]Begriff nicht recht passt, verdeckt man, wie die Verfasser des BGB es taten, durch die Fiktion eines auf Aufrechterhaltung gerichteten Willens, die die Passivität der kraft seiner Sachzuständigkeit Haftenden in eine agressive Handlung umdeutet." – Klammerzusatz von mir); Pleyer, S. 295; Stickelbrock, S. 490 ff.; Jabornegg/Strasser, S. 79; Herrmann, S. 37–40 (allerdings mit dem Hinweis „Die seit Jahrzenten gebräuchliche Erwähnung und Betonung des Störerwillens erweist sich [...] als überflüssig" – Auslassungszeichen von mir); Matz, S. 41; Steinbach, S. 2/3; Bensching, S. 72–74; Mießner, S. 86/87.

„Hilfsarbeitern“[408] der Ersten Kommission in den *Motiven*[409] angesprochene (angebliche) Erfordernis eines „durch den Willen aufrecht erhaltenen Zustandes“ im Zusammenhang mit einer Zustandshaftung hingewiesen. Offen bleibt nur, was *Wille* in diesem Sinne überhaupt sein soll.

(a.) Übertragung der Willenssystematik des Allgemeinen Teils

Systematische Hinweise zum Hintergrund des bürgerlichrechtlichen Willensbegriffs lassen sich den §§ 104 ff. BGB entnehmen. Diese Regelungen zu den Rechtsgeschäften gestalten den Begriff der Willenserklärung – wegen der Klammerfunktion des Allgemeinen Teils für das gesamte BGB gültig – aus.[410] Die Willenserklärung besteht aus der nach außen gerichteten Erklärung und dem inneren Willen.[411] Die §§ 119, 120 BGB gehen von einer Willenserklärung – mithin von einem dieser Erklärung zugrundeliegenden Willen – aus, obwohl ein auf ein bestimmtes Geschäft konkretisiertes Wollen gerade nicht gegeben ist. Auf das Vorliegen eines Geschäftswillens kommt es für die Bejahung einer Willenserklärung daher jedenfalls nicht an.[412] § 119 Abs. 1 BGB hat die Irrtümer über Erklärungshandlung und Erklärungsinhalt im Blick. Da das Irren eine vorherige innere Willensbildung voraussetzt[413], sind für eine Willenserklärung wenigstens der Wille überhaupt zu handeln einerseits und das Wollen eines zumindest bestimmbaren, mit der Erklärung vermittelten Inhalts, also eines Erfolgs andererseits subjektiv konstitutiv.

Obgleich in den Materialien zum BGB nicht ausdrücklich so erwähnt[414], ist folglich für die Bejahung einer Willenserklärung ein durch Handlungs- und Erfolgswille ausreichend konzentriertes inneres Wollen notwendig, aber auch hinrei-

---

408 *Haferkamp* in HKK, § 138, Rnr. 4 mit dem Hinweis, dass die *Motive* niemals von den Mitgliedern der Ersten Kommission autorisiert wurden; in den Protokollen der Kommissionen findet sich die Formulierung *willentliche Aufrechterhaltung* indes nicht (siehe hierzu Jakobs/Schubert SR I, S. 847–862); anders hingegen Picker, S. 42, 57 u. 129, Steinbach, S. 3 u. E. Wolf, S. 160, die die Auffassung zu vertreten scheinen, dass *Motive* und BGB dieselben Verfasser haben.

409 Mot. III 423 in Mugdan III, S. 236.

410 Ebs. *Knothe* in Staudinger, §§ 116–144, Rnr. 1; *Hefermehl* in Soergel, vor § 116, Rnr. 7/8.

411 Mot. I 126 in Mugdan I, S. 421; ebs. *Ellenberger* in Palandt, Einf. v. § 116, Rnr. 4; *Wendtland* in Bamberger/Roth, § 133, Rnr. 7; *Palm H.* in Erman, Vor § 116, Rnr. 4; *Hefermehl* in Soergel, Vor 116, Rnr. 11; ebs. jedoch ein wenig einschränkend Larenz/Wolf, § 24, Rnr. 9.

412 *Hefermehl* in Soergel, vor § 116, Rnr. 8.

413 Wer sich keine Gedanken macht, kann auch nicht irren.

414 Ebs. auch *Schermaier* in HKK, §§ 116–124, Rnr. 10.

chend.[415] Fraglich ist daher, welche Konkretisierung ein Wollen als inneren Tatbestands haben müsste, um das von den *Motiven* hinsichtlich der Störereigenschaft angenommene Willenserfordernis zu erfüllen. Überträgt man die Willenssystematik des Allgemeinen Teils auf das (angebliche) Erfordernis eines Aufrechterhaltungswillens, so bedürfte es jedenfalls keines konkreten, dem Geschäftswillen vergleichbaren, Störungswillens. Ausreichend für die Bejahung eines Aufrechterhaltungswillens wäre vielmehr ein – durchaus auch unscharfes – Bewusstsein hinsichtlich der äußeren Umstände einer zurechenbaren Beeinträchtigung.

(b.) Übertragung der Willenssystematik der Besitzrechtlichen Vorschriften

Es scheint so, als würde die Annahme eines weitergehenden Willenserfordernisses auf den *Johowschen* Entwurf und die Verwandtschaft zur Vindikation zurückgehen. Schon in seinem Sachenrechtsentwurf, der – wie dargestellt[416] – mit der *actio negatoria* heutiger Ausprägung so gut wie nichts gemein hat, war der „Wille, ein Recht auszuüben" von gewisser Relevanz.[417] Der Vindikationsanspruch sollte insoweit gegen den Besitzer gerichtet sein, der entweder die Inbesitznahme durch den Eigentümer zu gestatten hat oder sein „Aufgeben des Besitzwillens zu erkennen"[418] zu geben hat. Durch bloße Aufgabe des für den Besitz tatbestandsmäßigen[419] Besitzwillens könnte der Besitzer also seinen Besitz aufgeben, mithin den ihn treffenden Vindikationsanspruch bereits erfüllen. Entsprechend schützt auch § 858 Abs. 1 BGB nicht etwa ein auf Aufrechterhaltung des Besitzes gerichtetes Wollen, sondern der Wille den Besitz nicht zu verlieren. Verbotene Eigenmacht begeht nämlich derjenige, der dem Besitzer den Besitz gegen dessen Willen entzieht. Im *Johowschen* Entwurf sind subjektive Tatbestandsmerkmale primär auf einen Statuswechsel denn auf ein Statusbehalten gerichtet.

Überträgt man diesen Befund auf das angebliche Erfordernis eines Aufrechterhaltungswillens im Rahmen von § 1004 Abs. 1 BGB, so folgt daraus, dass im Falle der bereits eingetretenen Beeinträchtigung kein auf Fortbestehen einer Stö-

415 Siehe statt aller *Ellenberger* in Palandt, Einf. v § 116, Rnr. 1.

416 Siehe hierzu oben S. 24 ff. und S. 49 f.

417 Johow, S. 1128 (994).

418 Prot. I, S. 4154 in Jakobs/Schubert SR I, S. 761.

419 Zur Notwendigkeit des Besitzwillens auch schon in *Johows* Entwurf eines Sachenrechts in Johow, S. 477 (353); ebs. dann auch in der Zusammenstellung der sachlich beschlossenen Bestimmungen des Sachenrechts nach den Beschlüssen des Redaktionsausschusses der 1. Kommission (ZustSachR) zu § 786 in Jakobs/Schubert SR I, S. 126 und in Prot. 602 des Reichsjustizamts in Jakobs/Schubert SR I, S. 129; auch heute noch unstreitig, siehe statt aller nur *Bassenge* in Palandt, §§ 854, 855, Rnr. 4; *Stadler* in Soergel, § 854, Rnr. 9; *Fritzsche* in Bamberger/Roth, § 854, Rnr. 24 oder *Lorenz* in Erman, § 854, Rnr. 10.

rung gerichtetes Wollen, sondern vielmehr nur der Wille, eine bereits zugerechnete Beeinträchtigung nicht zu beenden, erforderlich sein müsste. Demnach würde jedes Nichtbeendenwollen der Beeinträchtigung zur Bejahung des Aufrechterhaltungswillens führen.

(c.) Nutzlosigkeit des (angeblichen) Tatbestandsmerkmals

Fraglich nun, was der Aufrechterhaltungswille als weiteres Tatbestandsmerkmal für die Frage nach der Störereigenschaft zusätzlich bringen soll. Würde der Störer nämlich die Beeinträchtigung subjektiv beenden wollen, so könnten deren objektiver Beseitigung – und einzig darauf kommt es bei § 1004 Abs. 1 BGB letztendlich an – nur noch die Unmöglichkeitsregeln entgegenstehen.[420] Wenn sich aber der Aufrechterhaltungswille bereits aus der objektiv feststellbaren Nichtbeseitigung der Beeinträchtigung trotz Möglichkeit, also bereits ohnehin schon tatbestandlichen Voraussetzungen, ergäbe, wäre dieses zusätzliche Element schlicht nutzlos.[421] Daher kam der Gesetzgeber auch zu keinem Zeitpunkt auf die Idee, einen Aufrechterhaltungswillen zum nutzlosen Tatbestandsmerkmal von § 1004 Abs. 1 BGB zu erheben.[422] Kurzum: Der Aufrechterhaltungswille ist kein Tatbestandsmerkmal von § 1004 Abs. 1 BGB. Sein „Überleben" in Fundstellen von Literatur und Rechtsprechung lässt sich als juristischer Dominoeffekt[423] erklären. Zunächst wurde in den – von den Mitgliedern der Kommission nicht autorisierten[424] – Motiven ein Hinweis auf einen „durch den Willen aufrechterhaltenen Zustand"[425] gegeben. Ohne weitere Begründung übernimmt die Rechtsprechung mit Bezugnahme auf die Motive das Erfordernis eines Aufrechterhaltungswillens.[426] Die wenige, vor dieser Entscheidung verfügbare Literatur zu § 1004 BGB erwähnt den Auf-

420 Zur grundsätzlichen Anwendbarkeit der Unmöglichkeitsregeln auf den Beseitigungsanspruch siehe bereits oben S. 67 ff.

421 So i. E. auch Herrmann, S. 37 u. S. 13–18, die allerdings nicht soweit geht, dass die Annahme eines Aufrechterhaltungswillens ein gänzliches Missverständnis sei, sondern darauf hinweist, dass der bloße Wille, eine Beeinträchtigung aufrechtzuerhalten selbst noch keine physikalische Veränderung, mithin eine Beeinträchtigung hervorrufen kann, weswegen ein dazwischentretendes vermitteltendes Tatbestandsmerkmal – nämlich eine irgendwie kausale Handlung – notwendig sei.

422 Mit keinem Wort wird ein Aufrechterhaltungswille oder ein ähnliches subjektives Element in den Protokollen erwähnt.

423 Am Rande sei erwähnt, dass das Wort „Dominoeffekt" tatsächlich ein in § 15 der 12. BImSchV („Störfallverordnung") enthaltener Begriff des Deutschen Rechts ist.

424 Siehe oben Fn. 408.

425 Mot. III 423 in Mugdan III, S. 236.

426 Soweit ersichtlich seit Geltung des BGB durch ein höchstes Gericht erstmalig in *RG JW 1904 Nr. 11, S. 142–143*, S. 143.

rechterhaltungswillen nicht mit einem Wort.[427] Soweit ersichtlich, greift die Literatur den Aufrechterhaltungswillen kurz nach der Rechtsprechung auf und weist ebenfalls auf diese (angebliche) Voraussetzung von § 1004 Abs. 1 BGB hin.[428] Im Folgenden zitieren Literatur und Rechtsprechung einander gegenseitig und führen so immer mehr und mehr Fundstellen für das neu ersonnene Tatbestandsmerkmal an. Regelmäßig bleibt der Aufrechterhaltungswille so ohne weitere Begründung. Jede nähere Beschäftigung mit dem Erfordernis des Aufrechterhaltungswillens führte in der Literatur dann wohl auch zu dessen zutreffender Ablehnung.[429]

(d.) Zwischenergebnis Erfordernis eines Aufrechthaltungswillens

§ 1004 Abs. 1 BGB enthält kein subjektives Tatbestandsmerkmal wie beispielsweise einen Aufrechthaltungswillen.

(2.) UNTERSUCHUNG „OBJEKTIVE RECHTSVERLETZUNG" I.S.V. § 1004 BGB

Der historische Gesetzgeber hat durchaus im Zusammenhang von § 1004 BGB vom Erfordernis einer „objektiven Rechtsverletzung"[430] gesprochen. Fraglich ist nun, ob hiermit das Bestehen eines solch objektiven Zustands bloß notwendig oder schon hinreichend sein sollte. In den Protokollen der 1. Kommission wird die Notwendigkeit einer „objektiven Rechtsverletzung" einzig in Abgrenzung zum Schadensersatzanspruch, der nämlich nur gegeben sei, wenn „Umstände hinzuträten, welche die Verletzung zugleich als Delikt erscheinen ließen"[431], mithin einer „subjektiven Zurechenbarkeit"[432] bedürfe, angesprochen.[433] Insoweit verweisen die Protokolle ausdrücklich auf die gesetzgeberischen Erwägungen zu subjektiven Tatbestandsmerkmalen im Rahmen der deliktischen Schadensersatzhaftung.[434] Die gleiche Abgrenzung wird auch in den *Motiven* getroffen, dort wird nämlich

427 So beispielsweise *Kober* in Staudinger 1898, § 1004; Crome System, § 419 (zu § 1004).

428 So dann beispielsweise *Kober* in Staudinger 1935, § 1004, Rnr. 3 (mit einleitendem Hinweis auf *RGZ 15, 344* – einem Beschluss vom 24.08.1885, also lange vor Geltung des BGB).

429 So beispielsweise Heinze, S. 3; Pleyer, S. 295 ff.; Wetzel, S. 106; Stickelbrock, S. 490 ff.; Picker., S. 490 ff. u. Herrmann S. 18 ff.

430 Prot. I, S. 4261 in Jakobs/Schubert SR I, S. 854; ebs. auch Mot. III 393 in Mugdan III, S. 219.

431 Prot. I, S. 4261 in Jakobs/Schubert SR I, S. 854 („Erwogen war: Der negatorische Anspruch habe lediglich eine objektive Rechtsverletzung zur Voraussetzung und eine solche genüge nicht zur Begründung einer Schadensersatzpflicht, wenn nicht Umstände hinzuträten, die welche die Verletzung zugleich als Delikt erscheinen ließen").

432 Prot. I, S. 4261 in Jakobs/Schubert SR I, S. 854.

433 Prot. I, S. 4247–4272 in Jakobs/Schubert SR I, S. 847–859.

434 Prot. I, S. 4261 in Jakobs/Schubert SR I, S. 854 verweist auf Prot. I, S. 989 hin, die in Jakobs/Schubert RdSV III, S. 883 abgedruckt sind.

die „vorsätzliche oder fahrlässige Handlung"[435] auf der einen Seite der „objektive Rechtsverletzung"[436] auf der anderen Seite gegenübergestellt. Der – auch in § 823 Abs. 1 BGB enthaltene – Verletzungsbegriff erfordert aber immer eine zurechenbare Handlung, die freilich sowohl in aktivem Tun als auch Unterlassen bestehen kann.[437]

Der Sache nach wurde also das Erfordernis einer „objektiven Rechtsverletzung" nicht als Entscheidung für eine Zustands- und gegen eine Handlungshaftung angesprochen, sondern lediglich als Abgrenzung zur vorsatzerfordernden Schadensersatzpflicht. Im Gegenteil: Wenn entscheidendes Abgrenzungskriterium zum deliktischen Schadensersatzanspruch die subjektive Zurechenbarkeit sein soll, dann würden die übrigen Voraussetzungen des Schadensersatzanspruchs gerade erforderlich sein; insbesondere also Erfolg und Handlung.

In diesem Zusammenhang sei nochmals darauf hingewiesen, dass sich der Gesetzgeber im weiteren Verlauf des Gesetzgebungsverfahrens gegen die Verwendung des Verletzungs- und für die Einführung des Beeinträchtigungsbegriffs entschieden hat, um deutlich zu machen, dass bereits die bloße Gefährdung eines Rechts tatbestandsmäßig erfasst ist[438], also die Eingriffsschwelle von § 1004 Abs. 1 BGB unterhalb derer von § 823 Abs. 1 BGB liegt.[439]

Im Ergebnis ist für die Bejahung von § 1004 Abs. 1 BGB ohnehin also keine „objektive Rechtsverletzung" erforderlich, vielmehr notwendig jedoch keinesfalls hinreichend, ist eine objektive Beeinträchtigung.

#### (3.) Zwischenergebnis historisch-genetische Betrachtung

Der historische Gesetzgeber machte das Vorliegen einer objektiven Beeinträchtigung zum notwendigen, nicht hinreichenden Tatbestandsmerkmal von § 1004 Abs. 1 BGB, ein darüber hinausgehendes subjektives Tatbestandsmerkmal, wie beispielsweise ein Aufrechterhaltungswille, ist indes nicht erforderlich. Eine Haftung aufgrund dinglicher Zuordnung war nicht Gegenstand der Überlegungen des historischen Gesetzgebers.

#### *bbb. Historisch-progressive Betrachtung*

Möglicherweise hat sich die gesetzgeberische Sicht über Inhalt und Voraussetzungen des negatorischen Beseitigungsanspruchs über die Jahre hinweg von der historisch-genetischen entfernt.

---

435 Mot. III 393 in Mugdan III, S. 219.
436 Mot. III 393 in Mugdan III, S. 219
437 Siehe hierzu auch Prot. I, S. 988 in Jakobs/Schubert RdSV III, S. 883.
438 Prot. I 13358 in Jakobs/Schubert SR III, S. 144.
439 Siehe hierzu im Detail oben S. 51 ff.

(1.) Historisch-progressive Betrachtung für die Zeit bis 1919

Anzeichen dafür, dass der Gesetzgeber sein Verständnis der Tatbestandsvoraussetzung des § 1004 Abs. 1 BGB bis zur Geltung der Weimarer Reichsverfassung, also bis zum 11. August 1919, geändert haben könnte, sind nicht zu finden.

(2.) Historisch-progressive Betrachtung für die Zeit von 1919–1933

Am 11. August 1919 trat dann allerdings die Weimarer Reichsverfassung[440] in Kraft und bestimmte in Art. 153 S. 6 u. 6 WRV[441], dass „Eigentum verpflichtet" und „sein Gebrauch (...) zugleich Dienst (...) für das Gemeine Beste" sein soll. Die später wohl von *Pleyer*[442] begründete[443] Eigentumstheorie zu § 1004 Abs. 1 BGB knüpft an die hinsichtlich des ersten Satzes wortgleiche Grundrechtsnorm in Art. 14 Abs. 2 S. 1 GG an und versteht daher (auch) das Eigentum als „Quelle von Verpflichtungen"[444]. Gänzlich anders als das Grundgesetz durch seine Artt. 1 Abs. 3, 20 Abs. 3 hatte die Weimarer Reichsverfassung jedoch keine unmittelbare Bindung von Gesetzgebung, Rechtsprechung und vollziehender Gewalt zum Gegenstand.[445] Gerade der Gesetzgeber war überhaupt nicht und die Rechtsprechung nur im Einzelfall an die Grundrechte der Weimarer Reichsverfassung gebunden.[446] Im Ergebnis konnte das gesetzgeberische Verständnis von § 1004 Abs. 1 BGB auch durch Art. 153 S. 6 u. 6 WRV, insbesondere nicht durch die dort angesprochene Eigentumspflichtigkeit geändert werden.

(3.) Historisch-progressive Betrachtung für die Zeit von 1933–1945

Ganz anders in der Zeit der Herrschaft des Nationalsozialismus. Nach § 1 S. 1 der (angeblich) auf Basis von Art. 47 Abs. 2 WRV am 28. Februar 1933 verkündeten Verordnung des Reichspräsidenten zum Schutz von Volk und Staat[447] wurde der eben[448] angesprochene Art. 153 WRV außer Kraft gesetzt. Beschränkungen unter anderem des Eigentums sollten nach § 1 S. 2 der Verordnung „auch außerhalb der sonst hierfür bestimmten gesetzlichen Grenzen zulässig" sein. Im Ergebnis war damit jegliche verfassungsrechtliche Eigentumsgarantie abgeschafft worden.[449]

---

440 Eigentlich Verfassung des Deutschen Reichs.

441 Art. 153 WRV „(...) Eigentum verpflichtet. Sein Gebrauch soll zugleich Dienst sein für das Gemeine Beste." (Auslassungszeichen von mir).

442 Pleyer.

443 Larenz/Canaris, S. 697.

444 Pleyer, S. 301.

445 Siehe nur *Herdegen* in Maunz/Dürig, Art. 1 Abs. 3, Rnr. 7.

446 *Herdegen* in Maunz/Dürig, Art. 1 Abs. 3, Rnr. 7.

447 Sogenannte Reichstagsbrandverordnung.

448 Oben Fn. 441.

449 So auch Schleusener, S. 63.

Durch Beseitigung der formalen Eigentumsgarantie auf der einen und Schaffung entformalisierten Rechts[450] auf der anderen Seite war der Weg frei für eine neue Auslegung des Eigentumsbegriffs auf Basis nationalsozialistischer Wertvorstellungen. Solche nationalsozialistischen Wertvorstellungen ergaben sich nicht zuletzt aus dem im Ergebnis als überpositives Recht wirkenden Parteiprogramm[451] der NSDAP.[452] Dort wurde neben der „Gewinnbeteiligung an Großbetrieben" (Nr. 14), der Bodenreform für „gemeinnützige Zwecke" und „Verhinderung jeder Bodenspekulation" (Nr. 17), der „Kommunalisierung der Groß-Warenhäuser" (Nr. 16) und zahlreicher weiterer tiefgreifender Veränderungen die Grundlage „Gemeinnutz vor Eigennutz" (Nr. 24) gefordert. Auf Basis solch überpositiven Rechts wurde der Eigentumsbegriff gemäß dem Verständnis der Nationalsozialisten umgedeutet.[453] Eigentum wurde demnach als „durch Rücksichtnahme auf die Volksgemeinschaft sozial gebundenes Recht, das eine Verpflichtung in sich schließt"[454] und als „völkische Ordnungslage, die gerechtfertigt und sinngefüllt ist durch eine Aufgabenstellung der Gemeinschaft"[455] verstanden. Eigentum könne folglich erst „in der Gemeinschaft einen totalen und umfassenden Sinn erhalten".[456] Der Eigentumsbegriff wurde also im Nationalsozialismus generalklauselartig[457]

450 Formulierung nach *Maus* in Dreier/Sellert, S. 100.

451 Nicht umsonst bekam das Parteiprogramm der NSDAP in der Gesetzessammlung von Heinrich Schönfelder als „Ehrenplatz" die Ordnungsnummer 1, die dann nach Ende der nationalsozialistischen Herrschaft dem – zwischenzeitlich in einen Ergänzungsband abgedruckten – Grundgesetz zugewiesen wurde.

452 Ebs. Nellen, S. 280, demzufolge das Parteiprogramm der NSDAP „seit Erlass des Gesetzes zur Sicherung der Einheit von Partei und Staat vom 1. Dezember 1933 eine der Stellung der NSDAP im Staate entsprechende Bedeutung hat", obgleich das zitierte Gesetz das Parteiprogramm erwähnt; Loth, S. 220; Rüthers, S. 132/133 m.w.N.

453 Nellen, S. 281; *Wieacker* Eigentum und Eigen, S. 496; Diener, S 176; Loth, S. 220; *Strecker* in Achilles-Greiff 1937, Einl. zu § 903, Anm. 2; *Strecker, O.* in Achilles-Greiff 1943, Einl. zu § 903, Anm. 2 (noch anders *Ders.* in Achilles-Greiff 1923, Einl. zu § 903); Däubler/Sieling-Wendeling/Welkoborsky, S. 116–122; *Hoche* in Palandt 1941, § 903 Anm. 1; pikanterweise dann *ders.* in Palandt 1949, Einl. zu § 903, Anm. 1 (S. 997) für die Zeit zwischen 1933–1945 bestätigend, aber jetzt grundsätzlich ablehnend; zum generell angenommenen Bedürfnis der Umdeutung des Inhalts (aller) Generalklauseln, auch der sachenrechtlichen, Schmitt, S. 48/49.

454 Loth, S. 1752.

455 *Wieacker* Eigentum und Eigen, S. 497.

456 Nellen, S. 178, gemeint war natürlich nicht irgendeine Gemeinschaft, sondern eine eng abgegrenzte Volksgemeinschaft; zum nationalsozialistischen Gemeinschaftsbegriff im Ganzen *Stolleis* „Gemeinschaft und Volksgemeinschaft – Zur juristischen Terminologie im Nationalsozialismus" in *ders.*, S. 94 ff.

457 Insbesondere durch Ordnungsnummer 24 des Parteiprogramms der NSDAP („Gemeinnutz geht vor Eigennutz"); siehe hierzu nur *Hoche* in Palandt 1941, Vor § 903, Nr. 5 u. § 903, Nr. 2 b.

durch zahlreiche Pflichten aufgeladen. So prüft das Reichsgericht beispielsweise, ob eine Beschränkung der Eigentumsfreiheit aus „der Verpflichtung des Eigentümers, sein Recht den Belangen des Volksganzen zu unterstellen“ oder „eines nachbarrechtlichen Gemeinschaftsverhältnis“ geboten sei.[458] Im Ergebnis wurde die Eigentumsfreiheit durch weitgehende Pflichten überlagert und dem Eigentümer für die Erfüllung zahlreicher Pflichten – letztendlich wie einem Treuhänder – gewisse Handlungs- und Verfügungsrechte eingeräumt.[459] Jede Verletzung einer solchen Pflicht konnte auch die unzulässige Einwirkung auf anderes Eigentum bedeuten. Der Eigentümer haftete also plötzlich nicht mehr nur für sein Handeln, sondern auch für seine Verletzung des „pflichtgebundenen Herrschaftsrechts“[460] Eigentum. Die Haftung für vom Eigentum (aufgrund einer Pflichtverletzung) ausgehende Störungen, also letztendlich eine Zustandshaftung im weiteren Sinne, war geboren. Soweit ersichtlich knüpfen Anhänger der Zustandsstörerhaftung nach 1945 regelmäßig nur an einen von Sachen ausgehenden Zustand an.[461] Anders in der Zeit des Nationalsozialismus. Ausgangspunkt scheint mir *Carl Schmitts* Idee vom „konkreten Ordnungs- und Gestaltungsdenken“ zu sein[462], derzufolge Ordnung nicht durch gesetzgeberische Entscheidung geschaffen wird, sondern „Norm oder Regel (...) nur auf dem Boden und im Rahmen einer *gegebenen Ordnung* eine gewisse regulierende Funktion mit einem relativ kleinen Maß in sich selbstständigen, von der Sache unabhängigen Geltens“[463] haben. Dieser Idee verhaftet, musste die Haftung eines Zustandsstörers nicht nur Beeinträchtigungen wegen einer Pflichtverletzung, die sich aus einer gewissen Nähe zu Sachen – beispielsweise aufgrund der Eigentümerstellung – ergeben, erfassen, sondern auch solche, die auf einer besonderen Nähe zu anderen Personen basieren.[464]

Zustandsstörer war demnach auch, wer seinen Pflichten gegenüber der Volksgemeinschaft beziehungsweise Teilen hiervon nicht genügte, weswegen es zu Beeinträchtigungen im Sinne von § 1004 Abs. 1 BGB kam. So waren beispielsweise

458 *RG in Zeitschrift der Akademie für Deutsches Recht (ZAkDR) 1937, S. 598–599*, S. 598.
459 Ebs. Schleusener, S. 87.
460 *Hoche* in Palandt 1941, Vor § 903, Nr. 5.
461 Siehe nur Offtermatt, S. 51; Kübler, S. 279/280; Pleyer, S. 303; Heinze, S. 94/95; Stickelbrock, S. 494; Wetzel, S. 120; Schwab/Prütting, Rnr. 574; Jabornegg/Strasser, S. 144; *Gursky* in Staudinger, § 1004, Rnr. 102; Picker, S. 130/131; Fritzsche, S. 438.
462 Ebs. Diener, S. 177.
463 Schmitt, S. 11 (Auslassungszeichen und Hervorhebung von mir).
464 Diener, S. 177 („Menschen und Dinge nicht in äußeren rechtlichen Beziehungen nebeneinander zu sehen, sondern Menschen zusammen mit Umwelt und Dingen gemeinsam als in die Ordnung des Volkes hineingestellt zu begreifen“)

Nachbarn untereinander[465] – unabhängig von dinglichen Zuordnungen und Verhalten – verpflichtet und insoweit von einer Störerhaftung wegen ihrer Nachbareigenschaft betroffen.[466]

Kern nationalsozialistischer Zustandshaftung war allerdings immer die Verletzung einer – warum dem Störer auch immer obliegenden – Pflicht.

Eine weitergehende Abstandnahme zum deliktischen Schadensersatzanspruch – beispielsweise durch eine handlungs-, also pflichtverletzungsunabhängige Zustandshaftung – wurde in der vom nationalsozialistischen Gesetzgeber damit befassten Akademie für Deutsches Recht zwar diskutiert, aber niemals umgesetzt.[467]

### (4.) Historisch-progressive Betrachtung für die Zeit ab 1945

#### (a.) Zustandshaftung wegen Art. 14 GG

Die oben[468] bereits angesprochene Eigentumstheorie von *Pleyer*[469] ist auf der sich aus Art. 14 Abs. 2 GG ergebenden Sozialpflichtigkeit des Eigentums aufgebaut.[470] Über § 1004 Abs. 1 BGB wirke Art. 14 Abs. 2 GG mittelbar[471] in das Zivilrecht hinein und verpflichte den Eigentümer, sich Störungen zu enthalten. Die Haftungzurechnung wird aber über den bloßen Eigentümer hinaus vergleichbar der polizeirechtlichen Störersystematik[472] getroffen. Derjenige, dem die Vorteile des Eigentums zugeordnet sind, soll auch die mit diesem verbundenen Nachteile tragen.[473] In einem weiteren (Wertungs-)Schritt sollen dann Fälle höherer Gewalt und andere Dritteinwirkungen ausgeklammert werden. Problematisch erscheint aber schon das Fundament der Eigentumstheorie, so soll die Sozialpflichtigkeit eigentlich eine Schranke der gegen den Staat wirkenden Eigentumsgarantie sein,

---

465 Zum nachbarrechtlichen Gemeinschaftsverhältnis in der Zeit 1933–1945 Süss, S. 121–125.

466 So beispielsweise im Jahre 1937 *RGZ 154, S. 161–167*, S. 165 oder im Jahre 1942 *RGZ 169, S. 180–185*, S. 182; gänzlich anders indes noch im Jahre *1932 RGZ 139, S. 29–36*, S. 32; das Reichsgericht ebenso verstehend Kübler, S. 288.

467 Schubert Protokolle Akademie für Deutsches Recht. Bd. III, 6, S. 600 (VII b).

468 Oben S. 86.

469 Pleyer, S. 300.

470 So auch von Stickelbrock, S. 493 verstanden.

471 Zur grundsätzlich möglichen mittelbaren Wirkung der Grundrechte im Zivilrecht *BVerfG NJW 1958, S. 257–259 („Lüth")*.

472 Die *Pleyersche* Eigentumstheorie ebenso verstehend auch Wieling, S. 365 u. 367.

473 Pleyer, S. 303.

nicht aber eine Individualpflicht gegenüber beispielsweise dem Nachbarn.[474] Die *actio negatoria* würde durch Anwendung von *Pleyers* Theorie in eine Gefährdungshaftung für alle dinglich zuordenbaren Sachen umgedeutet.[475] Die eine Zustandshaftung erklärende, an Art. 14 GG anknüpfende Eigentumstheorie ist daher abzulehnen.[476]

(b.) Äußerungen des Gesetzgebers

In der Zeit seit Geltung des Grundgesetzes hat der Gesetzgeber wiederholt die Formulierung „Zustandsstörer" verwendet[477] – jedoch in keinem Fall in einem zivilrechtlichen Kontext, sondern regelmäßig nur im Zusammenhang mit dem Gefahrenabwehrrecht.

(5.) Zwischenergebnis historisch-progressive Betrachtung

Das gesetzgeberische Haftungskonzept hat sich wohl in den Jahren 1933–1945 auf die Verletzung von Sorgfaltspflichten ausgedehnt, sodass nicht nur für die bloße Handlung an sich, sondern auch für die Verletzung einer solchen Sorgfaltspflicht zur Störerhaftung nach § 1004 Abs. 1 BGB führen konnten. Allerdings hatte auch der originäre Gesetzgeber laut der Protokolle der ersten Kommission sowohl das Bestehen als auch die zur Haftung als Störer führende Verletzung einer solchen Pflicht bereits zum Gegenstand seiner Überlegungen gemacht.[478] Indes greift die bloß am Eigentum an einer Sache orientierte Haftung zu kurz und entspricht nicht

---

474 Ebs. Baur 1961, S. 129; anders allerdings Pleyer, S. 301, demzufolge die dem Eigentümer obliegende Pflicht Beschädigungen von Sachen Dritter zu vermeiden sich, „obwohl sie das Gesetz selbst nicht anerkannt hat (...) ohne weiteres in das System unserer Privatrechtsordnung" einfüge.

475 So auch Baur/Stürner, § 12, Rnr. 16 (S. 124); Wieling, S. 365.

476 So auch *Medicus* in MünchKomm, 4. Aufl., § 1004, Rnr. 46; Wetzel, S. 113; Picker, S. 48; Baur 1961, S. 129; Baur/Stürner, § 12, Rnr. 16 (S. 124); Brehm/Berger, § 7, Rnr. 25; Herrmann, S. 45/46; Wieling, S. 364 f.; Bensching, S. 75/76; wohl auch *Gursky* in Staudinger, § 1004, Rnr. 96; a. A. Pleyer, S. 301 ff. und in Teilen wohl auch Schwab/Prütting, Rnr. 674 und Stickelbrock, S.491 ff..

477 So unter anderem in BT-Drucks. 14/5092, S. 2 im Zusammenhang mit Kriegsfolgen- und Kriegslastenbeseitigung in den neuen Ländern; in BT-Drucks. 15/3600, S. 386 u. 16/3653, S. 13 u. 15/3743, S. 1 u. 2 u, 15/3905, S. 1 u.a., 16/3017, S. 1 u. BT-Drucks. 16/11547, S. 12 im Zusammenhang mit dem Bundesbodenschutzgesetz; in BT-Drucks. 16/3806, S. 39 im Zusammenhang mit der Umsetzung der Richtlinie des Europäischen Parlaments und des Rates über die Umwelthaftung zur Vermeidung und Sanierung von Umweltschäden; in BT-Drucks. 16/9588, S. 20 u. 28 u. BT-Drucks. 16/10121, S. 30 im Zusammenhang mit dem Entwurf eines Gesetzes zur Abwehr von Gefahren des internationalen Terrorismus durch das Bundeskriminalamt;

478 Prot. I 4261/4262 in Jakobs/Schubert SR I, S. 854.

der gesetzgeberischen Haftungskonzeption.[479] Auch der dem historischen Gesetzgeber nachfolgende Gesetzgeber wollte keine Haftung aufgrund dinglicher Zuordnung oder gar aufgrund des Eigentums in § 1004 Abs. 1 BGB hineinkonstruieren.

*ccc. Zwischenergebnis der historischen Untersuchung*

Weder historischer noch späterer Gesetzgeber wollten eine Störerhaftung aufgrund dinglicher Zuordnung oder gar bloß eigentumsrechtlicher Anknüpfung. Haftungsquelle sollte demnach also zu keinem Zeitpunkt ein Zustand, sondern immer nur eine begangene oder pflichtwidrig unterlassene Handlung sein.

***cc. Systematische Untersuchung***

Die Annahme einer Zustandshaftung könnte zu systemwidrigen Brüchen führen.

*aaa. Systematische Auslegung im Lichte des Vorschriftenkontext*

§ 1004 BGB steht im dritten Abschnitt des fünften Buche des BGB unter dem bewusst und nicht zufällig[480] als „Ansprüche *aus* dem Eigentum“[481] und nicht etwa Ansprüche *wegen* Eigentum überschriebenem vierten Titel.[482] Insoweit hatte der Bundesrat im Gesetzgebungsverfahren zum Schuldrechtsmodernisierungsgesetz darauf hingewiesen[483], dass § 1004 BGB „Ansprüche *aus* dem Eigentum“ gewähre, weswegen der sich auf § 985 BGB beziehende § 939 BGB[484] nicht (wie im ursprünglichen Diskussionsentwurf noch vorgesehen) an einen „Eigentumsanspruch“ sondern an den „Herausgabeanspruch“ anknüpfen müsse. Diesem Vorschlag hat der Bundestag „aus den von ihm (dem Bundesrat) dargestellten Gründen“[485] entsprochen.[486] Aus der Überschrift

479 Oben S. 89 f.

480 Worauf auch *Steinbach*, S. 89 hinweist.

481 Hervorhebung von mir.

482 Diese Wendung findet sich bereits im Diskussionsentwurf eines Schuldrechtsmodernisierungsgesetzes des Bundesjustizministeriums, abgedruckt in Materialien Schuldrechtsmodernisierung 2002, S. 3 ff., dort zum Hintergrund der Überschriften dann S. 96/97.

483 BR-Drucks. 338/01, S. 80, Ordnungsnummer 136.

484 § 939 „Hemmung der Ersitzung (1) Die Ersitzung ist gehemmt, wenn der *Herausgabe*anspruch gegen den Eigenbesitzer oder im Falle eines mittelbaren Eigenbesitzes gegen den Besitzer, der sein Recht zum Besitz von dem Eigenbesitzer ableitet, in einer nach den §§ 203 und 204 zur Hemmung der Verjährung geeigneten Weise geltend gemacht wird. Die Hemmung tritt jedoch nur zugunsten desjenigen ein, welcher sie herbeiführt. (...)“ (Auslassungszeichen und Hervorhebung von mir – im ursprünglichen Entwurf noch Eigentums- statt Herausgabeanspruch).

485 BT-Drucks. 14/6857, S. 69 (Klammerzusatz von mir).

486 BT-Drucks. 14/6857, S. 69; so dann auch in BGBl. 2002 I , S. 198 bekannt gemacht und nach wie vor in Kraft.

des die bürgerlichrechtliche *actio negatoria* enthaltenden Titels ergibt sich systematisch jedenfalls kein Argument dafür, dass § 1004 Abs. 1 BGB die Haftung wegen des Zustands einer dinglich zugeordneten Sache anordnen sollte.

§ 1004 Abs. 1 S. 2 BGB gibt dem Eigentümer die Möglichkeit, wegen der Besorgnis weiterer Beeinträchtigungen den Störer auf Unterlassung zu verklagen. Anders als das Erdulden beschreibt das Unterlassen ein passives Verhalten trotz Handlungsmöglichkeit. Ein Zustand kann nicht unterlassen sondern, höchstens beendet werden; wer nicht handelt, kann, anders gewendet, auch nicht unterlassen. § 1004 Abs. 1 S. 2 BGB hat demnach als Beeinträchtigungsquelle eine Handlung zum Gegenstand.[487] Nach § 1004 Abs. 1 S. 2 BGB besteht mithin ein Anspruch darauf, dass der Störer sein störendes Verhalten unterlässt beziehungsweise beendet.[488] Wenn der Störer in § 1004 Abs. 1 S. 1 BGB nun nicht anders bestimmt

---

487 Stönner, S. 78; Wiethölter, S. 55; Münzberg, S. 418; E.Wolf, S. 159; *Fritzsche* in Bamberger/Roth, § 1004, Rnr. 20 u. Fritzsche, S. 435, der ohnehin der Aufassung ist, dass Störerverantwortlichkeit immer eines Verhaltens bedarf; ebs. *Medicus* in MünchKomm 4. Aufl., § 1004, Rnrn. 98, 40; im Wesentlichen wohl auch *Ebbing* in Erman, § 1004, Rnr. 109 und Larenz/Canaris, S. 705, denenzufolge andere Fälle zwar „kaum vorstellbar", aber wohl dennoch möglich erscheinen; gänzlich anders hingegen Wetzel, S. 128/129, derzfolge es beim negatorischen Unterlassungsanspruch nicht um das Unterlassen an sich gehe, sondern nur darum, die „Besorgnis weiterer Beeinträchtigungen (...) zu beseitigen" (Klammerzusatz von mir); erwartungsgemäß ebenfalls anders *Gursky* in Staudinger, § 1004, Rnr. 210, mit dem Hinweis, dass die Formulierung des Gesetzes „ungenau" sei und eigentlich gemeint sei, „dass der Störer dafür sorgen soll, dass die zu erwartende Rechtsüberschreitung nicht eintritt"; ebenfalls erwartungsgemäß anders Picker, S. 82, demzufolge vom Wortlaut des § 1004 Abs. 1 BGB völlig abweichend der Beseitigungsanspruch aus § 1004 Abs. 1 S. 1 BGB vom Störer durch ein Unterlassen begegnet werden könne, wohingegen der Unterlassungsanspruch aus § 1004 Abs. 1 S. 2 BGB ein u. U. auch positives Handeln verlange; den zwingenden Zusammenhang von Handlung, die es zu unterlassen gilt, ebenfalls ablehnend Heinze, zusammenfassend auf S. 263/264 mit der m. E. nach in § 1004 Abs. 1 S. 2 BGB keinen Anhaltspunkt findenden Konstruktion der Zurechnung verschiedener „Störungsquellen" und ohne Hinweis, was der so beispielsweise aufgrund einer „Sache als Störungsquelle" (S. 94) oder einer „Personen-Sach-Gesamtheit als Störungsquelle" (S. 96) ermittelte Störer denn nun genau tun oder lassen soll.

488 So zutreffend auch Herrmann, S. 4 (in Fn. 29), insoweit in ihrer Fußnote etwas unglücklich formuliert, als sie in diesem Zusammenhang als Beispiel für die Erforderlichkeit aktiven Tuns eine von Sachen ausgehende Gefahr anspricht, obgleich sie eine Haftung nur aufgrund dinglicher Zuordnung grundsätzlich ablehnt und vielmehr nur dann bejahen will, wenn der dinglich Berechtigte eine ihm obliegende „Sicherungspflicht" verletzt und gerade diese Pflichtverletzung für die rechtswidrige Folge kausal ist (zusammenfassend, S. 441/441). Daher von *Gurky* in Staudinger, § 1004, Rnr. 211 inhaltlich nicht ganz richtig als Beleg für Anerkennung der Verpflichtung zu aktivem Tun bei „vom Zustand einer Sache drohende(r) Beeinträchtigung" (Klammerzusatz von mir) angeführt.

werden soll als der in § 1004 Abs. 1 S. 2 BGB[489] und es nur demnach darauf ankommen soll, ob die Störung gegenwärtig ist – dann Beeinträchtigung – oder zukünftig zu besorgen – dann Unterlassung –, so kommt eine Störerverantwortlichkeit aufgrund einer dinglichen Zuordnung auch für § 1004 Abs. 1 S. 1 BGB nicht in Betracht. Satz 2 der bürgerlichrechtlichen *actio negatoria* spricht daher eher dafür, dass es eine solche Zustandshaftung überhaupt nicht gibt.

*bbb. Systematische Untersuchung im Lichte von § 907 Abs. 1 S. 1 BGB*

Möglicherweise kann § 907 Abs. 1 S. 1 BGB für das Verständnis der Haftungsanknüpfung in § 1004 Abs. 1 BGB fruchtbar gemacht werden.[490]

(1.) Auslegung im Lichte von § 907 Abs. 1 S. 1 BGB

§ 907 Abs. 1 S. 1 BGB enthält zwei Anspruchsgrundlagen: Einerseits nämlich gegen den Hersteller einer Anlage (Variante 1) und andererseits gegen deren Halter (Variante 2). Anders als in § 1004 Abs. 1 kann nicht nur die Beseitigung der Beeinträchtigung oder ein nicht zu einer Beeinträchtigung führendes Verhalten verlangt werden, sondern gleich die Nichtherstellung oder Nichthaltung einer Anlage. Insoweit geht die Rechtsfolge von § 907 Abs. 1 BGB über die von § 1004 Abs. 1 BGB hinaus. Für nach landesgesetzlichen Vorschriften genehmigte Anlagen wird allerdings die Rechtsfolge von § 907 Abs. 1 S. 1 BGB durch § 14 BImSchG der Folge des § 1004 Abs. 1 S. 1 BGB weitestgehend angepasst – verlangt werden kann diesenfalls nämlich nicht mehr die Einstellung (oder Nichtaufnahme) des Betriebes einer Anlage sondern lediglich die Beseitigung einer konkreten Beeinträchtigung. Im Kern unterscheiden sich die Rechtsfolgen von § 907 Abs. 1 S. 1 BGB und § 1004 Abs. 1 BGB daher lediglich betreffend nichtgenehmigungsbedürftiger Anlagen.

Auch auf Tatbestandsebene decken sich die Ansprüche aus § 1004 Abs. 1 BGB und § 907 Abs. 1. S. 1 BGB insoweit sie beide den negatorischen Schutz vor die eigentliche Beeinträchtigung vorverlegen. Zur Bejahung eines Unterlassungsanspruchs nach § 1004 Abs. 1 S. 2 BGB ist mittlerweile bereits die Besorgnis einer

---

489 Was beispielsweise Stönner, S. 28 ff.; Offtermatt, S. 48 ff.; Wiethölter, S. 55; *Larenz* in FS Dölle, S. 198; *Wesel* in FS v. Lübtow, S. 800; Picker, S. 82; *Fritzsche* in Bamberger/Roth, § 1004, Rnrn. 13 ff. u. Fritzsche, S. 439/440; Mießner, S. 83 Schapp/Schur, Rnr. 160; E.Wolf, S. 159; Brehm/Berger, Rnrn. 21 ff; Baur/Stürner, Rnr. 12 ff.; Larenz/Canaris, S. 705; *Gursky* in Staudinger, § 1004, Rnrn. 93 u. 210; *Medicus* in MünchKomm 4. Aufl., § 1004, Rnrn. 42 ff. u. 98; *Ebbing* in Erman, § 1004, Rnrn. 106 ff. u. insb. 110; *Münch* in Soergel, § 1004, Rnrn. 124 ff.; *Bassenge* in Palandt, § 1004, Rnrn. 15 ff. und wohl auch Wetzel, S 117 und Stickelbrock, S. 468 ff. wollen.

490 Dieser Meinung sind beispielsweise Baur 1961, S. 132; Larenz/Canaris, S. 686 ff. und Herrmann, S. 168 ff.

erstmaligen Beeinträchtigung[491], nach § 907 Abs. 1 S. 1 BGB das sichere Voraussehen einer unzulässigen Einwirkung erforderlich. Während für die allgemeine *actio negatoria* in § 1004 Abs. 1 BGB schon die bloße negative Beeinträchtigung ausreicht, erfordert die spezielle *actio negatoria* des § 907 Abs. 1 S. 1 BGB die konkrete Einwirkung auf ein Grundstück, also eine die Grundstücksgrenze auch überschreitende Beeinträchtigung.[492] Außer einigen abseitigen Fällen[493] decken sich die Voraussetzungen von § 1004 Abs. 1 und § 907 Abs. 1 S. 1 BGB allerdings im Wesentlichen.[494]

Dem allgemeinen negatorischen Anspruch des § 1004 Abs. 1 BGB ist der Störer ausgesetzt, dem besonderen negatorischen Anspruch des § 907 Abs. 1. S.1 BGB der Hersteller oder Halter einer Anlage.[495] Obgleich § 907 Abs. 1 S. 1 BGB den Anspruchsgegner – anders als § 1004 Abs. 1 BGB – nicht beim Namen nennt, scheint der Verpflichtete aufgrund der gegenüber der allgemeinen *actio negatoria* sehr begrenzten Anspruchsvoraussetzungen – wie dargestellt nämlich Herstellen oder Halten einer Anlage statt Verantwortlichsein für eine Beeinträchtigung – leichter bestimmbar.[496] Bleibt auch die genaue Reichweite der für die erste Variante erforderlichen Herstellereigenschaft im Dunklen, so bietet doch beispielsweise § 4 Abs. 1 u. 2 ProdHaftG[497] – obgleich nicht ohne Weiteres

491 Siehe statt aller nur Fritzsche, S. 177 ff.; *Münch* in Soergel, § 1004, Rnrn. 228 ff.; *Gursky* in Staudinger, § 1004, Rnrn. 214 ff. jeweils m.w.N..

492 *J.F. Baur* in Soergel, § 1004, Rnr. 7; *Fritzsche* in Bamberger/Roth, § 907, Rnr. 6; *Säcker* in MünchKomm, 4. Aufl., § 907, Rnr. 7.

493 Angeführt werden hier beispielsweise die Beschattung des Grundstücks (*J.F. Baur* in Soergel, § 907, Rnr. 7), der Zierteich der lediglich die Gefahr birgt, dass Kinder des Nachbarn hineinfallen, oder Einschränkung des Fernsehempfangs (wohl durch Absorption der Funkwellen) (*Fritzsche* in Bamberger/Roth, § 907, Rnr. 6) – hier würde jeweils eine Beeinträchtigung zu bejahen sein, eine Einwirkung allerdings noch nicht vorliegen.

494 So auch *Fritzsche* in Bamberger/Roth, § 907, Rnr. 6 und wohl auch *Bassenge* in Palandt, § 907, Rnr. 1.

495 Herrmann, S. 180, *Säcker* in MünchKomm, 4. Aufl., § 907, Rnr. 18; in Prot. I 3867 in Jakobs/Schubert SR I, S. 460 war insoweit deutlicher noch vom „Unternehmer der Anlage" die Rede; auch in *Johows* Begründung seines Sachenrechtsentwurf in Johow, S. 749/750 (625/626) knüpft er zu dem § 907 Abs. 1 BGB zugrundeliegenden § 114 E-SR an die „Person des Errichters" und den „Halter der Anlage" an.

496 Ebs. Herrmann, S. 181.

497 „§ 4 Hersteller (1) Hersteller im Sinne dieses Gesetzes ist, wer das Endprodukt, einen Grundstoff oder ein Teilprodukt hergestellt hat. Als Hersteller gilt auch jeder, der sich durch das Anbringen seines Namens, seiner Marke oder eines anderen unterscheidungskräftigen Kennzeichens als Hersteller ausgibt. (2) Als Hersteller gilt ferner, wer ein Produkt zum Zweck des Verkaufs, der Vermietung, des Mietkaufs oder einer anderen Form des Vertriebs mit wirtschaftlichem Zweck im Rahmen seiner geschäftlichen Tätigkeit in den Geltungsbereich des Abkommens über den Europäischen Wirtschaftsraum einführt oder verbringt."

übertragbar – eine ganz ordentliche Orientierung wer zum Kreise der Hersteller zu rechnen sein könnte. Etwas nebulöser scheint die Bestimmung des Halters im Sinne der zweiten Variante des § 907 Abs. 1 S. 1 BGB zu sein. Bereits in *Johows* Sachenrechtsentwurf war die Rede von der „Haltung einer Anlage“.[498] Insoweit geht bereits der Sachenrechtsentwurf zur Abgrenzung von einer bloßen Zustandshaftung davon aus, dass die (negativ einwirkende) Anlagenfunktion eine „Menschentätigkeit“[499] sei.[500] Hierzu passt auch die sonstige Verwendung des Rechtsbegriffs „Halter“. So muss der nach § 833 BGB verpflichtete Tierhalter nicht der Eigentümer des Tieres sein, Tierhalter ist vielmehr derjenige, der die Bestimmungsmacht über das Tier hat und Nutzen des Tieres für sich in Anspruch nimmt.[501] Auch im wiederholt an die Haltereigenschaft anknüpfenden Straßenverkehrsgesetz sind Halter und Eigentümer – wie sich zwanglos bereits aus § 34 Abs. 4 StVG[502] ergibt – nicht notwendig dieselbe Person. Vielmehr bestimmt sich die Haltereigenschaft auch im Straßenverkehrsgesetz nach Bestimmungsmacht und Eigennützlichkeit – vor allem aber an einem eines Halters entsprechenden Verhaltens. Halter im Sinne von § 907 Abs. 1 S. 1 Var. 2 BGB ist daher derjenige, der die Anlage dauerhaft für sich nutzt oder nutzen will.[503] Auf eine dingliche Zuordnung, beispielsweise durch Eigentum oder Besitz, kommt es bei § 907 Abs.1 S. 1 BGB daher weder bei Variante 1 noch bei Variante 2 an. Auch kommt es für die Beurteilung der Haltereigenschaft nicht darauf an, wer die negative Einwirkung oder gar die ganze Anlage konkret veranlasst hat – ansonsten wären juristische Personen möglicherweise von der Haftung befreit, was gerade im Zusammenhang mit dem Straßenverkehrsgesetz, aber erst recht mit Regelungen hinsichtlich der Haftung für Eisenbahn- oder Luftfahrzeuge[504], nicht gewünscht sein kann.

---

498 § 114 SR-E in Johow, S. 32 (18).

499 Im Orginal „Menschenthätigkeit“.

500 Johow, S. 710 (586): „Nur dieser einfachen Erkenntniß, daß die Anlagenfunktion Menschenthätigkeit ist, bedarf es, um in allen Fällen die unerlaubte Immission von der rein durch elementare Kräfte verursachte Hinüberführung aus einem Grundstück in das andere unterscheiden zu können.“

501 *Krause* in Soergel, § 833, Rnr. 12; *Spindler* in Bamberger/Roth, § 833, Rnrn. 12 ff.; *Sprau* in Palandt, § 833, Rnr. 10.

502 § 34 StVG „(4) Der Halter und der Eigentümer, wenn dieser nicht zugleich Halter ist, haben der Zulassungsbehörde jede Änderung der Daten mitzuteilen, die nach Absatz 1 erhoben wurden; dies gilt nicht für die Fahrzeuge, die ein Versicherungskennzeichen führen müssen, und für die Fahrzeuge, die vorübergehend stillgelegt sind und deren Stilllegung im Fahrzeugbrief vermerkt ist.“

503 Ebs. Herrmann, S. 186; *Säcker* in MünchKomm, 4. Aufl., § 907, Rnr. 18.

504 So knüpfen beispielsweise § 1 Abs. 4 EBHaftPflV oder § 2 Abs. 1 Nr. 3 LuftVG an den Halterbegriff an.

Die Voraussetzungen in § 907 Abs. 1 S. 1 BGB wurden also bewusst nicht an dingliche Zuordnungen, sondern vielmehr an ein Verhalten, nämlich das Halten (Variante 2) oder Herstellen (Variante 1), angeknüpft. Insoweit erweitern die beiden speziellen negatorischen Anspruchsgrundlagen in § 907 Abs. 1 S. 1 BGB die negatorische Haftung über die allgemeine *actio negatoria* des § 1004 Abs. 1 BGB hinaus auf zwei zusätzliche Verhaltensalternativen. Hätte der Gesetzgeber seiner negatorischen Haftungskonzeption den Zustand sachenrechtlich zuordenbarer Sachen zur Grundlage machen wollen, so hätte er es sich bei § 907 Abs. 1 S. 1 BGB viel leichter machen können. Anstatt sich Gedanken darüber zu machen, dass der von der negativen Einwirkung Betroffene durch einen Anspruch nur gegen den Hersteller der Anlage nicht ausreichend geschützt sei, weswegen er zusätzlich noch einen Anspruch gegen den Halter benötige[505], hätte er dem insoweit Betroffenen schlicht einen Anspruch gegen den Eigentümer des jeweiligen Grundstücks gewähren können. Der Gesetzgeber hat sich aber ganz bewusst für eine Handlungshaftung und die damit deutlich aufwändigere Lösung entschieden.

(2.) Auf § 907 BGB gestützte Theorie der Anlagenhaftung

Die Bestimmung von § 907 BGB nicht als verengende Verlängerung von § 1004 Abs. 1 BGB, sondern als § 1004 Abs.1 BGB ausfüllende Konkretisierung verstehend, geht *Baurs* vielbeachtete[506] Theorie der Anlagenhaftung davon aus, dass Haftungsquelle der *actio negatoria* auch diejenige Störung sein könne, die von einer Anlage ausgehe, die von Menschenhand geschaffen sei.[507] Insoweit entnimmt *Baur* § 907 BGB den Tatbestand des Haltens einer Anlage und überträgt diesen als allgemeinen Grund negatorischer Haftung auf § 1004 Abs. 1 BGB.[508] So wird der Handlungshaftung durch die *Anlagetheorie* das Halten einer von Menschenhand geschaffenen Anlage als alternativer Anknüpfungspunkt der Haftung nebengestellt. Unbeantwortet lässt die Theorie, warum es ausgerechnet eine Anlage sein muss, die gehalten wird und nicht etwas, das sich nicht mehr unter den weiten Anlagebegriff *Baurs* fassen lässt – beispielsweise ein gehaltenes Tier. Versteht man das Halten – wie hier vertreten[509] – als Handlung, so beschreibt die Anlagen-

505 Genau diese Gedanken liegen aber *Johows* Sachenrechtsentwurf zugrunde, siehe hierzu Johow, S. 749/750 (625/626).

506 Siehe nur *Gursky* in Staudinger, § 1004, Rnr. 96; *Medicus* in MünchKomm, 4. Aufl., § 1004, Rnr. 46; *Münch* in Soergel, § 1004, Rnr. 126; Larenz/Canaris, S. 678; Münzberg, S. 373; Lutter/Overrath, S. 345; Wetzel, S. 114/115; Herrmann, S. 68/69; *Picker* in FS v. Gernhuber, S. 315; Jabornegg/Strasser, S. 94; Bensching, S. 76/77.

507 Baur 1961, S. 132.

508 Baur 1961, S. 131.

509 Siehe oben S. 93–96.

theorie keinen alternativen Anknüpfungspunkt der Haftung, sondern lediglich einen spezielleren. Erweckt die Anlagetheorie doch den Eindruck, Zustandshaftung zu sein, obwohl sie eigentlich nur einen Spezialfall[510] der Handlungshaftung beschreibt, trägt sie eher zur Verwirrung[511] bei und erscheint daher eher im Ergebnis überflüssig.

#### (3.) ZWISCHENERGEBNIS

Zwar lassen sich die Anknüpfungspunkte der Haftung von § 907 Abs. 1 S. 1 BGB nicht ohne Weiteres auf § 1004 Abs. 1 BGB übertragen[512], allerdings spricht die Ausgestaltung von § 907 Abs. 1 S. 1 BGB dafür, dass der Gesetzgeber eine generelle negatorische Haftungskonzeption vor Augen hatte, die sich gerade nicht an dinglichen Zuordnungen, sondern an menschlichem Verhalten orientiert, in die er § 907 Abs. 1 S. 1 BGB eingepasst hat.

---

510 Herrmann, S. 69, die allerdings von einem „besonderen Fall der Beeinträchtigung" spricht; Wetzel, S. 114/115, die allerdings die Anlagenhaftung als Spezialfall der Zustandshaftung versteht; zu einem solchen Verständnis allerdings schon Offtermatt, S. 53, lange vor *Baur* mit dem Hinweis, dass im Zusammenhang mit § 907 BGB „meist (...) von einer Haftung des Eigentümers gesprochen" werde, was „ungenau" sei (Auslassungszeichen von mir).

511 So ist beispielsweise für Jabornegg/Strasser, S. 94; Wetzel, S. 114 und *Gursky* in Staudinger, § 1004, Rnr. 96 nicht das Halten der Anlage, sondern die Anlage selbst Anknüpfungspunkt negatorischer Haftung, weswegen Anlagenhaftung dort als reine Zustandshaftung verstanden wird.

512 So auch Herrmann, S. 203.

### ccc. *Systematische Untersuchung im Lichte von § 909 BGB*

Nach § 909 BGB[513] hat ein Grundstückseigentümer auch gegen den Eigentümer[514] des Nachbargrundstücks Anspruch[515] darauf, dass dieser es unterlässt, sein Grundstück in beeinträchtigender Art und Weise zu vertiefen beziehungsweise eine bereits erfolgte Vertiefung beseitigt. Dass, § 909 BGB – entgegen der Vermutung auf den ersten Blick – eine (echte) Anspruchsgrundlage ist, ergibt sich schon im Umkehrschluss aus § 924 BGB[516], wonach bestimmte Ansprüche, insbesondere

---

513 § 909 BGB Vertiefung: „Ein Grundstück darf nicht in der Weise vertieft werden, dass der Boden des Nachbargrundstücks die erforderliche Stütze verliert, es sei denn, dass für eine genügende anderweitige Befestigung gesorgt ist."

514 *J.F. Baur* in Soergel, § 909, Rnr. 7; *Lemke* in Prütting/Wegen/Weinreich, § 909, Rnr. 8; Prot. I 3863 in Jakobs/Schubert SR I, S. 464 mit der – jedoch nicht angenommenen – Empfehlung, § 909 BGB und der Formulierung „Jeder ist verpflichtet pp." anstelle „Die Nachbarn sind sich gegenseitig verpflichtet pp." einzuleiten; weitergehend *Fritzsche* in Bamberger/Roth, § 909, Rnr. 17 und *Bassenge* in Palandt, § 909, Rnr. 1, denen zufolge kein diesbezügliches Stufenverhältnis besteht, sondern „jeder an der Vertiefung Beteiligte" neben dem Eigentümer gleichermaßen haftet; so auch *BGH NJW 1996, S. 3205–3208*, S. 3206; *BGH NJW 1983, S. 872–875*, S. 873; *BGHZ 101, 290–296*, Rnr. 14; anders dann allerdings *Lorenz* in Erman, § 909, Rnr. 1 Abs. 2, der einen Anspruch gegen den Eigentümer nur (noch) dann als gegeben sieht, wenn der Eigentümer ihm obliegende Prüfungspflichten verletze – abgesehen davon, dass *Lorenz* damit den Unterschied zwischen § 1004 Abs. 1 BGB und § 909 BGB einebnet, gibt er gerade demjenigen, der primär haften soll eine erhebliche Haftungserleichterung. Insoweit *Lorenz* als Beleg für sein Verständnis *BGH NJW 2001, S. 1865–1868*, S. 1866 anführt, scheint er mir zu übersehen, dass es dort um den Schadensersatzanspruch nach § 823 Abs. 2 BGB i.V.m. § 909 BGB ging, der eine schuldhafte Pflichtverletzung erfordert und nicht um einen negatorischen Anspruch nach § 909 BGB, für dessen Erfüllung es gerade nicht auf die Verletzung einer Pflicht, sondern im Rahmen von § 909 BGB nur auf die objektiv eingetretene oder zu besorgende Vertiefung ankommt. Durch Auswahl erfahrener und zuverlässiger Fachleute, die die Vertiefung durchführen sollen, könnte indes lediglich das (nur) für einen Schadensersatzanspruch notwendige Verschulden des Eigentümers entfallen (ebs. *Bassenge* in Palandt, § 909, Rnr. 9). Zur grundsätzlichen Frage, wann es im Rahmen negatorischer Ansprüche überhaupt nur auf die Verletzung einer Pflicht – beispielsweise eine Prüfungspflicht – ankommt, siehe unten S. 179 ff.

515 *Bassenge* in Palandt, § 909, Rnr. 6; *Lorenz* in Erman, § 909, Rnr. 4; *Roth* in Staudinger, § 909, Rnr. 1; *Gursky* in Staudinger, § 1004, Rnr. 104; insoweit eigentlich eindeutig Prot. I 3863 in Jakobs/Schubert SR I, S. 464/464; noch deutlicher im Sachenrechtsentwurf in Johow, S. 32 (18) „die Nachbarn sind sich gegenseitig *verpflichtet*" und *Johows* Begründung in Johow, S. 734 (610) „vom Richter (...) untersagt" (Klammerzusatz von mir); dennoch kritisch *Fritzsche* in Bamberger/Roth, § 909, Rnr. 23; unzutreffenderweise gänzlich ablehnend dann *Lemke* in Prütting/Wegen/Weinreich, § 909, Rnr. 1 („keine Anspruchsgrundlage") und Herrmann, S. 389.

516 § 924 BGB Unverjährbarkeit nachbarrechtlicher Ansprüche: „Die Ansprüche, die sich aus den §§ 907 bis *909*, 915, dem § 917 Abs. 1, dem § 918 Abs. 2, den §§ 919, 920 und dem § 923 Abs. 2 ergeben, unterliegen nicht der Verjährung." (Hervorhebung von mir).

der aus § 909 BGB, nicht der Verjährung unterliegen.[517] Anspruchsgegner ist primär der Eigentümer des insoweit rechtswidrig vertieften Grundstücks, also desjenigen Grundstücks, von dem die Beeinträchtigung in der Gestalt des Verlusts der erforderlichen Stütze ausgeht. Es kommt also nicht darauf an, ob die Vertiefung auf ein Verhalten des passivlegitimierten Grundstückseigentümers zurückgeht. § 909 BGB ordnet also eine echte Zustandshaftung – allerdings für einen sehr eng begrenzten Tatbestandsbereich – an.

Würde die Haftung für einen rechtswidrigen Zustand indes bereits von § 1004 Abs. 1 BGB umfasst sein, so wäre § 909 BGB komplett überflüssig. Knüpft § 1004 Abs. 1 BGB hingegen an ein menschliches Verhalten an, so würde gegenüber dem Gestörten der Eigentümer des in unzulässiger Weise vertieften Grundstücks nach § 909 BGB neben dem Handlungsstörer auf Unterlassung und Beseitigung haften. Der Anspruchsinhaber könnte daher dann gegebenenfalls seine Ansprüche gegen zwei Anspruchsgegner richten. Vor allem allerdings wäre dem negatorischen Handlungshafter in diesem – für den Inhaber des die erforderliche Stütze verlierenden Grundstücks besonders wichtigen – Fall der Unmöglichkeitseinwand nach § 275 Abs. 1 BGB abgeschnitten; der Grundstückseigentümer könnte nämlich aufgrund § 909 BGB weder das Unterlassen der Vertiefung noch die Beseitigung derselben (insoweit bereits erfolgt) verhindern, ohne sich selbst nach § 823 Abs. 2 i.V.m. § 909 BGB schadensersatzpflichtig[518] zu machen.

§ 909 BGB läuft also nur dann nicht leer, wenn es einen Zustandsstörer im Rahmen des § 1004 Abs. 1 BGB nicht gibt, sondern § 1004 Abs. 1 BGB lediglich eine Handlung als mögliche Haftungsquelle haben kann.

*ddd. Systematische Untersuchung im Lichte der besitzrechtlichen Vorschriften*

Der Besitzer darf sich nach § 859 Abs. 1 BGB verbotener Eigenmacht mit Gewalt erwehren. Gleiches gilt nach §§ 860, 859 Abs. 1 BGB für den Besitzdiener. Gewalt in diesem Sinne kann sowohl gegen Personen als auch gegen Sachen angewendet werden. Verbotene Eigenmacht ist, wie oben[519] bereits dargestellt, nach § 858 Abs. 1 Var. 1 BGB das Entziehen des Besitzes oder nach §§ 858 Abs. 1 Var. 2 i.V.m. 863 BGB die Vornahme einer störenden Handlung. Eine vergleichbare Vorschrift

517 § 909 BGB wird auch nicht etwa zufällig in § 924 BGB zitiert, vielmehr wurde auf mehrheitlich angenommenen Antrag § 909 BGB (= § 823 E II-BGB) aufgenommen und § 916 BGB (= § 829 E II-BGB) gestrichen – siehe hierzu 2. Kommission, Beratung E II, Antrag von *Eichholz* (Nr. 44,5) in Jakobs/Schubert SR I, S. 521.

518 Ebs. *J.F. Baur* in Soergel, § 909, Rnr. 8; *Säcker* in MünchKomm, 4. Aufl., § 909, Rnr. 27; *Fritzsche* in Bamberger/Roth, § 909, Rnr. 16; *Roth* in Staudinger, § 909, Rnr. 45; *Bassenge* in Palandt, § 909, Rnr. 9.

519 Oben S. 73 f.

existiert für die Störung des Eigentums nicht. Nicht recht nachzuvollziehen wäre es aber, wenn für verhaltensbedingte Störungen des Besitzes der Gewalteinsatz zulässig sein soll, wohingegen weder Besitzer noch Eigentümer bei der Störung durch einen Zustand nicht einmal Gewalt gegen die Sachen ausüben dürften, von denen die Störung ausgehen soll. Dies umso mehr, als die Gewalt gegen eine störende Sache weit weniger eingriffsintensiv als die Gewalt gegen die Person des Handlungsstörers sein würde. Gewalt gegen eine Person bloß aufgrund einer dinglichen Zuordnung der störenden Sache – also gegen den sogenannten Zustandsstörer – kommt wohl nicht in Betracht. Insoweit würde also die Konstruktion der Zustandsstörung zu einem Bruch in den sachenrechtlichen Abwehransprüchen führen, wenn Eigentümer und Besitzer dieselbe Person sind. Würde es sich bei der Störung nämlich um eine Handlungsstörung handeln, wäre Gewaltanwendung gegen Störer und Sache zulässig; liegt hingegen nur eine Zustandsstörung vor, müsste sich der Eigenbesitzer auf den Gerichtsweg nach § 1004 Abs. 1 BGB verweisen lassen. Auch insoweit scheint die Annahme eines Zustandsstörers, der aufgrund einer sachenrechtlichen Zuordnung haften soll, problematisch.

### *eee. Systematische Untersuchung im Vergleich des bürgerlichrechtlichen Störerbegriffs zu dem des gewerblichen Rechtsschutzes, des Urheberrechtsgesetzes sowie des Wettbewerbs- und Kartellrechts*

Möglicherweise lassen sich aus Ausgestaltung und systematischer Einordnung der negatorischen Ansprüche des Urheberrechts, des gewerblichen Rechtsschutzes, des Wettbewerbs- und Kartellrechts Hinweise für ein Verständnis des in § 1004 Abs. 1 BGB enthaltenen Störerbegriffs finden.

#### (1.) Untersuchung von § 1004 Abs. 1 BGB im Lichte von § 97 Abs. 1 UrhG

Bereits oben[520] wurde angesprochen, dass der urheberrechtliche negatorische Anspruch in § 97 Abs. 1 S. 1 UrhG keinen über § 1004 Abs. 1 S. 1 BGB gehenden Aufschluss über die dort enthaltene Zurechnungsregel zu geben vermag. Nach § 97 Abs. 2 S. 1 UrhG[521] wird derjenige zum Schadensersatz verpflichtet, der die Handlung vorsätzlich oder fahrlässig vornimmt. Da Absatz 2 außer dem Erfordernis eines Verschuldens gar keine eigenen Tatbestandsvoraussetzungen bestimmt,

520 Oben S. 34 f.

521 § 97 UrhG i. d. F. ab 01.09.2008: „Anspruch auf Unterlassung und Schadensersatz: (...) (2) Wer die Handlung vorsätzlich oder fahrlässig vornimmt, ist dem Verletzten zum Ersatz des daraus entstehenden Schadens verpflichtet. Bei der Bemessung des Schadensersatzes kann auch der Gewinn, den der Verletzer durch die Verletzung des Rechts erzielt hat, berücksichtigt werden.“, (Auslassungszeichen von mir) .

ergibt sich schon systematisch, dass im Übrigen die Tatbestandsmerkmale des Absatzes 1 Voraussetzungen des Schadensersatzanspruchs sind. Der heutige § 97 Abs. 2 UrhG entspricht inhaltlich dem bis 31.08.2008 geltenden § 97 Abs. 1 S. 1 2. Hs. UrhG a. F.[522], der den Schadensersatzanspruch nur durch ein zusätzliches Verschuldenserfordernis vom – bis dahin in Satz 1 enthaltenen, nahezu[523] wortgleichen – negatorischen Anspruch abgrenzte. Die Trennung in zwei Absätze erfolgte im Jahre 2008 zur Verbesserung der Übersichtlichkeit und nicht etwa, um inhaltliche Änderungen vorzunehmen.[524] § 97 Abs. 1 S. 1 2. Hs UrhG a. F. entspricht wortgleich dem im ersten Regierungsentwurf eines Urheberrechts vorgelegten § 107 Abs. 1 S. 1 2. Hs. UrhG-E vom 23.03.1962[525]. Seit Geltung des Urheberrechtsgesetzes haben urheberrechtliche Beseitigungs- und Schadensersatzansprüche dieselben objektiven Tatbestandsvoraussetzungen; der urheberrechtliche Schadensersatz erfordert darüber hinaus noch die Bejahung eines subjektiven Verschuldenselements.[526]

Das Urheberrechtsgesetz unterfällt nach Art. 73 Abs. 1 Nr. 9 GG der ausschließlichen Gesetzgebungskompetenz des Bundes. Das bürgerliche Recht ist hingegen gemäß Art. 74 Abs. 1 Nr. 1 GG grundsätzlich Gegenstand der konkurrierenden Gesetzgebung. Allerdings hat der Bundesgesetzgeber nach Art. 72 Abs. 1 a. E. GG von seiner vorrangigen Gesetzgebungszuständigkeit Gebrauch gemacht, mithin der Zuständigkeit der Landesgesetzgeber gänzlich entzogen. Sowohl Bürgerliches Gesetzbuch als auch Urheberrechtsgesetz fallen daher im Ergebnis in die ausschließliche Zuständigkeit desselben Gesetzgebers.

In seiner Gesetzesbegründung zu § 101 Abs. 1 S. 1 2. Hs. UrhG-E hatte der damalige Gesetzgeber bereits ausgeführt, dass auf den urheberrechtlichen Schadensersatzanspruch die „Bestimmungen über unerlaubte Handlungen (§§ 823 ff. BGB) ergänzend heranzuziehen“[527] seien, wohingegen sich die urheberrechtlich-

---

522 § 97 UrhG i. d. F. bis 31.08.2008: „Anspruch auf Unterlassung und Schadenersatz: (1) (...) und, wenn dem Verletzer Vorsatz oder Fahrlässigkeit zur Last fällt, auch auf Schadenersatz in Anspruch genommen werden.“ (Auslassungszeichen von mir).

523 Abgesehen von einer grammatikalischen Verbesserung des Wörtchens „vom“ in die Formulierung „von dem“ sind die in § 97 Abs. 1 UrhG normierten Ansprüche auf Beseitigung und Unterlassung unverändert geblieben.

524 BT-Drucks. 16/5048, S. 48.

525 Abgedruckt in Schulze, S. 379.

526 *J.B. Nordemann* in Fromm/Nordemann, § 97, Rnr. 61; *Meckel* in HK-UrhR, § 97, Rnr. 48; *v. Wolff* in Wandtke/Bullinger, § 97, Rnr. 51; *Dreier* in Dreier/Schulze, § 97, Rnr. 54; *Wild* in Schricker, § 97, Rnrn. 50 i.V.m. 41; *Vinck* in Loewenheim, § 81, Rnr. 35.

527 Regierungsbegründung zum Entwurf eines Gesetz über Urheberrecht und verwandte Schutzrechte (Urheberrechtsgesetz) der Bundesregierung vom 23. März 1962 in BT-Drucks. IV/270, zitiert in Schulze, S. 564 zu der heutigen, (nahezu – siehe oben Fn. 523) wortgleichen Bestimmung über negatorische Ansprüche.

ten Beseitigungs- und Unterlassungsansprüche an § 1004 orientieren sollten.[528] Der Gesetzgeber wollte also bewusst einen Gleichlauf urheberrechtlicher und bürgerlichrechtlicher Haftungsvorschriften. Hierfür spricht auch schon die Übertitelung des den § 97 UrhG enthaltenen Unterabschnitts 1 des zweiten Abschnitts als „Bürgerlich-rechtliche Vorschriften".

Nun will es nicht recht einleuchten, warum denn derselbe Gesetzgeber die gleichen Normen – nämlich § 823 BGB einerseits und § 1004 BGB andererseits – völlig unterschiedlich verstehen soll. Vertritt man aber die Auffassung, dass § 1004 Abs. 1 BGB eine Zustandsstörerhaftung enthält wäre ein solch unterschiedliches Verständnis des Gesetzgebers aber notwendig. Wenn sich nämlich der urheberrechtliche negatorische Anspruch in § 97 Abs. 1 S. 1 UrhG einerseits an § 1004 BGB orientieren soll, andererseits aber dieselben Tatbestandsvoraussetzungen wie der an § 823 BGB angelehnte Schadensersatzanspruch des § 97 Abs. 2 UrhG hat, so würde die Bejahung einer Zustandsstörerhaftung in § 1004 Abs. 1 BGB bedeuten, dass der urheberrechtliche Schadensersatzanspruch keiner Handlung bedürfe, sondern bereits ein rechtswidriger Zustand nur aufgrund seiner dinglichen Zurechnung einen urheberrechtlichen Schadensersatzanspruch auslösen können müsste. Diese Annahme ließe sich indes mit § 823 BGB nicht in Einklang bringen, der grundsätzlich einer Handlung bedarf, also eines menschlichen Verhaltens.[529]

Geht man hingegen davon aus, dass es eine Zustandshaftung nach § 1004 Abs. 1 BGB nicht gibt, so würden die Haftungskonzeptionen des bürgerlichen Rechts und des Urheberrechtsgesetzes in sich und mit der laut Gesetzesbegründung zugrundeliegenden Orientierung des urheberrechtlichen Haftungsmodells am bürgerlichrechtlichen insgesamt stimmig sein. Die allgemeine *actio negatoria* hat demnach dieselben objektiven Tatbestandsmerkmale wie der allgemeine deliktische Schadensersatzanspruch, der darüber hinaus allerdings noch ein subjektives Verschuldenserfordernis enthält. Die Untersuchung von § 97 UrhG spricht daher dafür, dass § 1004 Abs. 1 BGB keine dingliche Zuordnung, also einen Zustand zur Haftungsquelle haben kann, sondern immer (nur) Handlungen.

---

528 Regierungsbegründung zum UrhG-E 1962 wie vor.

529 Prot. I 965 in Jakobs/Schubert RdSV III., S. 874; Prot. I 968 in Jakobs/Schubert RdSV III., S. 875; Prot. I 988 in Jakobs/Schubert RdSV III., S. 883; Mot. II, S. 727 in Mugdan II, S. 406; *BGH NJW 1963, S. 953–954*, S. 953; *BGH NJW 1983, S. 121–122*, S. 121; *Larenz* in FS Dölle, S. 180; Larenz/Canaris, S. 361; *Spickhoff* in Soergel, § 823, Rnr. 3; *Schiemann* in Erman, § 823, Rnr. 12; *Spindler* in Bamberger/Roth, § 823, Rnr. 5; *Schaub* in Prütting/Wegen/Weinreich, § 823, Rnr. 5; *Sprau* in Palandt, § 823, Rnr. 2; *Wagner* in MünchKomm, 5. Aufl., § 823, Rnr. 305.

### (2.) Untersuchung von § 1004 Abs. 1 BGB im Lichte von §§ 139 u. 140b PatG

Ebenso wie auch § 97 UrhG kombiniert § 139 PatG negatorische Ansprüche mit solchen auf Schadensersatz. So kann nach § 139 Abs. 1 PatG[530] auf Unterlassung in Anspruch genommen werden, wer eine patentierte Erfindung benutzt. Passiv legitimiert ist demnach zumindest dem Wortlaut nach der Benutzer, also ein Handelnder.[531] Nach § 139 Abs. 2 S. 1 PatG[532] bestehen Schadensersatzansprüche gegen denselben Anspruchsgegner, insoweit diesen ein Verschulden trifft. Das Patentgesetz ist Gegenstand der gewerblichen Schutzrechte[533], die ebenso wie das Urheberrecht nach Art. 73 Abs. 1 Nr. 9 GG Gegenstand der ausschließlichen Gesetzgebungskompetenz des Bundesgesetzgeber sind. Würde also der Gesetzgeber den allgemeinen negatorischen Anspruch des bürgerlichen Rechts nicht an andere, völlig verschiedene Tatbestandsvoraussetzung als die patentrechtlich-spezielle *actio negatoria* anknüpfen, so würde auch die allgemeine negatorische Haftung im BGB ein Verhalten erfordern. § 139 Abs. 1 PatG hat einen engeren Handlungsbegriff als § 1004 Abs. 1 BGB und kann sich insoweit auf ein bestimmtes (unterwünschtes) Verhalten beschränken, nämlich das Benutzen; eine Zustandshaftung ist in § 139 Abs. 1 PatG gar nicht vorgesehen. Mit der Annahme einer negatorischen Zustandshaftung unter § 1004 Abs. 1 BGB ließe sich auch nicht in Einklang bringen, dass der Gesetzgeber in Umsetzung der *Enforcement-Richtlinie*[534] den Auskunftsanspruch in § 140b Abs. 1 PatG an der Störerhaftung analog § 1004 BGB orientiert hat[535], auf der anderen Seite aber wiederum (nur) an die Störung durch ein Verhalten, nämlich des Benutzens, anknüpft.

Auch die Untersuchung von §§ 139, 140b PatG spricht eher dafür, dass § 1004 Abs. 1 BGB ein Verhalten und keinen Zustand als Quelle der Haftung im Blick hat.

---

530 Siehe oben Fn. 116.

531 Ebs. *BGHZ 159, S. 221–234 („Drehzahlermittlung")*, Rnr. 43; m. E. nach im Kern ebs. aber mit einem etwas engeren Verständnis *Rogge/Grabinski* in Benkhard, PatG § 139, Rnr. 19 („Täter oder Teilnehmer (...) i. S. des allg. Deliktsrechts" (Auslassungszeichen von mir).

532 § 139 Abs. 2 S. 1 PatG: „Wer die Handlung vorsätzlich oder fahrlässig vornimmt, ist dem Verletzten zum Ersatz des daraus entstehenden Schadens verpflichtet."

533 *Maunz* in Maunz/Dürig, Art. 73, Rnr. 146.

534 Richtlinie 2004/48/EG des Europäischen Parlaments und des Rates vom 29. April 2004 zur Durchsetzung der Rechte des geistigen Eigentums (ABl. EU Nr. L 195 S. 16).

535 BT-Drucks. 16/5048, S. 29/30.

### (3.) Untersuchung von § 1004 Abs. 1 BGB im Lichte von §§ 14, 15, 19 MarkenG und § 24 GebrMG

Genau wie § 139 PatG gewähren § 14 Abs. 5 u. 6 MarkenG[536], § 15 Abs. 4 u. 5 MarkenG[537] und § 24 Abs. 1, Abs. 2 S. 1 GebrMG[538] an eine Benutzungshandlung geknüpfte negatorische Ansprüche sowie – vorausgesetzt den Benutzer trifft ein Verschulden – Anspruch auf Schadensersatz. Vergleichbar mit § 140b Abs. 1 PatG gewähren § 19 Abs. 1 MarkenG und § 24b Abs. 1 GebrMG einen Auskunftsanspruch gegen den hinsichtlich Unterlassungs- und Schadensanspruch Passivlegitimierten. Ebenso wie § 140b PatG wurden § 19 MarkenG[539] und § 24 GebrMG[540] in Umsetzung der *Enforcement-Richtlinie*[541] ins Markengesetz bzw. Gebrauchsmus-

536 „§ 14 Ausschließliches Recht des Inhabers einer Marke, Unterlassungsanspruch, Schadensersatzanspruch (...) (5) Wer ein Zeichen entgegen den Absätzen 2 bis 4 benutzt, kann von dem Inhaber der Marke bei Wiederholungsgefahr auf Unterlassung in Anspruch genommen werden. Der Anspruch besteht auch dann, wenn eine Zuwiderhandlung erstmalig droht. (6) Wer die Verletzungshandlung vorsätzlich oder fahrlässig begeht, ist dem Inhaber der Marke zum Ersatz des durch die Verletzungshandlung entstandenen Schadens verpflichtet. Bei der Bemessung des Schadensersatzes kann auch der Gewinn, den der Verletzer durch die Verletzung des Rechts erzielt hat, berücksichtigt werden. Der Schadensersatzanspruch kann auch auf der Grundlage des Betrages berechnet werden, den der Verletzer als angemessene Vergütung hätte entrichten müssen, wenn er die Erlaubnis zur Nutzung der Marke eingeholt hätte." (Auslassungszeichen von mir).

537 „§ 15 Ausschließliches Recht des Inhabers einer geschäftlichen Bezeichnung, Unterlassungsanspruch, Schadensersatzanspruch (...) (4) Wer eine geschäftliche Bezeichnung oder ein ähnliches Zeichen entgegen Absatz 2 oder Absatz 3 benutzt, kann von dem Inhaber der geschäftlichen Bezeichnung bei Wiederholungsgefahr auf Unterlassung in Anspruch genommen werden. (...) (5) Wer die Verletzungshandlung vorsätzlich oder fahrlässig begeht, ist dem Inhaber der geschäftlichen Bezeichnung zum Ersatz des daraus entstandenen Schadens verpflichtet. (...) (6) § 14 Abs. 7 ist entsprechend anzuwenden." (Auslassungszeichen von mir).

538 „§ 24 (1) Wer entgegen den §§ 11 bis 14 ein Gebrauchsmuster benutzt, kann von dem Verletzten bei Wiederholungsgefahr auf Unterlassung in Anspruch genommen werden. Der Anspruch besteht auch dann, wenn eine Zuwiderhandlung erstmalig droht. (2) Wer die Handlung vorsätzlich oder fahrlässig vornimmt, ist dem Verletzten zum Ersatz des daraus entstehenden Schadens verpflichtet. (...)" (Auslassungszeichen von mir).

539 „§ 19 Auskunftsanspruch (1) Der Inhaber einer Marke oder einer geschäftlichen Bezeichnung kann den Verletzer in den Fällen der §§ 14, 15 und 17 auf unverzügliche Auskunft über die Herkunft und den Vertriebsweg von widerrechtlich gekennzeichneten Waren oder Dienstleistungen in Anspruch nehmen. (...)" (Auslassungszeichen von mir).

540 „§ 24b (1) Wer entgegen den §§ 11 bis 14 ein Gebrauchsmuster benutzt, kann von dem Verletzten auf unverzügliche Auskunft über die Herkunft und den Vertriebsweg der benutzten Erzeugnisse in Anspruch genommen werden. (...)" (Auslassungszeichen von mir).

541 Richtlinie 2004/48/EG des Europäischen Parlaments und des Rates vom 29. April 2004 zur Durchsetzung der Rechte des geistigen Eigentums (ABl. EU Nr. L 195 S. 16).

tergesetz aufgenommen.[542] Es gilt folglich das zum Patentgesetz Gesagte: auch §§ 14, 15, 19 MarkenG und §§ 24, 24b GebrMG sprechen eher dafür, dass § 1004 Abs. 1 BGB Handlungs- und nicht Zustandshaftung anordnen will.

(4.) UNTERSUCHUNG VON § 1004 ABS. 1 BGB IM LICHTE VON § 42 GESCHMMG

Grundsätzlich gilt für §§ 42, 46 GeschmMG[543] das zuvor zu Unterlas-sungs-, Schadensersatz- und Auskunftsansprüchen[544] in Patent-, Marken- und Gebrauchsmustergesetz Ausgeführte. Anders als dort wird in § 42 Abs. 1 GeschmMG allerdings der negatorische Schuldner als *Verletzer* legaldefiniert. Sprach in Urheber-, Patent-, Marken- und Gebrauchsmustergesetz primär das systematische Argument[545], das für den Schadensersatzanspruch gar keine eigenen objektiven Tatbestandsmerkmale bestimmt, sondern einfach an die jeweilige *actio negatoria* angeknüpft wird dafür, dass Schadensersatz-, Auskunfts- und negatorische Ansprüche dieselben objektiven Tatbestandsmerkmale haben, sich also gegen dieselbe Person aus denselben Gründen richten, so lässt der Wortlaut von §§ 42, 46 GeschmMG zumindest für das Geschmacksmustergesetz darüner hinausgehend gar kein anderes Ergebnis zu. §§ 42, 46 GeschmMG haben folglich einen einheitlichen objektiven Tatbestand. Will man nicht davon ausgehen, dass die verschiedenen Haftungsansprüche der gewerblichen Schutzrechte und des Urheberrechtsgesetzes in ihren Grundlagen auseinanderfallen und nur (ausgerechnet) im Geschmacksmustergesetz eine abweichende, einheitliche Haftungskonzeption gewählt wurde, findet man das erwähnte systematische Argument bestätigt. Die Haftungsansprüche im gewerblichen Rechtsschutz und dem Urheberrechtsge-

542 BT-Drucks. 16/5048, S. 29/30.

543 „§ 42 Beseitigung, Unterlassung und Schadenersatz (1) Wer entgegen § 38 Abs. 1 Satz 1 ein Geschmacksmuster benutzt (Verletzer), kann von dem Rechtsinhaber oder einem anderen Berechtigten (Verletzten) auf Beseitigung der Beeinträchtigung und bei Wiederholungsgefahr auf Unterlassung in Anspruch genommen werden. Der Anspruch auf Unterlassung besteht auch dann, wenn eine Zuwiderhandlung erstmalig droht.(2) Handelt der Verletzer vorsätzlich oder fahrlässig, ist er zum Ersatz des daraus entstandenen Schadens verpflichtet. Bei der Bemessung des Schadensersatzes kann auch der Gewinn, den der Verletzer durch die Verletzung des Rechts erzielt hat, berücksichtigt werden. Der Schadensersatzanspruch kann auch auf der Grundlage des Betrages berechnet werden, den der Verletzer als angemessene Vergütung hätte entrichten müssen, wenn er die Erlaubnis zur Nutzung des Geschmacksmusters eingeholt hätte.

§ 46 Auskunft (1) Der Verletzte kann den Verletzer auf unverzügliche Auskunft über die Herkunft und den Vertriebsweg der rechtsverletzenden Erzeugnisse in Anspruch nehmen. (...)" (Auslassungszeichen von mir).

544 Auch der Auskunftsanspruch des Geschmacksmustergesetzes wurde in Umsetzung der *Enforcement-Richtlinie* in nationales Recht implementiert; BT-Drucks. 16/5048, S. 29/30.

545 Siehe oben S. 100 ff.

setz richten sich in jedem Gesetz für sich genommen einheitlich gegen dieselben Haftungsschuldner – und zwar immer aufgrund eines den jeweils unerwünschten Erfolg vermittelnden Verhaltens.[546] Wie bereits erörtert, hat sich der Gesetzgeber im Zuge der Implementierung der verschiedenen Auskunftsansprüchen der gewerblichen Schutzrechte und das Urheberrechtsgesetz am Störerhaftungskonzept analog § 1004 BGB orientiert.[547] Demnach sollte grundsätzlich der Störer analog § 1004 BGB zur Auskunft verpflichtet sein. Hierbei handelt es sich nach § 46 Abs. 1 1. Hs. GeschmMG um den Verletzer, also den Anspruchsgegner sowohl von Beseitigungs- und Unterlassungsanspruch (§ 46 Abs. 1 S. 1 GeschmMG) als auch des Schadensersatzanspruchs (§ 42 Abs. 2 S. 1 GeschmMG). Daher müssten § 1004 Abs. 1 BGB, der sich an der gleichen Haftungskonzeption orientierende Auskunftsanspruch der gewerblichen Schutzrechte und des Urheberrechtsgesetzes, sowie die dort enthaltenen Beseitigungs-, Unterlassungs- und Schadensersatzansprüche dieselben objektiven Tatbestandsvoraussetzungen haben. Da ein Zustand für sich genommen nichts verschulden kann, bedarf ein Vorsatz oder Fahrlässigkeit erfordernder Schadensersatzanspruch immer eines Verhaltens. Dieser Umstand spricht dafür, dass gemeinsame objektive Tatbestandsvoraussetzungen der genannten Vorschriften Erfolg *und* Verhalten sind und der bloße Erfolg, also der unerwünschte Zustand für sich genommen, nicht hinreichend sein kann. Anders gewendet bedürfte also die in § 1004 Abs. 1 BGB geregelte allgemeine *actio negatoria* ebenso wie alle Haftungsansprüche der gewerblichen Schutzrechte und des Urheberrechtsgesetzes eines einen unerwünschten Erfolg vermittelnden Verhaltens.

#### (5.) Untersuchung von § 1004 Abs. 1 BGB im Lichte von § 8 UWG

Anders als gewerbliche Schutzrechte und Urheberrechtsgesetzes ist § 8 Abs. 1 UWG[548] verhaltensbezogen[549], erfordert also keinen Erfolg sondern bloß eine be-

---

546 Zum Urheberrechtsgesetz: *Meckel* in HK-UrhR, § 97, Rnrn. 26, 48; *J.P. Nordemann* in Fromm/Nordemann, § 97, Rnrn. 29, 55, 61; *v. Wolff* in Wandtke/Bullinger, § 97, Rnr. 14; *Dreier* in Dreier/Schulze, § 97, Rnr. 23; *Wild* in Schricker, § 97, Rnr. 35; *Vinck* in Loewenheim, § 81, Rnr. 14; zum Patentgesetz: Mes, PatG § 139, Rnrn. 38, 63; *Rogge/Grabinski* in Benkhard, PatG § 139, Rnr. 19; zum Gebrauchsmustergesetz: Mes, GebrMG, § 24, Rnrn. 23, 27; *Rogge/Grabinski* in Benkhard, GebrMG § 24, Rnrn. 4, 5 u. PatG § 139, Rnr. 19; zum Markengesetz: Fezer, § 14, Rnr. 508; Ingerl/Rohnke, Vorb. z. §§ 14–19, Rnrn. 20–22.

547 BT-Drucks. 16/5048, S. 29/30.

548 „§ 8 Beseitigung und Unterlassung (1) Wer eine nach § 3 oder § 7 unzulässige geschäftliche Handlung vornimmt, kann auf Beseitigung und bei Wiederholungsgefahr auf Unterlassung in Anspruch genommen werden. Der Anspruch auf Unterlassung besteht bereits dann, wenn eine derartige Zuwiderhandlung gegen § 3 oder § 7 droht.“

549 Teplitzky, Kapitel 5, Rnr. 21; *Beckdorf* in Harte/Henning, § 8, Rnr. 6; Wiegand, S. 117.

stimmte Handlung.[550] Ob der Handelnde eine (eigene) Wettbewerbsförderungsabsicht haben muss, soll an dieser Stelle noch keine Rolle spielen.[551] Ein Rückschluss von der speziellen, ohnehin nur Handlungen betreffenden wettbewerbsrechtlichen Störerhaftung auf die allgemeine Störerhaftung des § 1004 Abs. 1 BGB lässt sich daher zur Frage Handlungs- oder Erfolgshaftung nicht ziehen.

(6.) Untersuchung von § 1004 Abs. 1 BGB im Lichte von § 33 GWB

Ebenso wie auf dem Gebiet des bürgerlichen Rechts hat der Bundesgesetzgeber auf dem nach Art. 74 Abs. 1 Nr. 16 ebenfalls zum Gebiet der konkurrierenden Gesetzgebung zugehörigen Bereich der Verhütung und des Missbrauchs wirtschaftlicher Machtstellungen durch Schaffung des Gesetz gegen Wettbewerbsbeschränkungen[552] von seinem Erstzugriffsrecht nach Art. 72 Abs. 1 GG Gebrauch gemacht. Beide Regelungsbereiche sind folglich (mittlerweile) Gegenstand der ausschließlichen Gesetzgebungskompetenz des Bundesgesetzgebers. Haftungsansprüche sieht das GWB in seinem § 33 vor. Hierbei ähnelt § 33 GWB[553] von seinem systematischen Aufbau der Ausgestaltung der Haftungsansprüche dernübrigen Ansprüchen des gewerblichen Rechtsschutzes und des Urheberrechts. Ebenso wir dort werden negatorische Ansprüche (Absatz 1) an die gleichen objektiven Tatbestandsvoraussetzungen geknüpft wie der Anspruch auf Schadensersatz, der zusätzlich eines Verschuldens bedarf. Im Rahmen der Begründung der im Jahre 2005 inkraftgetretenen Neufassung[554] des Gesetz gegen Wettbewerbsbeschränkungen wurde neben dem Unterlassungs- auch ein – zuvor von der Rechtsprechung in analoger Anwendung von § 1004 Abs. 1 BGB zuerkannter[555] – kartellrechtlicher Beseitigungsanspruch normiert. Die Bestimmung sollte insoweit lediglich der ohnehin schon bestehenden Spruchpraxis der Gerichte angepasst werden[556] und keine materiell-rechtliche Änderung oder Abkehr von den Tatbestandsvoraussetzungen des § 1004 Abs. 1 BGB anordnen. Objektive Voraussetzung für den kartellrechtlichen Beseitigungs-, Unterlassungs- und Schadensersatzanspruch ist erneut das

550 Wiegand, S. 118.
551 Hierzu siehe dann unten S. 205 ff.
552 *Maunz* in Maunz/Dürig, Art. 74, Rnr. 192.
553 „§ 33 Unterlassungsanspruch, Schadensersatzpflicht (1) Wer gegen eine Vorschrift dieses Gesetzes, gegen Artikel 81 oder 82 des Vertrages zur Gründung der Europäischen Gemeinschaft oder eine Verfügung der Kartellbehörde verstößt, ist dem Betroffenen zur Beseitigung und bei Wiederholungsgefahr zur Unterlassung verpflichtet. (...) (3) Wer einen Verstoß nach Absatz 1 vorsätzlich oder fahrlässig begeht, ist zum Ersatz des daraus entstehenden Schadens verpflichtet.. (...)“ (Auslassungszeichen von mir).
554 BGBl. 2005 I S. 2114.
555 BT-Drucks. 15/3640, S. 33.
556 *Emmerich* in Immenga/Mestmäcker, GWB § 33, Rnr. 100.

Vorliegen eines durch ein Verhalten vermittelten unerwünschten Erfolgs, hier nämlich eines Kartellrechtsverstoßes. Anspruchsgegner ist insoweit jeweils dieselbe Person, nämlich immer dasjenige Unternehmen, dass gegen das GWB, Art. 81 oder 82 des Vertrages zur Gründung der Europäischen Gemeinschaft oder eine Verfügung der Kartellbehörde verstoßen hat.[557] Da nun aber wenigstens einer der drei kartellrechtlichen Haftungsansprüche nach dem Willen des Gesetzgebers[558] inhaltlich der *actio negatoria* in § 1004 Abs. 1 BGB entsprechen soll, müsste diese im Umkehrschluss ebenfalls eines durch ein Verhalten vermittelten Erfolgs bedürfen. Das Ergebnis der Untersuchung von § 1004. Abs. 1 BGB im Lichte von § 33 GWB spricht daher eher gegen eine Zustandsstörerhaftung und mehr für eine reine Handlungsstörerhaftung.

#### (7.) Zwischenergebnis Untersuchung von § 1004 Abs. 1 im Lichte der gewerblichen Schutzrechte, des Urheberechtsgesetzes sowie des Wettbewerbs- und Kartellrechts

Die systematische Untersuchung von § 1004 Abs. 1 BGB im Lichte der Regelungen des Urheberrechts, des gewerblichen Rechtsschutzes sowie des Wettbewerbs- und Kartellrechts ist für die Frage, ob Gegenstand der bürgerlichrechtlichen *actio negatoria* Erfolgs- oder Handlungshaftung ist, durchaus fruchtbar. So spricht bereits die dort regelmäßig gesetzgeberisch vorgenommene Anknüpfung sowohl der negatorischen Ansprüche als auch des Schadensersatzanspruchs an jeweils gleiche objektive Tatbestandsvoraussetzungen[559] dafür, dass die in § 97 Abs. 1 S. 1 UrhG, 139 Abs. 1 PatG, § 14 Abs. 5 u. 6 MarkenG, § 15 Abs. 4 u. 5 MarkenG, § 24 Abs. 1, Abs. 2 S. 1 GebrMG und § 33 Abs. 1 S. 1 GWB enthaltenen Beseitigungs- und Unterlassungsansprüche eines durch ein Verhalten vermittelten Erfolgs bedürfen. Unterstützt wird diese Annahme dadurch, dass § 42 Abs. 1 GeschmMG den Schuldner von Beseitigungs- und Unterlassungsanspruch ausdrücklich als *Verletzer* legaldefiniert und im Weiteren gegen eben diesen gleichen Verletzer einen Schadensersatzanspruch gewährt, der zusätzlich lediglich noch eines Verschuldens bedarf.[560] Da lediglich ein Verhalten verschuldet werden kann, müsste Haftungsquelle der negatorischen Ansprüche ebenfalls ein Verhalten und kein Zustand sein. Hierfür spricht auch, dass sich der Gesetzgeber bei Schaffung einiger

---

557 Ebs. auch *Emmerich* in Immenga/Mestmäcker, GWB § 33, Rnr. 42.

558 BT-Drucks. 15/3640, S. 33.

559 So auch *Bornkamm* in Hefermehl/Köhler/Bornkamm, UWG § 8, Rnr. 1.2 („Beide Ansprüche (gemeint sind Beseitigungs- und Unterlassungsanspruch) setzen kein Verschulden voraus und unterscheiden sich *dadurch* von den Schadensersatzansprüchen" – Klammerzusatz und Hervorhebung von mir).

560 Oben S. 105 ff.

negatorischer und anderer, allerdings an gleiche objektive Tatbestandsmerkmale anknüpfender Ansprüche des gewerblichen Rechtschutzes sowie des Urheber- und Kartellrechts bewusst an den Voraussetzungen von § 1004 Abs. 1 BGB orientiert hat. Wäre man vor diesem Hintergrund der Auffassung, dass § 1004 Abs. 1 BGB auch eine Zustandshaftung, also eine Haftung aufgrund dinglicher Zuweisung beinhaltet, würden vereinzelte, über die Gesetze verstreute Ansprüche des Urheberrechts-, Patent-, Marken-, Gebrauchsmuster- und Geschmacksmustergesetzes sowie des Gesetzes gegen Wettbewerbsbeschränkungen herausgenommen und entgegen der jeweiligen innergesetzlichen Systematik und deren Wortlaut an anderen Tatbestandsvoraussetzungen angeknüpft. So würde beispielsweise der kartellrechtliche Beseitigungsanspruch bei Bejahung der Zustandsstörerhaftung in § 1004 Abs. 1 BGB einen weiteren Tatbestand haben als der im selben Satz formulierte Unterlassungsanspruch.[561] Der den Beseitigungs- und Unterlassungsansprüchen dienende Auskunftsanspruch der gewerblichen Schutzrechte und des Urheberrechts hätte dann möglicherweise eine andere Haftungsquelle als die Normen, denen er gerade dienen soll.

Die systematische Untersuchung des § 1004 Abs. 1 BGB im Lichte von Urheberrechtsgesetz, gewerblichem Rechtsschutz sowie Wettbewerbs- und Kartellrecht spricht daher eher dafür, dass § 1004 Abs. 1 BGB nur eine Handlung und nicht einen Zustand als Quelle der Haftung haben kann.

*fff. Systematische Untersuchung im Lichte von § 77 ZPO*

Der historische Hintergrund der Einfügung der in § 77 ZPO[562] normierten *nominatio auctoris*[563] wurde bereits angesprochen.[564] § 77 ZPO wurde im Zuge der gesetzgeberischen Schaffung von § 1004 Abs. 1 BGB in die Zivilprozessordnung eingefügt.[565] § 77 ZPO verweist auf § 76 ZPO, der für sich genommen dem unmittelbaren Besitzer die Möglichkeit gibt, den mittelbaren Besitzer in den Prozess einzubeziehen. Ursprünglich sollte die Verweisungsbestimmung demjenigen beistehen, der „wegen einer Beeinträchtigung des Eigenthums aufgrund einer *Handlung* verklagt ist, die er im Namen eines Dritten vorgenommen zu haben

561 Oben S. 107.

562 Oben Fn. 260.

563 Auch unter *laudatio auctoris* oder schlicht Urheberbenennung firmierend.

564 Oben S. 49 ff.

565 Angeregt in Mot. III, S.429 in Mugdan III, S. 236; für gut befunden in Prot. I 4268 in Jakobs/Schubert SR I, S. 857; beschlossen in Prot-RJA 967 in Jakobs/Schubert SR I, S. 860 und nochmals kurz diskutiert aber nicht geändert, durch den Antrag von *Achilles* in der zweiten Kommission in Jakobs/Schubert SR I, S. 861.

behauptet"[566]. Die insoweit auf den negatorischen Anspruch des § 1004 Abs. 1 BGB erweiterte Urhebernennung[567] gibt die Möglichkeit, die Klage auf denjenigen zu erstrecken, für den der ursprünglich Beklagte ein Recht ausgeübt zu haben behauptet.[568] Die Beeinträchtigung muss dem Wortlaut von § 77 ZPO zufolge vom zunächst Beklagten – also dem unmittelbaren Störer – „vorgenommen" worden sein. An anderen Stellen spricht die Zivilprozessordnung regelmäßig von Handlungen, jedoch niemals von Zuständen, die „vorgenommen" werden. So geht es beispielsweise in § 78 Abs. 5 ZPO um Prozess*handlungen*, die von Urkundenbeamten *vorgenommen* werden, in § 85 Abs. 1 ZPO um Prozess*handlungen*, die von Bevollmächtigten oder der Partei selbst *vorgenommen* werden, in § 219 Abs. 1 um an der Gerichtsstelle nicht *vornehmbaren Handlungen*, in § 249 Abs. 2 ZPO um Prozess*handlungen*, die von einer Partei *vorgenommen* werden, in § 385 Abs. 1 Nr. 4 um vom Zeugen *vorgenommene Handlungen*, in 510b ZPO um die Verurteilung zur *Vornahme* einer *Handlung* und in § 888 Abs. 1 ZPO von *Handlungen*, die nicht von Dritten *vorgenommen* werden können. Für das Bürgerliche Gesetzbuch gilt nichts anderes; so geht es beispielsweise in § 54 S. 2 BGB um für einen Verein *vorgenommene* Rechtsgeschäfte, für die der *Handelnde* persönlich haftet, in § 643 BGB um nicht fristgemäß *vorgenommenen Handlungen*, in §§ 657, 659 Abs. 1 u. 2 BGB um die Belohnung für die *Vornahme* einer *Handlung*, in § 1018 BGB um die Nicht*vornahme* bestimmter *Handlungen* auf einem Grundstück, in § 1375 Abs. 2 Nr. 3 BGB um *Handlungen*, die ein Ehegatte *vorgenommen* hat oder in § 1469 Nr. 1 BGB um die *Vornahme* von Verwaltungs*handlungen*.

Auch wenn die Wendung „aufgrund einer Handlung" keine Aufnahme in die Zivilprozessordnung gefunden hat und der Wortlaut daher (leider) nicht mehr ganz so eindeutig ist, wie ursprünglich vom Gesetzgeber des § 1004 Abs. 1 BGB geplant, kann der Prozess nach §§ 77, 76 ZPO nur dann auf einen Dritten übergehen, wenn der ursprünglich Beklagte für diesen Dritten *gehandelt* hat. Vorgenommen werden kann nämlich nur eine Handlung, nicht aber ein Zustand. Durch die Streichung der Formulierung „auf Grund einer Handlung"[569] sollte die entworfene Bestimmung folglich inhaltlich nicht geändert werden.

Befürwortet man nun eine der bürgerlichrechtlichen *actio negatoria* entspringende Haftung eines Zustandsstörers, so würde sich dieser – gänzlich anders als ein Handlungsstörer – nicht mittels der *nominatio auctoris* des Prozesses entledigen können, sondern würde mangels „Vornahme" Prozesspartei bleiben (müssen).

566 Prot-RJA 967 in Jakobs/Schubert SR I, S. 860 (Hervorhebung von mir).
567 *Vollkommer* in Zöller, § 76, Rnr. 1.
568 *Schultes* in MünchKomm-ZPO, § 77, Rnr. 1; *Gursky* in Staudinger, § 1004, Rnr. 244.
569 Prot-RJA 967 in Jakobs/Schubert SR I, S. 860.

Sinn und Zweck der in §§ 77, 76 ZPO aufgenommenen Möglichkeit der Urheberbenennung ist es aber, über die Rechtmäßigkeit einer Beeinträchtigung nur einmal verhandeln zu müssen – und zwar zwischen dem Gestörten auf der einen und dem unmittelbaren und dem mittelbaren angeblichen Störer auf der anderen Seite.[570] Die Verhinderung der mehrfachen Verhandlung über die Rechtfertigung ein und derselben Beeinträchtigung sollte folglich allen beteiligten Parteien zugute kommen.[571] Warum dann aber § 77 ZPO nur Fälle umfasst, in denen es einen Handlungsstörer gibt, und solche, die auf einen Zustandsstörer zurück gehen (so es ihn den geben sollte) nicht, will gerade vor diesem Hintergrund nicht recht einleuchten. Sinnvoller erscheint vielmehr, dass § 77 ZPO sämtliche Beeinträchtigungen im Sinne des § 1004 Abs. 1 BGB umfasst, was nur dann der Fall wäre, wenn § 1004 Abs. 1 BGB immer ein Verhalten als Quelle der Beeinträchtigung zum Gegenstand hat, die Störerhaftung also Handlungs- und nicht Zustandshaftung ist. Die systematische Untersuchung von § 1004 Abs. 1 BGB hinsichtlich der Haftungsquelle im Lichte von § 77 ZPO spricht daher eher gegen die Existenz einer Zustandsstörerhaftung.

*ggg. Zwischenergebnis Systematische Untersuchung*

Beschäftigt man sich eingehender mit der gesetzlichen Systematik, in die die bürgerlichrechtliche *actio negatoria* eingebettet ist, so scheint es so, als ob eine Zustandsstörerhaftung nicht in Betracht käme, sondern sowohl § 1004 Abs. 1 BGB als allgemeine *actio negatoria* sowie ihre spezialgesetzlichen Entsprechungen in anderen Gesetzen eine Haftung für ein menschliches Verhalten, das meist[572] zu einem bestimmten, unerwünschten Erfolg geführt hat (und wieder führen kann), in Blick hat. Innerhalb des Bürgerlichen Gesetzbuchs sprechen hierfür insbesondere die Ausgestaltung von § 939 BGB[573], § 907 Abs. 1 S. 1 BGB[574], § 909 BGB[575] sowie die besitzrechtlichen Vorschriften. Außerhalb des bürgerlichen Gesetzbuches sprechen hierfür die vom selben Gesetzgeber gestalteten negatorischen An-

570 Genau so auch in Mot. III, S.429 in Mugdan III, S. 236, worauf Prot. I 4268 in Jakobs/Schubert SR I, S. 857 ausdrücklich zustimmend Bezug nimmt („das Bedürfniß der Heranziehung des § 73 der Civilprozeßordnung zur entsprechenden Anwendung sei in den Motiven (...) genügend gerechtfertigt" (Auslassungszeichen von mir).

571 Mot. III, S.429 in Mugdan III, S. 236.

572 So beispielsweise nicht in § 8 UWG.

573 Oben S. 91 ff.

574 Oben S. 93 ff.

575 Oben S. 98 f.

sprüche des Urheberrechts-[576], des Patent-[577], Marken-[578], Gebrauchsmuster-[579] und Geschmacksmustergesetzes[580] sowie die des Gesetz gegen Wettbewerbsbeschränkungen[581]. Dafür, dass Haftungsquelle von § 1004 Abs. 1 S. 1 BGB ein einen (unerwünschten) Erfolg vermittelndes Verhalten sein muss und nicht bloß ein Zustand, spricht auch § 77 ZPO.[582] Die systematische Untersuchung spricht folglich überwiegend dafür, dass § 1004 Abs. 1 BGB eine Handlungshaftung und nicht eine Zustandshaftung anordnet.

### *dd. Teleologische Untersuchung*

Möglicherweise ist auch die Untersuchung des Telos zur Bestimmung der in § 1004 Abs. 1 BGB enthaltenen Quelle negatorischer Haftung ergiebig. Zu diesem Zweck soll zunächst der Blick darauf gelenkt werden, welchen Sinn und Zweck die Anordnung einer negatorischen Haftung aufgrund einer dinglichen Zuordnung, insbesondere des Eigentums und des Sicherungseigentums haben könnte. Anschließend sollen einzelne, oben bereits kurz angesprochene, problematische Sonderfälle teleologisch im Zusammenhang mit negatorischer Haftung untersucht werden. Schlussendlich soll der Frage nachgegangen werden, ob und bejahendenfalls wie eine Zustandshaftung halten könnte, was sie verspricht, ob und wie sich also mittels einer Zustandshaftung die unter ihrer (mutmaßlichen) Ägide angesprochenen Problembereiche lösen lassen.

#### *aaa. Sinn und Zweck der negatorischen Haftung des Eigentümers*

Beim ersten Durchdenken lässt sich die Idee, dass denjenigen, dem umfassende Dispositions- und Beherrschungsrechte zustehen, auch die volle Verantwortung für eine Sache trifft oder, anders gewendet, sowohl Vorzüge als auch Nachteile einer Sache derselben Person zustehen[583], durchaus hören. Schließt man sich diesem Argument an, so müsste man einerseits auch die uneingeschränkte Haftung des Eigentümers beispielsweise für Naturereignisse, Fälle höherer Gewalt, das Ver-

576 Oben S. 100 ff.
577 Oben S. 103 f.
578 Oben S. 104 f.
579 Oben S. 104 f.
580 Oben S. 105 ff.
581 Oben S. 107 ff.
582 Oben S. 109 ff.
583 Eine Zustandsstörerhaftung des Eigentümers in ersten Schritt ebenfalls (auch) mit diesem Argument begründend Offtermatt, S. 51; Kübler, S. 279/280; Pleyer, S. 303; Heinze, S. 94/95; Stickelbrock, S. 494; Wetzel, S. 120; Schwab/Prütting, Rnr. 574; Jabornegg/Strasser, S. 144; *Gursky* in Staudinger, § 1004, Rnr. 102 und wohl auch Picker, S. 130/131 und Fritzsche, S. 438.

halten völlig abseits stehender Dritter bejahen.[584] Andererseits aber müsste man die negatorische Haftung desjenigen ablehnen, der sein Eigentum an der Sache derelinquiert.[585] Demnach würden einerseits Personen erfasst, die von negatorischer Haftung frei bleiben „sollen", und andererseits eine Möglichkeit geschaffen, sich nach Abwägung der Beseitigungskosten mit dem Wert der Sache durch Eigentumsaufgabe aus der Haftung zu „stehlen".

Stellt man sich hinsichtlich diesen, recht übersichtlichen Problemfeldern nachgehend, allerdings die Frage, ob der Eigentümer nach § 1004 Abs. 1 BGB immer dann haften soll, wenn eine Beeinträchtigung von der ihm gehörigen Sache ausgeht, kommt man ins Grübeln. So werden hierzu zahllose Untermeinungen vertreten, wonach die Haftung des Zustandsstörers dann ausgeschlossen oder wenigstens (mal mehr mal weniger) eingeschränkt sein soll, wenn die Beeinträchtigung allein auf Naturereignisse[586], die unbearbeitete Erdoberfläche[587] oder das unbefugte Eingreifen Dritter[588] zurückgeht, eigentümerseits keine (im Einzelfall zu bestimmenden) Prüfungspflichten[589] verletzt wurden beziehungsweise alles Zumutbare und Erforderliche zur Verhinderung[590] der Beeinträchtigung getan wurde oder die Beeinträchtigung nicht

---

584 So dann konsequenterweise auch *Gursky* in Staudinger, § 1004, Rnr. 106.

585 So dann auch wiederum konsequent *Gursky* in Staudinger, § 1004, Rnr. 113; ebs. Picker, S 113; *Picker* in FS v. Gernhuber, S. 337, *Kohl* in AK, § 1004, Rnr. 51.

586 *BGH NJW 1995, S. 2633–2635 („Wollläuse")*, S. 2634; Pleyer, S. 307/308; *Kohl* in AK, § 1004, Rnr. 50; *Ebbing* in Erman, § 1004, Rnr. 127; *Fritzsche* in Bamberger/Roth, § 1004, Rnrn. 22–34; Schwab/Prütting, Rnr. 575; Stickelbrock, S. 499/500; Jabornegg/Strasser, S. 143; Wetzel, S. 124; Bensching, S. 99; Armbrüster, S. 3088; Wenzel, S. 241; Brehm/Berger, S. 113.

587 *Bassenge* in Palandt, § 1004, Rnr. 29; hieran offenbar ebenfalls anknüpfend Larenz/Canaris, S. 679/680.

588 Pleyer, S. 310; Jabornegg/Strasser, S. 143.

589 *BGH NJW 1972, S. 2302–2304*, S. 2303; *BGH NJW 1997, S. 2180–2182 („Architektenwettbewerb")*, S. 2181; *BGH GRUR 1997, S. 909–912 („Branchenbuch-Nomenklatur")*, S. 911; *BGH GRUR 1999, S. 418–420 („Möbelklassiker")*, S. 420; *BGH GRUR 2001, S. 1038–1042 („ambiente.de")*, S. 1039; *BGH GRUR 2004, S. 693–696 („Schöner Wetten")*, S. 695; *BGH GRUR 2004, S. 860–864 („Internet-Versteigerung I")*, S. 864; *BGH CR 2007, S. 523–527 („Internet-Versteigerung II")*, S. 526; *BGH NJW 2008, S. 758–764 („Jugendgefährdende Medien bei eBay")*, S. 762; *BGH GRUR 2008, S. 702–707 („Internet-Versteigerung III")*, S. 706; Löhr, S. 525; Haedicke 1999, S. 402; Spindler/Volkmann, IV 1; Ehret, S. 760; Leible/Sosnitza, S. 3227; Gercke 2006, S. 597; Leistner 2006, S. 813; Wimmers/Schulz, S. 757 u. 764; *Ahrens* in FS Canaris, S. 15; Hornung, S. 91; Ernst/Seichter, S. 515; Gietl, S. 632; Volkmann, S. 234; Brinkel, S. 291–295; *Meckel* in HK-UrhR, § 97, Rnr. 27; *v. Wolff* in Wandtke/Bullinger, § 97, Rnr. 16; Mantz, S. 283/284.

590 *BGH GRUR 1965, S. 104–110 („Personalausweise")*, S. 107; *BGH GRUR 1984, S. 54–56 („Kopierläden")*, S. 55.

„willensgetragen“[591] ist. Auch wird in der Literatur die Auffassung vertreten, dass die negatorische Haftung auch denjenigen treffen soll, der sich seiner Beseitigungspflicht durch Dereliktion[592] entziehen will. Insoweit die jeweils bejahten Einschränkungsmodelle überhaupt begründet werden, scheint deren Begründungskern meist auf Unzumutbarkeitserwägungen[593] oder „Rechtsgefühle“[594] zurückzugehen.[595]

Ein Modell – und mehr ist die schlicht auf den Eigentümer gerichtete Haftungszuschreibung nicht, ansonsten hätte der Gesetzgeber § 1004 Abs. 1 BGB nicht an den „Störer“, sondern zumindest auch direkt an den „Eigentümer“ anknüpfen können – wird aber immer ungeeigneter zur Abbildung der Realität, je komplexer es selbst wird und desto mehr es sich gerade durch seine eigenen Verkürzungen vom abzubildenden Original löst. Ein belastbares Modell zur Zustandsstörerhaftung des Eigentümers scheint es nicht zu geben, vielmehr erscheinen die Ränder dieses, ja der Unterscheidung zwischen Haftung und Nichthaftung dienenden Zurechnungsmodells aufgrund immer neuer und verzweigter Ausnahmen unscharf.

Die konsequent verstandene Annahme einer generellen negatorischen Haftungspflicht des Eigentümers leuchtet zumindest aus rechtspolitischer Sicht dem Sinn und Zweck nach durchaus ein. Die Einfügung zahlreicher, frei geschöpfter Ausnahmen nimmt dem Modell aber gerade seine Trennschärfe und macht es daher insoweit überflüssig.

#### *bbb. Sinn und Zweck der negatorischen Haftung des Sicherungseigentümers*

Die Annahme genereller negatorischer Haftung des Eigentümers würde auch die Haftung des Sicherungseigentümers bedeuten, der gleichfalls Volleigentümer[596]

591 v. Gierke, S. 894; Ehret, S. 760; Schmitz/Dierking, S. 422; Bensching, S. 99; Hornung, S. 91; Schapp/Schur, S. 84; Brehm/Berger, S. 113; *Fritzsche* in Bamberger/Roth, § 1004, Rnr. 20; *Bassenge* in Palandt, § 1004, Rnr. 19; *Degenhart* in Palandt 1969, § 1004, Anm. 4b; *Meckel* in HK-UrhR, § 97, Rnr. 26; Mantz, S. 244; siehe hierzu außerdem oben Fn. 407.

592 Stickelbrock, S. 497; Bensching, S. 99; *Fritzsche* in Bamberger/Roth, § 1004, Rnr. 20.; Larenz/Canaris, S. 689; ablehnend *BGH NJW 2005, S. 1366–1369 („Umfang der Beseitigungspflicht bei Bodenkontamination“)*, S. 1367.

593 So beispielsweise Stickelbrock, S. 501; v. Gierke, S. 895; Ehret, S. 761; Gercke 2006, S. 597; *v. Wolff* in Wandtke/Bullinger, § 97, Rnr. 16.

594 Deutlich beispielsweise bei Wetzel, S. 122 – „Das «Rechtsgefühl» sträubt sich dagegen (...)“ (Auslassungszeichen von mir).

595 Ausnahmen scheinen mir hierbei primär *Ahrens* in FS Canaris, S. 14 ff. und Spindler/Volkmann, IV 2 zu sein, die ihre jeweiligen Modelle jedoch eher an die deliktische Haftung anlehnen (dazu dann eingehend unten S. 179 ff.).

596 Siehe statt aller *Bassenge* in Palandt, § 903, Rnr. 35; *Lemke* in Prütting/Wegen/Weinreich, § 903, Rnr. 9; *Lorenz* in Erman, § 903, Rnr. 9; *Fritzsche* in Bamberger/Roth, § 903, Rnr. 9; *J.F. Baur* in Soergel, § 903, Rnr. 9; *Hermann* in Staudinger/Eckpfeiler, S. 912.

ist. Folgt man also der Auffassung, dass es eine negatorische, den Eigentümer aufgrund seines Eigentums treffende Zustandsverantwortlichkeit gibt, so müsste hiervon an sich auch der Sicherungseigentümer betroffen sein. Jedenfalls steht der fiduziarische Charakter des Sicherungseigentums einer derartigen Haftung zunächst nicht Wege, begründet sie doch lediglich eine Haftung im Innenverhältnis zwischen Sicherungsgeber und Sicherungsnehmer und gerade keine dingliche Außenwirkung.[597] Bedenkt man aber, dass Sicherungsübereignung zu den von Banken bevorzugten Kreditsicherungsmitteln[598] gehört und etwa 20% aller Unternehmenskredite mit diesem Sicherungsmittel[599] besichert werden, tut man sich freilich schwer damit, eine negatorische Haftung des Sicherungseigentümers ohne Wenn und Aber zu bejahen. Die Annahme einer Zustandsverantwortlichkeit des Sicherungseigentümers würde vermutlich dazu führen, dass das besitzlose Pfandrecht des Sicherungseigentums die gleiche Bedeutungslosigkeit wie das „klassische" Pfandrecht[600] gemäß §§ 1205, 1206 BGB ereilt und Kraftfahrzeuge, Lagerinhalte, Büroausstattungen etc. anderweitig besichert werden müssen, was deren Finanzierung erheblich erschweren dürfte. Als zusätzliche Ausnahme vom Modell der generellen Zustandsverantwortlichkeit des Eigentümers ist daher die negatorische Haftung des Sicherungseigentümers abzulehnen[601], was zu einer Ergänzung des bereits kunterbunten Bildes möglicher Einschränkungskriterien[602] negatorischer Haftung des angeblich generell verantwortlichen Eigentümers führt.

Die Berücksichtigung der Sicherungsübereignung führt folglich dazu, dass der Ausnahmenkatalog der Zustandshaftung – so es sie denn überhaupt gibt – noch länger und unübersichtlicher wird, was am Sinn und Zweck einer (löchrigen) Haftungsanordnung des Eigentümers zweifeln lässt.

---

597 Ebenso konsequenterweise wieder *Gursky* in Staudinger, § 1004, Rnr. 121 und Picker, S. 137.

598 *Ganter* in Schimansky/Bunte/Lwowski, § 94, Rnr. 9.

599 *Ganter* in Schimansky/Bunte/Lwowski, § 94, Rnr. 9; „Im Jahre 1995 waren ca. 17% des von Unternehmen aufgenommenen Kreditvolumens durch Sicherungsübereignungen gesichert. Bezogen auf die Anzahl der Kredite belief sich der Anteil auf 20%"; ähnliche Zahlen bei *Habersack* in Soergel, Vor § 1204, Rnr. 17 in Fn. 40.

600 Zur geringen Bedeutung des Pfandrechts an beweglichen Sachen *Habersack* in Soergel, Vor § 1204, Rnr. 17; *Michalski* in Erman, Einl § 1204, Rnr. 1; *Sosniza* in Bamberger/Roth, § 1204, Rnr. 3; *Ganter* in Schimansky/Bunte/Lwowski, § 95, Rnr. 7.

601 So dann auch *BGH NJW 1964, S. 1794–1795*, S. 1795.

602 Ebs. *Münch* in Soergel, § 1004, Rnr. 144; teilweise ablehnend, allerdings danach differenzierend, ob die Beeinträchtigung von der Sache selbst oder der Lage der Sache ausgeht Larenz/Canaris, S. 690/691.

*ccc. Sinn und Zweck der negatorischen Haftung anderer dinglich Berechtigter*

Freilich wird auch die Auffassung vertreten, dass sich die negatorische Haftung aufgrund eines Zustands nicht nur aus dem Eigentum, sondern auch oder allein aufgrund einer anderweitigen dinglichen Berechtigung ergeben könnte. So soll sich eine Zustandsstörerhaftung beispielsweise aus einem Anwartschaftsrecht[603], einem Pfandrecht[604], dem bloßen Besitz[605] beziehungsweise seiner „Verfügungsmacht“[606] oder gar der „Nachbareigenschaft“[607] ergeben können. Auch wird die Auffassung vertreten, dass Quelle negatorischer Haftung nicht das Eigentum, sondern der Eigenbesitz beziehungsweise der unterhaltspflichtige Fremdbesitzer sei.[608] Einzuschränken sei die aufgrund der verschiedenen dinglichen Haftungsquellen bestehende Störerhaftung teilweise noch durch eine nachgeschaltete Zumutbarkeitsprüfung.[609]

(1.) Ungeschriebene Tatbestandsmerkmale Sachherrschaft, Verfügungsmacht, Kein Eigenbesitz und Zumutbarkeitsprüfung

Sowohl die Anknüpfung an Eigenbesitzer, Sachherrschaft und Verfügungsmacht als auch eine nachgeschaltete Zumutbarkeitsprüfung scheinen nicht recht zu § 275 BGB zu passen. Hat der Eigentümer keine Möglichkeit, auf die störende Sache einzuwirken, so wäre ihm die Beseitigung ohnehin im Sinne von § 275 Abs. 1 BGB unmöglich und er folglich von seiner Leistungs-, hier also seiner Beseitigungs- oder Unterlassungspflicht, befreit. Durch die – auf § 1004 Abs. 1 BGB auch anwendbare[610] – Regelung der Unmöglichkeit in § 275 Abs. 1 BGB bedarf es keines (weiteren) ungeschriebenen Tatbestandsmerkmals (mehr), das Eigentümer ohne Sachherrschaft, also Nichteigenbesitzer, aus der Haftung ausscheidet. Anders mag es bis zur sogenannten Schuldrechtsreform im Jahre 2002 gewesen sein; bis zu diesem Zeitpunkt war § 275 Abs. 1 BGB

603 Picker, S. 443.

604 Picker, S. 443.

605 Picker, S. 444; Wetzel, S. 132; Larenz/Canaris, S. 688, Offtermatt, S. 53; Heinze, S. 111 (nochmals mit einer verästelten Trennung in Ober- und Unterbesitzer); *Gursky* in Staudinger, § 1004, Rnr. 118.

606 Schwab/Prütting, Rnr. 574.

607 Jabornegg/Strasser, S. 143.

608 So ergibt sich laut Larenz/Canaris, S. 688, die Zustandsstörerhaftung nicht aus dem Eigentum, sondern aus Eigenbesitz oder unterhaltspflichtigem Fremdbesitz; ähnlich Offtermatt, S. 53, demzufolge negatorische Haftung nur den Eigenbesitzer und nicht den besitzlosen Eigentümer treffen könne.

609 Schwab/Prütting, Rnr. 575.

610 *BGH NJW 2008, S. 3122–3123*, S. 3123; Baur/Stürner, S. 126; *Unberath* in Bamberger/Roth, § 275, Rnr. 18; *Heinrichs* in Palandt, § 275, Rnr. 2; Mot. III 398 in Mugdan III, S. 222; BT-Drucks. 14/6040, S. 130; siehe außerdem oben Fn. 338.

a. F.[611] zumindest dem Wortlaut nach ausschließlich auf Schuldverhältnisse ausgerichtet und musste gegebenenfalls in analoger Anwendung auf sachenrechtliche Ansprüche erstreckt werden. Vor allem aber konnten über § 275 Abs. 1 BGB a.F. nur nach Entstehung des Schuldverhältnis eintretende Umstände die Unmöglichkeit begründen, was im Falle negatorischer Haftung denjenigen, der die ganze Zeit über Eigentümer ohne Sachherrschaft war und ist, nicht von seiner Zustandshaftung hätte befreien können. Schlussendlich konnte sich der Schuldner nach § 275 Abs. 1 BGB a. F. auch nur dann von seiner Leistungspflicht befreien, wenn er die Unmöglichkeit nicht zu vertreten hatte – seine mangelnde Sachherrschaft wird derjenige Eigentümer, der nicht zugleich Eigenbesitzer ist, regelmäßig aber gerade zu vertreten haben. Die Beschränkung einer Zustandshaftung auf Eigenbesitzer[612] und/oder unterhaltungspflichtige Fremdbesitzer[613] wurde daher spätestens durch die berühmten drei Berichtigungen des Gesetzgebers[614] überflüssig.

Gleiches gilt für der eigentlichen Tatbestandsprüfung nachgeschaltete Zumutbarkeitserwägungen. Nach § 275 Abs. 2 u. 3 BGB kann der Schuldner eines Anspruchs – also auch der Beseitigungs- oder Unterlassungsschuldner – unter dort näher bestimmten Umständen die Unzumutbarkeit der Erfüllung der ihm obliegenden Pflicht einwenden. Einer ungeschriebenen – möglicherweise auch noch engeren, weiteren oder anders abweichenden – Zumutbarkeitsprüfung bedarf es daher spätestens seit 2002 ebenfalls nicht mehr.

#### (2.) Andere dinglich Berechtigte

Eine in sich schlüssige Begründung, warum der Anwartschaftsberechtigte[615], der Pfandrechtsinhaber[616], der Nachbar[617] oder andere Personen haften *sollen*, vermögen diejenigen, die eine an diesem Umstand anknüpfende negatorische Haftung annehmen, nicht zu vermitteln.

*Picker* benötigt die Haftung anderer dinglicher Berechtigter vermutlich deshalb, um seine Usurpationstheorie mit dem bürgerlichrechtlichen Gesamtsystem

---

611 § 275 BGB a. F: „(1) Der Schuldner wird von der Verpflichtung zur Leistung frei, soweit die Leistung infolge eines nach der Entstehung des Schuldverhältnisses eintretenden Umstandes, den er nicht zu vertreten hat, unmöglich wird. (2) Einer nach der Entstehung des Schuldverhältnisses eintretenden Unmöglichkeit steht das nachträglich eintretende Unvermögen des Schuldner zur Leistung gleich."

612 So noch vor der Schuldrechtsreform: Larenz/Canaris, S. 688; Offtermatt, S. 53.

613 Vor der Schuldrechtsreform noch Larenz/Canaris, S. 688.

614 Kirchmann, S. 29 – regelmäßig falsch zitierend wird auch behauptet, dass bereits ein „Federstrich des Gesetzgebers Bibliotheken zu Makulatur" mache.

615 Picker, S. 443.

616 Picker, S. 443.

617 Jabornegg/Strasser, S. 143.

stimmiger zu machen. Beschreibt man nämlich, seiner (unzutreffenden[618]) Theorie folgend, die rechtliche Integrität des Eigentums als zunächst einmal voneinander getrennte Rechtskreise[619] und die Beeinträchtigung im Sinne von § 1004 Abs. 1 BGB als Verschiebung des einen Rechtskreises, weswegen der Störer folglich – quasi als Kehrseite der Beeinträchtigung – genau dasjenige Mehr, das dem von ihm Gestörten fehlt[620] in seinem Bereich habe, ist die Ausweitung auf weitere mögliche Quellen negatorischer Haftung nahezu zwingend. Da der Störer, der *Pickerschen* Ideen folgend, ja ein Stück des Herrschaftsbereichs des Gestörten usurpiert, also an sich reißt, muss er auch für Beeinträchtigungen haften, die ja jetzt in seinem Herrschaftsbereich stattfinden. Da die Rechtsusurpationstheorie einen „Blick in die Vergangenheit"[621] kategorisch ablehnt, weswegen es dort auch nicht darauf ankommt, warum ein Rechtskreis über den anderen verschoben sein mag, kann es – schon mangels Kenntnis – auch nicht darauf ankommen, ob die Überlagerung des Rechtskreises rechtmäßig oder rechtswidrig ist. Ob der Dritte den Rechtskreis des Betroffenen rechtswidrig überlagert, weswegen er nach *Picker* Usurpator und folglich Störer sein soll, oder rechtmäßig, wie beispielsweise der Hypothekar, dessen Rechtskreis in den Herrschaftsbereich fremden Eigentums hereinrage[622], ist im Außenverhältnis völlig unerheblich. *Gursky* spricht insoweit von einer „Schutzenklave"[623], die nun einmal realiter bestünde. Demnach müssten, der Rechtsusurpationstheorie konsequent folgend, die „Inhaber" aller Rechtskreise negatorisch haften, in denen sich diejenige Sache befindet, von der die Störung ausgeht.[624] Dennoch wollen die Vertreter der Usurpationstheorie nicht soweit gehen, jeden an der Sache irgendwie dinglich Berechtigten beziehungsweise jeden Inhaber eines nach dieser Lehre überlagernden Rechtskreises negatorisch haften zu lassen.[625] Vielmehr soll die zwar grundsätzlich bestehende Haftung jener Rechtskreisinhaber in einem zweiten Schritt an die dingliche Position angepasst und deswegen auf Rechtsfolgenseite korrigiert werden.[626] So könnten die Inhaber der insoweit betroffenen Rechtskreise beispielsweise nicht der volle Beseitigungs-

618 Siehe hierzu eingehend oben S. 47 ff.
619 Picker, S. 49/50.
620 Picker, S. 50.
621 Picker, S. 30.
622 Picker, S. 143.
623 Gursky 1989, S. 399.
624 Entsprechend dann auch Picker, S. 144 – „Allgemein ist jeder an der störenden Sache dinglich Berechtigte als passiv legitimiert anzusehen, vorausgesetzt, dass sein Recht räumlich oder funktionell den störenden Teil der Sache mitumfasst (...)" (Auslassungszeichen von mir).
625 Picker, S. 90; *Gursky* in Staudinger, § 1004, Rnr. 13.
626 Picker, S. 143; *Gursky* in Staudinger, § 1004, Rnr. 117.

anspruch, sondern lediglich verkürzte Ansprüche auf Duldung der Beseitigung durch einen Dritten, treffen.[627] Würde in einer solchen Situation der Eigentümer sein Eigentum auch noch derelinquieren, also seinen – um in der bildhaften Darstellung der Usurpationstheorie zu verbleiben – unter allen anderen Rechtskreisen liegenden Rechtskreis hinfortziehen, und sich damit[628] aus der negatorischen Zustandshaftung verabschieden, so würde plötzlich der Hypothekar doch wieder von der vollen negatorischen Haftung getroffen.[629] Festhalten lässt sich daher, dass der Kern der Rechtsusurpationstheorie seine Vertreter dazu zwingt, nicht nur die Zustandshaftung des Eigentümers anzunehmen, sondern die Haftung auf jeden, der seinen Rechtskreis über den des Eigentümers – unabhängig davon, ob rechtmäßig oder rechtswidrig – verschoben hat, zu erweitern. Einmal davon abgesehen, dass es hierdurch innerhalb der Rechtsusurpationstheorie zu weiteren[630] Schwierigkeiten kommt, scheint diese Ausdehnung insoweit ein von dieser Lehre hausgemachtes[631] Problem zu sein, weswegen deren Vertreter wohl auch kein außerhalb der eigenen Theorie liegendes Argument dafür liefern, warum denn andere dinglich Berechtigte negatorisch haften *sollen*.[632]

Die von *Jabornegg* und *Strasser* angesprochene Anknüpfung negatorischer Haftung an die bloße Nachbareigenschaft wurde scheinbar mehr an dem in Österreich geltenden Zivilrecht als am hiesigen orientiert.[633] So enthält das österreichische Allgemeine Bürgerliche Gesetzbuch – gänzlich anders als das deutsche Bür-

627 Picker, S. 143.

628 *Gursky* in Staudinger, § 1004, Rnr. 113; ebs. Picker, S 113; *Picker* in FS v. Gernhuber, S. 337, *Kohl* in AK, § 1004, Rnr. 51.

629 So auch Picker, S. 144; anders allerdings *Gursky* in Staudinger, § 1004, Rnr. 117, demzufolge sich die negatorische Haftung in diesem speziellen Fall doch nicht danach zu richten scheint, in wessen Rechtskreis sich die Sache befindet, die Quelle der Zustandshaftung sein soll.

630 Siehe hierzu ansonsten oben S. 47 ff.

631 *Picker* merkt hierzu in Picker, S. 146 zu Mot. III, S. 425 in Mugdan III, S. 238, wonach der besitzende Nichteigentümer nur „unter besonderen Umständen" der negatorischen Haftung ausgesetzt sei, knapp an, dass die Motive den Störerbegriff insoweit verdunkeln würden, als eigentlich gemeint sei, dass „der «besitzende Nichteigentümer oder der Inhaber» *stets* (...) Störer" wäre (Auslassungszeichen und Hervorhebung von mir).

632 Picker, S. 141–146; *Gursky* in Staudinger, § 1004, Rnr. 117–119.

633 Nicht umsonst verweisen Jabornegg/Strasser, S. 143 auch auf die „herrschende *österreichische* Auffassung" (Hervorhebung von mir).

gerliche Gesetzbuch – in § 364 Abs. 2 ABGB[634] tatsächlich eine Bestimmung, die dem Grundstückseigentümer einen negatorischen Anspruch hinsichtlich bestimmter Einwirkungen unabhängig von jedem Verhalten gegen den Nachbarn gewährt. Dieser Anknüpfungspunkt lässt sich daher auf die deutsche bürgerlichrechtliche *actio negatoria* nicht übertragen.

(3.) ZWISCHENERGEBNIS

Ein nachvollziehbarer Grund, warum Nichteigentümer allein aufgrund ihrer dinglichen Beziehung zu der Sache, von der die Beeinträchtigung ausgeht, vom Beseitigungs- und Unterlassungsanspruch des § 1004 Abs. 1 BGB getroffen werden sollen, ließ sich nicht finden. So wurden die Tatbestandsmerkmale Sachherrschaft, Verfügungsmacht, kein Eigenbesitz und Zumutbarkeitsprüfung spätestens durch Neufassung von § 275 BGB als sinnvolle Begrenzung des Anspruchs aus § 1004 Abs. 1 BGB im Rahmen der Schuldrechtsreform überflüssig.[635] Die Ausdehnung der Zustandsstörerhaftung – so es sie denn überhaupt gibt – auf weitere dingliche Berechtigte ist in der (unzulässigen) Anpassung des Rechts an die Rechtsusurpationstheorie (statt umgekehrt) bedingt.[636] Die Ausdehnung auf die Haftung des „Nachbarn" ist einem anderen Rechtssystem entlehnt und lässt sich auf das Deutsche Recht nicht übertragen.[637]

*ddd. Zustandsstörer ohne dingliche Berechtigung?*

Losgelöst von sachenrechtlichen Kategorien *soll* der Störer ebenfalls verhaltensunabhängig aufgrund bestimmter Zustände negatorisch haften. Entsprechend formulierten bereits die Motive zum Bürgerlichen Gesetzbuch, dass „eine analoge Anwendung der Vorschriften über den Eigentumsschutz (...) in weitem Umfange zulässig sein wird".[638] So ist heute allgemein anerkannt, dass § 1004 Abs. 1 BGB, über seinen eigentlichen (eigentumsrechtlichen) Regelungsbereich hinaus, Beseitigungs- und Unterlassungsansprüche wegen der Verletzung an-

634 § 364 AGBG „(...) (2) Der Eigentümer eines Grundstückes kann *dem Nachbarn* die von dessen Grund ausgehenden Einwirkungen durch Abwässer, Rauch, Gase, Wärme, Geruch, Geräusch, Erschütterung und ähnliche insoweit untersagen, als sie das nach den örtlichen Verhältnissen gewöhnliche Maß überschreiten und die ortsübliche Benutzung des Grundstückes wesentlich beeinträchtigen. Unmittelbare Zuleitung ist ohne besonderen Rechtstitel unter allen Umständen unzulässig." (Auslassungszeichen und Hervorhebung von mir).

635 Oben S. 116 f.

636 Oben S. 117 ff.

637 Wie vor.

638 Mot. III 392 in Mugdan III, S. 218 (Auslassungszeichen von mir).

derer absoluter Rechte zubilligt.[639] Absolute Rechte in diesem Sinne sind gegen Jedermann gerichtete Ausschließlichkeitsrechte.[640] Insoweit gleichfalls von § 1004 Abs. 1 BGB geschützte absolute Rechte sind – wie es sich schon aus § 823 Abs. 1 BGB ergibt – neben dem Eigentum beispielsweise Leben, Körper, Gesundheit, und Freiheit, aber auch Rechtsgüter wie die Ehre und das Allgemeine Persönlichkeitsrecht[641] oder das Urheberrecht[642]. Gerade hinsichtlich absoluter Rechte wie der Ehre beziehungsweise dem Allgemeinen Persönlichkeitsrecht lässt sich mit Fug und Recht fragen, wie denn eigentlich deren Beeinträchtigung vom Zustand einer Sache hervorgerufen werden könnte. Nimmt man beispielsweise den Weg einer in einer Zeitung abgedruckten Verletzung von Ehre oder Allgemeinem Persönlichkeitsrecht, so ergibt sich ein Zerrbild. Ein Redakteur verfasst einen gegebenenfalls bebilderten Artikel, dieser passiert Redaktion und Chefredakteur, wird in einer drit-

---

639 *Bassenge* in Palandt, § 1004, Rnr. 4; *Ebbing* in Erman, § 1004, Rnrn. 8/9; *Fritzsche* in Bamberger/Roth, § 1004, Rnr. 2; *ders.* in Fritzsche, S. 112; *Münch* in Soergel, § 1004, Rnr. 112; *Englert* in Prütting/Wegen/Weinreich, § 1004, Rnr. 3; *Gursky* in Staudinger, § 1004, Rnr. 16; *Kohl* in AK, § 1004, Rnr. 1; *Medicus* in MünchKomm, 4. Aufl, § 1004, Rnr. 6; Schmidt, S. 71; Baur 1961, S. 117; Münzberg, S. 394; Picker, S. 89; Mießner, S. 80; Kotz, S. 101; Larenz/Canaris, S. 676; Gamer in Wenzel, Kap. 13, Rnr. 23; *Kamps* in Götting/Schertz/Seitz, § 49, Rnr. 1; *BVerfGE NJW 1983, S. 1415–1417 („Bezeichnung der CDU als «NPD Europas» im Wahlkampf“)*; *BVerfGE NJW 1991, S. 1475–1477 („Unterlassung herabsetzender Äußerungen“)*; *BVerfGE NJW 1998, S. 1381–1385 („Gegendarstellung und Richtigstellung auf Titelseite einer Zeitschrift“)*; *BVerfGE NJW 2003, S. 1855–1856 („Widerruf und Unterlassung einer Äußerung in der Presse“)*; *BGH NJW 1958, S. 1043–1044*; *BGH NJW 1961, S. 1913–1914*; *BGH NJW 1962, S. 1438–1439*; *BGH NJW 1966, S. 647–649*; *BGH NJW 1976, S. 1198–1202*; *BGH NJW 1988, S. 1589–1590*; *BGH NJW 1995, S. 861–865 („Caroline von Monaco I“)*; *BGH NJW 2008, S. 2262–2266*; *ebs. auch schon RGZ 148, S. 114–127,* S. 122/123.

640 Siehe statt aller nur *Spickhoff* in Soergel, § 823, Rnr. 86; *Münch* in Soergel, § 1004, Rnr. 112; *Spindler* in Bamberger/Roth, § 823, Rnr. 72; *Schiemann* in Erman, § 823, Rnr. 35; *Sprau* in Palandt, § 823, Rnr. 11; *Schaub* in Prütting/Wegen/Weinreich, § 823, Rnr. 56; Larenz/Canaris, S. 673.

641 *BVerfGE NJW 1983, S. 1415–1417 („Bezeichnung der CDU als «NPD Europas» im Wahlkampf“)*; *BVerfGE NJW 1991, S. 1475–1477 („Unterlassung herabsetzender Äußerungen“)*; *BVerfGE NJW 1998, S. 1381–1385 („Gegendarstellung und Richtigstellung auf Titelseite einer Zeitschrift“)*; *BVerfGE NJW 2003, S. 1855–1856 („Widerruf und Unterlassung einer Äußerung in der Presse“)*; *BGH NJW 1958, S. 1043*; *BGH NJW 1961, S. 1913–1914*; *BGH NJW 1962, S. 1438–1439*; *BGH NJW 1966, S. 647–649; BGH NJW 1976, S. 1198–1202*; *BGH NJW 1988, S. 1589–1590*; *BGH NJW 1995, S. 861–865 („Caroline von Monaco I“)*; *BGH NJW 2008, S. 2262–2266*; ebs. *Münch* in Soergel, § 1004, Rnr. 411; *Fritzsche* in Bamberger/Roth, § 1004, Rnr. 4; *Ebbing* in Erman, § 1004, Rnr. 171; *Bassenge* in Palandt, § 1004, Rnr. 4.

642 *RGZ 153, S. 1–29*; *BGH NJW 1955, S. 1276–1280*; *BGH GRUR 1964, S. 94–99 („Tonbandgeräte-Hersteller“)*; *BGH GRUR 1984, S. 54–56 („Kopierläden“)*; *BGH GRUR 1999, S. 418–420 („Möbelklassiker“)*; *Münch* in Soergel, § 1004, Rnr. 411; *Bassenge* in Palandt, § 1004, Rnr. 4.

ten Druckerei in eine Zeitung gedruckt, auf Paletten verpackt, mit Lastkraftwagen und anderen Transportfahrzeugen aus der Druckerei zu Zwischenhändlern gebracht, von dort mittels kleinerer Fahrzeuge zu Einzelhändlern gefahren, wo die einzelnen Zeitungen sodann dem Endkunden zu Eigentum übertragen werden. Möglicherweise übertragen die Endkunden das Eigentum an der Zeitung noch an dritte Personen oder räumen ihnen Besitz ein. Denkbar auch, dass das Eigentum an der Zeitung nach dem Lesen in der S-Bahn nach § 959 BGB aufgegeben und von einem Dritten durch Inbesitznahme der dann herrenlosen Zeitung nach § 958 Abs. 1 BGB wiederum zu Eigentum erworben wird. Will man negatorische Ansprüche nun als Eigentumshaftung verstehen, so würde die erste Eingreifmöglichkeit in der Druckerei, in der der ehrverletzende, bebilderte Artikel materialisiert und dadurch Bestandteil einer Sache – nämlich der einzelnen Zeitung – wird, entstehen können. Nächster Ansatzpunkt negatorischer Ansprüche könnten Zwischen- und Einzelhändler, gefolgt vom Endkunden und freilich dem Eigentümer durch Aufnahme der herrenlosen Zeitung in der S-Bahn sein. Versteht man die Ansprüche des § 1004 Abs. 1 BGB als Haftung aufgrund dinglicher Zuordnung, würde man noch die Eigentümer der die Zeitung transportierenden Fahrzeuge und denjenigen, der sich die Zeitung von deren Eigentümer zum Lesen geben ließ als Besitzer erfassen können. Orientiert am Sinn- und Zweck der Verhinderung weiterer Verbreitung und Berichtigung des Ehre- und Persönlichkeitsrecht verletzenden Artikels erscheinen all diese Anspruchsgegner nicht optimal. Wesentlich besser geeignet scheinen indes Verfasser[643], Chefredakteur[644],

643 *BGH NJW 1986, S. 2503–2505*, S. 2504; *BGH NJW 1987, S. 1400–1403 („Oberfaschist")*, S. 1400; *v. Hutten* in Götting/Schertz/Seitz, § 47, Rnr. 20; *Burkhardt* in Wenzel, Kap. 12, Rnr. 63; *Münch* in Soergel, § 1004, Rnr. 423; *Bamberger* in Bamberger/Roth, § 12, Rnr. 223.

644 *BGH NJW 1997, S. 2681–2682 („Die Besten II")*, S. 2681; *OLG Frankfurt am Main ZUM 2007, S. 546–548*, S. 547; *LG Itzehoe Urteil vom 16.05.2002, Aktz. 7 O 283/00 (zitiert n. Juris)*; *OLG Köln NJW-RR 2000, S. 470–472*, S. 471; *v. Hutten* in Götting/Schertz/Seitz, § 47, Rnr. 22; *Burkhardt* in Wenzel, Kap. 12, Rnr. 67; *Münch* in Soergel, § 1004, Rnr. 423.

weitere Redakteure[645], Verleger[646], Herausgeber[647], Informanten[648] und soweit möglich technische Verbreiter[649] – die über eine sachenrechtliche Zuordnung nur schwerlich, oftmals gar nicht erfassbar wären. Strenge Vertreter der reinen Zustandshaftung weichen daher zur Lösung des Spannungsverhältnisses zwischen Theorie und Gerechtigkeitsgefühl auf überpositive Begründungen zur Bejahung der Haftung aus.[650] Die übrigen Vertreter der Zustandshaftung orientieren sich zur Vermeidung derartiger Wertungswidersprüche eher an dem (wie bereits dargestellt ansich überflüssigen[651]) Tatbestandsmerkmal eines Aufrechterhaltungswillens.[652] Durch immer weitere Auflösung konkreter Zurechnungskriterien und zunehmender Abwägung

645 *BGH NJW 1963, S. 902–904 („Fernsehansagerin")*, S. 902; *BGH NJW 1974, S. 1762-1764*, S. 1762; *BGH NJW 1977, S. 626–628*, S. 626; *BGH NJW 2004, S. 762–765 („Feriendomizil I")*, S. 765; *v. Hutten* in Götting/Schertz/Seitz, § 47, Rnr. 22; *Burkhardt* in Wenzel, Kap. 12, Rnr. 66; *Münch* in Soergel, § 1004, Rnr. 423; *Bamberger* in Bamberger/Roth, § 12, Rnr. 223.

646 *BGH NJW 1952, S. 660–661 („Constanze I")*, S. 660; *BGH NJW 1954, S. 1682–1684 („Constanze II")*, S. 1683; *BGH NJW 1963, S. 902–904 („Fernsehansagerin")*, S. 903; *BGH NJW 1986, S. 2503–2505*, S. 2504; *v. Hutten* in Götting/Schertz/Seitz, § 47, Rnr. 21; *Burkhardt* in Wenzel, Kap. 12, Rnr. 64; *Münch* in Soergel, § 1004, Rnr. 423; B*amberger* in Bamberger/Roth, § 12, Rnr. 222.

647 *BGH NJW 1980, S. 994–996 („Wahlkampf-Illustrierte")*, S. 995; *BGH MMR 2006, S. 672–673 („Stadt Geldern")*, S. 673; *OLG Frankfurt am Main NJW-RR 2005, S. 54–56*, S. 54; *v. Hutten* in Götting/Schertz/Seitz, § 47, Rnr. 20; *Burkhardt* in Wenzel, Kap. 12, Rnr. 63; *Münch* in Soergel, § 1004, Rnr. 423.

648 *BGH NJW 1181–1184 („Weizenkeimöl")*, S. 1181; *BGH NJW 1967, S. 675–680 („Spezialsalz")*, S. 676; BGH NJW 1973, S. 1460–1461 („Kollo-Schlager"), S. 1461; BGH NJW-RR, S. 235–236 („Orangenhaut"), S. 256; v. Hutten in Götting/Schertz/Seitz, § 47, Rnr. 23; Burkhardt in Wenzel, Kap. 12, Rnr. 71.

649 *BGH NJW-RR 1994, S. 872–874 („Kosmetikstudio")*, S. 872; *BGH NJW 1976, S. 799–801*, S. 800; *KG Berlin AfP 1987, S. 427–429*, S. 428; *v. Hutten* in Götting/Schertz/Seitz, § 47, Rnr. 24; *Münch* in Soergel, § 1004, Rnr. 423.

650 Siehe hierzu bereits oben S. 71 ff.

651 Oben S. 80 ff.

652 *BGH NJW 1990, S. 1529–1531 („Schönheits-Chirurgie")*, S. 1530; *BGH NJW-RR 1991, S. 1258–1260 („Honorarfrage")*, S. 1259; *BGH NJW 1997, S. 2180–2182 („Architektenwettbewerb")*, S. 2181; *BGH NJW-RR 1997, S. 1468–1470*, S. 1469; *BGH GRUR 1999, S. 418–420 („Möbelklassiker")*, S. 419; *BGH GRUR 2001, S. 1038–1042 („ambiente.de")*, S. 1039; *BGH GRUR 2002, S. 618–619 („Meißner Dekor")*, S. 619; *BGH GRUR 2004, S. 860–864 („Internet-Versteigerung I")*, S. 864; *BGH CR 2007, S. 523–527 („Internet-Versteigerung II")*, S. 526; *BGH GRUR 2008, S. 702–707 („Internet-Versteigerung III")*, S. 706; *Kohl* in AK, § 1004, Rnr. 50; *Münch* in Soergel, § 1004, Rnr. 114; *Gursky* in Staudinger, § 1004, Rnr. 94; *Fritzsche* in Bamberger/Roth, § 1004, Rnr. 15; *Ebbing* in Erman, § 1004, Rnr. 117; *Bassenge* in Palandt, § 1004, Rnr. 19; Brehm/Berger, Rnr. 7.25; Schapp/Schur, § 9, Rnr. 156; Baur/Stürner, § 12, Rnr. 14; Lement, S. 211; Mantz, S. 243; Leible/Sosnitza, S. 3226; Schmitz/Dierking, S. 422; *Ahrens* in FS Canaris, S. 6; Hornung, S. 91; Ernst/Seichter, S. 515; Ehlers/Fock/Harlfinger, S. 936.

der Interessen im Einzelfall[653] wurde Zustandshaftung beispielsweise entsprechend einem „Analogon unrechtmäßigen Besitzes“[654], wegen der Erhöhung des Risikos[655], der Veranlassung[656] oder wegen des „Haltens einer Anlage“[657] zugeschrieben.

Zumindest darf daher daran gezweifelt werden, ob die Erhöhung der Anzahl möglicher Haftungsquellen der Zustandshaftung das erstrebte Maß an Bestimmtheit, Klarheit und Gerechtigkeit erbringen kann. Da sich aber Beeinträchtigungen sonstiger absoluter Rechte, wie der Ehre oder des Allgemeinen Persönlichkeitsrechts, nicht befriedigend mittels einer an sachenrechtliche Zuordnungen anknüpfenden Zustandsstörerhaftung lösen lassen, sind die Vertreter der Zustandsstörerhaftung in der Bredouille, entweder die Anzahl möglicher Haftungsquellen über die dinglichen hinaus zu erhöhen oder sich vom Konzept der Zustandsstörerhaftung zu verabschieden.

*eee. Teleologische Untersuchung im Lichte von Immissionsfällen*

Selbst bei Immissionsfällen, als den klassischen Fällen negatorischer Haftung, scheint die Störerbestimmung mittels einer Zustandsstörerhaftung korrekturbedürftige Ergebnisse zu liefern. Tritt nämlich ein die Störung vermittelndes Ereignis oder eine weitere dingliche Zuordnung zwischen die Quelle der Störung und deren Auswirkung, so würden vom Zugriff einer angenommenen Zustandsstörerhaftung einerseits Personen erfasst, die an Sachen dinglich berechtigt sind, die zufällig kumulativ mitstören beziehungsweise zwischen Störungsquelle und Auswirkung treten. Andererseits würden Handlungsstörer – soweit man von einer ausschließlichen Zustandsstörerhaftung ausgehen möchte – gerade nicht erfasst. Ähnlich wie die Rechtsusurpationstheorie[658] führt die Haftungszuweisung an einen Zustandsstörer zu Zwischenergebnissen, die dann vom Rechtsanwender zu korrigieren sind – ein unbefriedigendes Ergebnis.

*fff. Teleologische Untersuchung im Lichte der Notwehrregelungen*

Nach § 227 Abs. 1 BGB ist eine durch Notwehr gebotene Handlung nicht widerrechtlich. Der an § 32 Abs. 2 StGB orientierte[659] Notwehrbegriff erfordert einen

653 So auch von v. Gierke, S. 895 vorgeschlagen.

654 Wetzel, S. 118 ff.

655 Heinze, S. 75.

656 Münzberg, S. 384.

657 Baur 1961, S. 132.

658 Oben S. 64 ff.

659 So schon Antrag 2b von *v. Mandry* in Prot. II 1, 240 in Jakobs/Schubert AT I/2, S. 1161, der lediglich zur weiteren sprachlichen Prüfung in die Redaktionskommission überwiesen wurde (Prot. II 1, 251 in Jakobs/Schubert AT I/2, S. 1164); *Haferkamp* in HKK, §§ 226–231, Rnr. 21; *Fahse* in Soergel, § 227, Rnr. 1; *Dennhardt* in Bamberger/Roth, § 227, Rnr. 1.

gegenwärtigen rechtswidrigen Angriff, § 227 Abs. 2 BGB. Ein solcher Angriff kann jedoch nicht von einer Sache, sondern lediglich von einer Person, nämlich vermittelt durch deren Handlung, ausgehen.[660] Bejahte man eine Störung durch einen Zustand als Quelle negatorischer Haftung aufgrund § 1004 Abs. 1 BGB, so hätte der Gestörte neben seinem negatorischen Anspruch kein Notwehrrecht, sondern wäre gegebenenfalls gezwungen, die Störung bis zu einer gerichtlichen Entscheidung zu dulden. Auch insoweit führt das Konzept einer Zustandstandsstörerhaftung zu nicht erklärbaren Brüchen in der Einheit der Rechtsordnung, stünde dem durch eine menschliche Handlung Gestörten nämlich möglicherweise ein Notwehrrecht zu Gebote.

*ggg. Teleologische Untersuchung im Lichte von Fällen mit gesetzlichem Eigentumserwerb*

Bei Fällen gesetzlichen Eigentumserwerbs führt nicht nur die Rechtsusurpationstheorie[661], sondern jede von einer Zustandsstörerhaftung ausgehende Theorie zu Unschärfen bei der Störerbestimmung. Immer nämlich dann, wenn die Störungsquelle in das Eigentum eines Dritten übergeht, würde dieser im Sinne einer Zustandsstörerhaftung zum Störer. Erfolgt der Eigentumsübergang nach den Vorschriften der §§ 946 ff. BGB, hat der Erwerber aber möglicherweise gar keinen Einfluss auf den Erwerbstatbestand. Der bewussten Verbindung oder Vermischung der originären Störungsquelle mit dem Eigentum eines Dritten und dessen darauf basierender Eigentumserwerb an der Störungsquelle ist entweder dem Sinn und Zweck negatorischer Haftung nach unerwünscht oder erfordert eine (erneute) Korrektur des Modells Zustandsstörerhaftung.

*hhh. Zwischenergebnis Teleologische Untersuchung*

Wie dargestellt, klingt die Idee, dass derjenige, dem die Vorteile einer Sache zustehen, auch deren Nachteile – hier nämlich die negatorische Haftung – zu ertragen hat, durchaus vielversprechend.[662] Zu Schwierigkeiten führen insoweit allerdings die zahlreich erforderlichen Ausnahmeregelungen von diesem Modell. So durchlöchern schon die für Störungen im Zusammenhang mit höherer Gewalt und

---

660 *Fahse* in Soergel, § 227, Rnrn. 1 u. 3; *Dennhardt* in Bamberger/Roth, § 227, Rnr. 6; *E. Wagner* in Erman, § 227, Rnrn. 3 u. 4; *Ellenberger* in Palandt, § 227, Rnr. 2; Larenz/Wolf, § 19, Rnr. 5.

661 Siehe hierzu oben S. 70 f.

662 Oben S. 112 ff.

Naturereignissen[663], Sicherungseigentum[664], Immissionen[665] sowie gesetzlichem Eigentumserwerb[666] erforderlichen Ausnahmeregelungen das Modell Zustandsstörerhaftung. Schwierigkeiten schafft aber auch die Frage, welche Zustände nun dem vermeintlichen Störer zugerechnet werden sollen und welche nicht, welche Nähe zur störenden Sache also erforderlich ist, um (schon) Störer zu sein, und welche ausreicht, um (noch) nicht der Haftung nach § 1004 Abs. 1 BGB ausgesetzt zu sein. Fraglich bleibt insoweit, ob und bejahendenfalls wie an der störenden Sache dinglich Berechtigte haften sollen, die nicht Eigentümer sind.[667] Fraglich auch, ob und bejahendenfalls wie an der störenden Sache nicht dinglich Berechtigte, die aber dennoch „irgendetwas mit der Sache zu tun haben", haften könnten.[668] Schlussendlich würde das Modell der Zustandsstörerhaftung den Gestörten gegenüber dem Zustandsstörer schlechter stellen als gegenüber einem Handlungsstörer; gegen letzteren stünden ihm möglicherweise Notwehrrechte zu Gebote, gegenüber einem Zustandsstörer nicht.[669] Auch die Untersuchung negatorischer Beseitigungs- und Unterlassungshaftung ihrem Sinn und Zweck nach spricht eher gegen ein Modell, demzufolge der dinglich Berechtigte als Zustandsstörer haften soll.

### *ee. Verfassungskonforme Untersuchung*

Wie oben bereits angesprochen müssen einfach gesetzliche Vorschriften – wie beispielsweise solche des bürgerlichen Rechts – grundsätzlich in Einklang mit dem höherrangigen[670] Grundgesetz stehen.[671] Vor allem darf der bürgerlichtrechtliche Gesetzgeber seinerseits nicht gegen die Verfassung verstoßen. Auch § 1004 Abs. 1 BGB dürfte daher Grundrechte nicht verletzen. Außerdem hat der bürgerlichrechtliche Gesetzgeber bei der Bestimmung von Inhalt und Schranken der als Eigentum grundrechtlich geschützten Rechtspositionen die grundgesetzliche Anerkennung des Privateigentums durch Art. 14 Abs. 1 GG auf der einen und die durch Art. 14 Abs. 3 GG vorgesehene Sozialpflichtigkeit des Eigentums auf der anderen Seite zu beachten.[672] Insoweit können Regelungen, die dem Eigentümer

663 Oben S. 112 ff.
664 Oben S. 115 f.
665 Oben S. 124 f.
666 Oben S. 125 f.
667 Oben S. 116 ff.
668 Oben S. 120 ff.
669 Oben S. 124.
670 Kelsen, S. 90 ff. bereits lange vor Geltung des Grundgesetz.
671 Siehe statt aller nur *BVerfG NJW 1958, S. 257–259 („Lüth"), S. 257.*
672 *BVerfG NJW 2000, S. 2573–2576 („Haftung des Grundstückseigentümers für Altlasten"),* S. 2574.

(Haftungs-) Pflichten auferlegen oder seine Rechte verkürzen, grundsätzlich den Schutzbereich des Art. 14 GG berühren. Durch die Ausdehnung der *actio negatoria* auf andere Ausschließlichkeitsrechte[673] könnte auch der Schutzbereich anderer Grundrechte betroffen sein.

*aaa. Verfassungskonforme Untersuchung hinsichtlich Art. 14 Abs. 1 GG*

Die Auffassung, dass § 1004 Abs. 1 BGB die Haftung eines Zustandsstörers normieren würde, könnte das in Art. 14 Abs. 1 GG enthaltene Grundrecht verletzten, mithin verfassungswidrig sein.

(1.) SCHUTZBEREICH

Art. 14 Abs. 1 S. 1 GG gewährleistet das Privateigentum als Rechtsinstitut einerseits und als subjektives Recht des einzelnen Eigentümers andererseits.[674] Insoweit schützt Art. 14 Abs. 1 GG eine rechtliche Willensmacht als Mittel zur Gestaltung der Sozialordnung und macht es dem Einzelnen erst möglich, eigenverantwortlich und unter Verfolgung privatnütziger Ziele an der Gesellschaft teilzuhaben.[675] In den Schutzbereich von Art. 14 Abs. 1 S. 1 GG fällt, einfacher ausgedrückt, jede Verkürzung desjenigen Zustands, den das einfache Recht zuvor gewährt hat. Die bereits vor Art. 14 Abs. 1 S. 1 GG in Kraft befindliche Regelung in § 1004 Abs. 1 BGB könnte daher als Inhalts- und Schrankenbestimmung gemäß Art. 14 Abs. 1 S. 2 GG den Schutzbereich beschreiben, ihn jedoch nicht einschränken.

(2.) INHALTS- UND SCHRANKENBESTIMMUNG

Unter einer Inhalts- und Schrankenbestimmung nach Art. 14 Abs. 1 S. 2 GG ist eine Regelung zu verstehen, die die (absolute) Eigentumsfreiheit verkürzt und generell und abstrakt Rechte und Pflichten des Eigentümers festlegt.[676] Sollte § 1004 Abs. 1 BGB eine Zustandshaftung beschreiben, dem Eigentümer also Haftungspflichten wegen seines Eigentums auferlegen, so ist diese Inhalts- und Schrankenbestimmung.

(3.) VERFASSUNGSMÄSSIGE RECHTFERTIGUNG

Eigentumsrechtliche Inhalts- und Schrankenbestimmungen stehen in einem besonderen Spannungsverhältnis zwischen Eigentumsfreiheit einerseits und Sozial-

---

673 Siehe oben S. 29 ff.

674 Statt aller *Papier* in Maunz/Dürig, Art. 14, Rnr. 1 mit zahlreichen weiteren Nachweisen.

675 *Papier* in Maunz/Dürig, Art. 14, Rnr. 4.

676 *BVerfGE 58, 300, S. 390.*

bindung andererseits.[677] Einen angemessenen Ausgleich schaffen so beispielsweise die gefahrenabwehrrechtlichen Regelungen des Polizei- und Ordnungsrechts, indem sie den Eigentümer in seiner privaten Nutzungsbefugnis dort beschränken, wo eine unmittelbare Gefahr von dessen Eigentum ausgeht.[678] Anders als die öffentlich-rechtliche Polizeipflichtigkeit soll eine zivilrechtliche Zustandsstörerhaftung jedoch nicht der Beseitigung von Gefahren für die Allgemeinheit dienen, sondern individuelle Beeinträchtigungen jeglicher Art beseitigen. Einmal davon abgesehen, dass eine zivilrechtliche Zustandsstörerhaftung an weniger strenge Tatbestandsvoraussetzungen anknüpfen würde als die öffentlich-rechtliche Polizeipflichtigkeit des Störers[679], wäre nicht das in Art. 14 Abs. 2 S. 2 GG zitierte Wohl der Allgemeinheit sondern das Wohl eines Einzelnen, nämlich des Anspruchsinhabers, betroffen. Je weniger Bezug eine Inhalts- und Schrankenbestimmung jedoch zur von Art. 14 Abs. 2 GG vorgesehenen Sozialbindung hat, desto höher sind die dem Gesetzgeber durch Art. 14 Abs. 1 GG errichteten Hürden.[680] Entsprechend müsste sich eine zivilrechtliche Zustandsstörerhaftung einen strengeren Prüfungsmaßstab gefallen lassen als die Gefahrenabwehrzwecken dienenden öffentlich-rechtlichen Regelungen. Auch wenn die Aufbürdung einer Haftung wegen einer Eigentumsposition grundsätzlich geeignet sein mag, Beeinträchtigungen anderer Eigentumsrechte zu beseitigen und zu verhindern, so kann man bereits daran zweifeln, ob eine solche Regelung überhaupt erforderlich ist. Erforderlich ist eine staatliche Maßnahme nur dann, wenn das verfolgte Ziel nicht durch ein anderes, gleich wirksames (oder wirksameres) Mittel erreicht werden kann, das die Eigentumsfreiheit weniger einschränkt.[681] Insofern Handlungs- und Zustandsstörer nicht personengleich sind, würde durch das Modell der Zustandsstörerhaftung die Chance auf rasche Beseitigung der Beeinträchtigung vergrößert. Man wird daher davon ausgehen können, dass eine Zustandsstörerhaftung durchaus erforderlich sein könnte, insoweit sie neben eine Handlungsstörerhaftung tritt.

Freilich müsste die sich aus § 1004 Abs. 1 BGB ergebende Haftung des Zustandsstörers – wie jede Verkürzung eines grundrechtlich geschützten Schutzbereichs[682] – auch verhältnismäßig im engeren Sinne, also angemessen, mithin zumutbar sein. Die Aufbürdung einer Haftung ist aber – wie sich schon aus dem Rechtsstaatsprinzip ergibt – nur dann zumutbar, wenn sie für den Eigentümer we-

677 So schon *BVerfGE 8, 71*, S. 80; ebs. *BVerfGE 25, 112*, S 117; *91, 294*, S. 308; Pieroth/Schlink, Rnr. 931; *Papier* in Maunz/Dürig, Art. 14, Rnr. 310.
678 *Papier* in Maunz/Dürig, Art. 14, Rnr. 509.
679 Siehe hierzu schon oben S. 43 ff.
680 *BVerfGE 70, 191*, S. 201; *101, 64*, S. 75/76.
681 St. Rspr., siehe statt aller *BVerfGE 53, 135*, 145.
682 Statt aller *Grzesick* in Maunz/Dürig, Art. 20, VII, Rnr. 117 mwN.

nigstens vorhersehbar ist. Vorhersehbar wäre sie allerdings nur dann, wenn es sich um die Haftung für eine typische oder dem Eigentümer bekannte Gefahr handelt und er es dennoch unterlässt, einer Beeinträchtigung vorzubeugen. Wie eingangs bereits angesprochen, stellt § 194 Abs. 1 BGB dem positiven Tun das negative Unterlassen (des Tuns) gegenüber. Unterlassen werden kann demnach nur ein Tun, mithin eine Handlung. Für ein verfassungsgemäßes Verständnis zivilrechtlicher Zustandsstörerhaftung wäre daher auf Tatbestandsebene eine zusätzliche Anknüpfung an eine Handlungsstörung – beispielsweise die Verletzung einer Prüfungspflicht – geboten und notwendig.[683] Eine Korrektur über eine Einschränkung auf Rechtsfolgenseite würde insoweit nicht ausreichend sein.[684]

Diesem Befund, anders gewendet, ist die Anordnung einer generellen Zustandsstörerhaftung nicht angemessen und würde daher das durch Art. 14 Abs. 1 GG gewährte Grundrecht auf Eigentum verletzten.

#### (4.) Zwischenergebnis Verfassungskonforme Untersuchung hinsichtlich Art. 14 Abs. 1 GG

Die Untersuchung bürgerlichrechtlicher negatorischer Haftung im Lichte von Art. 14 Abs. 1 GG ergibt, dass die generelle Anordnung einer Zustandsstörerhaftung in verfassungsmäßig nicht gerechtfertigter Weise in die grundrechtliche Eigentumsfreiheit eingreifen würde und folglich verfassungswidrig wäre.[685] Verfassungsgemäß wäre eine zivilrechtliche Zustandsstörerhaftung indes dann, wenn sie neben eine Handlungsstörerhaftung tritt[686] und auf Tatbestandsebene zusätzlich an ein Handlungselement angeknüpft würde.[687] Ob eine Zustandsstörerhaftung, die eine

---

683 Entsprechend wird von Rechtsprechung und Teilen der Literatur auch an die Verletzung einer Prüfungspflicht zur Bejahung der Störerhaftung angeknüpft; so beispielsweise *BGH NJW 1972, S. 2302–2304*, S. 2303; *BGH NJW 1997, S. 2180–2182 („Architektenwettbewerb")*, S. 2181; *BGH GRUR 1997, S. 909–912 („Branchenbuch-Nomenklatur")*, S. 911; *BGH GRUR 1999, S. 418–420 („Möbelklassiker")*, S. 420; *BGH GRUR 2001, S. 1038–1042 („ambiente.de")*, S. 1039; *BGH GRUR 2004, S. 693–696 („Schöner Wetten")*, S. 695; *BGH GRUR 2004, S. 860–864 („Internet-Versteigerung I")*, S. 864; *BGH CR 2007, S. 523–527 („Internet-Versteigerung II")*, S. 526; *BGH NJW 2008, S. 758–764 („Jugendgefährdende Medien bei eBay")*, S. 762; *BGH GRUR 2008, S. 702–707 („Internet-Versteigerung III")*, S. 706; Löhr, S. 525; Haedicke 1999, S.402; Spindler/Volkmann, IV 1; Ehret, S. 760; Leible/Sosnitza, S. 3227; Gercke 2006, S. 597; Leistner 2006, S. 813; Wimmers/Schulz, S. 757 u. 764; *Ahrens* in FS Canaris, S. 15; Hornung, S. 91; Ernst/Seichter, S. 515; Gietl, S. 632; Volkmann, S. 234; Brinkel, S. 291–295; *Meckel* in HK-UrhR, § 97, Rnr. 27; *v. Wolff* in Wandtke/Bullinger, § 97, Rnr. 16; Mantz, S. 283/284.

684 So aber beispielsweise noch *BGH GRUR 1964, S. 94–99 („Tonbandgeräte-Hersteller")*, S. 96 und *BGH GRUR 1965, S. 104–110 („Personalausweise")*, S. 107.

685 Oben S. 127 ff.

686 Oben S. 127 ff.

687 Oben S. 127 ff.

Handlungsstörung erfordert, die im Ergebnis also unter falscher Flagge segelt, sinnvoll ist oder nicht, muss an dieser Stelle nicht erörtert werden.

*bbb. Verfassungskonforme Untersuchung hinsichtlich Art. 5 Abs. 1 GG*

Wie bereits wiederholt angesprochen, soll das in § 1004 Abs. 1 BGB gewählte Modell negatorischen Rechtsschutzes in „analoge(r) Anwendung der Vorschriften über den Eigentumsschutz (...) in weitem Umfange zulässig sein (...)".[688] Unstreitig bestehen daher über den Wortlaut des § 1004 Abs. 1 BGB und dessen sachenrechtlichen Anwendungsbereich hinaus Beseitigungs- und Unterlassungsansprüche auch wegen der Verletzung sonstiger absoluter Rechte.[689] So können über § 1004 Abs. 1 BGB insbesondere negatorische Ansprüche gegen Presse-, Rund-

---

688 Mot. III 392 in Mugdan III, S. 218 (Klammerzusatz und Auslassungszeichen von mir).

689 *Bassenge* in Palandt, § 1004, Rnr. 4; *Ebbing* in Erman, § 1004, Rnrn. 8/9; *Fritzsche* in Bamberger/Roth, § 1004, Rnr. 2; *ders.* in Fritzsche, S. 112; *Münch* in Soergel, § 1004, Rnr. 112; *Englert* in Prütting/Wegen/Weinreich, § 1004, Rnr. 3; *Gursky* in Staudinger, § 1004, Rnr. 16; *Kohl* in AK, § 1004, Rnr. 1; *Medicus* in MünchKomm, 4. Aufl, § 1004, Rnr. 6; Schmidt, S. 71; Baur 1961, S. 117; Münzberg, S. 394; Picker, S. 89; Mießner, S. 80; Kotz, S. 101; Larenz/Canaris, S. 676; Gamer in Wenzel, Kap. 13, Rnr. 23; *Kamps* in Götting/Schertz/Seitz, § 49, Rnr. 1; *BVerfGE NJW 1983, S. 1415–1417 („Bezeichnung der CDU als «NPD Europas» im Wahlkampf"); BVerfGE NJW 1991, S. 1475–1477 („Unterlassung herabsetzender Äußerungen"); BVerfGE NJW 1998, S. 1381–1385 („Gegendarstellung und Richtigstellung auf Titelseite einer Zeitschrift"); BVerfGE NJW 2003, S. 1855–1856 („Widerruf und Unterlassung einer Äußerung in der Presse"); BGH NJW 1958, S. 1043–1044; BGH NJW 1961, S. 1913–1914; BGH NJW 1962, S. 1438–1439; BGH NJW 1966, S. 647–649; BGH NJW 1976, S. 1198–1202; BGH NJW 1988, S. 1589–1590; BGH NJW 1995, S. 861–865 („Caroline von Monaco I"); BGH NJW 2008, S. 2262–2266; ebs. auch schon RGZ 148, S. 114–127, S. 122/123.*

funk- und sonstige Medienorgane geltend gemacht werden.[690] Beseitigungs- und Unterlassungspflichten, die Presse und Rundfunk betreffen, könnten allerdings die in Art. 5 Abs. 1 S. 2 gewährleistete Presse- und/oder Rundfunkfreiheit verletzen und in Folge dessen verfassungswidrig sein. Da – wie oben dargestellt – ein erheblicher Teil der an der Herstellung von Presse und Rundfunk über eine Zustandsstörerhaftung Beteiligten gar nicht erfasst werden könnte, wäre diese Haftungsvariante presse- und rundfunkfreiheitsfreundlicher. Allerdings würde die einen Handelnden treffende Beseitigungs- und Unterlassungshaftung nicht grundsätzlich verfassungswidrig sein. Vielmehr wären die Maßstäbe für die Verpflichtung von Handlungs- oder Zustandsstörer aufgrund Art. 5 Abs. 1 S. 2 GG immer die Gleichen. Aus Verfassungssicht macht es daher im Lichte der Rundfunk- und Pressefreiheit letztendlich keinen Unterschied, ob die Beseitigungs- oder Unterlassungshaftung gegen einen Zustands- oder Handlungsstörer gerichtet ist.

*ccc. Zwischenergebnis Verfassungskonforme Untersuchung*

Die generelle Anordnung einer bürgerlichrechtlichen Zustandsstörerhaftung würde gegen die in Art. 14 Abs. 1 GG gewährte Eigentumsfreiheit verstoßen und wäre demnach verfassungswidrig. Eine verfassungsgemäße zivilrechtliche Zustandsstörerhaftung müsste indes neben eine Handlungsstörerhaftung treten und bedürfte auf Tatbestandsebene die Anknüpfung an ein Handlungselement, beispielsweise an die Verletzung einer Prüfungspflicht. Im Übrigen ergibt eine verfassungskonforme Untersuchung von § 1004 Abs. 1 BGB hinsichtlich der Störerbestimmung

690 Siehe nur *BVerfGE 35, 202 („Lebach I"); BVerfGE NJW 1980, S. 2072–2073 („Böll/Walden"); BVerfGE NJW 1990, S. 1980 („Opus Dei"); BVerfGE NJW 1998, S. 1386–1388 („Münzen-Erna"); BVerfGE NJW 1998, S. 1381–1385 („Gegendarstellung und Richtigstellung auf Titelseite einer Zeitschrift"); BVerfGE NJW 2000, S. 2190 („Person der Zeitgeschichte I"); BVerfGE NJW 2000, S. 1859–1861 („Lebach II"); BVerfGE NJW 2000, S. 1021–1026 („Caroline v. Monaco I"); BVerfGE NJW 2000, S. 2194–2195 („Caroline v. Monaco II"); BVerfGE NJW 2000, S. 2191 („Caroline v. Monaco III"); BVerfGE NJW 2002, S. 2021–2022 („El Kaida-Verfahren I"); BVerfGE NJW 2003, S. 1855–1856 („Widerruf und Unterlassung einer Äußerung in der Presse"); BVerfGE NJW 2007, S. 1117 („Cicero"); BGH NJW 1952, S. 660–661 („Constanze I"); BGH NJW 1954, S. 1682–1684 („Constanze II"); BGH NJW 1963, S. 902–904 („Fernsehansagerin"); BGH NJW 1995, S. 861–865 („Caroline von Monaco I"); BGH NJW 1997, S. 1148–1150 („Chefarzt – Stern TV"); BGH NJW 1997, S. 2679–2681 („Die Besten"); BGH NJW 1997, S. 2681–2682 („Die Besten II"); BGH GRUR 1999, S. 418–420 („Möbelklassiker"); BGH NJW 2004, S. 762–765 („Feriendomizil I"); BGH NJW 2008, S. 2262–2266; EGMR NJW 2004, S. 2647–2652 („Caroline v. Hannover")*; zum Ganzen auch *Burkhardt* in Wenzel, § 1, Rnrn. 30 ff. oder *Wegner/Schmelz* in Götting/Schertz/Seitz, § 32, Rnrn. 33 ff.

keinen weiteren Aufschluss darüber, ob die zivilrechtliche negatorische Haftung nun einen Handlungs- oder Zustandsstörer treffen soll.

#### *ff. Zwischenergebnis Auslegung*

Die Auslegung von § 1004 Abs. 1 BGB hinsichtlich des Haftungsgrundes spricht dafür, dass Haftung ausschließlich aufgrund von Handlungen zugerechnet werden soll, negatorische Haftung also reine Handlungshaftung ist. Nicht Gegenstand von § 1004 Abs. 1 BGB wäre demnach die Haftung aufgrund eines Zustands.

Trotz des in seiner über einhundertjährigen Geschichte erheblichen Schwankungen unterworfenen Eigentumsbegriffs war Haftungsquelle des Anspruchs aus § 1004 Abs. 1 BGB immer eine Handlung und nie ein Zustand.[691] Obgleich unter der Herrschaft der Nationalsozialisten (unter anderem) der Eigentumsbegriff mit verschiedenen Pflichten politisch aufgeladen wurde und sich so einer Zustandshaftung annäherte, knüpfte § 1004 Abs. 1 BGB weiterhin nicht an Zustände, sondern an Handlungen an.[692] Systematisch gegen eine Zustandshaftung sprechen unter anderem die Überschreibung des § 1004 Abs. 1 BGB enthaltenden Abschnitts mit „Ansprüche *aus* (und nicht etwa *wegen*) dem Eigentum“[693], die zwei spezielle Handlungen betreffende Erweiterung der Rechtsfolgen des § 1004 Abs. 1 BGB durch § 907 Abs. 1 S. 1 BGB[694], der sonstige Leerlauf der Ausnahmebestimmung in § 909 BGB[695], die nach Auffassung des Gesetzgebers an § 1004 Abs. 1 BGB orientierten negatorischen Ansprüche der gewerblichen Schutzrechte, des Urheberrechts sowie des Kartell- und Wettbewerbsrechts, die ihre jeweilige Handlungshaftung teilweise auch noch auf bestimmte Handlungen beschränken, die gleichen Haftungsvoraussetzungen wie Schadensersatzansprüche haben und für deren Ausfüllung die §§ 823 BGB – also die klassischen Vorschriften zur Handlungshaftung – ergänzend heranzuziehen sein sollen[696] sowie Ausgestaltung und Sinn und Zweck von § 77 ZPO[697].[698] Gegen eine Zustandsstörerhaftung spricht unter anderem auch, dass ein solches Haftungsmodell aufgrund zahlreicher zwingend notwendiger Ausnahmen, beispielsweise im Zusammenhang mit höherer

691 Oben S. 78 ff.; insbesondere S. 91.
692 Oben S. 86–89
693 Oben S. 91 f.; Klammerzusatz und Hervorhebung von mir.
694 Oben S. 93 ff.
695 Oben S. 98 ff.
696 Oben S. 100 ff., insbesondere S. 108.
697 Oben S. 109 ff.
698 Zum Ganzen oben S. 91 ff.

Gewalt und Naturereignissen[699], Sicherungseigentum[700], Immissionen[701] oder dem gesetzlichen Eigentumserwerb[702], zu erheblichen Unschärfen bei der Störerbestimmung führen würde und die Unanwendbarkeit der Notwehrregelungen[703] für solche „Zustandsstörungen".[704] Abgesehen davon, dass der Wortlaut von § 1004 Abs. 1 BGB gegen eine Zustands- und für eine Handlungshaftung spricht[705], wäre die generelle Anordnung einer Zustandshaftung, ohne weitere korrigierende Tatbestandsmerkmale, die ihrerseits wiederum an Handlungen anknüpfen müssten[706], nicht mit der Verfassung in Einklang zu bringen.[707]

Anhaltspunkte dafür, dass über die haftungsverursachende Handlung hinaus ein Aufrechterhaltungswillen notwendig sei, ließen sich durch Auslegung nicht finden.[708]

## b. Die herrschende Meinung zur Zustandshaftung

Obwohl sich auch durch Auslegung der bürgerlich-rechtlichen *actio negatoria* deren Anknüpfung an einem Zustand nicht bestätigt finden, spricht die herrschende Meinung[709] immer wieder von einer Zustandsstörerhaftung.[710] Hieran hat sich ein die Zustandsstörerhaftung ablehnendes Auslegungsergebnis abzuarbeiten. Nimmt man alte Kommentierungen von § 1004 BGB zur Hand, so findet sich dort kein

---

699 Oben S. 112 f..
700 Oben S. 114 f..
701 Oben S. 124.
702 Oben S. 125
703 Oben S. 124.
704 Zum Ganzen oben S. 112 ff.
705 Oben S. 76 ff.
706 Oben S. 127 f..
707 Zum Ganzen oben S. 126 ff.
708 Oben S. 80 ff., insbesondere S. 84.
709 Siehe hierzu insgesamt *Drosdeck*, Die herrschende Meinung – Autorität als Rechtsquelle – Funktionen einer juristischen Argumentationsfigur, Berlin, 1989.
710 Wie bereits zitiert beispielsweise Offtermatt, S. 60; Wetzel, S, 108/109; Heinze, S. 93; Pleyer, S. 305; Kübler, S. 277 ff.; Stickelbrock, S. 500; Picker, S. 50; Jabornegg/Strasser, S. 141 ff.; Gursky 1989, S. 402; Fritzsche, S. 427; Bensching, S. 97 ff.; Reichenbach, S. 164; Mießner, S, 85; Kotz, S. 156; Mantz, S. 244; Wolf, S. 226; Katzenstein, S. 1130; Larenz/Canaris, S. 686; Baur/Stürner, § 12, Rnr. 13; Schwab/Prütting, Rnrn. 573a/574; Wieling, S. 363; *Münch* in Soergel, § 1004, Rnrn. 129–134; *Englert* in Prütting/Wegen/Weinreich, § 1004, Rnr. 4; *Gursky* in Staudinger, § 1004, Rnrn. 102–112; *Fritzsche* in Bamberger/Roth, § 1004, Rnr. 20; *BGH NJW 2007, S. 2182–2183, S. 2182*; *BGH NJW 2005, S. 1366–1369, S. 1369*; *BGH NJW 1999, S. 2896–2897, S. 2896.*

Wort über Zustandshaftung oder Zustandsstörer.[711] Die die Formulierung Zustandshaftung aufgreifende herrschende Meinung scheint im Wesentlichen auf zwei Autoren der 1960er–Jahre[712] zurückzugehen: *Baur* und *Degenhart.*

### *aa. Formulierung einer Zustandshaftung bei* Baur

Bereits in seiner oben[713] schon angesprochenen Arbeit aus dem Jahre 1961 verwendete *Baur* die Formulierung *Zustandshaftung.*[714] Bei *Baurs Anlagentheorie* handelt es sich allerdings – wie oben bereits dargelegt[715] – gar nicht um ein Modell der Zustandshaftung im Sinne von Erfolgshaftung sondern um eine spezielle Form der Handlungshaftung. Anders als seinem Aufsatz lässt sich seinem in etwa zeitgleich in erster Auflage erschienenen Sachenrechtslehrbuch[716] schon dem Inhaltsverzeichnis die Orientierung seiner Systematisierung am öffentlichen Recht entnehmen. Unmissverständlich weist *Baur* in diesem Zusammenhang allerdings darauf hin, dass es für die öffentlich-rechtliche „Zustandshaftung – anders als in § 1004 – nicht darauf ankommt, ob der in Anspruch genommene den rechts- oder ordnungswidrigen Zustand verursacht hat“[717], also § 1004 Abs. 1 BGB anders gewendet an die Verursachung durch Handlungen und nicht an Zustände anknüpfe. Vermutlich ist Hintergrund von *Baurs*, dem polizeirechtlichen Störerbegriff entlehnten Systematisierung, seine ganzheitliche Betrachtung des Rechts, insbesondere der „vielfachen Verbindungen von Zivilrecht und öffentlichem Recht“. Es scheint dem vom „pädagogischen Bemühen, den jungen Juristen langsam und behutsam an das Sachenrecht mit seinen schwierigen Problemen heranzuführen“[718], getragenen *Baur* also darum gegangen zu sein, die Gemeinsamkeiten und die

711 Siehe beispielsweise Achilles-Greiff 1923; § 1004, Anm. 3; Achilles-Greiff 1937; § 1004, Anm. 3; Achilles-Greiff 1943, § 1004, Anm. 3; *Kober* in Staudinger 1898, § 1004, Anm. 3, Lit. b; *Kober* in Staudinger 1935, § 1004, Rnr. 27; *Berg* in Staudinger 1956, § 1004, Rnr. 24 ff.; *Hoche* in Palandt 1941, § 1004, Anm. 4; *Hoche* in Palandt 1949, § 1004, Anm. 4; *Hoche* in Palandt 1950, § 1004, Anm. 4; *Hoche* in Palandt 1956, § 1004, Anm. 4; *Hoche* in Palandt 1960, § 1004, Anm. 4; *Hoche* in Palandt 1965, § 1004, Anm. 4; *Degenhart* in Palandt 1968, § 1004, Anm. 4.

712 Auch Herrmann, S. 58 datiert die Differenzierungsbestrebungen hinsichtlich des Störerbegriffs in der Lehrbuch- und Kommentarliteratur auf die 1960er–Jahre, bezieht sich insoweit allerdings nicht immer auf diejenigen Auflagen von Lehrbüchern und Kommentaren, in denen die Differenzierung erstmalig publiziert wurde (siehe hierzu auch unten Fn. 732 u. 733).

713 Oben S. 96/97.

714 Baur 1961, S. 131.

715 Oben S. 96/97.

716 *Baur* Sachenrecht, 1. Aufl., S. VIII.

717 *Baur* Sachenrecht, 1. Aufl., S. 96.

718 *Wolf* in FS Beck, S. 139.

„vielfachen Verbindungen von Zivilrecht und öffentlichem Recht“[719] systematisierend hervorzustellen, ohne allerdings die daraus folgenden Differenzierungen unter den Tisch fallen zu lassen.

### *bb. Formulierung einer Zustandshaftung bei* Degenhart

Soweit ersichtlich taucht die Formulierung Zustandsstörer im Zusammenhang mit § 1004 in einem der gängigen Kommentare zum bürgerlichen Recht erstmalig im Jahre 1969 in *Degenharts* Kommentierung im BGB-Kommentar von *Palandt*[720], also dem Kommentar, der auch als „juristische Grundversorgung“[721] bezeichnet wird, auf und wie dadurch erst einer breiten Masse von Juristen zugänglich gemacht. Hierbei stützt sich *Degenhart* auf zwei Entscheidungen des Bundesgerichtshofs[722], die die Formulierung Zustandshaftung nicht enthalten, sowie auf *Baurs* Konzeption der Anlagenhaftung[723], also – wie dargestellt[724] – eines Unterfalls der Handlungshaftung. *Degenharts* – trotz wechselnder *Palandt*-Kommentatoren von § 1004 BGB über viele Jahre unverändert gebliebene – Kommentierung in Sachen Zustandshaftung wurde erst im Jahr 2002 durch *Bassenge*[725], der allerdings nach wie vor (und das eigentlich sogar noch deutlicher) von einem Handlungserfordernis ausgeht, neu gefasst, und diente damit über einen Zeitraum von mehr als drei Jahrzehnten der erheblichen Verbreitung der Formulierung Zustandshaftung. Abgesehen von seiner Tätigkeit als *Palandt*- und *Zöller*-Kommentator und Richter am Bayerischen Obersten Landesgericht war *Degenhart* Rechtslehrer für Zivilrecht und Zivilprozessrecht an der Münchener Ludwig-Maximilians-Universität.[726] Bevor er zum Wintersemester 1962/1963 seinen Lehrauftrag an der Universität annahm, hielt er als Repetitor Kurse zur Vorbereitung auf das Assessorexamen[727] und publizierte bereits im Jahre 1950 eine Fallsammlung zur Vorbereitung auf das Referendarexamen[728]. Ähnlich wie auch *Baur*[729] systematisierte *Degenhart* ver-

719 *Wolf* in FS Beck, S. 142.

720 *Degenhart* in Palandt 1969, § 1004, Anm. 4, Lit. b.: „Zustandshftg: Störer ist auch (oder allein), wer eine störende Anlage hält, wenn von seinem Willen die Beseitigg abhängt (...); jedenf dann, wenn er die störden Umst kennt“ (Auslassungszeichen von mir).

721 *Slapnicar*, Der Wilke, der später Palandt hieß – 60. und 50. Jubiläum des Beck'schen Kurz-Kommentars zum BGB zugleich im Jahr 1999, NJW 2000, S. 1692–1699, S. 1699.

722 *BGH LM Nr. 14 zu § 1004* u. *BGH NJW 1966, S. 1360–1362*, S. 1361.

723 *Degenhart* in Palandt 1969, § 1004, Anm. 4, Lit. b.

724 Oben S. 96/97.

725 *Bassenge* in Palandt 2002, § 1004, Rnr. 19.

726 *Hedlrich* in FS Beck, S. 241.

727 *Hedlrich* in FS Beck, S. 240.

728 *Hedlrich* in FS Beck, S. 239.

729 Siehe oben S. 134.

mutlich nicht zuletzt aufgrund dieses didaktischen Interesses die von *Hoche* im Jahre 1967 übernommene *Palandt*-Kommentierung zu § 1004 BGB im Jahre 1969 neu.[730] Hierbei ließ er sich wohl ebenso wie *Baur* von der öffentlich-rechtlichen Systematisierung des Störerbegriffs anregen und schied, seinem generellen Interesse an den Zusammenhängen des öffentlichen Rechts mit der bürgerlich-rechtlichen Eigentumsordnung folgend[731], die zivilrechtliche Störerhaftung in Handlungsstörung auf der einen und Zustandsstörung auf der anderen Seite.

### *cc. Weiterer Verlauf*

Die von *Baur* und/oder *Degenhart* geprägte Formulierung *Zustandshaftung* wurde im Weiteren dankbar aufgenommen und verwendet[732], wobei diese Verwendungen dann – teilweise neben *Baur* und *Degenhart* – wiederum als Beleg[733] für das Vorhandensein einer Zustandshaftung herangezogen wurden und so fort. Hierbei verblasste aber der (didaktisch) systematisierende Hintergrund, vor dem *Baur* und *Degenhart* die Formulierung verwendet hatten ebenso wie deren Hinweis auf die sich bei Verwendung dieses systematisierenden Modells ergebenden Differenzierungszwänge.

---

730 In seiner ersten Kommentierung übernahm *Degenhart* in Palandt 1968, § 1004, Anm. 4 im Hinblick auf den Anspruchsgegener von § 1004 BGB noch die Kommentierung seines Vorgängers *Hoche*; später fasste er seine Ausführungen dann aber in der zweiten vom ihm kommentierten Auflage in Palandt 1969, § 1004, Anm. 4, Lit. b, wie oben (Fn. 720) dargestellt, neu.

731 In diesem Zusammenhang danke ich Herrn *Prof. Dr. Christoph Degenhart*, dem Sohn von *Prof. Dr. Max Degenhart*, herzlich für seine Unterstützung und diesen sowie weitere Hinweise zum Hintergrund der Kommentierung von *Degenhart*.

732 Lent/Schwab, Sachenrecht, 9. Aufl., München, 1962, S. 172 (erwartungsgemäß findet sich in der 8. Aufl. kein Hinweis auf eine *Zustandshaftung*); Lutter/Overrath, S. 345; *Hefermehl* in Ermann, Handkommentar zum Bürgerlichen Gesetzbuch, 3. Aufl., Münster, 1962, § 1004, Anm. 4 (noch keine Erwähnung einer *Zustandshaftung* in der Vorauflage *Hefermehl* in Ermann, Handkommentar zum Bürgerlichen Gesetzbuch, 2. Aufl., Münster, 1958, § 1004, Anm. 4); Jabornegg/Strasser, S. 81.

733 Wetzel, S. 106–108; *Pikart* in BGB-RGRK, Das Bürgerliche Gesetzbuch – Kommentar, 12. Aufl., Berlin, 1979, § 1004, Rnr. 71 (noch keine Erwähnung einer *Zustandshaftung* in der Vorauflage *Johannsen* in BGB-RGR, Das Bürgerliche Gesetzbuch – Kommentar, 11. Aufl., Berlin, 1959, § 1004, Anm. 26–30); *Wolf* in Beuthien/Hadding, Studienkommentar zum BGB, 2. Aufl., Frankfurt am Main, 1979, § 1004, Anm. II, Nr. 2, Lit. b; *Mühl* in Soergel, Bürgerliches Gesetzbuch – Kohlhammer Kommentar, 11. Aufl., Stuttgart, 1978, § 1004, Rnr. 30 (noch ausdrücklich gegen eine Zustandshaftung in der Vorauflage *Mühl* in Soergel, Bürgerliches Gesetzbuch – Kohlhammer Kommentar, 10. Aufl., Stuttgart, 1968 („Die Rspr. hat (...) eine uferlose Ausdehnung des Störer-Begriffs, die zu einer Zustandshaftung führen würde, verhindert" – Auslassungszeichen von mir).

#### *dd. Zwischenergebnis zur herrschenden Meinung*

Die herrschende Meinung zur Zustandshaftung geht auf ein Modell der Handlungshaftung zurück.[734] Die gliedernde Systematisierung in Handlungshaftung auf der einen und Zustandshaftung auf der anderen Seite erfolgte ursprünglich wohl aus didaktischen Gründen, jedenfalls aber, um die Gemeinsamkeiten der bürgerlichrechtlichen mit der öffentlich-rechtlichen Störerhaftung aufzuzeigen, ohne allerdings deren Unterschiede einebnen zu wollen. Eine Zustandshaftung im Sinne einer Erfolgshaftung, also der Haftung aufgrund einem dinglichen oder sonstigen, nicht auf einem Verhalten basierenden Anknüpfungspunkt, beschrieb die in den 1960er–Jahren durchgeführte Systematisierung des Störerbegriffs keinesfalls.[735] Der schlichte Verweis auf *Baur* oder *Degenhart* ist genauso wenig geeignet eine Erfolgshaftung zu begründen wir der Verweis auf einen solchen Verweis oder der Verweis auf einen Verweis, der auf *Baur* oder *Degenhart* verweist und so fort.[736] Die so entstanden herrschende Meinung basiert daher auf der Verselbständigung einer Formulierung, deren Ursprünge über die Jahre verblasst sind, beruht also letztendlich auf einem Missverständnis.

### c. Zwischener gebnis zivilrechtlicher Zustandshaftung eigener Art

Eine zivilrechtliche Zustandsstörerhaftung *suis generis* lässt sich § 1004 Abs. 1 BGB demnach nicht entnehmen.[737] Die weder an der öffentlich-rechtlichen Störerhaftung noch an *Pickers Rechtsusurpationstheorie* angelehnte Annahme einer negatorischen Verantwortlichkeit, die nicht an einem menschlichen Verhalten angeknüpft, sondern Haftung aufgrund einer dinglichen oder sonstigen Zuordnung zuweisen will, beruht auf einem Missverständnis.[738]

## 5. Zwischenergebnis

Eine negatorische bürgerlichrechtliche Zustandshaftung lässt sich auf Basis von § 1004 Abs. 1 BGB nicht begründen. Weder lässt sich die polizeirechtliche Systematik von Zustands- und Handlungshaftung in die zivilrechtliche Bestimmung des

734 Siehe hierzu auch schon oben S. 96/97.

735 So schon deutlich *Baur* Sachenrecht, 1. Aufl., S. 96.

736 Möglicherweise hat sich eine *herrschende Meinung* nicht nur im vorliegenden Fall auf diese Art und Weise gebildet.

737 Hierzu im Ganzen oben S. 75–132.

738 Hierzu im Ganzen oben S. 133–137.

§ 1004 Abs. 1 BGB übertragen[739] noch lässt sich die *Rechtsusurpationstheorie* mit dem geltenden Recht in Einklang bringen[740] oder gar eine negatorische Zustandshaftung *suis generis* begründen[741]. Die in § 1004 Abs. 1 BGB normierte *actio negatoria* beschreibt vielmehr – ebenso wie die ihr nachgestalteten Anspruchsgrundlagen, wie beispielsweise § 97 Abs. 1 S. 1 UrhG[742] – eine ausschließlich an menschlichem Verhalten orientierte Haftung, ist also gegen menschliches Verhalten gerichtet, das zu einem unerwünschten Erfolg, nämlich einer Beeinträchtigung, führt.

## III. Haftung des unmittelbar Handelnden

Nachdem die Untersuchung von § 1004 Abs. 1 BGB ergeben hat, dass Gegenstand negatorischen Schutzes menschliches Verhalten ist, stellt sich in einem nächsten Schritt die Frage, wie die Verklammerung von menschlichem Verhalten und der die Haftung letztendlich auslösenden Beeinträchtigung sein muss. Rechtsprechung und Lehre gehen im Zusammenhang mit Handlungshaftung im Wesentlichen davon aus, dass ein Erfolg *adäquat kausal* herbeigeführt worden sein müsse,

739 Oben S. 43 ff.
740 Oben S. 47 ff.
741 Oben S. 75 ff.
742 Siehe zur Nachgestaltung der bürgerlichrechtlichen *action negatoria* im Urheberrecht nur Regierungsbegründung zum Entwurf eines Gesetz über Urheberrecht und verwandte Schutzrechte (Urheberrechtsgesetz) der Bundesregierung vom 23. März 1962 in BT-Drucks. IV/270, zitiert in Schulze, S. 564 (zu dem heute dem § 97 UrhG entsprechenden § 107 UrhG-E); ebs. *Wild* in Schricker, § 97, Rnr. 41; *Vinck* in Loewenheim, § 81, Rnr. 22.

um negatorische Haftung auszulösen.[743] Diese Formel soll Ausgangspunkt der Betrachtungen sein.

## 1. Äquivalente Kausalität

Äquivalente Kausalität beschreibt die Verbindung eines Verhaltens, das nicht hinweggedacht werden kann, ohne dass der Erfolg entfiele, mit eben diesem Erfolg. Kausalität in diesem Sinne ist naturwissenschaftliche Ursächlichkeit. Soweit ersichtlich, wird die Notwendigkeit der Herausfilterung von Verhalten, das keine *conditio sine qua non* für einen Erfolg ist, im Bereich der Zurechnung eines Erfol-

743 So beispielsweise *RGZ S. 22–27*, S. 25; *BGH GRUR 1965, S. 104–110 („Personalausweise")*, S. 106; *BGH NJW 1968, S. 1281–1284*, S. 1283; *BGH GRUR 1984, S. 54–56 („Kopierläden")*, S. 55; *BGH NJW 1990, S. 1529–1531 („Schönheits-Chirurgie")*, S. 1530; *BGH NJW-RR 1991, S. 1258–1260 („Honorarfrage")*, S. 1259; *BGH NJW 1997, S. 2180–2182 („Architektenwettbewerb")*, S. 2180; *BGH GRUR 1999, S. 418–420 („Möbelklassiker")*, S. 419; *BGH GRUR 2001, S. 1038–1042 („ambiente.de")*, S. 1039; *BGH GRUR 2002, S. 618–619 („Meißner Dekor")*, S. 619; *BGH GRUR 2004, S. 860–864 („Internet-Versteigerung I")*, S. 864; *BGH NJW 2004, S. 762–765*, S. 765; *BGH NJW 2004, S. 432–433*, S. 432; *BGH GRUR-RR 2005, S. 372–375 („Kopierschutzknacker")*, S. 374; *BGH WRP 2009, S. 1394–1401 („MP3-Player-Import")*, S. 1397; *Spindler/Weber* in Spindler/Schuster, § 1004, Rnr. 8; *Fritzsche* in Bamberger/Roth, § 1004, Rnr. 17, der allerdings nur hinsichtlich des „mittelbaren Handlungsstörers" von einem Adäquanzerfordernis spricht und demzufolge (Rnr. 16) der unmittelbare Handlungsstörer „unzweifelhaft" der Verursacher sei; *ders.* in Fritzsche, S. 435; *Münch* in Soergel, § 1004, Rnr. 138; *Bassenge* in Palandt, § 1004, Rnr. 16; ; *Köhler* in Hefermehl/Köhler/Bornkamm, UWG § 8, Rnr. 2.11; Teplitzky, Kap. 14, Rnr. 4; *Beckedorf* in Harte/Henning, § 8, Rnr. 64; *J.B. Nordemann* in Fromm/Nordemann, § 97, Rnr. 145; *ders.* in FS Loewenheim, S. 215; *Dreier* in Dreier/Schulze, § 97, Rnr. 33; *v. Wolff* in Wandtke/Bullinger, § 97, Rnr. 15; *Meckel* in HK-UrhR, § 97, Rnr. 26; *Wild* in Schricker, § 97, Rnr. 35; Reichenbach, S. 164; Bensching, S. 95; Wolf, S. 204; Mießner, S. 85; Mantz, S243; etwas anders Münzberg, S. 390 und Lutter/Overrath, S. 345 denen zufolge Verbindungsstück zwischen Erfolg und Handlung die Veranlassung sein soll; wohl ähnlich spricht *Ebbing* in Erman, § 1004, Rnr. 112 von „Verursachung", die ihm zufolge zu bejahen sei, wenn das betreffende Verhalten für die Beeinträchtigung „ursächlich" sei; a. A. Herrmann, S. 469/470, die zumindest bei § 1004 Abs. 1 S. 1 BGB eine Haftungsbeschränkung durch Anwendung der Adäquanztheorie ablehnt; mit einer anderen Konzeption *Medicus* in MünchKomm, 4. Aufl., § 1004, Rnrn. 45, der eine kasuistisch orientierte Zurechnungslösung vorschlägt; gänzlich anders dann aber in der Folgeauflage *Baldus* in MünchKomm, 5. Aufl., § 1004, Rnr. 81, der sich wohl von der Handlungshaftung abkehrt und der Rechtsusurpationstheorie zuwendet; eine Handlungshaftung ebenfalls ablehnend und daher konsequenterweise a. A. Picker, S. 30/31 u. *Gursky* in Staudinger, § 1004, Rnr. 97.

ges zu einem Verhalten, nicht bestritten[744] und ist daher uneingeschränkt auf die *actio negatoria* zu übertragen.[745]

## 2. Adäquanz

Nicht ganz so klar ist das Bild im Hinblick auf eine (weitere) Ausfilterung inadäquater Erfolge; also von Handlungsfolgen, die außerhalb jeder Wahrscheinlichkeit liegen. So könnte man auf die Idee kommen, dass es für die Frage, ob eine Beeinträchtigung zu beseitigen ist, gar nicht darauf ankommen kann, ob deren Eintritt wahrscheinlich oder unwahrscheinlich ist, sondern es eben bereits ausreiche, dass sie eingetreten ist.[746] Vertritt man diese Auffassung, bedürfte es einer normativen Korrektur des mittels äquivalenter Kausalität zugerechneten Ergebnisses nicht mehr.[747] *Hermann* ist insoweit weitergehend der Meinung, dass es einer Haftungsbegrenzung durch Anwendung der Adäquanztheorie schon deshalb nicht bedürfe, weil selbst bei Fällen, bei denen zwischen Verhalten und Beeinträchtigung ein zusätzlicher Faktor tritt, inadäquate Zusammenhänge nicht vorstellbar seien.[748] Dennoch gibt sie selbst ein Beispiel, bei dem Verhalten und Beeinträchtigung zumindest bei anfänglichem Auftreten inadäquat kausal waren, nämlich das emissionsbedingte „Waldsterben".[749] Weitere ähnliche Fallgruppen, bei denen bereits der äquivalent kausale Zusammenhang umstritten ist, lassen sich indes ohne Weiteres bilden[750], weswegen *Herrmanns* Argument nicht verfängt. Dafür, dass unwahrscheinliche Ereignisse grundsätzlich von der Haftung ausgenommen bleiben sollen, spricht schon, dass der bürgerlichrechtliche Gesetzgeber den Grundatz *casum sentit dominus*, wonach für zufällig eingetretene Ereignisse der Eigentümer haften soll, durch § 287 S. 2 BGB und § 848 BGB lediglich für spezielle Einzelfälle durchbrochen hat.[751] Auch vermag

744 So auch bereits Traeger, S. 8; statt aller siehe nur *BGH NJW 1951, S. 711–712*, S. 711.

745 Siehe hierzu bereits oben Fn. 743.

746 So auch Traeger, S. 219/220; vermittelnd Heiß, S. 20, demzufolge zwar eine adäquate Kausalität zwischen Ursache und Erfolg gegeben sein müsse, wobei das so gefundene Ergebnis gegebenenfalls – weil sich die Adäquanztheorie lediglich als „ein Ideal" darstelle – noch durch freie richterliche Beweiswürdigung zu korrigieren sei.

747 So im Ergebnis auch Herrmann, S. 522.

748 Herrmann, S. 472/473.

749 Herrmann, S. 473.

750 Beispielhaft genannt sei nur der Zusammenhang zwischen einer Krebserkrankung und unzureichend abgeschirmter Funkstrahlen von Mobiltelefonen oder gentechnisch veränderten Produkten in Lebensmitteln.

751 Hierauf hatte auch bereits Traeger, S. 261, hingewiesen.

eine sich lediglich an äquivalenter Kausalität orientierende Zurechnung negatorischer Haftung das Ausgangsproblem, nämlich die Vermeidung grenzenloser Haftung – angesprochen seien nur die eingangs[752] angesprochenen Beispiele des Flügelschlags[753] eines Schmetterlings oder das Aufstehen von einem Stuhl[754] –, nicht zu lösen. Eine Theorie, die aber im Ergebnis zu grenzenloser Haftung aller für alles führt, würde dem Rechtsanwender aber Steine statt Brot bereitstellen. Auch für negatorische Haftung bedarf es daher der Zurechnung eines Verhaltens zu einem Erfolg mittels der wertenden Adäquanztheorie.[755]

## 3. Rechtswidrigkeit

Diskutieren könnte man auch darüber, ob Erfolg – im Fall von § 1004 Abs. 1 BGB also Beeinträchtigung – und Handlung der *actio negatoria* tatbestandsmäßig rechtwidrig sein müssen. Hierbei könnte man die Diskussion dahingehend erweitern, ob sich diese Frage getrennt für Erfolg und Handlung stellen lässt.[756]

### a. Rechtswidrigkeit des Erfolgs

Wie oben bereits festgestellt, ist Beeinträchtigung eine zur Verletzung wesensgleiche und möglicherweise weniger intensive Verkürzung des in § 903 BGB gewährten Eigentumsfreiheitsbegriffs.[757] Demnach erfordert bereits der Beeinträchtigungsbegriff von § 1004 Abs. 1 BGB eine dem § 903 BGB widersprechenden

---

752 Siehe oben S. 2.
753 Beispiel nach Lorenz, S. 181.
754 Beispiel nach Kant KrV, S. 432 (=A 450/B 478).
755 So unmissverständlich auch die st. Rspr. (siehe hierzu oben Fn. 743); *Spindler/Weber* in Spindler/Schuster, § 1004, Rnr. 8; *Münch* in Soergel, § 1004, Rnr. 138; *Bassenge* in Palandt, § 1004, Rnr. 16; *Köhler* in Hefermehl/Köhler/Bornkamm, UWG § 8, Rnr. 2.11; Teplitzky, Kap. 14, Rnr. 4; *Beckedorf* in Harte/Henning, § 8, Rnr. 64; *J.B. Nordemann* in Fromm/Nordemann, § 97, Rnr. 145; *ders.* in FS Loewenheim, S. 215; *Dreier* in Dreier/Schulze, § 97, Rnr. 33; *v. Wolff* in Wandtke/Bullinger, § 97, Rnr. 15; *Meckel* in HK-UrhR, § 97, Rnr. 26; *Wild* in Schricker, § 97, Rnr. 35; Reichenbach, S. 164; Bensching, S. 95; Wolf, S. 204; Mießner, S. 85; Mantz, S. 243.
756 So beispielsweise *Münch* in Soergel, § 1004, Rnr. 237.
757 Zum Ganzen siehe oben S. 51–63, insbesondere S. 62/63.

Verhaltenserfolg, mithin einen rechtswidrigen Zustand.[758] Wie sich schon aus § 1004 Abs. 2 BGB ergibt, ist hingegen ein – beispielsweise aufgrund der Bestimmungen von §§ 906 ff. BGB – zu duldender Eigentumseingriff gerade nicht rechtswidrig und stellt folglich schon keine Beeinträchtigung dar. Darüber hinaus führt § 1004 Abs. 2 BGB zu einer Beweislastumkehr; die Rechtswidrigkeit ist durch die Beeinträchtigung, also den Erfolg, indiziert[759] und eine etwaige Duldungspflicht des Gestörten ist vom Störer zu beweisen.

### b. Rechtswidrigkeit des Verhaltens

§ 1004 Abs. 1 S. 1 BGB bedarf eines rechtswidrigen Erfolgs; ein diesem Erfolg vorausgehendes rechtswidriges Verhalten ist nicht erforderlich. Würde nämlich ein menschliches Verhalten nicht zu einer rechtswidrigen Beeinträchtigung führen, so würde sich die Frage nach der Einschlägigkeit von § 1004 Abs. 1 S. 1 BGB schon gar nicht stellen. Schwierigkeiten ergeben sich jedoch scheinbar, wenn ein Verhalten ausdrücklich gerechtfertigt war, der adäquat kausal eingetretene Erfolg aber ein rechtswidriger ist. So rechtfertigt beispielsweise § 227 Abs. 1 BGB seinem Wortlaut nach lediglich durch Notwehr gebotene *Handlungen*, nicht aber die durch diese (dann ja rechtmäßigen) Handlungen verursachten Erfolge.[760] Will man

---

758 Ebs. Warnemeyer, § 1004, Anm. 3; *Brodmann* in Planck, § 1004, Anm. 2 b; *Degenhart* in Palandt 1969, § 1004, Anm. 2; *Münch* in Soergel, § 1004, Rnr. 236; *Ebbing* in Erman, § 1004, Rnr. 32; *Fritzsche* in Bamberger/Roth, § 1004, Rnr. 53; *ders.* in Fritzsche, S. 140-143; Baur/Stürner, § 12, Rnr. 8; Schmidt, S. 91; Heiß, S. 21; Wiethölter, S. 54/55; Baur 1961, S. 124; Wetzel, S. 109/110; Wolf, S. 219; Mießner, S. 88/89; zwar im Ergebnis gleich allerdings mit abweichender Konzeption *Medicus* in MünchKomm, 4. Aufl., § 1004, Rnr. 59, der die Auffassung vertritt, dass die Beeinträchtigung nicht rechtswidrig sein müsse, Ansprüche des Beeinträchtigten allerdings bei einer bestehenden Duldungspflicht ausgeschlossen seien, was mangels „sachlichem Unterschied zur Rechtswidrigkeit" im Ergebnis dann doch dazu führe, dass der Erfolg kein rechtswidriger sein dürfe; insoweit die Kommentierung von Medicus (noch) übernehmend *Baldus* in MünchKomm, 5. Aufl., § 1004, Rnr. 90; wiederum etwas anders *Kohl* in AK, § 1004, Rnrn. 32 ff., demzufolge die Frage der Rechtswidrigkeit in zwei Stufen, nämlich einerseits im Beeinträchtigungsbegriff und andererseits zur Frage des Bestehens einer Duldungspflicht, zu prüfen sei.

759 Statt aller *Bassenge* in Palandt, § 1004, Rnr. 12.

760 Worauf bereits Münzberg, S. 410/411 hinweist.

nicht jeden Rechtfertigungsgrund (unzutreffend[761]) in ein Recht zur Beeinträchtigung umdeuten[762], so ergibt sich ein zunächst erstaunlicher Befund. Eine nicht widerrechtliche Handlung kann, insoweit sie zu einem rechtswidrigen Erfolg führt, zu einem Beseitigungsanspruch des Beeinträchtigten führen. Seiner Durchsetzung stünde aber – wenn nicht schon eine Duldungspflicht[763] – gegebenenfalls die analoge Anwendung von § 254 Abs. 1 BGB[764] oder aber (besser) nach § 242 BGB der Ausschluss des Anspruchs aufgrund des dann insoweit widersprüchlichen Verhaltens[765] (*venire contra factum proprium*) des Beeinträchtigten entgegen. Im Ergebnis bedürfen daher erfolgsbezogene negatorische Ansprüche lediglich eines menschlichen Verhaltens als Anknüpfungspunkt der negatorischen Haftung, wobei dieses Verhalten nicht (unbedingt) rechtswidrig sein muss.[766]

### c. Rechtswidrigkeit wenn intendierter Erfolg ein Verhalten ist

Wie oben bereits dargestellt[767], liegt bei einigen negatorischen Ansprüche – wie beispielsweise § 37 Abs. 2 HGB, §§ 14 Abs. 5, 15 Abs. 4 MarkenG, §§ 11 bis 14 GerbrMG, § 42 Abs. 1 GeschmMG, 8 Abs. 1 UWG, § 33 Abs. 1 GWB – die Beeinträchtigung, also der herbeigeführte Erfolg, bereits in der Vornahme der Handlung selbst. Hinsichtlich der Rechtswidrigkeit des Erfolgs macht es keinen Unterschied, welchen Erfolg die jeweilige negatorische Norm im Blick hat; vielmehr

761 Davon, dass dem Angreifer durch die Notwehrlage des Angegriffenen eine Duldungspflicht auferlegt werden soll, kann keine Rede sein, so kann er beispielsweise flüchten oder sich (ohne weitere Angriffe) des Notwehrangriffs erwehren. Münzberg, S. 413, spricht anschaulich davon, dass der „Angreifer die Stockhiebe des Verteidigers (nicht) mit herabhängenden Armen empfangen" müsse (Klammerzusatz von mir). Ein Notwehrberechtigter würde möglicherweise sogar nach § 323c StGB bestraft werden, wenn er dem durch ihn verletzten, nach Abschluss der Notwehr hilfsbedürftigen Angreifer erforderliche Hilfe nicht leisten würde (siehe nur *BGH NJW 1970, S 2252–2253*, S. 2253; *Freund* in MünchKomm-StGB, München, 2006, § 323c, Rnr. 97).

762 Entsprechend folgt laut Schmidt, S. 94/95 aus einer rechtmäßigen Handlung immer eine Duldungspflicht, weswegen kein rechtswidriger Erfolg eintreten könne.

763 *RGZ 156, 187*, 190; ebs. *Gursky* in Staudinger, § 1004, Rnr. 174.

764 So Münzberg, S. 410/411, S. 416.

765 So beispielsweise in Fällen der Einwilligung oder Notwehr

766 *BGH NJW 1979, S. 416–416*, S 416; *BGH NJW-RR 2003, S. 953–955*, S 955; *Baldus* in MünchKomm, 5. Aufl., § 1004, Rnr. 92; *Medicus* in MünchKomm, 4. Aufl., § 1004, Rnr. 61; *Münch* in Soergel, § 1004, Rnr. 239; *Fritzsche* in Bamberger/Roth, § 1004, Rnr. 53; *ders.* in Fritzsche, S. 140–143; *Ebbing* in Erman, § 1004, Rnr. 34; *Bassenge* in Palandt, § 1004, Rnr. 12; Baur/Stürner, § 12, Rnr. 8.

767 Siehe oben S. 29 ff.

muss, vorstehender[768] Konzeption folgend, eben dieser jeweils intendierte Erfolg rechtswidrig eingetreten sein. Das ist bei negatorischen Ansprüchen, die sich – wie die vorgenannten – bereits gegen eine Handlung richten, eben jene Handlung, die in diesen Fällen rechtswidrig sein muss.[769]

### d. Zwischenergebnis Rechtswidrigkeit

Der Tatbestand negatorischer Ansprüche erfordert, dass der intendierte Erfolg rechtswidrig eingetreten ist.[770] In der Regel werden indentierter Erfolg und adäquat kausal zu diesem Erfolg führendes menschliches Verhalten – wie beispielsweise bei § 1004 Abs. 1 BGB – verschieden voneinander sein. Einer zusätzlichen Rechtswidrigkeit des Verhaltens bedarf es nicht.[771] Liegt der Erfolg des jeweiligen negatorischen Anspruchs bereits in einem Verhalten, so gilt nichts anderes – der Erfolg, in diesen Fällen mithin das Verhalten – muss rechtswidrig sein.[772]

## 4. Besonderheiten Unterlassungsansprüche

Besonderheiten könnten sich hinsichtlich negatorischer Ansprüche ergeben, die nicht bloß auf die Beseitigung eines unerwünschten Zustands, sondern auf das Unterlassen eines bestimmten Verhaltens gerichtet sind.[773]

### a. Zurechnung im Falle von Unterlassungsansprüchen

Anders als Satz eins hat der zweite Satz von § 1004 Abs. 1 BGB beziehungsweise andere Unterlassungsansprüche ein Verhalten im Blick, das erst in Zukunft zu einem rechtswidrigen Erfolg führen wird. Da in diesen Fällen mangels bereits eingetretenen Erfolgs auch kein solcher zugerechnet werden kann, muss sich die

768 Oben S. 141–143.

769 Ebs. Teplitzky, Kap. 5, Rnr. 12; Fritzsche, S. 140; *Beckedorf* in Harte/Henning, § 8, Rnr. 9.

770 Oben S. 141 f.

771 Oben S. 142 f.

772 Oben S. 143.

773 Umfassend hierzu Fritzsche, S. 139–143; Münzberg, S. 381–425, insbesondere S. 418–425 und Larenz/Canaris, S. 691–694.

Zurechnung an anderen Kategorien orientieren.[774] Insoweit ist für die Bejahung von § 1004 Abs. 1 S. 2 BGB beziehungsweise anderer Unterlassungsansprüche eine Prognoseentscheidung hinsichtlich der Besorgnis weiterer (rechtswidriger) Erfolge aufgrund adäquat kausalen Verhaltens des Anspruchsgegners erforderlich. Hierbei begründet eine Erstbegehung die widerlegliche Vermutung für das Drohen weiterer Störungen.[775]

### b. Rechtfertigungsgründe

Problematisch scheint in diesem Zusammenhang das Bestehen eines Anspruchs – und letztendlich einer Verurteilung – zur Unterlassung eines gerechtfertigten Verhaltens zu sein. Für Vertreter der Auffassung, dass bei Bestehen eines Rechfertigungsgrunds bereits eine Duldungspflicht nach § 1004 Abs. 2 BGB bestünde[776], ergibt sich (natürlich) insoweit keine besondere Schwierigkeit. Problematisch an dieser Auffassung ist allerdings, dass – wie oben festgestellt[777] – das negatorische Rechtswidrigkeitsurteil nicht an einem Verhalten, sondern an einem Erfolg anknüpft, die Rechtfertigungsgründe (wie beispielsweise §§ 227, 228 BGB) regelmäßig aber lediglich die Rechtswidrigkeit einer Handlung entfallen lassen.[778] Daher vermag ein verhaltensbezogener Rechtfertigungsgrund die negatorische Haftung zunächst nicht auszuschließen. Geht man davon aus, dass § 890 Abs. 1 S. 1 ZPO über seinen Wortlaut hinaus ein Verschulden des Unterlassungsgläubigers erfordert[779], so würden die verhaltensbezogenen Rechtfertigungsgründe im Vollstreckungsverfahren berücksichtigt werden können.[780] Diese Lösung, derzufolge wenigstens im Ergebnis jedem Unterlassungsanspruch immanent ist, dass ausdrücklich gerechtfertigtes Verhalten nicht verschuldet und daher auch nicht

774 Ebs. Herrmann, S. 467.

775 Statt aller *Bassenge* in Palandt, § 1004, Rnr. 32.

776 *Ebbing* in Erman, § 1004, Rnr. 40 (nachdem es in Rnr. 34 allerdings heißt, dass es ausdrücklich nicht auf die Rechtswidrigkeit des Verhaltens sondern nur auf die Rechtswidrigkeit der Beeinträchtigung ankäme); *Bassenge* in Palandt, § 1004, Rnr. 35; das Problem zwar sehend und diskutierend, die Rechtfertigungsgründe aber ohne nähere Begründung dennoch als eine Duldungspflicht begründend sehend *Medicus* in MünchKomm, 4. Aufl., § 1004, Rnr. 59–62; wortgleich *Baldus* in MünchKomm, 5. Aufl., § 1004, Rnr. 90–93.

777 Oben S. 141–144, insbesondere, S. 144.

778 Mit diesem Ansatz auch bereist Larenz/Canaris, S. 692.

779 *BVerfGE NJW 1981, S. 2457*; *BVerfGE NJW 1991, S. 3139–3140*, S. 3139; *BVerfGE NJW-RR 2007, S. 860–862*, S. 861; ebs. *Stöber* in Zöller, § 890, Rnr. 5; *Hüßtege* in Thomas/ Putzo, ZPO-Kommentar, 30. Aufl., München, 2009, § 890, Rnr. 15.

780 Genau so dann auch *BGH CR 2007, S. 523–527 („Internet-Versteigerung II“)*, S. 527.

unzulässig ist, erscheint jedenfalls für die allgemeinen Rechtfertigungsgründe durchaus praktikabel. Weniger praktikabel erscheint dieser Weg indes, wenn ein typischerweise zum unerwünschten Erfolg führendes Verhalten gerade verkehrsrichtig und deswegen gerechtfertigt ist.[781] Von den Kosten einmal ganz abgesehen, würde es zumindest gekünstelt wirken, den Anspruchsgegner dennoch zu verurteilen, Störungen zu unterlassen, um dann im Wege der Zwangsvollstreckung das Unterlassen in Ermangelung eines Verschuldens für undurchsetzbar zu erklären. Der Anspruchsgegner würde nämlich diesenfalls aufgrund eines zu erwartenden Verhaltens zur Unterlassung verurteilt, die nach § 890 Abs. 1 S. 1 ZPO ohnehin nicht durchsetzbar wäre. Die Verurteilung würde mithin von vorneherein leerlaufen, weswegen man bei einem entsprechenden Unterlassungsantrag bereits am Rechtsschutzbedürfnis zweifeln könnte. Ein grundsätzlich bestehender Anspruch darauf, ein erwartetes Verhalten zu unterlassen, das mit einer gewissen Wahrscheinlichkeit zu einem unerwünschten Erfolg führen wird, besteht insoweit nicht, wie das erwartete Verhalten verkehrsrichtig, mithin gerechtfertigt ist und daher nicht verboten werden kann. Entsprechend wäre demnach ein schlichter Antrag auf Verurteilung zur Unterlassung zu weit gefasst, wenn gerade ein konkretes verkehrsrichtiges Verhalten und ein davon hervorgerufener Erfolg erwartet würde. Vielmehr müsste ein erwartetes verkehrsrichtiges Verhalten schon bei Antragstellung ausgespart bleiben.[782] In diesem Zusammenhang ist allerdings zu beachten, dass die Kenntnis beziehungsweise das Kennenmüssen darüber, dass ein bis dato verkehrsrichtiges Verhalten zur Störung Dritter führt, den Störer dazu verpflichtet, sein Verhalten so anzupassen, dass es nicht mehr zu solchen Störungen kommt. Entspricht er dieser Obliegenheit nicht, ist sein Verhalten nicht mehr verkehrsgerecht, folglich auch nicht mehr gerechtfertigt und er dann insoweit unterlassungspflichtig.

### c. Zwischenergebnis der für Unterlassungsansprüche geltenden Besonderheiten

Für die auf Unterlassung gerichtete *actio negatoria* ergeben sich im Zusammenspiel mit Rechtfertigungsgründe gewisse Besonderheiten. Anders als bei Beseitigungsansprüchen kann einem negatorischen Schuldner nicht von vorneherein

781 Zum Rechtfertigungsgrund des verkehrsgerechten Verhaltens *BGH GS NJW 1957, S. 785–787*, S. 786; Wiethölter (auf S. 55 gerade auch im Zusammenhang mit § 1004 BGB); *Wagner* in MünchKomm, 5. Aufl., § 823, Rnr. 25; Verkehrsrichtiges Verhalten als Rechtfertigungsgrund ablehnend *Spickhoff* in Soergel, § 823, Rnr. 139.

782 *BGH CR 2007, S. 758–764 („Jugendgefährdende Medien bei eBay“)*, S. 732/733.

die Unterlassung ausdrücklich gerechtfertigten Verhaltens aufgegeben werden. In Ermangelung einer gewissen Wahrscheinlichkeit des Eingreifens allgemeiner Rechtfertigungsgründe würde der Störer diese betreffend durch den „vollen" Unterlassungsanspruch nicht in seiner Handlungsfreiheit eingeschränkt. Er würde vielmehr hinsichtlich solcher Rechtfertigungsgründe ausreichend durch § 890 Abs. 1 S. 1 ZPO vor der zwangsweisen Vollstreckung des Anspruchs geschützt. Anders liegt die Sache indes dann, wenn der Eintritt der prognostizierten Störung gerade aufgrund eines erwarteten verkehrsrichtigen Verhaltens zu besorgen ist. Ist nämlich das erwartete Verhalten gerade ein verkehrsrichtiges und deswegen gerechtfertigtes Verhalten, kann ein besorgter Erfolg schon gar nicht zugerechnet[783] werden, weswegen insoweit schon gar kein Unterlassungsanspruch besteht.[784]

### 5. Zwischenergebnis

Um negatorische Haftung (eines unmittelbar Handelnden) auszulösen, müssen menschliches Verhalten und von der jeweiligen Anspruchsnorm intendierter Erfolg unmittelbar adäquat kausal miteinander verbunden sein.[785] Darüber hinaus muss der von der jeweiligen Anspruchsnorm intendierte Erfolg rechtswidrig sein.[786] Auf die Rechtswidrigkeit des zum unerwünschten Erfolg führenden Verhaltens kommt es nicht an.[787] Der grundsätzlich bestehende Unterlassungsanspruch wird im Rahmen der Zwangsvollstreckung durch das in § 890 Abs. 1 S. 1 ZPO enthaltene Verschuldenserfordernis eingeschränkt. Ist es gerade ein verkehrsrichtiges, mithin gerechtfertigtes Verhalten, das erwartet wird und in dessen Folge ein Störungserfolg zu besorgen ist, besteht ein Unterlassungsanspruch insoweit nicht.

## IV. Haftung des mittelbar Handelnden

Nachdem nun der Tatbestand der *actio negatoria* für unmittelbare Handlungen freigelegt wurde, stellt sich die Frage, wo die Haftungslinie für – in der Praxis

783 Die Pflichtigkeit ebenfalls auf der Ebene der Zurechnung sehend Freytag, S. 73/74.
784 Im Ergebnis ebenso *BGH CR 2007, S. 758–764 („Jugendgefährdende Medien bei eBay")*, S. 732/733.
785 Oben S. 138 ff.
786 Oben S. 141 ff.
787 Oben S. 142.

durchaus relevantes[788] – bloß mittelbar zu einem unerwünschten Erfolg führendes menschliches Verhalten verlaufen soll. Würde für mittelbar wirkendes Verhalten ebenfalls bereits die Verklammerung mittels Kausalität, Adäquanz und Rechtswidrigkeit des Erfolgs ausreichen, so würden einerseits die zwischen Verhalten und Erfolg tretenden Umstände unberücksichtigt bleiben und andererseits weitreichende, jeden treffende Handlungspflichten begründet. Die Zurechnung von durch vermitteltes Verhalten eingetretenen Erfolgen bedarf daher – so wohl jedenfalls die derzeit vorrangige Meinung[789] – offenbar weiterer haftungsbegrenzender Zurechnungskriterien.

## V. Zwischenergebnis Zurechnung

Haftungsgrund der *actio negatoria* ist menschliches Verhalten.[790] Ein über ein menschliches Verhalten hinausgehender Aufrechterhaltungswille ist nicht erforderlich.[791] Eine zivilrechtliche Zustandshaftung im Sinne einer Erfolgshaftung ist mit geltendem Recht nicht zu vereinbaren.[792] Insoweit die herrschende Meinung immer wieder von Zustandshaftung im Sinne einer Erfolgshaftung spricht, beruht dies auf einem Missverständnis der Formulierung Zustandshaftung.[793] Ebenfalls nicht mit geltendem Recht zu vereinbaren ist die sogenannte *Rechtsusurpationstheorie*, die ein völlig anderes Konzept negatorischer Haftung vorsieht.[794] Hinsichtlich solcher Erfolge, die durch unmittelbare Handlungen herbeigeführt wurden, müssen intendierter Erfolg und menschliches Verhalten adäquat kausal miteinander verbunden sein.[795] Der durch die jeweilige Anspruchsnorm intendierte Erfolg muss rechtswidrig sein.[796] Auf die Rechtswidrigkeit des zum unerwünschten Erfolg führenden Verhaltens kommt es nicht an.[797] Insoweit besteht auch ein in die Zukunft gerichteter, Unterlassungsanspruch unabhängig von etwaigen (verhaltensbezogenen) Rechtfertigungsgründen. Liegen solche vor, wird der Störer auf Zwangsvollstreckungsebene durch das in § 890 Abs. 1 S. 1 ZPO enthaltene Ver-

788 Siehe hierzu nur die bereits oben in Fn. 21–32 angesprochenen kleinen Beispielfälle.

789 Hierauf wird später (S. 179 ff.) noch ausführlich einzugehen sein.

790 Oben S. 42 ff.

791 Oben S. 80 ff., insbesondere S. 84.

792 Oben S. 42 ff.

793 Oben S. 133 ff., insbesondere S. 137.

794 Oben S. 47 ff., insbesondere S. 74 f.

795 Oben S. 138 ff.

796 Oben S. 141 ff.

797 Oben S. 142.

schuldenserfordernis ausreichend geschützt.[798] Ist der Eintritt der prognostizierten Störung allerdings gerade aufgrund eines erwarteten verkehrsrichtigen Verhaltens zu besorgen, besteht insoweit mangels Zurechenbarkeit des Erfolgs kein Unterlassungsanspruch.[799] Hinsichtlich bloß mittelbar zu unerwünschten Erfolgen führenden Verhaltens bedarf es möglicherweise weiterer haftungsbegrenzender Zurechnungs-kriterien.[800]

798 Oben S. 145–146.
799 Oben S. 145–146.
800 Siehe oben S. 147; vor allem aber im Folgenden S. 150 ff.

# D. Diskutierte Zurechnungsfilter bei mittelbar zum Erfolg führenden Handlungen

Um eine unverhältnismäßige Haftungsausweitung zu vermeiden, soll nach einem weitergehenden Zurechnungskriterium gesucht werden, das über Kausalität und Adäquanz zwischen Erfolg und Verhalten sowie Rechtswidrigkeit des intendierten Erfolgs hinausgeht. Hierbei sollen zunächst einige der klassischen Problemfälle aufgeworfen werden, bei denen ein menschliches Verhalten mittelbar zu einem Erfolg führt.[801] Im Folgenden sollen verschiedene vorbestehende Theorien näher betrachtet und überprüft werden[802], um sodann ein eigenes – in vorstehendes Haftungskonzept eingefügtes – Modell hinsichtlich negatorischer Haftung auch für mittelbar herbeigeführte Erfolge aufzuzeigen.[803]

## I. Klassische Problemfälle bei mittelbar zum Erfolg führenden Handlungen

In der Literatur werden einige immer wieder kehrende Beispielfälle angesprochen, die einerseits pro oder contra Zustands- oder Handlungshaftung streiten und andererseits zur Abgrenzung verschiedener Haftungsmodelle dienen sollen. Diese Beispielfälle seien hier kurz skizziert.

### 1. Negatorische Haftung für Veränderungen durch Naturgewalten

Der Klassiker des Beispielfalls negatorischer Haftung ist der auf einem Grundstück stehende Baum, der im Unterbeispiel 1 morsch und im Unterbeispiel 2 vital, also in voller Kraft fest verwurzelt ist, und in beiden Unterbeispielen durch eine Windböe (oder andere Naturgewalten) bedingt auf das Nachbargrundstück

801 Unten S. 150 ff.
802 Unten S. 153 ff.
803 Unten S. 179 ff.

stürzt.[804] Der größte Reiz des Falls ist bereits dadurch genommen, da oben[805] bereits festgestellt wurde, dass negatorische Haftung Handlungshaftung für rechtswidrig herbeigeführte Erfolge und nicht Zustandshaftung ist. Davon ausgehend, dass der Anspruch nicht gegen jemanden gerichtet ist, der den Baum auf das Nachbargrundstück gestoßen hat, bleibt fraglich, ob ein Dritter negatorisch haften soll, mithin in der Pflicht ist, den Baum zu entfernen beziehungsweise abzustützen oder sonst zu sichern und bejahendenfalls wer (der Eigentümer oder Besitzer des Baumgrundstücks, der Gärtner etc.) und aufgrund welchen Verhaltens.

## 2. Negatorische Haftung beim Diebstahl eines Fahrzeugs

Auch einem weiteren Klassiker problematischer Konstellationen, wenn es um Anwendung der *actio negatoria* geht, dem Fall, beim dem ein Dieb ein zuvor gestohlenes Fahrzeug auf einem fremden Grundstück abgestellt hat und der dortige Grundstückseigentümer die Beseitigung wünscht[806], wird durch die Feststellung[807], dass negatorische Haftung Handlungs- und nicht Zustandshaftung ist, ein Teil seines Charmes genommen. Fraglich bleibt in diesem Fall primär, ab wann der Eigentümer des Fahrzeugs die Pflicht hat, sein Fahrzeug vom fremden Grundstück zu beseitigen.

---

804 Dieser Beispielfall u. a. bei *Gursky* in Staudinger, § 1004, Rnr. 105; *Münch* in Soergel, § 1004, Rnr. 176; Larenz/Canaris, S. 680 u. 699; Herrmann, S. 409/410; Baur/Stürner, S. 123; Brehm/Berger, S. 113; Schwab/Prütting, Rnr. 573; Wieling, S. 363; Armbrüster, S. 3089; Herrmann 1997, S. 154; aber auch bei *BGH NJW 2004, S. 3701–3703*; *BGH NJW 2004, S. 3328–3330*; *BGH NJW 2003, S. 1732–1734*; *BGH NJW 1993, S. 1855–1856 („Wiebke")*.

805 Oben S. 42 ff.

806 Dieser Beispielfall wurde auch bereits oben (S. 69 f.) kurz angesprochen, findet sich aber auch bei *Gursky* in Staudinger, § 1004, Rnr. 105; *ders.* in Gursky 1989, S. 401; *Jauerning* in Jauerning, § 1004, Rnr. 17; Larenz/Canaris, S. 681; Jabornegg/Strasser, S. 105 (allerdings ohne den Hinweis, wie das Beispielfahrzeug auf das fremde Grundstück gekommen ist); *Picker* in FS v. Gernhuber, S. 350; Wolf, S. 208/209; aber auch *LG Bielefeld r+s 1995, S. 180–181.*

807 Oben S. 42 ff.

## 3. Negatorische Haftung des Vermieters für den Mieter und umgekehrt

Andere Standardfälle negatorischer Haftung betreffen die Haftung des Vermieters für ein Verhalten des Mieters[808] und umgekehrt die Haftung des Mieters für ein Verhalten des Vermieters[809]. Gleiche Fallkonstellationen werden gebildet im Verhältnis Verpächter und Pächter. Auch in diesen Fällen stellt sich jeweils die Frage, welches Verhalten haftungsbegründend im Sinne von § 1004 Abs. 1 BGB sein soll und welches nicht.

## 4. Negatorische Haftung des „Inhabers" einer Zugangsberechtigung

In neuerer Zeit ergeben sich Beispielfälle nicht zuletzt durch die Nutzung des Internets; namentlich die negatorische Haftung des „Inhabers" eines Internetanschlusses[810] oder eines Accounts bei einer Internetauktionsplattform[811]. Auch in diesen Fällen ist wieder fraglich, welches Verhalten den Zugangsberechtigten zur Beseitigung beziehungsweise Unterlassung verpflichten soll.

---

808 Dieser Beispielfall u.a. bei *Gursky* in Staudinger, § 1004, Rnrn. 122/123; *Münch* in Soergel, § 1004, Rnrn. 146–150; *Medicus* in MünchKomm, 4. Aufl., § 1004, Rnr. 53; *Baldus* in MünchKomm, 5. Aufl. § 1004, Rnr. 83; Larenz/Canaris, S. 681; Baur/Stürner, S. 123; E.Wolf, S. 153/154; Schmidt, S. 25 ff.; Lutter/Overrath, S. 345 ff.; Picker, S. 147; Herrmann, S 101 ff.; Wieling, S. 362; aber auch bei *RGZ 47, 162*; *BGH NJW 1959, S. 2013–2014 („Tanzcafé")*; *BGH NJW 1985, S. 2823–2825*; *BGH NJW 2006, 992–993.*

809 Dieser Beispielfall u.a. bei *Gursky* in Staudinger, § 1004, Rnr. 84; Katzenstein, S. 1129 ff; aber auch *BGH NJW 2007, S. 432–433*; *KG Berlin NJW-RR 2006, S 1239–1240*; *OLG München NZM 2003, S. 445–446.*

810 Hierzu beispielsweise *Spindler/Weber* in Spindler/Schuster, § 1004, Rnr. 9; *J.B. Nordemann* in Fromm/Nordemann, § 97, Rnr. 172; *Dreier* in Dreier/Schulze, Rnr. 34; *Meckel* in HK-UrhR, § 97, Rnr. 33; Waldenberger, S. 182 ff.; Mühlberger, S. 1022; Nordemann/Dust-mann, S. 382; Spindler/Leistner 2005, S. 787; Kitz 2006, S. 447; Gercke 2006, S. 597; Hornung, S. 90; Ernst/Seichter, S. 513 ff.; Gietl, S. 630; Stang/Hühner 2008, S. 273 ff.; Wolf, S. 242 ff., aber auch *LG Hamburg MMR 2007, S. 491–494*; *LG Hamburg MMR 2007, S. 131–132*; *LG Hamburg CR 2007, S. 54–55*; *LG Hamburg CR 2006, S. 780–782*; *LG Mannheim MMR 2007, S. 537–539*; *LG Mannheim CR 2007, S. 394–396*; *LG Frankfurt am Main CR 2007, S. 670–672*; *OLG Düsseldorf CR 2008, S. 182–183*; *OLG Frankfurt am Main MMR 2008, S. 603–609* und *BGH NJW 2010, S. 2061–2064 („Sommer unseres Lebens").*

811 Hierzu beispielsweise Leistner 2006, S. 208; vor allem aber *BGH NJW 2009, S. 1960–1962 („Halzband").*

# II Vorbestehende Theorien zur Lösung

Bevor ein eigene Haftungsmodells für mittelbare Handlungen, das stimmig davon ausgeht, dass negatorische Haftung Handlungs- und nicht Zustandshaftung ist, aufgezeigt wird[812], sollen erst die vorbestehenden Haftungskonzeptionen hinsichtlich ihrer Trennungsschärfe und Anwendbarkeit untersucht werden.

## 1. Notwendigkeit einer Zustandshaftung?

Möglicherweise schafft mittelbar zu einem intendierten Erfolg führendes Verhalten so große Schwierigkeiten, dass es trotz Ablehnung[813] einer generellen Zustandshaftung für diese spezielle Lage dennoch einer Zustandshaftung bedarf. Vertritt man diese Auffassung, so würde man dem bürgerlichen Recht ein vom Gesetzgeber nicht gewolltes und normiertes Haftungsmodell in freier Schöpfung implementieren. Vor allem aber würde eine so doch noch für mittelbar zu einem rechtswidrigen Erfolg führenden Verhalten eingeführte Zustandshaftung nicht einmal geeignet sein, die klassischen Problemfälle[814] zu lösen. Hinsichtlich des im ersten Beispielfall[815] angesprochenen, auf das Nachbargrundstück gefallenen Baums würde bei Annahme einer Zustandshaftung wohl der Eigentümer des Baumgrundstücks immer haften; gleich, ob der Baum schon vorher morsch war oder nicht und gleich, wo der Eigentümer sich tatsächlich aufhält. Den bloßen Besitzer des Baumgrundstücks, beispielsweise den Mieter, träfe – vom Modell der Zustandshaftung ausgehend – indes wohl keine Haftung. Der Eigentümer des im zweiten Beispielfall[816] in Rede stehenden Fahrzeugs – hätte der Zustandshaftungskonzeption folgend – das Fahrzeug zu entfernen; beispielsweise auch dann, wenn er lediglich Sicherungseigentümer, Leasinggeber oder Vermieter ist.[817] Den Fahrzeughalter träfe eine entsprechende Verpflichtung bei diesem Haftungsmodell (wohl) nicht. Völlig unklar bliebe auch, wie die Haftungssituation desjenigen ist, dem der Fahrzeughalter das Fahrzeug zur dauerhaften Benutzung überlassen hat, wie es beispielsweise bei sogenannten Firmenwagen regelmäßig der Fall sein wird. Mit einem Zustandshaftungsmodell ließe sich wohl die grundsätzliche Haf-

812 Unten S. 179 ff.
813 Oben S. 42 ff.; insbesondere S. 84.
814 Oben S. 150 ff.
815 Oben S. 150.
816 Oben S. 151.
817 Zu diesem Problem bereits oben S. 114 f.

tung des im dritten Beispielfall[818] angesprochenen Vermieters für ein Verhalten des Mieters begründen insoweit der Vermieter überhaupt Eigentümer (oder – je nach Spielart des gewählen Modells der Zustandshaftung – sonst dinglich Berechtigter) ist. Die umgekehrte Haftung ließe sich hingegen wohl kaum begründen. Was aber, wenn der Eigentümer einer Wohnung in einer Wohnanlage einen Balkon unzulässig in einen Wintergarten umgebaut hat und der nach dem Umbau eingezogene Mieter der Wohnung den Rückbau nicht dulden will?[819] Ebenfalls zu keiner Lösung vermag eine Zustandshaftungskonzeption im vierten Beispielfall[820] hinsichtlich der Haftung der „Inhaber" von Zugangsberechtigungen zu kommen. Eine dingliche Berechtigung als Anknüpfungspunkt negatorischer Zustandshaftung wäre jedenfalls nicht gegeben.[821]

Auch die Schwierigkeiten, vor die mittelbar wirkende Handlungen die Störerbestimmung stellen, vermag eine Wiederbelebung der bereits abgelehnten[822] Zustandsstörerhaftung daher nicht zu begründen.

## 2. Notwendigkeit eines Aufrechterhaltungswillens?

Möglicherweise lassen sich die durch lediglich mittelbares menschliches Verhalten zu einem Erfolg führenden Schwierigkeiten durch das oben[823] bereits ab-

818 Oben S. 152.

819 Genau dieser Fall lag der Entscheidung *BGH NJW 2007, S. 432–433,* S. 432 zugrunde; dort hat der Bundesgerichtshof eine Zustandsstörerhaftung bejaht, weil der Mieter sein Besitzrecht vom Vermieter ableite und daher „keine weitergehenden Rechte" als dieser haben könne.

820 Oben S. 156.

821 Zu diesem Problem bereits oben S. 120 f.

822 Oben S. 42 ff.; insbesondere S. 84.

823 Oben S. 80–84.

gelehnte Element eines Aufrechterhaltungswillens[824] in den Griff bekommen. Mangels positiver Kenntnis darüber, ob der in Anspruch Genommene einen Aufrechterhaltungswillen hat oder nicht, müsste auf dieses subjektive Element aus dem Vorliegen objektiver Anhaltspunkte geschlossen werden. Wie aber oben bereits angesprochen, würde derjenige Anspruchsgegner, der die Beeinträchtigung subjektiv beenden wollte, nur noch durch Unmöglichkeit der Aufrechterhaltung gehindert werden.[825] Das subjektive Wollen ist demnach bereits dann zu bejahen, wenn der Anspruchsgegner Kenntnis von der Beeinträchtigung erlangt. Kenntnis erlangt er spätestens durch Geltendmachung des Anspruchs. In den vorstehend genannten Beispielfällen würde jeder der angesprochenen Dritten die Störung beheben können und wäre nach Geltendmachung des Anspruchs folglich als Störer zur Beseitigung verpflichtet: Eigentümer, Besitzer und Gärtner des Baumgrundstücks[826], Eigentümer, Sicherungseigentümer, Leasinggeber, Leasingnehmer, Mieter, Vermieter u. a. des Fahrzeugs[827], Mieter und Vermieter von Wohnungen und anderen Grundstücken und Sachen[828] sowie „Inhaber" von Zugangsberechtigungen[829].

Der eigentlich als Tatbestandsmerkmal der *actio negatoria* bereits abgelehnte Aufrechterhaltungswille ist auch nicht für Fälle mittelbar zu einem unerwünschten Erfolg führenden Verhaltens erforderlich.

---

824 Für dieses Tatbestandsmerkmal: *BGH NJW 1990, S. 1529–1531 („Schönheits-Chirurgie")*, S. 1530; *BGH NJW-RR 1991, S. 1258–1260 („Honorarfrage")*, S. 1259; *BGH NJW 1997, S. 2180–2182 („Architektenwettbewerb")*, S. 2181; *BGH NJW-RR 1997, S. 1468–1470*, S. 1469; *BGH GRUR 1999, S. 418–420 („Möbelklassiker")*, S. 419; *BGH GRUR 2001, S. 1038–1042 („ambiente.de")*, S. 1039; *BGH GRUR 2002, S. 618–619 („Meißner Dekor")*, S. 619; *BGH GRUR 2004, S. 860–864 („Internet-Versteigerung I")*, S. 864; *BGH CR 2007, S. 523–527 („Internet-Versteigerung II")*, S. 526; *BGH GRUR 2008, S. 702–707 („Internet-Versteigerung III")*, S. 706; *Kohl* in AK, § 1004, Rnr. 50; *Münch* in Soergel, § 1004, Rnr. 114; *Gursky* in Staudinger, § 1004, Rnr. 94; *Fritzsche* in Bamberger/Roth, § 1004, Rnr. 15; *Ebbing* in Erman, § 1004, Rnr. 117; *Bassenge* in Palandt, § 1004, Rnr. 19; Brehm/Berger, Rnr. 7.25; Schapp/Schur, § 9, Rnr. 156; Baur/Stürner, § 12, Rnr. 14; Lement, S. 211; Mantz, S. 243; Leible/Sosnitza, S. 3226; Schmitz/Dierking, S. 422; *Ahrens* in FS Canaris, S. 6; Hornung, S. 91; Ernst/Seichter, S. 515; Ehlers/Fock/Harlfinger, S. 936.

825 Zur grundsätzlichen Anwendbarkeit der Unmöglichkeitsregeln auf den Beseitigungsanspruch siehe bereits oben S. 67 ff.

826 Oben Beispielfall 1: S. 150.

827 Oben Beispielfall 2: S. 151.

828 Oben Beispielfall 3: S. 151.

829 Oben Beispielfall 4: S. 152.

## 3. Veranlassungsprinzip

Teilweise wird die Auffassung vertreten, dass ein geeignetes Kriterium sich aus dem *Veranlassungsprinzip* ergäbe.[830] Demnach soll „gerechterweise derjenige die Störung beseitigen, aus dessen Bereich sie kommt".[831] Da es ja an der hier untersuchten Fallgruppe mittelbar zu einem Erfolg führenden Verhaltens an einer unmittelbaren Veranlassung fehlt, kann die Veranlassungshaftung insoweit nur eine Haftung aufgrund einer gewissen Nähe beschreiben. Damit das Veranlassungsprinzip überhaupt als zusätzlich zu Kausalität, Adäquanz und Rechtswidrigkeit des intendierten Erfolgs bestehendes Tatbestandsmerkmal der *actio negatoria* bei Handeln Dritter Sinn ergibt, muss es das Näheverhältnis enger fassen als diese übrigen Tatbestandsmerkmale. Leider bleibt nur der insoweit erforderliche Grad der (enger gefassten) Nähe offen und bedürfte daher, um überhaupt anwendbar sein zu können, einer Präzisierung.[832]

Das Veranlassungsprinzip würde folglich nur ein zusätzliches unscharfes Tatbestandsmerkmal darstellen, mittels dessen eine weitere Haftungseingrenzung im Ergebnis zur bloßen Billigkeitsentscheidung würde und ist daher gleichfalls nicht als haftungseinschränkendes Kriterium geeignet.[833]

## 4. Allgemeine Zumutbarkeitserwägungen

Durchsetzungsschranke und -Konkretisierung zivilrechtlicher Ansprüche, insbesondere von Beseitigungs- und Unterlassungsansprüchen, ist das – auch in § 242 BGB verankerte – Gebot von Treu und Glauben.[834] Um die Zurechnung von Störerhaftung einzuschränken, wurde daher auch die Auffassung vertreten, negatorische Haftung müsse auf Rechtsfolgenseite aufgrund allgemeiner Zumutbarkeitserwägungen eingeschränkt werden.[835] Diese Modifikation der Störerhaftung (erst) auf Rechtsfolgenseite wurde – wohl primär aufgrund der recht lockeren gesetzlichen Verankerung in § 242 BGB und der damit verbundenen Unschärfe[836]

830 Münzberg, S. 384.
831 Münzberg, S. 384.
832 Ebs. Herrmann, S. 56.
833 So auch Herrmann, S. 57; Picker, S. 29/30; Jabornegg/Strasser, S. 88/89.
834 Siehe nur *BGH GRUR 1965, S. 104–110 („Personalausweise")*, S. 107.
835 *BGH GRUR 1964, S. 94–99 („Tonbandgeräte-Hersteller")*, S. 96; *BGH GRUR 1965, S. 104–110 („Personalausweise")*, S. 107; *BGH GRUR 1984, S. 54–56 („Kopierläden")*, S. 55; aber auch v. Gierke, S. 895/896.
836 So u.a. Haedicke 1999, S. 399.

nicht zuletzt wohl aber auch wegen der Versagung der Anhängerschaft der Literatur – auch vom *Bundesgerichtshof*[837] nicht weiter verfolgt. Letztendlich losgelöste allgemeine Zumutbarkeitserwägungen zur Eingrenzung der Störerhaftung sind daher auch abzulehnen.

## 5. Verletzung einer Prüfungspflicht

Zahlreich wird die Auffassung vertreten, dass geeigneter Anknüpfungspunkt negatorischer Haftung im Falle bloß mittelbar zu einem unerwünschten Erfolg führender Handlungen die Nichtbeachtung einer dem Anspruchsgegner obliegenden

837 Spätestens seit den Entscheidungen *BGH NJW 1997, S. 2180–2182 („Architektenwettbewerb“)*, S. 2180/2181 und *BGH GRUR 1999, S. 418–420 („Möbelklassiker“)*, S. 419/420 ist deutlich, dass der der im Wesentlichen mit Problemen der Störerhaftung befasste *1. Senat* des *Bundesgerichtshofs* sich von seinem Modell der auf § 242 BGB gestützten Rechtsfolgenmodifikation aufgrund allgemeiner Zumutbarkeitserwägungen verabschiedet hat und seinem im Folgenden besprochenes Konzept der Zurechnung aufgrund verletzter Prüfungspflichten nachgeht.

Prüfungspflicht sei.[838] Im Folgenden soll daher näher untersucht werden, ob sich die Nichtbeachtung von Prüfungspflichten als weiteres Zurechnungskriterium in das Haftungskonzept der *actio negatoria* einpassen lässt. Dazu soll zunächst die Entwicklung dieses Zurechnungsmodells Prüfungspflicht nachgezeichnet werden, um die sich ergebenden Tatbestandsmerkmale herauszuarbeiten und die hierfür gegebenen Argumente sodann auf Stimmigkeit (und Generalisierbarkeit) hin zu überprüfen. Um sich möglichen, sich aus dem Inhalt des Erfolgs ergebende Differenzierungen an späterer Stelle[839] zu widmen, soll auch hier – wie bereits oben[840]

---

838 So beispielsweise *BGH GRUR 1957, S. 352–354 („Pertusin II")*, S 353; *BGH GRUR 1960, S. 500–505 („Plagiatsvorwurf")*, S. 504; *BGH NJW 1972, S. 2302–2304*, S. 2303; *BGH GRUR 1977, S. 114–117 („VUS")*, S. 116; *BGH NJW 1997, S. 2180–2182 („Architektenwettbewerb")*, S. 2181; *BGH GRUR 1997, S. 909–912 („Branchenbuch-Nomenklatur")*, S. 911; *BGH GRUR 1999, S. 418–420 („Möbelklassiker")*, S. 420; *BGH GRUR 2001, S. 1038–1042 („ambiente.de")*, S. 1039; *BGH NJW-RR 2003, S. 1685–1687*, S. 1686; *BGH GRUR 2004, S. 693–696 („Schöner Wetten")*, S. 695; *BGH GRUR 2004, S. 860–864 („Internet-Versteigerung I")*, S. 864; *BGH GRUR 2006, S. 957–958 („Stadt Geldern")*, S. 958; *BGH CR 2007, S. 523–527 („Internet-Versteigerung II")*, S. 526; *BGH CR 2007, S. 758–764 („Jugendgefährdende Medien bei eBay")*, S. 732; *BGH GRUR 2008, S. 702–707 („Internet-Versteigerung III")*, S. 706; *BGH NJW-RR 2009, S.1413–1416 („Focus-Online")*, S. 1415/1416; *BGH WRP 2009, S. 1394–1401 („MP3-Player-Import")*, S. 1400; *BGH NJW 2010, S. 2061–2064 („Sommer unseres Lebens");* ebenfalls auf die Nichtbeachtung von Prüfungspflichten als Zurechenbarkeits-kriterium hinweisend: Löhr, S. 525; Haedicke 1999, S. 399 ff.; Ehret.,760; Leible/Sosnitza, S. 3227; Gercke 2006, S. 597; Wimmers/Schulz, S. 762/763; Hornung, S. 91; Ernst/Seichter, S. 515; Gietl, S. 630; Mießner, S. 96; Rössel/Kruse, S. 36; Mühlberger, S 1022; *Reese* in Heermann/Ohly, S. 184; Hartmann, S. 63 ff.; *v. Wolff* in Wandtke/Bullinger, § 97, Rnr. 16; *Meckel* in HK-UrhR, § 97, Rnr. 27; *Beckedorf* in Harte/Henning, § 8, Rnr. 64; neutral die Rechtsprechung darstellend: Nordemann/Dustmann., S. 382/383; *Münch* in Soergel, § 1004, Rnr. 141; *Dreier* in Dreier/Schulze, § 97, Rnr. 33; *Wild* in Schricker, § 97, Rnrn. 36 a ff.; indes ablehnend: Spindler 1996, S. 544; Waldenberger, S. 184; Spindler/Volkmann, S. 1; Jergolla.III Nr. 2; Spindler Anm. zu *BGH Internet-Versteigerung I*, S. 39; Spindler/Leistner 2005, S. 790; wohl hierauf aufbauend die Anknüpfung an Pflichten grundsätzlich bejahend, gegenüber einer Verengung auf Prüfungspflichten, aber kritisch: Leistner 2006, S. 813; *Ahrens* in FS Canaris, S 15/16; Volkmann, S. 232 ff.; Fritzsche in Bamberger/Roth, § 1004, Rnr. 20; *ders.* in Fritzsche, S. 434; *Spindler/Weber* in Spindler/Schuster, § 1004, Rnr. 9; *J. B. Nordemann* in Fromm/Nordemann, § 97, Rnr. 155; Teplitzky, Kap. 14, Rnr. 10b; Brinkel, S. 291 ff., insbesondere S. 296; Freytag, S. 105; Mantz, S. 257; Döring, S. 48 (im Folgenden aber mit unterschiedlichen Haftungskonzeptionen je nach Anspruchsgrundlage der negatorischen Haftung) und Stang/Hühner 2008, S. 273; wohl ebs. *Bassenge* in Palandt, § 1004, Rnr. 19.; mit Hinweis auf Prüfungspflichten zwar *Köhler* in Hefermehl/Köhler/Bornkamm, UWG § 8, Rnrn. 2.13 ff., der jedoch eine Störerhaftung im Bereich des Wettbewerbsrechts gänzlich ablehnt (ebd. Rnr. 2.15); jetzt ähnlich im Bereich des Urheberrechts *J. B. Nordemann* in FS Loewenheim, S. 219 ff., insbesondere S. 224/225.

839 Siehe dann unten S. 205 ff.

840 Oben S. 143.

– außer Acht bleiben, dass der unerwünschte Erfolg durch die verhaltensbedingte Herbeiführung eines unerwünschten Zustands aber auch bereits durch eine unerwünschte Handlung (selbst) bewirkt werden kann.

## a. Die Entwicklung des Zurechnungsmodells Prüfungspflicht

### *aa. Entscheidung* Pertusin II

In seiner *Pertusin II-Entscheidung*[841] ist der *Bundesgerichtshof* im Jahre 1957 davon ausgegangen, dass ein Spediteur, der Waren transportiert, durch die Kennzeichenrechte Dritter verletzt werden, diesen Dritten gegenüber unterlassungspflichtig ist, obwohl ihn nicht von vorneherein eine Prüfungspflicht hinsichtlich etwaiger Rechtsverletzungen träfe.[842] Die Störerhaftung wird insoweit minimal eingeschränkt, weil der betroffene Spediteur nicht bereits vor der Inanspruchnahme durch den Rechteinhaber haftbar sei.[843] Die durch das Kriterium der Prüfungspflicht erzielte Einschränkung ergibt sich in dieser Entscheidung also daraus, dass der ohne vorherige Verwarnung mit der Unterlassungsklage angegriffene Spediteur sich gemäß § 93 ZPO durch sofortige Anerkenntnis der Kostenlast entziehen könne.[844]

### *bb. Entscheidung* Plagiatsvorwurf

Etwa drei Jahre später bemühte der *Bundesgerichtshof* erneut das Kriterium der Prüfungspflicht im Zusammenhang mit negatorischer Haftung.[845] In diesem Fall wurde die Verbreitung einer – wie sich im Nachhinein herausstellte – unzutreffenden Äußerung angegriffen. Hierbei geht der *Senat* davon aus, dass die Äußerung zunächst nicht rechtswidrig gewesen sei, da sie in Wahrnehmung berechtigter Interessen gemäß § 193 StGB erfolgte.[846] Zur Ausfüllung des Rechtfertigungstatbestands von § 193 StGB käme es – vermutlich analog § 16 Abs. 1 StGB – insoweit nicht auf die tatsächliche Wahrheit der Aussage an, sondern darauf, ob „der Beleidiger die Äußerung bei pflichtgemäßer Prüfung für wahr halten durfte“.[847] Durch das (spätere) Wegfallen eines Rechtfertigungsgrunds, der letztendlich ohnehin nur gegeben war, weil einer Prüfungspflicht entsprochen wurde, sei die Aufrechterhaltung

841 *BGH GRUR 1957, S. 352–354 („Pertusin II“)*, S 353/354.
842 *BGH GRUR 1957, S. 352–354 („Pertusin II“)*, S 354.
843 *BGH GRUR 1957, S. 352–354 („Pertusin II“)*, S 354.
844 *BGH GRUR 1957, S. 352–354 („Pertusin II“)*, S 354.
845 *BGH GRUR 1960, S. 500–505 („Plagiatsvorwurf“)*, S. 502.
846 *BGH GRUR 1960, S. 500–505 („Plagiatsvorwurf“)*, S. 504.
847 *BGH GRUR 1960, S. 500–505 („Plagiatsvorwurf“)*, S. 502.

der Äußerung rechtswidrig und beeinträchtige die Klägerin daher, weswegen ihr ein Unterlassungsanspruch zustehe.[848] Durch die Erfüllung einer Prüfungspflicht konnte hier also ein Rechtfertigungsgrund begründet werden, der dann mit Kenntnis vom fehlerhaften Ergebnis der Überprüfung allerdings weggefallen ist.

### *cc.* *Entscheidung* **BGH NJW 1972, S. 2302–2304**

In einer Entscheidung aus dem Jahre 1972 bejahte der *Bundesgerichtshof* das grundsätzliche Bestehen einer Prüfungspflicht von Zeitungsverlagen hinsichtlich Zeitungsanzeigen und deren Inhalt.[849] Hierbei dürften „allerdings die Anforderungen an das Ausmaß der Prüfung entsprechend den praktischen Notwendigkeiten des Pressewesens nicht überspannt werden“[850], weswegen besonders bei Anzeigenwerbung die Prüfungspflicht „in der Regel auf grobe Verstöße“[851] zu beschränken sei. Sollte es aber einer Prüfung nicht mehr bedürfen, im entschiedenen Fall beispielsweise weil lediglich ein einfacher Tatbestand unter eine verständliche Rechtsnorm zu subsumieren ist[852], würde selbst die Erfüllung einer Prüfungspflicht die negatorische Haftung nicht auszuschließen vermögen.

### *dd.* *Entscheidung* **VUS**

In der im Jahre 1976 getroffenen *VUS-Entscheidung*[853] knüpfte der *Bundesgerichtshof* an seine *Pertusin II-Entscheidung* an und führte aus, dass auch der bloße Exporteur ausländischer Presseerzeugnisse hinsichtlich der Verbreitung unwahrer Tatsachenbehauptungen unterlassungspflichtig sei. Hierbei träfe ihn keine „allgemeine Prüfungspflicht“ bezüglich sämtlicher von ihm vertriebener Presseprodukte im Hinblick auf etwaige Persönlichkeitsrechtsverletzungen.[854] Spätestens in dem Zeitpunkt, in dem der Anspruchsgegner Kenntnis von der den negatorischen Anspruch begründenden Tatsachen erlangt, haftet der Anspruchsgegner den Ausführungen des *Bundesgerichtshofs* zufolge indes als Störer. Im vorliegenden Fall wurde daher die Wiederholungsgefahr bejaht, weswegen die Beklagte dem Kläger gegenüber unterlassungspflichtig war.[855]

---

848 *BGH GRUR 1960, S. 500–505 („Plagiatsvorwurf“)*, S. 504.
849 *BGH NJW 1972, S. 2302–2304.*
850 *BGH NJW 1972, S. 2302–2304*, S. 2303.
851 *BGH NJW 1972, S. 2302–2304*, S. 2303.
852 *BGH NJW 1972, S. 2302–2304*, S. 2303.
853 *BGH GRUR 1977, S. 114–117 („VUS“).*
854 *BGH GRUR 1977, S. 114–117 („VUS“)*, S. 116.
855 *BGH GRUR 1977, S. 114–117 („VUS“)*, S. 116/117.

### *ee. Entscheidung* **Architektenwettbewerb**

In seiner *Architektenwettbewerb-Entscheidung*[856] hatte der *Bundesgerichtshof* darüber zu befinden, ob ein Unternehmen, das fünf Architekten anschrieb und zur Teilnahme an einem Wettbewerb einlud, für dessen Gewinner ein Auftrag zu festen – wie sich später herausstellte die Honorarordnung für Architekten und Ingenierue (HOAI) unterschreitenden – Konditionen ausgelobt wurde. Der *Senat* lehnte einen Unterlassungsanspruch ab. Dies deshalb, weil „bei der Bejahung der Störerhaftung (...) notgedrungen Prüfungspflichten vorausgesetzt (werden), deren Einhaltung zur Vermeidung *erneuter* Inanspruchnahme geboten“[857] sei. Ob eine Störerhaftung gegeben ist, sollte sich demnach scheinbar daran orientieren, ob dem Anspruchsgegner in Zukunft zugemutet werden kann, seinen für die Bejahung einer Störerhaftung obliegenden Prüfungspflichten nachzukommen.

### *ff. Entscheidung* **Möbelklassiker**

In seiner *Möbelklassiker-Entscheidung*[858] konkretisiert der Bundesgerichtshof – vorliegend für Unterlassungsansprüche aus § 97 Abs. 1 S. 1 UrhG – sein Konzept der Nichtbeachtung einer dem Anspruchsgegner obliegenden Prüfungspflicht als (ungeschriebene) Voraussetzung der *actio negatoria* bei einem Erfolg lediglich vermittelnden Verhaltens und arbeitete deren Tatbestandsmerkmale heraus. „Wer nur durch Einsatz organisatorischer oder technischer Mittel an der von einem anderen vorgenommenen urheberrechtlichen Nutzungshandlung beteiligt war, muss (...), wenn er als Störer in Anspruch genommen wird, ausnahmsweise einwenden können, dass er im konkreten Fall nicht gegen eine Pflicht zur Prüfung auf mögliche Rechtsverletzungen verstoßen hat. So muss er insbesondere geltend machen können, dass ihm eine solche Prüfung nach den Umständen überhaupt nicht oder nur eingeschränkt zumutbar war.“[859] Die Tatbestandsvoraussetzungen des nun als Einwendung konzipierten Zurechnungskriteriums *Prüfungspflicht* scheinen rechtswidrige Nutzungshandlung eines Dritten, Inanspruchnahme als Störer, Einsatz lediglich organisatorischer oder technischer Mittel, Kein Verstoß gegen eine Prüfungspflicht, Vorliegen einer Ausnahmesituation und keine vollständige oder teilweise Unzumutbarkeit der Prüfungspflicht zu sein. Im Dunkeln bleibt allerdings, wann eine Prüfungspflicht besteht, gegen die verstoßen werden könnte, welchen Inhalt diese hat, wann genau eine erforderliche Ausnahmesituation vorliegt und ab wann die Erfüllung einer Prüfungspflicht vollständig oder teilweise unzumutbar ist.

---

856 *BGH NJW 1997, S. 2180–2182 („Architektenwettbewerb“).*

857 *BGH NJW 1997, S. 2180–2182 („Architektenwettbewerb“),* S. 2181 (Auslassungszeichen, Klammerzusatz und Hervorhebung von mir).

858 *BGH GRUR 1999, S. 418–420 („Möbelklassiker“).*

859 *BGH GRUR 1999, S. 418–420 („Möbelklassiker“),* S. 420.

### *gg. Entscheidung* **ambiente.de**

In seiner *ambiente.de-Entscheidung*[860] dehnte der *Bundesgerichtshof* sein zu Unterlassungsansprüchen entwickeltes Prüfungspflicht-Konzept hinsichtlich mittelbar wirkendem Verhalten, soweit ersichtlich, erstmals *expressis verbis* auf die gesamte Störerhaftung aus, also auch den Beseitigungsanspruch.[861] Die Haftung des Störers, der die „rechtswidrige Beeinträchtigung nicht selbst vorgenommen"[862] habe, setze die Verletzung von Prüfungspflichten voraus.[863] Insoweit verabschiedet sich der *Senat* von den (scheinbar) weiteren Tatbestandsmerkmalen aus seiner *Möbelklassiker-Entscheidung*[864]. Hinsichtlich des Inhalts der Prüfungspflicht führt der Senat singulär für die Domainvergabestelle DENIC e.G., und primär unter Berufung auf deren „Aufgabe im öffentlichen Interesse"[865] aus, dass – abgesehen von offenkundigen Rechtsverletzungen – eine Prüfungspflicht nicht bestünde[866] und wohl auch die erforderliche Ausnahmesituation vorläge.

### *hh. Entscheidungen* **Schöner Wetten** *und* **Internet-Versteigerung I**

Etwa drei Jahre nach seiner *ambiente.de-Entscheidung*[867] formulierte der *Bundesgerichtshof* in zwei Entscheidungen[868] weitere Kriterien zur Ermittlung der vollständigen oder teilweisen Unzumutbarkeit.

So heißt es in der *Schöner Wetten-Entscheidung*[869]: „Die Beurteilung, ob und inwieweit eine Prüfung zuzumuten war oder ist[870], richtet sich nach den Umständen des Einzelfalls, wobei die Funktion und die Aufgabenstellung des als Störer in Anspruch genommenen sowie die Eigenverantwortung desjenigen, der die rechtswidrige Beeinträchtigung selbst unmittelbar vorgenommen hat oder vornimmt,

---

860 *BGH GRUR 2001, S. 1038–1042 („ambiente.de").*
861 *BGH GRUR 2001, S. 1038–1042 („ambiente.de")*, S. 1039.
862 *BGH GRUR 2001, S. 1038–1042 („ambiente.de")*, S. 1039.
863 *BGH GRUR 2001, S. 1038–1042 („ambiente.de")*, S. 1039.
864 *BGH GRUR 1999, S. 418–420 („Möbelklassiker").*
865 *BGH GRUR 2001, S. 1038–1042 („ambiente.de")*, S. 1040.
866 *BGH GRUR 2001, S. 1038–1042 („ambiente.de")*, S. 1040.
867 *BGH GRUR 2001, S. 1038–1042 („ambiente.de").*
868 *BGH GRUR 2004, S. 693–696 („Schöner Wetten") und BGH GRUR 2004, S. 860–864 („Internet-Versteigerung I").*
869 *BGH GRUR 2004, S. 693–696 („Schöner Wetten").*
870 Die Formulierung „war oder ist" lässt daran zweifeln, ob der *BGH* an seiner in *BGH NJW 1997, S. 2180–2182 („Architektenwettbewerb")*, S. 2181 entwickelten Konzeption weiter festhalten wollte, wonach es zur Beurteilung der Prüfungspflicht darauf ankäme, ob diese dem Anspruchsgegner bei *erneuter Inanspruchnahme*, also in der Zukunft, zumutbar wäre.

zu berücksichtigen sind."[871] Das Tatbestandsmerkmal *keine vollständige oder teilweise Unzumutbarkeit*[872] scheint demnach im Einzelfall durch Abwägung unter Berücksichtigung von Funktion und Aufgabenstellung des Anspruchsgegners und Grad der Eigenverantwortung des unmittelbaren Störers zu ermitteln zu sein. Als weiteres Abwägungskriterium zieht der *1. Senat* in seiner Entscheidung *Internet-Versteigerung I*[873] heran, dass das die dort Beklagte, ein Unternehmen, das „Auktionen" im Internet veranstaltet, „durch die ihr geschuldete Provision an dem Verkauf der Piratenware beteiligt ist"[874], weswegen ihrem Interesse „an einem möglichst kostengünstigen und reibungslosen Ablauf ein geringeres Gewicht"[875] zukäme als dem, der eine „Aufgabe im öffentlichen Interesse"[876] wahrnehmenden Domainvergabestelle. Ein weiteres – in diesem Fall entscheidendes – Abwägungskriterium scheint demnach also das Bestehen eines eigenen, beispielsweise wirtschaftlichen, Interesses zu sein. Als Ergebnis dieser Abwägung kommt der *Senat* zu der Überzeugung, dass lediglich eine konkretisierte Prüfungspflicht hinsichtlich solcher Angebote bestehe, die dem im vorliegenden Fall zu beanstandenden Angebot[877] vergleichbar seien. Eine generelle Prüfungspflicht der dort Beklagten bestehe, anders gewendet, indessen nicht.[878] In diesem Zusammenhang weist der Senat darauf hin, dass „eine solche Obliegenheit (...) das Geschäftsmodell (der Anspruchsgegnerin) in Fragen stellen"[879] würde und kündigte damit bereits ein weiteres Zumutbarkeitskriterium an.

#### *ii.* *Entscheidung* **Internet-Versteigerung II**

In der Entscheidung *Internet-Versteigerung II*[880] greift der *Bundesgerichtshof* sein in der drei Jahre zuvor ergangenen *Internet-Versteigerung I-Entscheidung*[881] eingeführtes Kriterium der Infragestellung des gesamten Geschäftsmodells auf und formuliert es als die Zumutbarkeit ausschließendes Element.[882] Die Zumutbarkeitsprüfung zergliedert sich demnach in die Merkmale keine Infragestellung des

871 *BGH GRUR 2004, S. 693–696 („Schöner Wetten")*, S. 695 (zugefügte Fußnote von mir).
872 Oben S. 162.
873 *BGH GRUR 2004, S. 860–864 („Internet-Versteigerung I").*
874 *BGH GRUR 2004, S. 860–864 („Internet-Versteigerung I")*, S. 864.
875 *BGH GRUR 2004, S. 860–864 („Internet-Versteigerung I")*, S. 864.
876 *BGH GRUR 2001, S. 1038–1042 („ambiente.de")*, S. 1040.
877 Im Fall ging es um Uhren, die u. a. rechtswidrig mit der Marke *Rolex* versehen waren.
878 *BGH GRUR 2004, S. 860–864 („Internet-Versteigerung I")*, S. 864.
879 *BGH GRUR 2004, S. 860–864 („Internet-Versteigerung I")*, S. 864.
880 *BGH CR 2007, S. 523–527 („Internet-Versteigerung II").*
881 *BGH GRUR 2004, S. 860–864 („Internet-Versteigerung I")*, S. 864.
882 *BGH CR 2007, S. 523–527 („Internet-Versteigerung II")*, S. 527.

Geschäftsmodells und Abwägung. Abgesehen einiger, wohl lediglich für den zur Entscheidung stehenden Einzelfall relevanter Zumutbarkeitsabwägungen führt der Senat noch aus, dass die Unmöglichkeit der Erfüllung einer Prüfungspflicht die Verurteilung zur Unterlassung der Beeinträchtigung nicht hindere. Zu erörtern sei die Unmöglichkeit der Erfüllung einer dem Störer obliegenden Prüfungspflicht nicht im Erkenntnisverfahren, sondern – im Rahmen von § 890 Abs. 1 S. 1 ZPO – erst auf Verschuldensebene im Zwangsvollstreckungsverfahren.[883]

#### *jj.* *Entscheidung* **Jugendgefährdende Medien bei eBay**

Hinsichtlich der Entwicklung des Prüfungspflichtenbegriffs wird durch die Entscheidung *Jugendgefährdende Medien bei eBay*[884] zunächst der Zumutbarkeitsprüfung eine Modifizierung des ersten Elements hinzugefügt: keine unverhältnismäßige Erschwerung des Geschäftsmodells.[885] Anders als noch in seiner Entscheidung *Internet-Versteigerung II*[886] verschiebt der *Senat* die Reichweite der Prüfungspflichten nicht in das Vollstreckungsverfahren, sondern auf die Rechtsfolgenseite des Erkenntnisverfahrens. So bestehe eine die Unterlassungspflicht begründende Prüfungspflicht bezüglich derjenigen Jugendgefährdende Artikel, die bereits einmal angeboten und gerügt wurden[887], aber auch für Angebote, „bei denen derselbe Versteigerer auf demselben Trägermedium (...) Inhalte derselben jugendgefährdenden Kategorie (...) anbietet“[888]. Insoweit verabschiedet sich der *Bundesgerichtshof* von allgemein gültigen Tatbestandsmerkmalen oder (wenigstens) Abwägungskriterien hin zu lediglich auf den entschiedenen Einzelfall anwendbaren Zumutbarkeitserwägungen. Vor allem wird in der Entscheidung ausgeführt, dass sich „die wettbewerbsrechtliche Verkehrspflicht“[889] im vorliegenden Fall als Prüfungspflicht konkretisiere, weswegen die Prüfungspflicht Voraussetzung einer Rechtsverletzung sei.[890] Der *Senat* knüpft also die Prüfungspflicht scheinbar an eine andere rechtliche (wohl deliktische) Grundlage, auf die er die Grundsätze der Störerhaftung lediglich entsprechend anwendet.[891]

---

883 *BGH CR 2007, S. 523–527 („Internet-Versteigerung II“)*, S. 527; siehe hierzu auch bereits oben S. 145–146.

884 *BGH CR 2007, S. 758–764 („Jugendgefährdende Medien bei eBay“).*

885 *BGH CR 2007, S. 758–764 („Jugendgefährdende Medien bei eBay“)*, S. 732.

886 *BGH CR 2007, S. 523–527 („Internet-Versteigerung II“)*, S. 527.

887 *BGH CR 2007, S. 758–764 („Jugendgefährdende Medien bei eBay“)*, S. 732/733.

888 *BGH CR 2007, S. 758–764 („Jugendgefährdende Medien bei eBay“)*, S. 733 (Auslassungszeichen von mir).

889 *BGH CR 2007, S. 758–764 („Jugendgefährdende Medien bei eBay“)*, S. 733.

890 *BGH CR 2007, S. 758–764 („Jugendgefährdende Medien bei eBay“)*, S. 733.

891 *BGH CR 2007, S. 758–764 („Jugendgefährdende Medien bei eBay“)*, S. 732.

### *kk. Entscheidung* **Halzband**

Die *Halzband-Entscheidung*[892] beschreitet in mehrerlei Hinsicht neue Wege. Inhaltlich geht es um die Frage, ob der Inhaber eines eBay-Accounts dafür haftet, dass seitens seiner Ehefrau über seinen Account Produkte angeboten werden, die die Rechte Dritter verletzen. Der *Senat* führt hierzu aus, dass die „bei der Verwahrung der Zugangsdaten für das Mitgliedskonto gegebene Pflichtverletzung (...) einen eigenen, gegenüber den Grundsätzen der Störerhaftung (...) und nach der neueren Senatsrechtsprechung gegebenenfalls bestehenden Verkehrspflichten im Bereich des Wettbewerbsrechts (...) selbstständigen Zurechnungsgrund"[893] darstelle. Der *Bundesgerichtshof* knüpft mit seiner Entscheidung also nicht an die Verletzung einer Prüfungspflicht, sondern an die Verletzung einer Verkehrspflicht an und gelangt auf diesem Wege über die Störerhaftung hinausgehend zu einer deliktischen Haftung.

### *ll. Entscheidung* **Focus-Online**

Nachdem die wesentlichen sich mit der Störerhaftung auseinandersetzenden vorhergehenden Entscheidungen allesamt vom *1. Senat* des *Bundesgerichtshofs* stammen[894], geht die, sich wiederum[895] mit der Haftung für (Presse)Veröffentlichungen Dritter ohne eigenes (positives) Zutun des in Anspruch Genommenen beschäftigende, *Focus-Online-Entscheidung*[896] auf den *6. Senat* zurück. Der Senat fasst

892 *BGH GRUR 2009, S. 597–599 („Halzband").*

893 *BGH GRUR 2009, S. 597–599 („Halzband")*, S. 598 (Auslassungszeichen von mir).

894 *BGH GRUR 1957, S. 352–354 („Pertusin II")*, S 353; *BGH GRUR 1960, S. 500–505 („Plagiatsvorwurf")*, S. 504; *BGH NJW 1972, S. 2302–2304*, S. 2303; *BGH NJW 1997, S. 2180–2182 („Architektenwettbewerb")*, S. 2181; *BGH GRUR 1997, S. 909–912 („Branchenbuch-Nomenklatur")*, S. 911; *BGH GRUR 1999, S. 418–420 („Möbelklassiker")*, S. 420; *BGH GRUR 2001, S. 1038–1042 („ambiente.de")*, S. 1039; *BGH GRUR 2004, S. 693–696 („Schöner Wetten")*, S. 695; *BGH GRUR 2004, S. 860–864 („Internet-Versteigerung I")*, S. 864; *BGH CR 2007, S. 523–527 („Internet-Versteigerung II")*, S. 526; *BGH CR 2007, S. 758–764 („Jugendgefährdende Medien bei eBay")*, S. 732; *BGH GRUR 2008, S. 702–707 („Internet-Versteigerung III")*, S. 706.

895 Letztendlich ging es auch in den Entscheidungen *BGH GRUR 1960, S. 500–505 („Plagiatsvorwurf"); BGH NJW 1972, S. 2302–2304; BGH NJW 1997, S. 2180–2182 („Architektenwettbewerb"); BGH GRUR 1997, S. 909–912 („Branchenbuch-Nomenklatur"); BGH GRUR 1999, S. 418–420 („Möbelklassiker"); BGH GRUR 2004, S. 693–696 („Schöner Wetten"); BGH GRUR 2004, S. 860–864 („Internet-Versteigerung I"); BGH CR 2007, S. 523–527 („Internet-Versteigerung II"); BGH CR 2007, S. 758–764 („Jugendgefährdende Medien bei eBay"); BGH GRUR 2008, S. 702–707 („Internet-Versteigerung III")* und *BGH GRUR 2009, S. 597–599 („Halzband")* ebenfalls um Sachverhalte, bei denen ein Dritter auf der Plattform des jeweils in Anspruch Genommenen einen Beitrag veröffentlicht hat bzw. veröffentlichen hat lassen, der die Rechte Dritter tangierte.

896 *BGH NJW-RR 2009, S.1413–1416 („Focus-Online").*

die bisherige Rechtsprechung des *Bundesgerichtshofs* zur Störerhaftung knapp zusammen und bestätigt im Wesentlichen die sich aus den bisherigen Entscheidungen ergebenden Tatbestandsmerkmale und Abwägungskriterien.[897] Die vom *1. Senat* in seiner *Halzband-Entscheidung*[898] angesprochene deliktische Haftung wegen Verletzung einer Verkehrspflicht lehnt der *6. Senat* im vorliegenden Fall mangels Verletzung eines absoluten Rechts von vorneherein ab.[899] Zudem wird ein weiteres, viertes Abwägungskriterium dafür, ob und wieweit Prüfungspflichten zumutbar sind, eingeführt: Nichtbestehen konkreter Anhaltspunkte einer (drohenden) Rechtsverletzung.[900]

### *mm. Entscheidung* mp3-Player-Import

Mit der *mp3-Player-Import-Entscheidung*[901] äußert sich erstmals der *Senat Xa* zur Störerhaftung. Zunächst fasst der Senat die wesentlichen, bisher zur Störerhaftung ergangenen Entscheidungen schon fast lehrbuchartig zusammen[902] und führt sodann aus, dass die dort enthaltenen „unterschiedlichen rechtlichen Erwägungen (...) im Ergebnis darin überein(stimmen), dass unvorsätzliches Handeln die Verantwortung für unterstützte, von einem Dritten begangene Schutzrechtsverletzungen nicht ausschließt, andererseits der Mitverursachungsbeitrag allein zur Begründung einer Verantwortlichkeit nicht ausreicht“[903], weswegen „die Zurechnung der fremden Schutzrechtsverletzung vielmehr einer zusätzlichen Rechtfertigung“[904] bedürfe.[905] Kern der sich hinter dem Tatbestandsmerkmal *keine vollständige oder teilweise Unzumutbarkeit der Prüfungspflicht*[906] verbergenden Abwägung sei die bestehende „Wechselwirkung zwischen der Schutzbedürftigkeit des Verletzten und der Zumutbarkeit von Prüfungs- und Handlungspflichten, die von Dritten zu beachten sind.“[907] Weiteres Abwägungskriterium sei demnach auch, ob der Anspruchsteller den unmittelbaren Störer bereits in Anspruch genommen hat oder ob dieser „ohne größere Schwierigkeiten in Anspruch genommen werden kann und ein solches Vorgehen geeignet und ausreichend erscheint, den Störungszustand zu

897 *BGH NJW-RR 2009, S.1413–1416 („Focus-Online“)*, S. 1414/1415.
898 *BGH GRUR 2009, S. 597–599 („Halzband“).*
899 *BGH NJW-RR 2009, S.1413–1416 („Focus-Online“)*, S. 1415.
900 *BGH NJW-RR 2009, S.1413–1416 („Focus-Online“)*, S. 1415.
901 *BGH WRP 2009, S. 1394–1401 („MP3-Player-Import“).*
902 *BGH WRP 2009, S. 1394–1401 („MP3-Player-Import“)*, S. 1397–1398.
903 *BGH WRP 2009, S. 1394–1401 („MP3-Player-Import“)*, S. 1398.
904 *BGH WRP 2009, S. 1394–1401 („MP3-Player-Import“)*, S. 1398.
905 *BGH WRP 2009, S. 1394–1401 („MP3-Player-Import“)*, S. 1398.
906 Siehe hierzu oben S. 161.
907 *BGH WRP 2009, S. 1394–1401 („MP3-Player-Import“)*, S. 1399.

beseitigen und drohende weitere Verletzungshandlungen zu verhindern".[908] Indes sei die Auffassung, dass eine Prüfungspflicht gar positive Kenntnis eines unerwünschten Erfolges voraussetze unzutreffend.[909] Die Prüfungspflicht sei hingegen „eine Sekundärpflicht, die gerade dann eingreift, wenn die Schutzrechtsverletzung möglich, aber nicht sicher ist".[910]

### *nn. Entscheidung* Sommer unseres Lebens

In seiner viel beachteten[911] *Sommer unseres Lebens-Entscheidung*[912] grenzt der *1. Senat* den dortigen Sachverhalt und dessen rechtliche Einordnung zunächst einmal von seiner *Halzband-Entscheidung*[913] ab. So stellte der *Senat* klar, dass Anknüpfungspunkt der Haftung in dem der *Halzband-Entscheidung*[914] zugrunde liegenden Fall das Zulassen einer Identitätstäuschung war – der zur Nutzung überlassene eBay-Account stelle sich insoweit als Identitätskennzeichen, vergleichbar einem Namen oder einem KfZ-Kennzeichen, dar und diene daher primär auch zur Zuordnung eines bestimmten Verhaltens zu einer bestimmten Person.[915] Die Weitergabe der Zugangsdaten und damit das Erlauben einer solchen Identitätstäuschung eröffne eine „nicht hinreichend begrenzte Gefahr für die geschützten Interessen anderer Marktteilnehmer"[916] und kann insoweit als Anknüpfungspunkt täterschaftlichen und schuldhaften Verhaltens einer wettbewerbsrechtlichen Haftung dienen.[917] Im zur Entscheidung stehenden Fall, bei dem ein Dritter über den nicht ausreichend gesicherten WLAN—und letztendlich Internet-Anschluss des Beklagten Urheberrechte der Klägerin verletzt hatte, sei der Tatbestand des insoweit relevanten § 19a UrhG, also die unberechtigte öffentliche Zugänglichmachung eines urheberrechtlich geschützten Werkes, durch den Beklagten nicht erfüllt. Die bloße Nichtsicherung des Anschlusses gegen – bis dato noch nicht erfolgte – unbefugte Zugriffe von außen stelle keinen geeigneten Anknüpfungspunkt für ein täterschaftliches und schuldhaftes, mithin deliktischen Schadensersatz auslösen-

908 *BGH WRP 2009, S. 1394–1401 („MP3-Player-Import")*, S. 1400.
909 *BGH WRP 2009, S. 1394–1401 („MP3-Player-Import")*, S. 1400.
910 *BGH WRP 2009, S. 1394–1401 („MP3-Player-Import")*, S. 1400.
911 So wurde über die Entscheidung in zahlreichen Tageszeitungen und Nachrichtensendungen (unter anderem am 12. Mai 2010 in den Sendungen *Tagesschau* und *Heute Journal*) berichtet.
912 *BGH NJW 2010, S. 2061–2064 („Sommer unseres Lebens").*
913 *BGH GRUR 2009, S. 597–599 („Halzband").*
914 *BGH GRUR 2009, S. 597–599 („Halzband").*
915 *BGH NJW 2010, S. 2021–2064 („Sommer unseres Lebens")*, S. 2062; so auch der *Senatsvorsitzende Bornkamm* in der mündlichen Verhandlung zur Entscheidung *BGH NJW 2010, S. 2061–2064 („Sommer unseres Lebens")* am 18. März 2010.
916 *BGH NJW 2010, S. 2021–2064 („Sommer unseres Lebens")*, S. 2061.
917 *BGH NJW 2010, S. 2021–2064 („Sommer unseres Lebens")*, S. 2061 u. 2062.

des, Verhalten dar.[918] Dreh- und Angelpunkt ist insoweit das für die Bejahung eines Schadensersatzes erforderliche Verschulden, woran es im vorliegenden Fall mangele.[919]

Dem Betreiber eines WLAN-Anschlusses obliege indes (nur) die Pflicht „zu prüfen, ob (sein) Anschluss durch angemessene Sicherungsmaßnahmen hinreichend dagegen geschützt ist, von außenstehenden Dritten für die Begehung von Rechtsverletzungen missbraucht zu werden."[920] Die Auferlegung dieser Pflicht sei, so der *Senat*, auch bereits deswegen zumutbar, weil es „regelmäßig im wohlverstandenen eigenen Interesse des Anschlussinhabers liegt, seine Daten vor unberechtigtem Eingriff von außen zu schützen"[921], weswegen die zur Vermeidung von Urheberrechtsverletzungen erforderlichen Sicherungspflichten „zugleich[922] (dem) Eigeninteresse des Anschlussinhabers"[923] zu dienen bestimmt seien. Im Ergebnis sollen sich der Grad des Eigeninteresses und die Zumutbarkeit in solchen Fällen proportional zueinander verhalten: Je höher also das Eigeninteresse, desto eher ist eine Prüfungs- oder Sicherungspflicht zumutbar.[924]

So medienpopulär die *Sommer unseres Lebens-Entscheidung*[925] war, so wenig Neues bringt sie für das bereits zuvor vom *Bundesgerichtshof* ausdifferenzierte Prüfungsprogramm der Störerhaftung (bei Handeln Dritter). Bei Licht betrachtet hat der *Senat* an seinem Störerkonzept festgehalten und diesem lediglich ein weiteres, die Abwägung erleichterndes Zumutbarkeitskriterium hinzugefügt, nämlich den Grad des Eigeninteresses an einem Verhalten, das (auch) geeignet ist, Störungen Dritter zu verhindern.

---

918 *BGH NJW 2010, S. 2021–2064 („Sommer unseres Lebens")*, S. 2061.

919 *BGH NJW 2010, S. 2021–2064 („Sommer unseres Lebens")*, S. 2062; worauf auch Schaefer, S. 699 richtigerweise deutlich hinweist.

920 *BGH NJW 2010, S. 2021–2064 („Sommer unseres Lebens")*, S. 2062 (Klammerzusatz von mir).

921 *BGH NJW 2010, S. 2021–2064 („Sommer unseres Lebens")*, S. 2062.

922 Der vom *Bundesgerichtshof* in die Bewertung eingestellte Grad des Eigeninteresses an der Sicherung seines WLAN-Anschlusses wird in der Literatur teilweise als übergewichtet empfunden – siehe hierzu nur Schwartmann/Kocks, S. 436; Nenninger, S. 2064 oder Mantz 2010, S. 569.

923 *BGH NJW 2010, S. 2021–2064 („Sommer unseres Lebens")*, S. 2062 (Klammerzusatz und Fußnote von mir).

924 Ebs. Stang/Hühner 2010, S. 636 und Schwartmann/Kocks, S. 436; vereinzelt wird der *Senat* von der Literatur in diesem Punkt so (miss-)verstanden, dass er den Grad des Eigeninteresses nicht als Maßstab für die Zumutbarkeit, sondern als Begründung einer Prüfungspflicht an sich berücksichtige (so beispielsweise Leible/Jahn, Ziffer 2, Abs. 5), was zu einem „Verschulden gegen sich selbst" (wie vor) führe, das eine (Störer-)Haftung nicht zu begründen vermöge.

925 *BGH NJW 2010, S. 2061–2064 („Sommer unseres Lebens").*

### *oo. Zwischenergebnis Entwicklung und Tatbestandsmerkmale*

Zusammengefasst hat das vom *Bundesgerichtshof* über zahlreiche Entscheidungen hin entwickelte *Zurechnungsmodell Prüfungspflichten* folgende Tatbestandsmerkmale:

(I.) Vornahme der Störung durch einen Dritten

(II.) Verstoß gegen eine Prüfungspflicht[926]

(1.) Prüfungspflicht[927]

(2.) Keine vollständige oder teilweise Unzumutbarkeit der Prüfungspflicht[928]

(a.) Keine Infragestellung[929] bzw. unverhältnismäßige Erschwerung[930] des Geschäftsmodells

(b.) Abwägung Zumutbarkeitskriterien

- Funktion und Aufgabenstellung des Anspruchsgegners[931]
- Bestehen eines eigenen, beispielsweise wirtschaftlichen Interesses des Anspruchsgegners[932]
- Grad der Eigenverantwortung des unmittelbaren Störers[933]
- Inanspruchnahme des unmittelbaren Störers ohne größere Schwierigkeiten möglich und geeignet, die Störung zu beseitigen und/oder zukünftige Störungen zu verhindern[934]
- Grad des Eigeninteresses an einem Verhalten, das (auch) geeignet ist, die Störung Dritter zu verhindern[935]

(III.) Rechtsfolge: Störerhaftung

Dreh- und Angelpunkt des vom *Bundesgerichtshof* entwickelten Zurechnungsmodells sind folglich Zumutbarkeitsabwägungen unter Zuhilfenahme verschiedener (vorstehend zusammengefasster) Abwägungskriterien.[936]

926 *BGH GRUR 1957, S. 352–354 („Pertusin II")*, S. 354; oben S. 159.
927 *BGH GRUR 1957, S. 352–354 („Pertusin II")*, S. 354; oben S. 159.
928 *BGH GRUR 1999, S. 418–420 („Möbelklassiker")*, S. 420; oben S. 161..
929 *BGH GRUR 2004, S. 860–864 („Internet-Versteigerung I")*, S. 864; konkretisiert durch *BGH CR 2007, S. 523–527 („Internet-Versteigerung II")*, S. 527; oben S. 163.
930 *BGH CR 2007, S. 758–764 („Jugendgefährdende Medien bei eBay")*, S. 732; oben S. 164.
931 *BGH GRUR 2004, S. 693–696 („Schöner Wetten")*, S. 695; oben S. 162.
932 *BGH GRUR 2004, S. 860–864 („Internet-Versteigerung I")*, S. 864 in Abgrenzung zur in *BGH GRUR 2001, S. 1038–1042 („ambiente.de")*, S. 1040 gegen eine Störerhaftung sprechenden „Aufgabe im öffentlichen Interesse"; oben S. 162 f.
933 *BGH GRUR 2004, S. 693–696 („Schöner Wetten")*, S. 695; siehe hierzu auch oben S. 162.
934 *BGH WRP 2009, S. 1394–1401 („MP3-Player-Import")*, S. 1400; oben S. 166 f.
935 *BGH NJW 2010, S. 2021–2064 („Sommer unseres Lebens")*, S. 2062.
936 Ebs. Hartmann, S. 57; Mießner, S. 91; Schünemann, S. 120/121; Spindler/Volkmann, S. 6; Leible/Sosnitza, S. 3226/3227; *v. Wolff* in Wandtke/Bullinger, § 97, Rnr. 16.

### b. Anwendung des Zurechnungskriteriums auf Beispielfälle

Ob das Zurechnungsmodell der Prüfungspflichten zu deutlichen Ergebnissen führen kann, soll in einem ersten Anlauf zunächst anhand der oben bereits eingeführten[937], knappen Beispielsfällen untersucht werden.

#### *aa. Negatorische Haftung für Veränderungen durch Naturgewalten*

In Ermangelung eines Geschäftsmodells würde bei dem oben bereits genannten Beispielfall, des aufgrund von Naturgewalten auf das Nachbargrundstück gestürzten Baums[938], das Tatbestandsmerkmal keine Infragestellung beziehungsweise unverhältnismäßige Erschwerung des Geschäftsmodells zwar nicht recht passen, jedoch – in wenig abgewandelter Form – wohl keine Schwierigkeiten bereiten. Da es einen unmittelbaren Störer in Form eines Menschen nicht gibt, eine Funktion beziehungsweise Aufgabenstellung des Anspruchsgegners nicht ersichtlich ist, bliebe als primäres Abwägungskriterium das Bestehen eines eigenen Interesses des mutmaßlichen Störers. Grundsätzlich hat der Eigentümer eines Grundstücks natürlich ein Interesse an seinem Eigentum, ansonsten würde er es derelinquieren. Will man nun nicht (quasi durch die Hintertür) doch wieder eine generelle Zustandshaftung einführen, müssten weitere Zumutbarkeitsabwägungen angestellt werden, wofür das vom Bundesgerichtshof entwickelte Modell hinsichtlich durch Naturgewalten hervorgerufene Störungen keine Kriterien vorgibt. Mit dem Modell Prüfungspflicht nach heutigem Zuschnitt lässt sich eine Lösung für derartige Fälle mit relativer Schärfe nicht herbeiführen.

#### *bb. Negatorische Haftung beim Diebstahl eines Fahrzeugs*

Sehr ähnlich verhält sich es beim Beispielfall des vom Dieb auf fremdem Grund abgestellten Fahrzeugs.[939] Ein Geschäftsmodell würde durch die Obliegenheit einer Prüfungspflicht ebenfalls nicht in Frage gestellt. Dem Beeinträchtigten ist der unmittelbare Störer – der Dieb – zumindest in dieser Rolle unbekannt, obgleich der Grad der Eigenverantwortung des Diebes überragend ist. Bei den anzustellenden Zumutbarkeitserwägungen kommt es daher auf das Bestehen eines eigenen Interesses des Anspruchsgegners und auf dessen Funktion und Aufgabenstellung an. Ähnlich wie bei den anderen (insoweit als nicht hilfreich verworfenen) Zurechnungsmodellen[940] haben sämtliche in die engere Auswahl aufgenommenen

937 Beispielfall oben S. 150 ff.
938 Beispielfall oben S. 150.
939 Beispielfall oben S. 151.
940 Siehe hierzu oben S. 153 ff.

Anspruchsgegner (beispielsweise Eigentümer, Sicherungseigentümer, Leasinggeber, Leasingnehmer, Vermieter, Mieter, Halter und Eigentümer) ein eigenes Interesse an dem Fahrzeug. Indes unterscheidet sich ihre individuelle Funktion und Aufgabenstellung. So ist beispielsweise der Fahrzeughalter dem störenden Gegenstand von seiner Funktion hinsichtlich des Fahrzeugs näher als der Sicherungseigentümer, der Leasingnehmer insoweit näher als der Leasinggeber und so fort. Das Zurechnungsmodell würde also, anders als die bislang besprochenen Modelle, durchaus geeignet sein, die verschiedenen potenziellen Anspruchsgegner in eine an ihrer jeweiligen Funktion im Hinblick auf den störenden Gegenstand orientierten, Reihenfolge zu bringen. Ohne (weitere) allgemeine Zumutbarkeitserwägungen vermag sie jedoch nicht Einzelne davon gänzlich aus der negatorischen Haftung auszuscheiden.

#### *cc. Negatorische Haftung des Vermieters für den Mieter und umgekehrt*

Wägt man im Verhältnis Vermieter und Mieter[941] unter Zuhilfenahme der vom *Bundesgerichtshof* bislang entwickelten verschiedenen Zumutbarkeitskriterien ab, so sprechen Funktion und Aufgabenstellung[942] des Vermieters und Bestehen eines eigenen wirtschaftlichen Interesses[943] zumindest nicht gegen eine negatorische Haftung des Vermieters für unmittelbar zu einer Beeinträchtigung führendes Mieterverhalten. Die verbleibenden beiden Abwägungskriterien sprechen wohl eher gegen eine Vermieterhaftung, es sei denn, die Inanspruchnahme des Mieters würde nicht beziehungsweise nicht abschließend geeignet sein, zukünftige Störungen zu vermeiden. So würde die unmittelbare Inanspruchnahme beispielsweise des Wirtes einer lärmemittierenden Gaststätte sicherlich die Störung kurz- und mittelfristig beenden; langfristig könnte es jedoch wiederholt zu Beeinträchtigungen kommen, sodass die – gegebenenfalls zusätzliche – Inanspruch-

941 Beispielfall oben S. 151.

942 *BGH GRUR 2004, S. 693–696 („Schöner Wetten")*, S. 695; oben S. 162.

943 *BGH GRUR 2004, S. 860–864 („Internet-Versteigerung I")*, S. 864 in Abgrenzung zur in *BGH GRUR 2001, S. 1038–1042 („ambiente.de")*, S. 1040 gegen eine Störerhaftung sprechenden „Aufgabe im öffentlichen Interesse"; oben S. 162 f.

nahme des Vermieters insoweit geeigneter erscheint.[944] Umgekehrt werden Funktion und Aufgabenstellung sowie regelmäßiges Nichtbestehen eigener (vor allem wirtschaftlicher) Interessen meist gegen eine negatorische Haftung des Mieters sprechen, soweit der Vermieter seinerseits Störer ist. Eine Zurechnung eines Erfolges über Prüfungspflichten würde Schwierigkeiten bereiten, wenn Inhalt negatorischer Haftung eine Duldungspflicht, nämlich die Duldung der Beseitigung einer Beeinträchtigung durch den Störer (oder Dritte) ist.[945]

Will man also negatorische Haftung mittels Feststellung des Bestehens von Prüfungspflichten zurechnen, würde der Vermieter für Störungen aus der Sphäre des Mieters in der Regel haften, umgekehrt der Mieter für Störungen aus der Sphäre des Vermieters eher nicht. Dieser auf dem Modell der Rechtsprechung beruhende Befund wird allerdings von der Rechtsprechung durch Zumutbarkeitserwägungen im Einzelfall regelmäßig durchbrochen.

### *dd. Negatorische Haftung des „Inhabers" einer Zugangsberechtigung*[946]

Gegenüber den vorgenannten Beispielfällen kommt die Rechtsprechung derzeit deutlich öfter mit der Frage, ob der „Inhaber" einer Zugangsberechtigung nega-

---

944 Mit eben diesem Ergebnis auch *BGH NJW 1959, S. 2013–2014 („Tanzcafé")*, S. 2014 allerdings noch ohne Anwendung des Prüfungspflichten-Zurechnungsmodells sondern mit der Erwägung, dass den Verpächter ein eigenes wirtschaftliches Interesse mit der Pachtsache verbinde und ihm daher ebenfalls an einer gerichtlichen Entscheidung über die Frage der Zulässigkeit der angegriffenen Geräuschimmissionen gedient sei. Negatorisch haftbar wird demnach auch der Verpächter eines Teiches für störenden Froschlärm (ebs. *RG JW 1910 Nr. 13*, S. 654), der Verpächter eines Steinbruchs (ebs. *RGZ 167, S. 55–60*, S. 58) oder der Vermieter von Räumlichkeiten, in denen der Prostitution nachgegangen wird (im Einzelfall a. A. allerdings *BGH NJW 1985, S. 2823–2825*, S. 2824; so dann auch *OLG Köln Az. 16 Wx 117/08 v. 25.08.2008* (zitiert n. Juris), da durch Prostitution „nur das Schamgefühl oder das ästhetische Empfinden verletzende Vorgänge sichtbar werden" und eine Beeinträchtigung daher schon abzulehnen sei; wie hier dann aber *BayObLG NJW-RR 1995, S. 1228*, S. 1228; *BayObLG NJW-RR 2000, S. 1323*, S. 1324; *KG Berlin NJW-RR 1987, S. 1160*, S. 1160; *OLG Frankfurt am Main Az. 20 W 338/89 v. 15.11.1989* (zitiert n. Juris); *OLG Hamm Az. 5 U 275/92 v. 26.06.1993* (zitiert n. Juris); *OLG Frankfurt am Main Az. 20 W 508/01 v. 05.02.2002* (zitiert n. Juris); *OLG Düsseldorf Az. 3 Wx 369/02 v. 12.03.2003* (zitiert n. Juris); *Hans. OLG Hamburg Az. 2 Wx 76/08 v. 09.10.2008* (zitiert n. Juris); *OLG Zweibrücken Az. 3 W 257/07 v. 08.01.2008* (zitiert n. Juris); *OLG Zweibrücken Az. 3 W 182/08 v. 30.01.2009* (zitiert n. Juris)).

945 Die Haftung aber dennoch mit dem Argument, dass der Mieter sein Besitzrecht lediglich vom Vermieter ableite und daher „keine weitergehenden Rechte" als dieser haben könne, bejahend *BGH NJW 2007, S. 432–433*, S. 432.

946 Beispielfall oben S. 156.

torisch für das Verhalten Dritter haftet, die seine Zugangsberechtigung nutzen.[947] Entsprechend groß ist auch das Interesse der Literatur an diesem Thema.[948] Auch bezüglich der Haftung des Anschlussinhabers ist Dreh- und Angelpunkt einer Zurechnung unter Nutzung des Prüfungspflichtenmodells die Abwägung mittels der vom *Bundesgerichtshof* entwickelten Kriterien. In der Regel wird der unmittelbare Störer dem Anspruchsteller unbekannt sein.[949] Auch hat der Anschlussinhaber ein eigenes Interesse an dem von ihm betriebenen Anschluss.[950] Sein Interesse wird insoweit sogar soweit gehen, dass er Störungen durch Dritte, die seinen Anschluss verwenden, gerade nicht wünscht. Auch wäre der Anschlussinhaber angesichts seiner Funktion und Aufgabenstellung jederzeit imstande, Störungen Dritter festzustellen. Hierzu könnte er beispielsweise seinen Internet-Router nach

---

947 Siehe nur *BGH NJW 2010, S. 2061–2064 („Sommer unseres Lebens"); BGH GRUR 2009, S. 597–599 („Halzband"); OLG Düsseldorf Az. 12 O 594/07 v. 26.08.2009 (zitiert n. Juris); LG Köln CR 2009, S. 684–687; OLG Düsseldorf Az. I-20 W 146/08 v. 11.05.2009 (zitiert n. Juris); LG Düsseldorf ZUM 2008, S. 797–798; LG Düsseldorf MMR 2008, S. 684–685; LG Hamburg MMR 2008, S. 685–687; OLG Frankfurt am Main GRUR-RR 2008, S. 279–282; LG München I ZUM 2008, S. 661–664; LG Hamburg MMR 2008, S. 418; LG Leipzig MMR 2009, S. 219; OLG Düsseldorf CR 2008, S. 182–183; OLG Frankfurt am Main MMR 2008, S. 169–171; LG München I ZUM 2008, S. 157–161; LG Frankfurt am Main ZUM-RD 2008, S. 370–372; LG Frankfurt am Main Az. 2-06 O 824/06 v. 12.04.2007 (zitiert n. Juris); LG Frankfurt am Main Az. 2-06 O 12/07 v. 28.02.2007 (zitiert n. Juris); LG Köln ZUM-RD 2007, S. 93–95; LG Mannheim MMR 2007, S. 537–538; LG Mannheim MMR 2007, S. 394–396; LG Frankfurt am Main ZUM 2007, S. 406–407; LG Köln CR 2008, S. 184–186; LG Mannheim MMR 2007, S. 267–269; Hans. OLG Hamburg GRUR-RR 2007, S. 375–376; LG Köln MMR 2007, S. 337–339; LG Hamburg CR 2006, S. 780–782; LG Hamburg CR 2007, S. 121–122; LG Hamburg CR 2007, S. 54–55; LG Hamburg CR 2006, S. 780–782.*

948 Siehe hierzu nur Mühlberger, S. 1022 ff.; Stang/Hühner 2008, S. 273 ff.; Ernst/Seichter, S. 513 ff.; Hornung, S. 88 ff.; Gercke 2006, S. 593 ff.; Spindler/Volkmann, S. 808 ff.; Stang/Hühner 2010, S. 636 ff.; Leible/Jahn; Mantz 2010, S. 568 ff.; Schaefer, S. 699 ff.; Schwartmann/Kocks, S. 433 ff.; aber auch bereits *Meckel* in HK-UrhR, § 97, Rnr. 33; *Dreier* in Dreier/Schulze, § 97, Rnr. 34 (S. 1350); *J. B. Nordemann* in Fromm/Nordemann, § 97, Rnr. 172.

949 Der Anspruchsteller verfügt i.d.R. lediglich über Verkehrsdaten, mittels derer er vom Internet-Zugangsprovider Auskunft hinsichtlich der sich hinter diesen Daten verbergenden Anschlussinhaber (beispielsweise nach § 101 Abs. 2 u. 9 UrhG) erhält. Wer – technisch gesehen hinter dem Anschluss – unmittelbarer Störer ist, vermag der Anspruchsteller daher nicht zu sagen. Hierüber könnte bestenfalls der Anschlussinhaber – also der im Falle der Bejahung der Störerhaftung in Anspruch Genommene – Auskunft erteilen; siehe zum Ganzen insoweit auch *Hoffmann*, Das Auskunftsverfahren nach § 101 Abs. 9 UrhG n. F. – Überblick über die Rechtsprechung im ersten Jahr nach Inkrafttreten der gesetzlichen Neuregelungen, MMR 2009, S. 655–661.

950 So auch *BGH NJW 2010, S. 2061–2064 („Sommer unseres Lebens")*, S. 2062.

aktuellem[951] Stand der Technik verschlüsseln[952], stichprobenartige Kontrollen[953] seines Internet-Routers oder derjenigen Rechner[954], denen er Zugang hierzu gewährt, durchführen, zugangsberechtigten Dritten eigene (beschränkte) Benutzerkonten einrichten[955] und diese qualifiziert darüber belehren[956], dass Störungen Dritter über den Anschluss unterlassen werden sollen, eine sogenannte Firewall einrichten[957], die den Download von Dateien von sich technisch hinter dem Anschluss befindlichen Computern verhindert oder schlicht den Internetzugang kappen, wenn er ihn nicht gerade selbst benutzt. Der Grad der Eigenverantwortung des unmittelbaren Störers ist freilich den durch das Verhalten des Anschlussinhabers bedingten Störungsbeitrag überragend. Würde der Grad der Eigenverantwortung des unmittelbaren Störers hinter den anderen Kriterien zurücktreten, müsste der Anschlussinhaber für jede über seinen Anschluss vermittelte Störung negatorisch haften. Würde der Grad der Eigenverantwortung des unmittelbaren Störers nicht hinter den anderen Kriterien zurückstehen, müsste der Anschlussinhaber niemals

---

951 Nach *BGH NJW 2010, S. 2061–2064 („Sommer unseres Lebens")*, S. 2063 soll es nicht auf den Stand der Technik im Zeitpunkt der Störung, sondern im Zeitpunkt des Erwerbs des den Zugang vermittelnden Geräts (beispielsweise des Routers) ankommen. Da dieses Konzept jedoch nicht zeitlich schrankenlos gelten kann, wird es wohl zu Einschränkungen kommen (müssen), denenzufolge eine (weitere) Pflicht besteht, Geräte, deren Schutzwirkung weit ab vom aktuellen Stand der Technik ist, an den Stand der Technik anzupassen sind oder deren Betrieb einzustellen.

952 So bspw. *LG Hamburg CR 2006, S. 780–782*, S. 781; *LG Mannheim MMR 2007, S. 537–538*, S. 537; *LG Frankfurt am Main ZUM 2007, S. 406–407*, S. 407; *OLG Düsseldorf CR 2008, S. 182–183*, S. 182; a. A. *LG Frankenthal CR 2008, S. 804–806*, S. 805, demzufolge dem Anschlussinhaber eine Verschlüsselung nicht zuzumuten sei, weil dieser möglicherweise seinen Internetanschluss gerade „jedermann – je nach Ausgestaltung unentgeltlich oder gegen Bezahlung – (...) für einen gewissen Zeitraum zur Verfügung" stellen könne.

953 So bspw. *LG Frankfurt am Main Az. 2-06 O 12/07 v. 28.02.2007 (zitiert n. Juris)*, Rnr. 17; *LG Hamburg CR 2006, S. 780–782*, S. 781.

954 In Betracht kommt hierbei insbesondere das i.d.R. mehrere Verbindungsmonate berücksichtigende Protokoll des Routers.

955 So bspw. *LG Hamburg CR 2007, S. 121–122*, S. 122; *LG Hamburg CR 2006, S. 780–782*, S. 781; *LG Köln CR 2008, S. 184–186*, S. 184; *LG Frankfurt am Main Az. 2-06 O 12/07 v. 28.2.2007 (zitiert n. Juris)*, Rnr. 17; *LG Frankfurt am Main Az. 2-06 O 824/06 v. 12.04.2007 (zitiert n. Juris)*, Rnr. 30; *OLG Düsseldorf CR 2008, S. 182–183*, S. 183.

956 So bspw. *LG Hamburg MMR 2008, S. 685–687*, S. 685; AG Frankfurt am Main Az. 31 C 1684/09 – 23, v. 16.10.2009, S. 9; dfferenzierend danach, ob derjenige, der zu belehren ist volljährig ist oder nicht, *OLG Frankfurt am Main MMR 2008, S. 169–171*, S. 171; ebs. allerdings noch im Jahr 2007 *LG Mannheim MMR 2007, S. 267–269*, S. 268.

957 So bspw. *LG Hamburg CR 2007, S. 121–122*, S. 122; *LG Hamburg CR 2006, S. 780–782*, S. 781; *LG Köln CR 2008, S. 184–186*, S. 184; *LG Frankfurt am Main Az. 2-06 O 12/07 v. 28.02.2007 (zitiert n. Juris)*, Rnr. 17; *LG Frankfurt am Main Az. 2-06 O 824/06 v. 12.04.2007 (zitiert n. Juris)*, Rnr. 30.

für über seinen Anschluss vermittelte Störung negatorisch haften. Insoweit lassen sich mittels der vom *Bundesgerichtshof* entwickelten Abwägungskriterien gerade keine differenzierten Einzelergebnisse erzielen.

### c. Stimmigkeit des Zurechnungskriteriums

Ausgangspunkt des vom *Bundesgerichtshof* entwickelten Prüfungspflichtenkonzepts war die eingangs[958] angesprochene Entscheidung[959] zur Frage der negatorischen Haftung des Spediteurs für Verletzung des Kennzeichenrechts durch von ihm transportierte Waren. Über zahlreiche weitere Entscheidungen wurde dieses Konzept weiter ausgestaltet und verfeinert. Weniger ausgeleuchtet scheint die dogmatische Anknüpfung der Prüfungspflichten zu sein.[960] Auch der *Bundesgerichtshof* schweigt zum gesetzlichen Anknüpfungspunkt seiner Zurechnungskonzeption.[961] Nicht ganz deutlich wird auch, welche weitere Pflichten demjenigen obliegen, auf dessen Verhalten ein unerwünschter Erfolg adäquat kausal zurückgeht und der (s)eine Prüfungspflicht verletzt hat, um der negatorischen Haftung zu entgehen beziehungsweise diese zu erfüllen. Problematisch scheint auch die Zurechnung aufgrund der Verletzung einer Prüfungspflicht hinsichtlich der Haftung auf Beseitigung eines unerwünschten Erfolgs, also bereits eingetretener Störungen. Die Erfüllung einer Prüfungspflicht kann die Haftung nur solange entfallen lassen, bis der mutmaßliche Störer Kenntnis von der Störung hat oder haben

---

958 Oben S. 159.

959 *BGH GRUR 1957, S. 352–354 („Pertusin II“).*

960 So beispielsweise ebenfalls Spindler/Volkmann, S. 6; Leistner/Stang, S. 534; Schünemann, S. 120/121; Haedicke 1999, S. 399; Köhler 1997, S. 898; Jergolla, S. 659; Leible/Sosnitza, S. 3227; *Spindler* Anm. zu BGH *Internet-Versteigerung I*, S. 39; Volkmann, S. 232; ausdrücklich a. A. *Ahrens* in FS Canaris, S. 15/16.

961 Entsprechend werden in den bereits zitierten Entscheidungen *BGH GRUR 1957, S. 352–354 („Pertusin II“); BGH GRUR 1960, S. 500–505 („Plagiatsvorwurf“); BGH NJW 1972, S. 2302–2304; BGH GRUR 1977, S. 114–117 („VUS“); BGH NJW 1997, S. 2180–2182 („Architektenwettbewerb“); BGH GRUR 1997, S. 909–912 („Branchenbuch-Nomenklatur“); BGH GRUR 1999, S. 418–420 („Möbelklassiker“); BGH GRUR 2001, S. 1038–1042 („ambiente.de“); BGH NJW-RR 2003, S. 1685–1687; BGH GRUR 2004, S. 693–696 („Schöner Wetten“); BGH GRUR 2004, S. 860–864 („Internet-Versteigerung I“); BGH GRUR 2006, S. 957–958 („Stadt Geldern“); BGH CR 2007, S. 523–527 („Internet-Versteigerung II“); BGH CR 2007, S. 758–764 („Jugendgefährdende Medien bei eBay“); BGH GRUR 2008, S. 702–707 („Internet-Versteigerung III“); BGH NJW-RR 2009, S.1413–1416 („Focus-Online“); BGH WRP 2009, S. 1394–1401 („MP3-Player-Import“)* einem Störer obliegende Prüfungspflichten lediglich vorausgesetzt, nicht aber erläutert, welche gesetzliche Norm diese Pflichten genau gebieten.

muss.[962] Ist eine Störung bereits eingetreten und der seine Prüfungspflichten bis zu diesem Punkt erfüllende Anspruchsgegner erlangt hiervon Kenntnis, so wäre er dieser Konzeption folgend wohl nicht unterlassungspflichtig. Seine negatorische Haftung auf Beseitigung der Störung – beispielsweise nach § 1004 Abs. 1 S. 1 BGB – kann indes hiervon gar nicht betroffen sein, möglicherweise ist er der Einzige, der die Störung überhaupt beseitigen kann. Erinnert sei nur an den oben bereits angesprochenen Beispielfall[963] des von einem Dieb auf einem fremden Grundstück abgestellten Fahrzeuges. Erlangt der Halter[964] des Fahrzeugs Kenntnis davon, wo sein Fahrzeug steht, kann nur er – und nicht etwa der Eigentümer des beeinträchtigten Grundstücks – es sein, der das Fahrzeug entfernt. Das vom *Bundesgerichtshof* entwickelte Zurechnungsmodell scheint allerdings den gesamten Bereich der Störerhaftung abzudecken, also sowohl auf Beseitigung[965] als auf auch Unterlassung[966] gerichtete Ansprüche zu umfassen.[967] Auch nicht ganz deutlich wird, wie es sich mit dem in die Zukunft gerichteten Unterlassungsanspruch verhält, wenn der in Anspruch Genommene Kenntnis von der Störung erlangt und erklärt, dass er sein Verhalten (auch) in Zukunft nicht ändere, also eigentlich eine Wiederholungsgefahr – möglicherweise aufgrund der vorherigen Erfüllung von Prüfungspflichten im Gewande einer (fiktiven) Erstbegehungsgefahr – gerade selbst begründet.

962 *BGH WRP 2009, S. 1394–1401 („MP3-Player-Import“)*, S. 1400.

963 Oben S. 151.

964 Oder je nachdem (wer auch immer haften *soll*) der Sicherungseigentümer, Leasinggeber, Leasingnehmer, Mieter, Vermieter usw.

965 So beispielsweise in *BGH GRUR 2001, S. 1038–1042 („ambiente.de“)*, S. 1038.

966 So beispielsweise in *BGH CR 2007, S. 758–764 („Jugendgefährdende Medien bei eBay“)*, S. 728.

967 Mit diesem Hinweis auch *Härting* Anm. zu BGH *Jugendgefährdende Medien bei eBay*, in CR 2007, S. 734–735, S. 735.

### d. Zwischenergebnis Prüfungspflichten

Mit dem vom *Bundesgerichtshof* in verschiedenen Entscheidungen[968] entwickelten und wohl im Wesentlichen akzeptierten[969] – mit einer gesetzlichen Norm kaum begründbaren – Modell der Prüfungspflichtigkeit lassen sich teils gut vertretbare Ergebnisse zur Zurechnung eines Verhaltens zu einem Erfolg, mithin letztendlich negatorischer Haftung erzielen. Insgesamt ist das Modell allerdings in sich nicht ganz konsistent und erfordert an seinen „Rändern" erhebliche wertende Korrekturen.[970] Problematisch scheint auch die Einebnung der Unterschiede zwischen Beseitigungs- und Unterlassungshaftung zu sein.

## 6. Zwischenergebnis vorbestehender Theorien

Die Untersuchung der wesentlich erscheinenden vorbestehenden Theorien hat ergeben, dass weder die Rückkehr zur Zustandshaftung[971] noch ein Erfordernis eines Aufrechterhaltungswillens[972] oder die Orientierung an der Veranlassung[973] der Störung es vermögen, die Störerhaftung konturkuriert zu begrenzen und eine Lösung von Rechtsfällen mit Bezug zur Störerhaftung in vorhersehbarer Weise zu lösen. Die vom *Bundesgerichtshof* zur Zurechnung negatorischer Haftung herangezogene Verletzung von Prüfungspflichten liefert zwar teils gut vertretbare Ergebnisse, lässt sich jedoch aus dem Gesetz heraus schwerlich begründen, vermag nur einen Teil der problematischen Fälle zu lösen und erfordert – im Einzelnen unvorhersehbare – wertende Korrekturen bei der Rechtsanwendung.

---

968 *BGH GRUR 1957, S. 352–354 („Pertusin II"); BGH GRUR 1960, S. 500–505 („Plagiatsvorwurf"); BGH NJW 1972, S. 2302–2304; BGH GRUR 1977, S. 114–117 („VUS"); BGH NJW 1997, S. 2180–2182 („Architektenwettbewerb"); BGH GRUR 1997, S. 909–912 („Branchenbuch-Nomenklatur"); BGH GRUR 1999, S. 418–420 („Möbelklassiker"); BGH GRUR 2001, S. 1038–1042 („ambiente.de"); BGH NJW-RR 2003, S. 1685–1687; BGH GRUR 2004, S. 693–696 („Schöner Wetten"); BGH GRUR 2004, S. 860–864 („Internet-Versteigerung I"); BGH GRUR 2006, S. 957–958 („Stadt Geldern"); BGH CR 2007, S. 523–527 („Internet-Versteigerung II"); BGH CR 2007, S. 758–764 („Jugendgefährdende Medien bei eBay"); BGH GRUR 2008, S. 702–707 („Internet-Versteigerung III"); BGH NJW-RR 2009, S.1413–1416 („Focus-Online"); BGH WRP 2009, S. 1394–1401 („MP3-Player-Import").*

969 Siehe hierzu oben Fn. 838.

970 Siehe nur die Beispielfälle oben S. 171 ff.

971 Siehe oben S. 153 f.

972 Siehe oben S. 154 f.

973 Siehe oben S. 1456

## III. Zwischenergebnis Zurechnungsfilter

Auf der Suche nach einem Zurechnungskriterium, das negatorische Haftung gegenüber der reinen Kausalhaftung weiter einschränken könnte führten die vorbestehenden Zurechnungsmodelle[974] nicht zu einem wirklich befriedigenden Ergebnis; vermögen sie nicht einmal die sich in den klassischen Problemfällen[975] stellenden Fragen mit einer gewissen Trennschärfe zu entscheiden. Wie eingangs dieses Kapitels bereits angesprochen, lässt sich möglicherweise eine andere Lösung finden, die einerseits diese Unschärfen nicht aufweist und sich andererseits aus dem Gesetz heraus begründen lässt.

974 Siehe oben S. 153 ff.
975 Siehe oben S. 150 ff.

# E. Verletzung einer Verkehrspflicht als Zurechnungsfilter bei mittelbar zum Erfolg führenden Handlungen

## I. Grundlegung

Etwas provokant wurde oben bereits angesprochen, dass zur weiteren Eingrenzung der Störerhaftung möglicherweise weitere Zurechnungskriterien notwendig seien, weil anderenfalls bereits die Verklammerung von Verhalten und Erfolg mittels Kausalität, Adäquanz und Rechtswidrigkeit des Erfolgs ausreichen könnte, negatorische Haftung zu bejahen.[976] Hierbei würden die zwischen Verhalten und Erfolg tretenden Umstände gegebenenfalls unberücksichtigt bleiben und vielleicht weitreichende, letztendlich sogar jeden treffende Handlungspflichten begründen.[977]

Lässt man sich für einen kurzen Augenblick einmal darauf ein, dass es keines weiteren, die negatorische Haftung beschränkenden Zurechnungskriteriums bedürfe, so ergäbe sich zunächst einmal folgender Befund:

### 1. Haftungseinschränkung über Allgemeine Vorschriften

Wie bereits dargestellt, wird negatorische Haftung durch Allgemeine Vorschriften, wie insbesondere durch die Regelungen zur Unmöglichkeit[978] sowie den aner-

---

976 Oben S. 147 f.

977 Wie vor.

978 Zur Anwendbarkeit der Unmöglichkeisregeln auf die *actio negatoria* siehe nur *BGH NJW 2008, S. 3122–3123*, S. 3123; Baur/Stürner, S. 126; *Unberath* in Bamberger/Roth, § 275, Rnr. 18; *Heinrichs* in Palandt, § 275, Rnr. 2 (mit dem oben bereits angesprochenen Tippfehler); *Münch* in Soergel, § 1004, Rnr. 311; zur Anwendbarkeit der schuldrechtlichen Vorschriften auf dingliche Ansprüche nach altem Schuldrecht Mot. III 398 in Mugdan III, S. 222; zur Anwendbarkeit von § 275 Abs. 2 auch auf sachenrechtliche Ansprüche nach neuem Schuldrecht BT-Drucks. 14/6040, S. 130; zur grundsätzlichen Berücksichtigung der Unmöglichkeit ebs. sogar Picker, S. 134; und auch *Gursky* in Staudinger, § 1004, Rnr. 148, der allerdings eine Berücksichtigung der Unmöglichkeit unter Anwendung des § 275 BGB auf Ansprüche aus § 1004 BGB ablehnt, sondern diese auf den allgemeinen Grundsatz *„ultra posso nemo obligatur"* (Lat. „über das Können hinaus wird niemand verpflichtet") stützen will; insoweit noch fragend *Medicus* in MünchKomm, 4. Aufl., § 1004, Rnr. 80; wohl dann in der Folgeauflage eher ablehnend *Baldus* in MünchKomm, 5. Aufl., § 1004, Rnr. 116.

kannten (Rechtsmissbrauchs-)Einwendungen aus § 242 BGB (wie beispielsweise *venire factum proprium*), beschränkt. So würde beispielsweise – wie ebenfalls bereits oben skizziert – der Durchsetzung eines negatorischen Anspruchs, der die Beseitigung eines unerwünschten Zustands, der durch eine adäquat kausale und angemessene Notwehrhandlung hervorgerufen wurde, zum Gegenstand hat, der *venire factum proprium*-Einwand entgegenstehen.[979]

## 2. Weitere Einschränkung durch Rechtfertigungsgründe

Weiterhin können auf ein zukünftiges Verhalten gerichtete negatorische Ansprüche, namentlich Unterlassungsansprüche, durch das Vorliegen von Rechtfertigungsgründen eingeschränkt werden. Ist der intendierte Erfolg hierbei ein Verhalten, so würde durch die Rechtfertigung dieses Verhaltens bereits die erforderliche Rechtswidrigkeit des Erfolgs entfallen, weswegen ein negatorischer Anspruch ohnehin scheitern würde. Ist der intendierte Erfolg hingegen ein Zustand, so wirken Rechtfertigungsgründe in der Regel erst im Rahmen der Zwangsvollstreckung durch das in § 890 Abs. 1 S. 1 ZPO enthaltene Verschuldenserfordernis. Anders hingegen greift die Rechtfertigung eines Verhaltens wegen dessen Verkehrsrichtigkeit bereits auf Tatbestandsebene im Erkenntnisverfahren ein[980], weswegen auch in diesen Fällen ein Unterlassungsanspruch von vorneherein nicht entfiele.[981] Anders gewendet würde ein Verhalten, das dem eines „ordentlichen Verkehrsteilnehmers aus Respekt vor den absoluten Rechtsgütern Anderer ohnehin beachtet“[982], hinsichtlich Unterlassungsansprüchen, deren zu vermeidender intendierter Erfolg ein Zustand ist, die Zurechnung eines Verhaltens zu einem Erfolg ausschließen. Im Ergebnis würde also negatorische Haftung durch verkehrsrichtiges Verhalten oder, anders formuliert, durch die Erfüllung der –vom *Bundesgerichtshof* angesproche-

979 Oben S. 142 f.; da es für die *actio negatoria* ja nicht auf die Rechtswidrigkeit eines Verhaltens ankommt, kann widersprüchliches Verhalten auch nicht die erforderliche Rechtswidrigkeit einer Beeinträchtigung ausschließen, sondern erst auf Einwendungsebene Berücksichtigung finden.

980 So ja auch *BGH CR 2007, S. 523–527 („Internet-Versteigerung II“)*, S. 732/733.

981 Siehe hierzu zum Ganzen bereits oben S. 146 ff.

982 Voss, S. 81.

nen Prüfungspflichten[983] nicht gänzlich unverwandten[984] – Verkehrspflichten auf Zurechnungsebene ausgeschlossen werden, soweit intendierter Erfolg der jeweiligen *actio negatoria* ein (unerwünschtes) Verhalten ist. Ist intendierter Erfolg ein Zustand, würde negatorische Haftung im Hinblick auf Unterlassungsansprüche durch die Erfüllung von Verkehrspflichten auf Zurechnungsebene entfallen.

## 3. These: Anwendbarkeit der Lehre von den Verkehrspflichten

Wie vorstehend ausgeführt, würde verkehrsrichtiges Verhalten an verschiedenen Stellen zum Ausschluss negatorischer Haftung führen. Es könnte daher sein, dass – ebenso wie im Deliktsrecht – die Lehre von den Verkehrspflichten ein einheitlich geeignetes Zurechnungsmodell auch für die *actio negatoria* ist.[985] Dies würde jedenfalls dazu passen, dass negatorische Haftung – ebenso wie deliktische Haftung – Verhaltenshaftung ist und eine Zustandshaftung, wie festgestellt[986], nicht infrage kommt.

---

983 *BGH GRUR 1957, S. 352–354 („Pertusin II")*, S 353; *BGH GRUR 1960, S. 500–505 („Plagiatsvorwurf")*, S. 504; *BGH NJW 1972, S. 2302–2304*, S. 2303; *BGH GRUR 1977, S. 114–117 („VUS")*, S. 116; *BGH NJW 1997, S. 2180–2182 („Architektenwettbewerb")*, S. 2181; *BGH GRUR 1997, S. 909–912 („Branchenbuch-Nomenklatur")*, S. 911; *BGH GRUR 1999, S. 418–420 („Möbelklassiker")*, S. 420; *BGH GRUR 2001, S. 1038–1042 („ambiente.de")*, S. 1039; *BGH NJW-RR 2003, S. 1685–1687*, S. 1686; *BGH GRUR 2004, S. 693–696 („Schöner Wetten")*, S. 695; *BGH GRUR 2004, S. 860–864 („Internet-Versteigerung I")*, S. 864; *BGH GRUR 2006, S. 957–958 („Stadt Geldern")*, S. 958; *BGH CR 2007, S. 523–527 („Internet-Versteigerung II")*, S. 526; *BGH CR 2007, S. 758–764 („Jugendgefährdende Medien bei eBay")*, S. 732; *BGH GRUR 2008, S. 702–707 („Internet-Versteigerung III")*, S. 706; *BGH NJW-RR 2009, S.1413–1416 („Focus-Online")*, S. 1415/1416; *BGH WRP 2009, S. 1394–1401 („MP3-Player-Import")*, S. 1400.

984 Diese Verwandtschaft ebenfalls erblickend Hartmann, S. 69; Kramer, S. 46/47; Mantz, S. 257; Stang/Hühner 2008, S. 273; *Ahrens* in FS Canaris, S. 16; *J. B. Nordemann* in Fromm/Nordemann, § 97, Rnr. 155.

985 Für eine derartige Lösung grundsätzlich und mit unterschiedlichen Ansätzen auch Spindler/Volkmann, S. 7; Leistner/Stang, S. 555; Leistner 2006, S. 808; Freytag, S. 75; Brinkel, S. 273; Rössel/Kruse, S. 36; Mießner, S. 96; Stang/Hühner 2008, S. 273; Volkmann, S. 232; *Köhler* in Hefermehl/Köhler/Bornkamm, § 8, Rnr. 2.16; *J. B. Nordemann* in Fromm/Nordemann, § 97, Rnr. 155; *ders.* in FS Loewenheim, S. 224; *Seichter* in Ullmann, § 8 UWG, Rnr. 121; Ahrens 2007, S. 1286/1287; sehr frühzeitig bereits Spindler 1996, S. 536, v. Bar 1983, S. 7 und Stiebler, S. 43–48.

986 Oben S. 40–137.

### 4. Untersuchungsprogramm Verkehrspflicht

Zur Überprüfung dieser These sollen zunächst die Grundlinien der Verkehrspflichten freigelegt werden[987], um sodann § 1004 Abs. 1 BGB auf die Stimmigkeit hinsichtlich der Lehre von den Verkehrspflichten zu untersuchen[988] und an den oben bereits eingeführten klassischen Beispielfällen[989] zu überprüfen[990]. Abrundend sollen dann noch die Grenzlinien zu Schadensersatz[991] und Gefährdungshaftung[992] aufgezeigt werden.

## II. Grundlagen von Verkehrspflichten

Nach den Vorstellungen des bürgerlichrechtlichen Gesetzgebers war zwar alles, was nicht widerrechtlich ist, erlaubt[993], allerdings sollen gerade die Vorschriften zur Schadensersatzpflicht dazu bestimmt sein, „die Rechtskreise der Einzelnen, innerhalb deren sie ihre individuelle Freiheit entfalten und ihre Interessen verfolgen dürfen, voneinander abzugrenzen:“[994] Regelungsziel war es insoweit, dass sich jedermann Eingriffen in die Rechte Dritter enthalten möge.[995] Kurze Zeit nach Geltung des Bürgerlichen Gesetzbuchs legte das *Reichsgericht* die in § 823 Abs. 1 BGB enthaltene Verkehrs(sicherungs)pflichten in zwei Entscheidungen frei.[996] In der ersten Entscheidung ging es dabei um einen auf ein fremdes Grundstück gestürzten Baum, der nach Meinung des Schadensersatz verlangenden Klägers morsch gewesen sei.[997] Nachdem das *Reichsgericht* zunächst über mehrere Seiten ausgeführt hat, dass im Ergebnis „jeder das Recht hat, seine Sache in dem Zustand zu belassen, in den sie ohne sein Zutun geraten ist, auch wenn sie gefährlich geworden ist“[998], kommt es mit dem Argument „dies kann unmöglich

987 Sogleich auf dieser Seite.
988 Unten S. 184 ff.
989 Oben S. 150 ff.
990 Unten S. 192 ff.
991 Unten S. 195.
992 Unten S. 197.
993 Mot. II, S. 725 in Mugdan II, S. 405.
994 Prot. II, S. 2711 in Mugdan II, S. 1073.
995 Prot. II, S. 2711 in Mugdan II, S. 1073.
996 *RGZ 52, 373 („Verkehrspflicht I“); RGZ 54, 53 („Verkehrspflicht II“).*
997 *RGZ 52, 373 („Verkehrspflicht I“)*, 374.
998 *RGZ 52, 373 („Verkehrspflicht I“)*, 376.

im Sinne der neusten Rechtsbildung sein"[999] zu dem Ergebnis, dass § 836 BGB keine singuläre Norm enthalte, sondern einen Grundsatz darbiete, „als jetzt ein jeder auch für Beschädigungen durch seine Sachen insoweit aufkommen solle, als er dieselbe bei billiger Rücksichtnahme auf die Interessen des Anderen verhüten müsse"[1000]. Dieses Verständnis baute das *Reichsgericht* sodann in seiner zweiten Entscheidung[1001] zu Verkehrs(sicherungs)pflichten aus. Seine vorhergehende Entscheidung zitierend[1002] führt der *Senat* aus, dass die Öffnung für den Verkehr dazu verpflichte, „das in einer Weise zu tun, wie es den Anforderungen der Verkehrssicherheit entspricht"[1003]. Außerdem obläge demjenigen, der eine Sache für den Verkehr öffnet, „weiterhin eine Fürsorgepflicht", die dazu führe, dass er „für den Schaden aufzukommen hat, der durch mangelhafte Instandhaltung oder Nichtbeseitigung von Verkehrshindernissen verursacht wird"[1004]. Diese so freigelegten Verkehrs(sicherungs)pflichten wurden im weiteren Verlauf in verschiedene Bereiche hinein ausgedehnt und letztendlich zu Verkehrspflichten, die denjenigen, der in seinem Verantwortungsbereich eine Gefahrenquelle schafft oder andauern lässt, dazu verpflichtet, alle nach Lage der Verhältnisse möglichen und erforderlichen Sicherungsmaßnahmen zum Schutze anderer Personen zu treffen.[1005] Insoweit soll unter anderem derjenige verkehrs(sicherungs)pflichtig sein, der einen

---

999 *RGZ 52, 373 („Verkehrspflicht I")*, 379.
1000 *RGZ 52, 373 („Verkehrspflicht I")*, 379.
1001 *RGZ 54, 53 („Verkehrspflicht II")*.
1002 *RGZ 54, 53 („Verkehrspflicht II")*, 58.
1003 *RGZ 54, 53 („Verkehrspflicht II")*, 58.
1004 *RGZ 54, 53 („Verkehrspflicht II")*, 58.
1005 Siehe beispielsweise nur *BGH NJW 1952, S. 1050–1053*, S. 1051; *BGH NJW 1954, S. 1403–1404*, S. 1404; *BGH NJW 1955, S. 298–300*, S. 299; *BGH NJW 1955, S. 1025*, S. 1025; *BGH NJW 1957, S. 1065–1067*, S. 1066; *BGH NJW 1961, S. 868–870*, S. 868; *BGH NJW 1968, S. 443*, S. 443; *BGH NJW 1970, S. 1963–1964*, S. 1964; *BGH NJW 1972, S. 2217–2222*, S. 2220; *BGH NJW 1973, S. 460–463*, S. 461; *BGH NJW 1976, S. 291–292*, S. 292; *BGH NJW 1978, S. 421–423*, S. 422; *BGH NJW 1985, S. 620–621*, S. 620; *BGH NJW 1987, S. 372–374*, S. 374; *BGH NJW 1988, S. 2611–2615*, S. 2611; *BGH NJW 1988, S. 2667–2669*, S. 2667; *BGH NJW 1989, S. 2808–2809*, S. 2808; *BGH NJW 1991, S. 562–564*, S. 563; *BGH NJW 1991, S. 1948–1951*, S. 1950; *BGH NJW 1993, S. 1799–1801*, S. 1801; *BGH NJW 1993, S. 2612–2614*, S. 2613; ebs. *Hager* in Staudinger, § 823, Rnr. E 13; *Krause* in Soergel, § 823, Rnr. 19; *Sprau* in Palandt, § 823, Rnr. 46; *Wagner* in MünchKomm, 5. Aufl., § 823, Rnr. 235; *Spindler* in Bamberger/Roth, § 823, Rnr. 228; *Schiemann* in Erman, § 823, Rnr. 89.

Verkehr eröffnet[1006] oder eine sonstige Gefahr (für Dritte) in seinem Bereich hält[1007]. Zwischenzeitlich ist die Lehre von den Verkehrspflichten im Bereich des Deliktsrechts gewohnheitsrechtlich anerkannt.[1008]

## III. Auslegung von § 1004 Abs. 1 BGB hinsichtlich geeigneter Zurechnungsfilter bei mittelbar zum Erfolg führenden Handlungen

In einem dritten Anlauf[1009] soll sich daher dem § 1004 Abs. 1 BGB durch Auslegung im Hinblick auf die Vereinbarkeit mit der Lehre von den Verkehrspflichten genähert werden, um so festzustellen, ob sich insoweit Schwierigkeiten bei der Anwendung der Lehre von den Verkehrspflichten (auch) im Rahmen von § 1004 Abs. 1 BGB ergäben.

### 1. Grammatikalische Untersuchung

Der Wortlaut von § 1004 Abs. 1 BGB gibt – ebenso wie der, der anderen negatorischen Anspruchsgrundlagen – keinen über vorstehend gesagtes hinausgehenden

1006 *BGH NJW 1952, S. 1050–1053*, S. 1052; *BGH NJW 1961, S. 455–456*, S. 455; *BGH NJW 1971, S. 2308–2309*, S. 2309; *BGH NJW 1977, S. 1965–1966*, S. 1965; *BGH NJW 1982, S. 1144–1145*, S. 1144; *BGH NJW 1985, S. 620–621*, S. 620; B*GH NJW 1987, S. 2671–2673*, S. 2672; *BGH NJW 1991, S. 921–922*, S. 921; *BGH NJW 2002, S. 1263–1265*, S. 1264; *BGH CR 2007, S. 758–764 („Jugendgefährdende Medien bei eBay")*, S. 730; ebs. *Hager* in Staudinger, § 823, Rnr. E 19; *Krause* in Soergel, § 823, Rnr. 21; *Sprau* in Palandt, § 823, Rnr. 46; *Schaub* in Prütting/Wegen/Weinreich, § 823, Rnr. 106; *Spindler* in Bamberger/Roth, § 823, Rnr. 230; *Schiemann* in Erman, § 823, Rnr. 93.

1007 *BGH NJW 1973, S. 460–463*, S. 461; *BGH NJW 1985, S. 1773–1774*, S. 1774; *BGH NJW 1988, S. 1380–1383*, S. 1381; *BGH NJW 1996, S. 3208–3212*, S. 3210; *BGH NJW 2006, S. 3268–3270*, S. 3269; ebs. *Hager* in Staudinger, § 823, Rnr. E 16; *Krause* in Soergel, § 823, Rnr. 20; *Sprau* in Palandt, § 823, Rnr. 46; *Spindler* in Bamberger/Roth, § 823, Rnr. 229.

1008 Siehe statt aller nur *v. Bar* Verkehrspflichten, S. 25; *Hager* in Staudinger, § 823, Rnr. E 1; *Krause* in Soergel, § 823, Anh. II, Rnr. 6; *Spindler* in Bamberger/Roth, § 823, Rnr. 23; *Schiemann* in Erman, § 823, Rnr. 75; *Sprau* in Palandt, § 823, Rnr. 45; *Teichmann* in Jauerning, § 823, Rnr. 35; *Wagner* in MünchKomm, 5. Aufl., § 823, Rnr. 64; *Larenz* in FS Dölle; Larenz/Canaris, S. 406.

1009 Im ersten Anlauf (oben S. 51 ff.) wurde der in § 1004 Abs. 1 S. 1 BGB enthaltene Beeinträchtigungsbegriff näher untersucht, der zweite Anlauf (oben S. 76 ff.) ging dann der Frage nach, was Haftungsgrund der *actio negatoria* ist.

Aufschluss darüber, ob sich die Lehre von den Verkehrspflichten für die *actio negatoria* fruchtbar machen lässt.

## 2. Historische Untersuchung

Wie oben bereits angesprochen[1010], findet sich die Lehre von den Verkehrspflichten in den historischen Materialien zum Bürgerlichen Gesetzbuch jedenfalls nicht so deutlich, wie man es sich möglicherweise wünschen würde. In der 343. Sitzung der ersten Kommission zur Ausarbeitung eines Bürgerlichen Gesetzbuchs vom 03.09.1884 beantragte *v. Weber*, dass in einem weiteren Absatz des heutigen § 1004 BGB klargestellt werden solle, dass der Beeinträchtigte vom Störer „Ersatz des ihm durch die Eigenthumsstörung verursachten Schadens nach Maßgabe der Vorschriften über den Schadenersatz aus unerlaubten Handlungen (...)“[1011] verlangen könne. Anders als *v. Weber* beantragte *v. Mandry* keine Verweisung ins Deliktsrecht, sondern auf die im Eigentümer-Besitzer-Verhältnis geltenden Schadensersatzbestimmungen, namentlich die heutigen §§ 990–992 BGB.[1012] Die beantragte Aufnahme einer Verweisung ins Deliktsrecht wurde als „unnöthig“[1013] abgelehnt.[1014] Die Aufnahme einer Verweisung auf die Schadensersatzvorschriften der §§ 990–992 BGB wurde deswegen abgelehnt, weil er zu einer beschränkenden „Modifikationen der Deliktsgrundsätze“[1015] führe. Beschränkt deshalb, weil nach § 990 BGB „eine Haftung (...) nur im Falle der Kenntnis des fremden Rechts, nicht aber im Falle einer kulposen Nichtkenntnis“[1016] bestehe. Anders als im Eigentümer-Besitzer-Verhältnis sei eine derartige „Einschränkung (...) aber hier nicht gerechtfertigt, denn dem Verletzer (...) sei eine fortdauernde *Prüfpflicht* (...) nicht zu ersparen“[1017]. Der historische Gesetzgeber hielt einen Verweis auf §§ 823 ff. BGB für überflüssig und einen Verweis auf §§ 990 ff. BGB für falsch,

---

1010 Oben S. 182 f.

1011 Antrag Nr. 152/5a in Prot. I, S. 4252 in Jakobs/Schubert SR I, S. 850 (Auslassungszeichen von mir).

1012 Antrag Nr. 146/1b in Prot. I, S. 4249 in Jakobs/Schubert SR I, S. 848.

1013 Leider ohne weiteren Hinweis, warum die Aufnahme des (klarstellenden) Verweises denn *unnötig* sei. Da § 1004 Abs. 1 BGB aber auf ein Verhalten bezogene Beeinträchtigungen im Blick hat (siehe hierzu oben S. 42 ff.), wäre ein Verweis ins Deliktsrecht insoweit tatsächlich überflüssig und daher unnötig, da § 823 Abs. 1 BGB im objektiven Tatbestand dieselben Voraussetzungen hat wie § 1004 Abs. 1 BGB.

1014 Prot. I, S. 4261 in Jakobs/Schubert SR I, S. 854.

1015 Prot. I, S. 4261 in Jakobs/Schubert SR I, S. 854.

1016 Prot. I, S. 4261 in Jakobs/Schubert SR I, S. 854.

1017 Prot. I, S. 4261 in Jakobs/Schubert SR I, S. 854 (Auslassungszeichen und Hervorhebung von mir).

weil auf bestehende Prüfungspflichten verzichtet, der objektive Tatbestand von § 1004 Abs. 1 BGB also insoweit durch diese „Einschränkung“[1018] verkürzt würde. Einmal davon abgesehen, dass das Element *Prüfungspflicht* dem auch vom *Bundesgerichtshof* verwendeten Tatbestandsmerkmal entspricht[1019], sind Prüfungs- und Kontrollpflichten gerade der Einstieg in Verkehrspflichten.[1020]

Die historische Auslegung von § 1004 Abs. 1 BGB im Hinblick auf eine Haftung aufgrund der Verletzung von Verkehrspflichten spricht nach alledem dafür, dass die Lehre von den Verkehrspflichten auch für die *actio negatoria* gelten soll.

## 3. Systematische Untersuchung

Nachstehend soll aus gesetzessystematischer Sicht untersucht werden, ob die Verletzung einer Verkehrspflicht letztendlich als haftungsbegündendes Tatbestandsmerkmal bereits angelegt ist.

### a. Systematische Auslegung im Lichte von § 908 BGB

§ 908 BGB gewährt Anspruch darauf, dass bei Verletzung einer speziellen Unterhaltspflicht, namentlich der Pflicht der Unterhaltung eines Gebäudes, die zur Abwendung der Gefahr erforderlichen Vorkehrungen getroffen werden.[1021] § 908 BGB bezieht sich auf den schon vom *Reichsgericht* zur Begründung von (allgemeinen) Verkehrspflichten herangezogenen[1022] § 836 Abs. 1 BGB sowie auf §§ 837, 838 BGB. Nach § 908 BGB sind Grundstücksbesitzer, Gebäudebesitzer und Gebäudeunterhaltungspflichtige negatorisch verantwortlich. Man könnte daher auf die Idee kommen, bei § 908 BGB handele es sich lediglich um eine spezielle Verkehrspflicht, deren Verletzung zu einem negatorischen Anspruch – nämlich der Unterlassung der weiteren Verletzung der Unterhaltspflicht – führt.[1023] Dem ist allerdings nicht zuzustimmen. In der Regel ist die Einhaltung von Verkehrspflichten bloß eine nicht selbstständig einklagbare Obligation, sich verkehrsrichtig

1018 Prot. I, S. 4261 in Jakobs/Schubert SR I, S. 854.
1019 Oben 157 ff.
1020 So auch schon *v. Bar* Verkehrspflichten, S. 93.
1021 Siehe zum weiteren Inhalt bereits oben S. 31 f.
1022 *RGZ 52, 373 („Verkehrspflicht I“)*, 379.
1023 Picker, S. 133; anders aber Herrmann, S. 373, derzufolge der Begriff der Verkehrssicherungspflicht in Bezug auf § 908 „ganz versagt sei“.

zu verhalten.[1024] Erst die substantiiert dargelegte und bewiesene[1025] Begehungsgefahr löst einen Unterlassungsanspruch nach § 1004 Abs. 1 S. 2 BGB aus. Hierbei kann sich die Begehungsgefahr entweder als Wiederholungsgefahr aufgrund einer vorherigen Störung oder als Erstbegehungsgefahr, wenn aufgrund objektiver Umstände eine erstmalige Beeinträchtigung unmittelbar bevorsteht, darstellen.[1026] Hingegen reicht es für die Bejahung von § 908 BGB bereits aus, dass der dort beschriebene Erfolg lediglich droht, also sein Eintritt in nicht allzu ferner Zukunft aufgrund der gegebenen Verhältnisse objektiv wahrscheinlich ist.[1027] Der in § 908 BGB enthaltene Anspruch hat demnach eine niedrigere Eingriffsvoraussetzung als § 1004 Abs. 1 S. 2 BGB. Im Übrigen erspart § 908 BGB dem Anspruchsteller die Darlegung und den diesbezüglich ja auch notwendigen Beweis darüber, wer Anspruchsgegner ist. Passivlegitimiert im Sinne von § 908 BGB sind nämlich immer Besitzer von Grundstück und/oder Gebäude sowie der Gebäudeunterhaltungspflichtige.

Ein Anspruch aus § 908 BGB kann daher durchaus neben einem Anspruch aus § 1004 Abs. 1 BGB bestehen. Systematisch spricht § 908 BGB folglich nicht dagegen, dass die Lehre von den Verkehrspflichten auch im Rahmen von § 1004 Abs. 1 BGB zu berücksichtigen ist.

### b. Systematische Auslegung im Lichte von § 254 Abs. 2 S. 1 BGB

Nach § 254 Abs. 2 S. 1 Var. 2 u. 3 BGB obliegt es dem Geschädigten, einen Schaden abzuwenden oder wenigstens zu mindern. Wenn allerdings bereits den Geschädigten diese Pflicht treffen soll, so müsste doch demjenigen, der im Falle des Schadenseintritts nach §§ 823 ff. BGB ersatzpflichtig wäre, mindestens dieselbe Pflicht obliegen. Insoweit ist der hinter § 254 BGB stehende Rechtsgedanke, dass jeder am Schadenseintritt Beteiligte letztendlich seiner Verantwortung entsprechend für Schäden aufkommt oder – noch besser – diese wie in § 254 Abs. 1 S. 1 Var. 2 u. 3 BGB vorgesehen mindert oder gar abwendet.[1028] Anders gewendet hat sich der bürgerlichrechtliche Gesetzgeber für das Prinzip Schadensverhütung vor

1024 v. Bar 1983, S. 80.

1025 Siehe hierzu statt aller nur *Münch* in Soergel, § 1004, Rnr. 468.

1026 *BGH NJW 1992, S. 2292–2296*, S. 2294; ebs. *Fritzsche* in Bamberger/Roth, § 1004, Rnr. 79; *ders.* in Fritzsche, S. 179; *Baldus* in MünchKomm, 5. Aufl., § 1004, Rnr. 134; *Gursky* in Staudinger, § 1004, Rnr. 214.

1027 *Säcker* in MünchKomm, 5. Aufl., § 908, Rnr. 2; sogar eine noch vagere Anknüpfung ausreichen lassend *J.F. Baur* in Soergel, § 908, Rnr. 2.

1028 Ebs. *Schiemann* in Staudinger, § 254, Rnr. 4.

Schadensvergütung entschieden.[1029] Besonders deutlich wird dies bei einem Blick auf nicht oder bloß schwerlich wieder gut zu machende Schäden, beispielsweise solche an Leben oder Gesundheit. Dies umso mehr, wenn man bedenkt, dass der Gesetzgeber in § 908 BGB sogar eine spezielle Schadensverhütungsvorschrift für Grundstücke geschaffen hat.

Die in § 254 Abs. 2 S. 1 Var. 2 u. 3 BGB enthaltenen Schadensverhütungsobliegenheiten sprechen daher eher dafür, zu besorgende Beeinträchtigungen aufgrund eines nicht verkehrsgerechten Verhaltens zu unterbinden, als diese zunächst – sehenden Auges – geschehen zu lassen und den dann eingetretenen (möglicherweise nicht wieder gut zu machenden) Schaden zu liquidieren.[1030]

### c. Systematische Auslegung im Lichte von § 1134 Abs. 2 S. 2 BGB

§ 1134 Abs. 1 BGB[1031] erweitert den Kreis der Inhaber negatorischer Ansprüche im Falle von Einwirkungen auf Grundstücke auch auf den Hypothekar. Dieser Anspruch wird im Hinblick auf den Eigentümer des sichernden Grundstücks durch § 1134 Abs. 2 S. 1 BGB nochmals erweitert. Ein wenig versteckt gibt § 1134 Abs. 2 S. 2 BGB dem Hypothekar darüber hinaus für den Fall, dass der Eigentümer des sichernden Grundstücks keine geeigneten Vorkehrungen gegen Einwirkungen Dritter getroffen hat, einen Anspruch auf Anordnung gerichtlicher Maßregelungen gegen diesen. Der Hypothekar ist demnach also berechtigt, gerichtliche Maßregeln anordnen zu lassen, soweit der Eigentümer des sichernden Grundstücks es unterlässt, geeignete Vorkehrungen gegen Einwirkungen Dritter zu treffen. Wenn aber gegen den Grundstückseigentümer sogar Maßregeln angeordnet werden können, so müsste ihm doch zuvor überhaupt die (Verkehrs-)Pflicht oblegen haben, geeignete Vorkehrungen, sprich Sicherungsmaßnahmen, zu treffen. Würde jedoch eine mittelbare, eine Verkehrspflicht verletzende Handlung nicht von § 1004 Abs. 1 S. 2 BGB erfasst werden, so würde die der anzuordnenden Maßregel zu-

1029 So auch *Gursky* in Staudinger, § 1004, Rnr. 13; etwa provokant zunächst gegenteilig v. Bar 1983, S. 80, dann aber (vor allem S. 85) im Ergebnis relativierend.

1030 So im Ergebnis dann auch v. Bar 1983, S. 88.

1031 „§ 1134 Unterlassungsklage (1) Wirkt der Eigentümer oder ein Dritter auf das Grundstück in solcher Weise ein, dass eine die Sicherheit der Hypothek gefährdende Verschlechterung des Grundstücks zu besorgen ist, so kann der Gläubiger auf Unterlassung klagen. (2) Geht die Einwirkung von dem Eigentümer aus, so hat das Gericht auf Antrag des Gläubigers die zur Abwendung der Gefährdung erforderlichen Maßregeln anzuordnen. Das Gleiche gilt, wenn die Verschlechterung deshalb zu besorgen ist, weil der Eigentümer die erforderlichen Vorkehrungen gegen Einwirkungen Dritter oder gegen andere Beschädigungen unterlässt."

grundeliegende Pflicht schon gar nicht bestehen. Folglich muss ein Verhalten, das mit einer gewissen Wahrscheinlichkeit zu einer Beeinträchtigung führen wird, auch hinsichtlich negatorischer Haftung zugerechnet werden.

Die Regelung in § 1134 Abs. 2 S. 2 BGB ergäbe daher gar keinen Sinn, wenn die Lehre von den Verkehrspflichten im Rahmen der *actio negatoria* keine Berücksichtigung fände.

### d. Systematische Auslegung im Lichte der Vorschriften des gewerblichen Rechtsschutzes und des Urheberrechts

Wie oben bereits angesprochen, [1032] haben die in § 97 UrhG, 139 PatG, § 14 Abs. 5 u 6 MarkenG, § 24 Abs. 1, Abs. 2 S. 1 GebrMG und §§ 42, 26 GeschmMG enthaltenen Vorschriften für Beseitigungs-, Unterlassungs- und Schadensersatzansprüche dieselben Tatbestandsmerkmale; lediglich die jeweiligen Schadensersatzansprüche erfordern weitergehend ein zusätzliches Verschulden. Will man nun die Verletzung einer Verkehrspflicht zum Ausgangspunkt einer Schadensersatzhaftung machen, so kann für Beseitigungs- und Unterlassungsansprüche aufgrund der gemeinsamen Tatbestandsbasis, nichts anderes gelten.

### e. Zwischenergebnis Systematische Untersuchung

Die systematische Untersuchung ergibt keine Anhaltspunkte, aus denen sich ergeben könnte, dass die Lehre von den Verkehrspflichten hinsichtlich negatorischer Unterlassungsansprüche nicht anzuwenden sei. Insbesondere ergibt sich kein Widerspruch zu § 908 BGB.[1033] Hingegen sprechen § 254 Abs. 2 S. 1 Var. 2 u. 3 BGB[1034] sowie § 1134 Abs. 2 S. 2 BGB[1035] eher dafür, dass die Lehre von den Verkehrspflichten im Rahmen der *actio negatoria* berücksichtigt werden muss.

1032 Siehe hierzu oben S. 100 ff.
1033 Oben S. 186 f.
1034 Oben S. 187 f.
1035 Oben S. 188 f.

## 4. Teleologische Untersuchung

Sinn und Zweck der *actio negatoria* ist die Wiederherstellung desjenigen Zustands, der dem Inhalt des jeweils betroffenen absoluten Rechts entspricht[1036], also Schutz der Freiheits- und Eigentumssphäre des Einzelnen gegen äußere Einwirkungen[1037]. Diesem Ziel würde eine Vorschrift, die vollständigen Schutz vor jeder äußeren Beeinträchtigung bietet, am besten gerecht. Eine Einschränkung der Zurechenbarkeit dient insoweit der Schaffung von Haftungsgrenzen, also dem Schutz aller, denen nicht unendliche Haftung aufgebürdet werden soll. Wo die Grenze des Ausgleichs zweier Rechtspositionen verlaufen soll, lässt sich teleologisch nicht erschließen. Da einem jeden allerdings bereits Verkehrspflichten obliegen, deren Missachtung zu Schadensersatzforderungen führen kann, ist es nur folgerichtig, dass sich negatorischer Schutz, durch den nicht zuletzt (weitere) Schäden verhindert werden sollen, an denselben Pflichten orientiert.[1038] Die Möglichkeit des Rückgriffs auf eine große Fülle an Rechtsprechung und Literatur zu Verkehrspflichten[1039], die die zur Einschränkung von § 1004 Abs. 1 BGB bei weitem überwiegt, schafft eine einheitliche haftungsrechtliche Pflichtenanordnung.[1040] Folglich würde man durch Erfüllung seiner Verkehrspflichten, oder, anders ausgedrückt, durch die Verkehrsrichtigkeit seines Verhaltens, vor Haftung, sei sie nun schadensersatzrechtlicher oder negatorischer Art, bewahrt. Dem Sinn und Zweck negatorischen Schutzes entspricht es daher, die Lehre von den Verkehrspflichten auch für die *actio negatoria* anzuerkennen.

## 5. Verfassungskonforme Untersuchung

Es ist denkbar, dass eine Verkehrspflichtigkeit in grundrechtlich geschützte Rechtspositionen eingreift. Ein Verkehrspflichtenmodell ist allerdings insoweit offen, als sich ihm angepasste Regelungen für jeden denkbaren Einzelfall unter Beachtung aller gegebenenfalls tangierten Grundrechte entnehmen lassen. Die Obliegenheit,

1036 Mot. III 423 in Mugdan III, S. 236.

1037 *Münch* in Staudinger, § 1004, Rnr. 4.

1038 Ebs. Freytag, S. 75.

1039 Siehe statt aller nur *Hager* in Staudinger, § 823, Kap. E; *Krause* in Soergel, § 823, Anh. II; *Spindler* in Bamberger/Roth, § 823, Rnrn. 225–281; *Schiemann* in Erman, § 823, Rnrn. 89–107; *Sprau* in Palandt, § 823, Rnrn. 45–55 u. 185–259 jeweils mit (zahlreichen) weiteren Nachweisen.

1040 So auch Spindler/Volkmann, S. 7; Mießner, S. 96.

sich verkehrsgerecht zu verhalten ansich, vermag nicht in nicht-verfassungsmäßig gerechtfertigter Weise in ein Grundrecht einzugreifen.

Nicht unberücksichtigt bleiben darf aber, dass Verkehrspflichtigkeit Folge eines gestiegenen Sicherheits- und letztendlich Glücksbedürfnisses[1041] ist. Tendenziell soll ein jeder mehr und mehr (auch) auf die Rechtsgüter des Anderen Rücksicht nehmen, weswegen sich Unglücksfolgen mehr und mehr in Unrechtsfolgen wandelten. Insoweit schwächen Verkehrspflichten den *casum sentit dominus*-Grundsatz ein und setzen damit nicht zuletzt das von Art. 20 Abs. 1 Var. 2 GG vorgegebene Sozialstaatsprinzip ins Zivilrecht um.[1042] Auch wenn die Anwendung der Lehre von den Verkehrspflichten aus verfassungsrechtlicher Sicht nicht zwingend erscheint, so wäre ihre Anwendung jedoch auch aus diesem Blickwinkel sinnvoll.

## 6. Zwischenergebnis Auslegung

Die Untersuchung von § 1004 Abs. 1 BGB im Hinblick auf die Vereinbarkeit mit Verkehrspflichten ergibt keinen Hinweis darauf, dass das Verkehrspflichtenmodell – anders als beispielsweise im Schadensersatzrecht – nicht für die *actio negatoria* übertragen werden könnte. Insbesondere spricht § 908 BGB nicht dagegen, dass diese Lehre auch im Rahmen von § 1004 Abs. 1 BGB zu berücksichtigen ist.[1043] Vielmehr hatte bereits der historische Gesetzgeber eine vergleichbare Pflichtigkeit ausdrücklich angesprochen. Dafür, dass Verkehrspflichten nicht nur mit § 1004 Abs. 1 BGB vereinbar, sondern ihre Berücksichtigung geradezu geboten erscheint, spricht die Auslegung von § 1004 Abs. 1 BGB im Lichte von § 1134 Abs. 2 S. 2 BGB.[1044] Auch eher für die Vereinbarkeit mit der Lehre von Verkehrspflichten innerhalb der *actio negatoria* spricht – neben der teleologischen[1045] und der verfassungsmäßigen[1046] Untersuchung – die Auslegung von § 1004 Abs. 1 BGB im Lichte von § 254 Abs. 2 S. 1 Var. 2 u. 3 BGB[1047] sowie der negatorischen Vorschriften des ge-

---

1041 Nicht umsonst heißt es in der US-amerikanischen Unabhängigkeitserklärung „We hold these truths to be self-evident, that all men are created equal, that they are endowed by their Creator with certain unalienable Rights, that among these are Life, Liberty and *the pursuit of Happiness*" (Hervorhebung von mir).

1042 So dann auch *v. Bar* Verkehrspflichten, S. 39/40.

1043 Oben S. 186 f.

1044 Siehe hierzu oben S. 188 f.

1045 Oben S. 190 f.

1046 Oben S. 190 f.

1047 Oben S. 187 f.

werblichen Rechtsschutzes und des Urheberrechts[1048]. Die Lehre von den Verkehrspflichten lässt sich daher (auch) für die *actio negatoria* fruchtbar machen.[1049]

# IV. Angesprochene Beispielfälle

Das Verkehrspflichtenmodell soll im Folgenden an den oben (wiederholt) angesprochenen[1050] Beispielfällen einer ersten Stimmigkeitskontrolle unterzogen werden.

## 1. Negatorische Haftung für Veränderungen durch Naturgewalten

Im oben skizzierten Fallbeispiel[1051] des auf ein fremdes Grundstück umgefallenen Baums trifft denjenigen ein Beseitigungsanspruch, dessen Verhalten adäquat kausal dazu geführt hat, dass der Baum überhaupt auf das Grundstück gefallen ist, sprich denjenigen, der eine ihm obliegende Verkehrspflicht, dafür zu Sorge zu tragen, dass der Baum nicht entwurzelt wird und beispielsweise auf das Grundstück eines Dritten stürzt, nicht erfüllt hat. War der Baum also vital, fest verwurzelt und ohne Hinweis darauf, dass ein Umstürzen drohen könnte, so bestand keine Verkehrspflicht, weswegen auch eine negatorische Haftung nicht in Betracht kommt. War der Baum indes morsch und begündete die Sorge eines Umstürzens, so wird eine negatorische Beseitigungshaftung desjenigen begründet, dem die Vermeidung des Umstürzens oblag. Dies wird in erster Linie der Eigentümer, aber regelmäßig auch der Besitzer, also beispielsweise der Pächter eines Grundstücks, sein. Nichts anderes gilt für die Unterlassungspflichten.

---

1048 Oben S. 189.

1049 Ebs. Spindler/Volkmann, S. 7; Spindler 1996, S. 536; Leistner/Stang, S. 555; Leistner 2006, S. 808; Freytag, S. 75; Brinkel, S. 273; Rössel/Kruse, S. 36; Mießner, S. 96; Stang/Hühner 2008, S. 273; Volkmann, S. 232; v. Bar 1983, S. 7; Stiebler, S. 43–48.

1050 Siehe oben u. a. auf S. 150 f. und S. 170 ff.

1051 Oben S. 150 f.

## 2. Negatorische Haftung beim Diebstahl eines Fahrzeugs

Im ebenfalls zuvor[1052] bereits angesprochenen Beispielfall des auf einem fremden Grundstück abgestellten gestohlenen Fahrzeugs wird der Eigentümer von einer Beseitigungshaftung erst dann getroffen, wenn er Kenntnis davon erlangt beziehungsweise erlangen müsste, dass sein Fahrzeug auf einem fremden Grundstück steht. Ihm obliegt indes zuvor keine dahingehende Verkehrspflicht, dass er auf jedem Grundstück prüfen müsste, ob sein (gestohlenes) Fahrzeug dort abgestellt wurde. Auch eine Unterlassungspflicht scheidet insoweit aus, weil vor Kenntniserlangung schon gar keine Verkehrspflicht besteht und danach eine Wiederholungsgefahr regelmäßig nicht gegeben sein wird. Dem Dieb würde aufgrund seines ingerenten Verhaltens, nämlich des Abstellens eines Fahrzeugs auf fremdem Grund, zwar eigentlich eine Verkehrspflicht obliegen, ihm wäre allerdings die Beseitigung nach § 275 Abs. 1 BGB (rechtlich) unmöglich, weswegen eine Beseitigungshaftung nicht in Betracht kommt. In Betracht käme freilich das Bestehen eines Unterlassungsanspruchs gegen den Dieb, der allerdings die – eher nicht gegebene – begründete Sorge, dass er erneut ein Fahrzeug auf dem Grundstück des Anspruchstellers abstellen könnte, voraussetzen würde. Im Normalfall nicht in Betracht kommt eine Verkehrspflicht und folglich eine negatorische Haftung des Sicherungseigentümers, Leasinggebers und anderer Dritter, die das Fahrzeug schlicht weitergegeben haben und denen ein eigenes Nutzungsrecht nicht zusteht.

## 3. Negatorische Haftung des Vermieters für den Mieter und umgekehrt

Grundsätzlich kann dem Vermieter eine dahingehende Verkehrspflicht obliegen, dass er seine Mietverträge so ausrichten muss, dass es nicht zu Beeinträchtigungen Dritter kommt. So ist der Vermieter beispielsweise für den verkehrssicheren Zustand der Mietsache selbst verantwortlich.[1053] Liegen daher vom Mieter ausgehende Störungen nahe, so obliegt dem Vermieter die Verkehrspflicht, diese nach Möglichkeit zu verhindern – sei es von vornherein oder ab Kenntnis der Störungen. So ist der Vermieter beispielsweise verkehrspflichtig, das von einer als Tanzlokal vermieteten Räumlichkeit kein übermäßiger Lärm das Eigentum Drit-

1052 Oben S. 151.

1053 *Hager* in Staudinger, § 823, Rnr. E 57;

ter beeinträchtigt.[1054] Nichts anderes gilt für solche Störungen, die erst nach der Vermietung der Mietsache eintreten, denen der Vermieter aber wirksam begegnen könnte – beispielsweise der „Umfunktionierung“ einer Wohnung in ein Bordell und den damit verbundenen Immissionen.[1055] Liegt einer Beeinträchtigung das Verhalten des Vermieters zugrunde und ist zur Beseitigung die Duldung des Mieters notwendig, so kommt auch eine Verkehrspflicht des Mieters in Betracht, soweit er von der Störung Kenntnis hat, diese aber dennoch nicht beendet.[1056]

## 4. Negatorische Haftung Negatorische Haftung des „Inhabers“ einer Zugangsberechtigung

Grundsätzlich obliegt dem „Inhaber“ einer Zugangsberechtigung eine (Verkehrs-) Pflicht seine Zugangsdaten hinreichend vor dem Zugang Dritter zu schützen.[1057] Verletzt er diese Pflicht – auf die er möglicherweise auch noch durch denjenigen, der ihm Zugang gewährt, hingewiesen wurde[1058] – so wäre er der Lehre von den Verkehrspflichten im Zusammenhang mit der *actio negatoria* zufolge auch beseitigungs- und unterlassungspflichtig soweit es aufgrund seiner Pflichtverletzung zu

1054 So beispielsweise dann auch *BGH NJW 1959, S. 2013–2014 („Tanzcafé“)*, S. 2014.

1055 Insoweit instruktiv *BGH NJW 1985, S. 2823–2825*, S. 2823, wonach Ansprüche nicht bereits wegen der Einrichtung eines Bordells an sich (beispielsweise wegen „moralischer Immissionen“) bestehen, allerdings durchaus wegen einer mit dem Betrieb verbundenen Lärmbelästigung in Betracht kommen können; siehe hierzu auch die in Fn. 944 genannten Beispiele.

1056 Im Ergebnis ebs. *BGH NJW 2007, S. 432–433*, S. 433.

1057 *BGH GRUR 2009, S. 597–599 („Halzband“)*, S. 597/598.

1058 In den genannten Internetbeispielen, so beispielsweise in Ziffer 4.1 Lit. j der Allgemeine Geschäftsbedingungen Call & Surf Basic, Comfort und Comfort Plus der *Deutsche Telekom AG* vom 07.09.2009 („Persönliche Zugangsdaten (wie Kennwort/Passwort) dürfen nicht an Dritte weitergegeben werden und sind vor dem Zugriff durch Dritte geschützt aufzubewahren. Sie sollten zur Sicherheit bei der ersten Inbetriebnahme sowie sodann in regelmäßigen Abständen geändert werden. Soweit Anlass zu der Vermutung besteht, dass unberechtigte Personen von den Zugangsdaten Kenntnis erlangt haben, hat der Kunde diese unverzüglich zu ändern. Auf elektronischen Speichermedien (z. B. PC, USB-Stick und CD-ROM) dürfen sie nur in verschlüsselter Form gespeichert werden); ebs. Ziffer 4.1.5 der Allgemeinen Geschäftsbedingungen Alice Privatkundenprodukte der *HanseNet Telekommunikation GmbH* vom 01.11.2009; Ziffer 6.5 der Allgemeinen Geschäftsbedingungen 1&1 der *1&1 Internet AG* aus 04/2009; Ziffern 6.5 u. 6.6 der Allgemeinen Geschäftsbedingungen der *freenet.de GmbH*; Ziffer 1.4 der Besonderen Geschäftsbedingungen Internet und Telefonie unitymedia der *Unitymedia Hessen GmbH & Co. KG* aus 08/2009; Ziffer 4.1.5 der AGB Kabel Internet der *Kabel Deutschland Vertrieb und Service GmbH & Co. KG* aus 02/2009; § 2 Abs. 7 der AGB für die Nutzung der deutschsprachigen eBay-Websites der *eBay Europe S.à.r.l.* vom 1. Januar 2007.

adäquat kausalen Störungen gekommen ist, beziehungsweise solche zu befürchten sind.[1059] Auf den Grad der Eigenverantwortlichkeit des unmittelbaren Störers kommt es in diesem Zusammenhang – anders als bei einer Zurechnung aufgrund der Verletzung von Prüfungspflichten[1060] – nicht (mehr) an. Auf Einzelfälle wird später noch näher zurückzukommen sein.[1061]

### 5. Zwischenergebnis

Anders als bei den anderen zufelde geführten Modellen lassen sich bei den genannten Beispielfällen mittels der Lehre von den Verkehrspflichten leicht nachvollzieh- und vor allem vorhersehbare Ergebnisse erzielen, ob negatorische Haftung besteht oder nicht.

## V. Zusammenfassung der Tatbestandsmerkmale

Folgt man im Zusammenhang mit negatorischer Haftung (auch) der Lehre von den Verkehrspflichten, so ergeben sich folgende Tatbestandsmerkmale als Basistatbestand der Beseitigungshaftung:

(I.) Intendierter Erfolg
(II.) Menschliches Verhalten
(III.) Zurechnung = Adäquate Kausalität zwischen Erfolg und Verhalten (wobei Verhalten auch Verletzung einer Verkehrspflicht sein kann)
(IV.) Rechtswidrigkeit des Erfolgs
(V.) Kein Ausschluss
(VI.) Keine Einreden

Für die Unterlassungshaftung ergäben sich folgende Tatbestandsmerkmale als Basistatbestand:

(I.). Menschliches Verhalten
(II.). Besorgnis eines intendierten Erfolgs

1059 So im Ergebnis auch *BGH GRUR 2009, S. 597–599 („Halzband“)*, S. 598.
1060 Siehe hierzu oben S. 172 ff.
1061 Unten S.205 ff.

(III.) Zurechnung Adäquate Kausalität zwischen Erfolg und Verhalten (wobei Verhalten auch Verletzung einer Verkehrspflicht sein kann)
(IV.) Rechtswidrigkeit des zu besorgenden Erfolgs
(V.) Begehungsgefahr
(VI.) Kein Ausschluss
(VII.) Keine Einreden

## VI. Beweisfragen

Nachdem nun der Tatbestand der *actio negatoria* unter Berücksichtigung der Lehre von den Verkehrspflichten freigelegt wurde, soll nun in der gebotenen Kürze die Verteilung der Darlegungs- und Beweislast beleuchtet werden. Wohl unbestritten muss der Anspruchsteller die (befürchtete) Beeinträchtigung eines ihm zustehenden Rechts, also den intendierten Erfolg, ein adäquat kausal hierzu führendes Verhalten des Anspruchsgegners sowie die Rechtswidrigkeit des (befürchteten) Erfolgs darlegen und beweisen. Liegt das Verhalten des Anspruchsgegners in dessen Sphäre und bleibt dem Anspruchsteller deswegen verborgen, so obliegt dem Anspruchsgegner, also dem mutmaßlichen Störer, insoweit zumindest bei typischen Störungserfolgen eine sekundäre Darlegungs- und Beweislast.[1062] Der Anspruchsgegner hat seinerseits die ihm günstigen Tatbestandsmerkmale, also etwaige Ausschlussgründe, wie beispielsweise Unmöglichkeit, oder Einreden, wie beispielsweise Unzumutbarkeit, darzulegen und zu beweisen.

## VII. Abgrenzung zum Schadenersatz

Anders als bei Schadensersatzansprüchen kommt es bei der Zuweisung negatorischer Haftung nicht auf einen haftungsausfüllenden Tatbestand an, weswegen bereits die Haftungsbegründung ausreichend ist, um negatorische Pflichten nach sich zu ziehen. Unerheblich für die Bejahung negatorischer Haftung ist darüber hinaus ein Verschuldensvorwurf. Negatorische Haftung ist insoweit die „Vor-

1062 So beispielsweise auch *BGH GRUR 2008, S. 702–707 („Internet-Versteigerung III")*, S. 705/706; *BGH MMR 2009, S. 827–831 („Partnerprogramm")*, S. 829.

verlegung der Verteidigungslinie"[1063] gegenüber der Schadensersatzhaftung.[1064] Auch kommt es im Rahmen negatorischer Ansprüche nicht darauf an, ob das Verhalten rechtswidrig war, sondern einzig darauf, ob der herbeigeführte Erfolg ein rechtswidriger ist.[1065] Hierbei ist – wie oben bereits erläutert – allerdings darauf zu achten, dass intendierter Erfolg besonderer negatorischer Ansprüche (wie beispielsweise von § 37 Abs. 2 HGB, §§ 14 Abs. 5, 15 Abs. 4 MarkenG, §§ 11 bis 14 GerbrMG, § 42 Abs. 1 GeschmMG, 8 Abs. 1 UWG, § 33 Abs. 1 GWB ) durchaus auch ein Verhalten sein kann.[1066]

## VIII. Abgrenzung zur Gefährdungshaftung

Anders als die Gefährdungshaftung – beispielsweise des Luxustierhalters nach § 833 S. 1 BGB, des Fahrzeughalters nach § 7 Abs. 1 StVG oder des Produktherstellers nach § 1 Abs. 1 S. 1 ProdHaftG – führt die Haftung aufgrund der Verletzung einer Verkehrspflicht nicht zu einer generellen Haftung und damit letztendlich zu einer klaren Gefahrenzuweisung. Vielmehr gebietet die Lehre von den Verkehrspflichten gerade eine Abwägung der Pflichtigkeit in jedem Einzelfall.

## IX. Zwischenergebnis Verkehrspflicht

Eines zusätzlichen Zurechenbarkeitsmerkmals bedarf es für negatorische Haftung auch im Zusammenhang mit mittelbar zu einem unerwünschten Erfolg führenden Handlungen nicht. Vielmehr wird negatorische Haftung durch adäquat kausal zu einem intendierten (rechtswidrigen) Erfolg führenden Verhalten begründet. Hierbei kann das Verhalten durchaus auch in der Verletzung einer Verkehrspflicht liegen. Dass verkehrsrichtiges Verhalten negatorische Ansprüche ohnehin größtenteils – auf verschiedenen Prüfungsebenen – ausschließt, wurde bereits festgestellt.[1067] Darüber hinaus ergibt auch die Auslegung der die Beseitigungs- und Unterlassungshaftung normierenden Vorschriften, dass die Lehre von den Ver-

1063 Wiethölter, S. 55.
1064 Siehe zu diesem Argument bereits oben S. 187 f.
1065 Siehe hierzu bereits oben S. 141 ff.
1066 Oben S. 143.
1067 Siehe zusammenfassend bereits oben S. 180 f.

kehrspflichten auch im Rahmen der *actio negatoria* anzuwenden ist.[1068] Diese Konzeption fügt sich auch in den Willen des historischen bürgerlichrechtlichen Gesetzgebers ein.[1069]

---

1068 Oben S. 184 ff., insbesondere S. 191 f.

1069 Oben S. 185 f.

# F. Sogenannte Kerntheorie

Inhalt des Beseitigungsanspruchs ist die Beseitigung desjenigen Erfolgs, der mit dem haftungsbegründenden menschlichen Verhalten adäquat kausal verbunden ist. Fraglich ist nun aber, ob die Reichweite des Unterlassungsanspruchs, beispielsweise aus § 1004 Abs. 1 S. 2 BGB, spiegelbildlich hierzu bloß das konkret zu besorgende Verhalten umfasst, oder ob ein gewisser Verhaltenskorridor unterlassen werden soll, insoweit typische Folge ebenfalls der intendierte Erfolg ist. Anders gewendet geht es um die Frage, ob nur in allen Einzelheiten mit dem besorgten Verhalten identische Handlungen zu unterlassen sind oder ob der Unterlassungsanspruch eine insoweit überschießende Tendenz hat.

Im Wesentlichen ist der Unterlassungsanspruch darauf gerichtet, den Eintritt unerwünschter Erfolge zu verhindern, für die ein menschliches Verhalten adäquat kausal ist. Da der Unterlassungsanspruch insoweit in die Zukunft gerichtet ist, kann das zum unerwünschten Erfolg führende Verhalten bei Anspruchsbegründung noch nicht präzise vorhergesagt werden. Diesem Befund entspricht auch der Wortlaut von § 1004 Abs. 1 S. 2 BGB, wonach die Besorgnis weiterer Beeinträchtigungen, nicht aber die Besorgnis eines bestimmten Verhaltens erforderlich ist. Der Unterlassungsanspruch umfasst folglich jedes typischerweise zum intendierten Erfolg einer Norm führende Verhalten, für das eine Begehungsgefahr besteht. Liegt die Begehungsgefahr im Gewand einer Wiederholungsgefahr vor, ist demnach nicht bloß das bereits begangene, die Wiederholungsgefahr begründende Verhalten zukünftig zu unterlassen, sondern auch alle im Kern identischen Verhaltensweisen, die typischerweise zum gleichen intendierten Erfolg führen würden.[1070] Diese Erkenntnis firmiert immer wieder als *Kerntheorie*, die sowohl bei der Bestimmung des Unterlassungsanspruchs selbst[1071] als auch bei der Auslegung des Unterlassungstitels[1072] beziehungsweise einer Unterlassungsverpflichtungserklärung zu beachten ist.

---

1070 Ebs. *BGH NJW 1989, S. 1545–1546 („Professorenbezeichnung in der Arztwerbung")*, S. 1545; *BGH GRUR 1989, S. 290–292 („Wegfall der Wiederholungsgefahr I")*, S. 291; *BGH GRUR 1989, S. 379–380 („Wegfall der Wiederholungsgefahr II")*, S. 380; Fritzsche, S. 223; *Münch* in Soergel, § 1004, Rnr. 406; *J.B. Nordemann* in Fromm/Nordemann, § 97, Rnr. 41; Teplitzky, 5. Kap., Rnr. 5 ff. u. 57. Kap., Rnrn. 11 ff.; *Köhler* in Hefermehl/Köhler/Bornkamm, § 12 UWG, Rnr. 6.4.

1071 *BGH NJW 1989, S. 1545–1546 („Professorenbezeichnung in der Arztwerbung")*, S. 1545; *BGH GRUR 1989, S. 290–292 („Wegfall der Wiederholungsgefahr I")*, S. 291; *BGH GRUR 1989, S. 379–380 („Wegfall der Wiederholungsgefahr II")*, S. 380.

1072 *BVerfGE NJW-RR 2007, S. 860–862*, S. 862; *BVerfGE Aktz. 1 BvR 730/97 v. 09.07.1997 (z. n. Juris)*, Rnr. 10; *BGH WRP 1989, S. 572–576 („Bioäquivalenz-Werbung")*, S. 574.

# G Verhältnis zwischen mehreren Störern

Beseitigungs- und Unterlassungsansprüche bestehen grundsätzlich gegen jeden Störer; fraglich ist, wie die negatorische Haftung mehrerer Störer sich zueinander verhält.

## I. Gesamtschuldnerische Haftung, §§ 421 ff. BGB

Möglicherweise haften verschiedene Störer gesamtschuldnerisch, §§ 421 ff. BGB.[1073] Voraussetzung hierfür ist, dass mehrere Schuldner eine Leistung in der Weise schulden, dass jeder die ganze Leistung zu bewirken verpflichtet, der Gläubiger aber die Leistung nur einmal zu fordern berechtigt ist. Außerdem müssen die Verpflichtungen gleichstufig sein, also deren Schuldner dem Gläubiger gleichstufig gegenübertreten.[1074] Im Fall der Störerhaftung ist es den einzelnen Störern oftmals gar nicht möglich, die Störung gänzlich zu beseitigen beziehungsweise zu unterlassen; eine Gesamtschuld würde folglich bereits daran scheitern, dass nicht jeder Schuldner die ganze Leistung – sprich Beseitigung und/oder Unterlassung – zu bewirken verpflichtet ist.

## II. Gesamtschuldnerische Haftung, §§ 421 ff. BGB i.V.m. §§ 830, 840 Abs. 1 BGB

Nach § 830 BGB sind im Bereich des Deliktsrechts alle Mittäter und Beteiligte einer unerlaubten Handlung für den Schaden verantwortlich. Sind für den aus einer unerlaubten Handlung entstandenen Schaden mehrere nebeneinander verantwortlich, so haften diese nach § 840 Abs. 1 BGB als Gesamtschuldner. Die Bestimmungen des Deliktsrechts sind für die Störerhaftung nicht ohne Weiteres anwendbar. In Betracht kommt allerdings eine analoge Anwendung der §§ 421 ff.

---

1073 So im Ergebnis Baur/Stürner, S. 125 (IV § 12, Rnr. 19); Lutter/Overrath, S 354; *Bydlinski* in MünchKomm, 5. Aufl., § 421, Rnr. 45; differenzierend Herrmann, S. 537–555 und *Münch* in Soergel, § 1004, Rnr. 326; a. A. BGH NJW 1979, S. 164–166, S. 165.

1074 *BGH NJW 1989, S. 2127–2129*, S. 2128; *BGH NJW 1992, S. 3228–3229*, S. 3229; *BGH NJW 1993, S. 585–588*, S. 586; *BGH NJW 1998, S. 537–540*, S. 539; siehe aber auch nur *Bydlinski* in MünchKomm, 5. Aufl., § 421, Rnr. 12 m.w.N.

BGB i.V.m. §§ 830, 840 Abs. 1 BGB. Voraussetzung wäre eine planwidrige Regelungslücke bei vergleichbarer Interessenlage.[1075]

## 1. Vergleichbare Interessenlage

Wesentlicher Regelungshintergrund der Gesamtschuld ist die solidarische Haftung mehrerer Schädiger im Außenverhältnis zum Geschädigten einerseits und die Möglichkeit des Binnenregresses zwischen mehreren Gesamtschuldnern andererseits.[1076]

### a. Interesse an Binnenregress

Der in § 426 Abs. 2 S. 1 BGB enthaltene Binnenregress würde im Falle negatorischer Haftung im Ergebnis sinnlos sein. Der aufgrund der *cessio legis* übergegangene Gläubigeranspruch wäre im Falle der *actio negatoria* für den Gläubiger, der den Beseitigungs- und Unterlassungsanspruch zuerst befriedigt hat, ohne Vorteil; er hätte schlicht nichts davon, dass ihm gegenüber ein einen Dritten beeinträchtigendes Verhalten unterlassen würde.[1077] Der der Gesamthaftung gegenüberstehende Ausgleichsmechanismus würde daher letztendlich leer laufen. Wesentlich sinnvoller und wichtiger scheint es, dass dem Vordermann Ausgleichsansprüche gegen den Hintermann, im vorgenannten Beispiel also dem „Inhaber" der Zugangsberechtigung Ausgleichsansprüche gegenüber demjenigen, der über seinen Zugang unberechtigt die Rechte Dritter beeinträchtigt, zustehen. In Betracht kämen insoweit Schadens- und Aufwendungsersatzansprüche – im Ergebnis also Ansprüche auf Zahlung von Geld, wie sie die §§ 421 ff. BGB für eine negatorische Gesamtschuld – so es sie denn überhaupt gibt – ohnehin nicht böte.

1075 *BVerfG Beschluss NJW 1974, S. 268–269*, S. 269; *BVerfGE NJW 1990, S. 1593–1595*, S. 1594; *BVerfG Beschluss NJW 1995, S. 1141–1144*, S. 1141/1142; *BGH NJW 1996, S. 466–467*, S. 467; *BGH NJW 1997, S. 2683–2685*, S. 2684; Larenz/Canaris, S. 202; *Wank*, Die Auslegung von Gesetzen, 3. Aufl., Köln u. a., 2009, S. 109.

1076 Larenz/Canaris, S. 583; *Bydlinski* in MünchKomm, 5. Aufl., § 421, Rnr. 2.

1077 Ebs. Herrmann, S. 544.

### b. Interesse an Solidarischer Haftung

Gerade in den Fällen, bei denen eine Störung durch das Verhalten eines dritten Störers vermittelt wird[1078] ist das Leistungsinteresse des negatorischen Gläubigers zwar insgesamt auf die gleiche Leistung gerichtet, nämlich die Beseitigung- und/oder Unterlassung der Störung, gerichtet, wohingegen allerdings den einzelnen Störer möglicherweise völlig unterschiedliche Leistungspflichten obliegen. So muss beispielsweise der „Inhaber" einer Zugangsberechtigung nur die Benutzung seines Zugangs durch Dritte ausschließen[1079], wohingegen derjenige, der den Zugang in beeinträchtigender Art und Weise nutzt, sein Angebot – gleich über welchen Zugang – zu unterlassen hat.[1080] Fraglich ist daher insoweit, ob es sich zur Bejahung einer Gesamtschuld aus Schulder- oder Gläubigersicht um „eine Leistung" handeln muss. Daraus, dass der Gläubiger die (eine) Leistung nur einmal fordern darf, ergibt sich, dass es letztendlich wohl auf die Sicht des Gläubigers ankommt, ob es sich um „eine Leistung" oder mehrere Leistungen handelt.[1081] Man kann sogar die Auffassung vertreten, dass inhaltlich verschiedenartige Leistungen „eine Leistung" in diesem Sinne darstellen könnten.[1082] Dies nicht zuletzt deshalb, weil sich eine auf unterschiedliche Primärleistungen gerichtete Gesamtschuld in einen Schadensersatzanspruch verwandeln könnte, bei dem dann tatsächlich ein einheitlicher Leistungsinhalt beansprucht würde und sich unterschiedliche Verursachungsbeiträge nicht (mehr) trennscharf abgrenzen ließen. So schuldeten im vorzitierten Fall[1083] beispielsweise der eine Unternehmer Glasarbeiten, der andere Unternehmer Betonarbeiten zu einer einheitlichen Glasbetondecke. Ein solcher

---

1078 Siehe nur die oben auf S. 150 ff. genannten Beispielfälle.

1079 Zu diesem Beispielfall bereits oben S. 152.

1080 So beispielsweise in den zurzeit intensiv diskutierten Fällen mit Internetbezug, bei denen sich zunächst jeweils nur der Anschlussinhaber ermitteln lässt wie u. a. in *BGH NJW 2010, S. 2061–2064 („Sommer unseres Leben")*; *BGH GRUR 2009, S. 597–599 („Halzband")*; *LG Düsseldorf ZUM 2008, S. 797–798*; *LG Düsseldorf MMR 2008, S. 684–685*; *LG Hamburg MMR 2008, S. 685–687*; *OLG Frankfurt am Main GRUR-RR 2008, S. 279–282*; *LG München I ZUM 2008, S. 661–664*; *LG Hamburg MMR 2008, S. 418*; *LG Leipzig MMR 2009, S. 219*; *OLG Düsseldorf CR 2008, S. 182–183*; *OLG Frankfurt am Main MMR 2008, S. 169–171*; *LG München I ZUM 2008, S. 157–161*; *LG Frankfurt am Main ZUM-RD 2008, S. 370–372*; *LG Köln ZUM-RD 2007, S. 93–95*; *LG Mannheim MMR 2007, S. 537–538*; *LG Mannheim MMR 2007, S. 394–396*; *LG Frankfurt am Main ZUM 2007, S. 406–407*; *LG Köln CR 2008, S. 184–186*; *LG Mannheim MMR 2007, S. 267–269*; *Hans. OLG Hamburg GRUR-RR 2007, S. 375–376*; *LG Köln MMR 2007, S. 337–339*; *LG Hamburg CR 2006, S. 780–782*; *LG Hamburg CR 2007, S. 121–122*; *LG Hamburg CR 2007, S. 54–55; LG Hamburg CR 2006, S. 780–782*; siehe zum Ganzen auch Brinkel, S. 263–389.

1081 So dann im Ergebnis auch *BGH NJW 1952, S. 217–218 („Glasbetondecke")*, S. 217.

1082 Entsprechend weitgehend *BGH NJW 1952, S. 217–218 („Glasbetondecke")*, S. 217.

1083 *BGH NJW 1952, S. 217–218 („Glasbetondecke")*.

Rückschluss von der Sekundär- auf die Primärpflicht ist allerdings zu weitgehend.[1084] Vermittelnd kommt es daher wohl darauf an, ob sich die Leistung aus Gläubigersicht als einheitlich darstellt und wenigstens eine gewisse Übereinstimmung hat.[1085] Im Bereich der Störerhaftung kommt es zwar durchaus in Betracht, dass mehreren Störern für die Erfüllung ihrer negatorischen Ansprüche eine in gewissem Umfang übereinstimmende Leistungspflicht obliegt, dies gilt freilich aber nicht für sämtliche Fälle der Störerhaftung und in der Regel gerade nicht für die hier problematisierten Fälle vermittelter Störungen.

### c. Zwischenergebnis

Regelmäßig wird es hinsichtlich des Bestehens einer Gesamtschuld im Bereich der Störerhaftung weder ein mit Problemen des Deliktsrechts vergleichbares Interesse auf Binnenregress noch ein solches an solidarischer Haftung mehrer Störern geben.[1086] Im Einzelfall, beispielsweise bei tatsächlich gemeinschaftlich durchgeführten, zu Störungen führenden Handlungen[1087], ist eine vergleichbare Interessenslage allerdings durchaus vorstellbar.

## 2. Planwidrige Regelungslücke

Ebenso fraglich ist, ob das Fehlen einer Gesamtschuldanordnung für den Bereich der Störerhaftung planwidrig ist. Planwidrig wäre die Lücke, wenn sie der Gesetzgeber nicht erkannt hat und er anderenfalls eine Regelung geschaffen hätte. Fraglich ist also, ob der Gesetzgeber eine dem § 840 Abs. 1 BGB vergleichbare Regelung geschaffen hätte, wenn er gesehen hätte, dass die Störerhaftung – beispielsweise nach § 1004 Abs. 1 BGB – vor der Bestimmung an sich nicht erfasst ist. Allerdings ergibt sich bereits aus dem Wortlaut von § 840 Abs. 1 BGB, der sich daran orientiert, dass mehrere Personen nebeneinander *verantwortlich* sind, also einen Schadenseintritt zu verschulden haben, dass undoloses Verhalten von vorn-

1084 Ebs. *Meier* in HKK, §§ 420–432/I, Rnr. 76.

1085 *BGH NJW 1965, S. 1175–1177,* S. 1176; *Bydlinski* in MünchKomm, 5. Aufl., § 42, Rnr. 5; *Grünberg* in Palandt, § 421, Rnr. 6; *Gehrlein* in Bamberger/Roth, § 421, Rnr. 5; *Müller* in Prütting/Wegen/Weinreich, § 421, Rnr. 5; wohl mit etwas weiterem Verständnis *Noack* in Staudinger, § 421, Rnr. 32.

1086 Im Ergebnis ebs. Herrmann, S. 550.

1087 Mit diesem Beispiel auch Herrmann, S. 552.

herein nicht erfasst werden sollte.[1088] Insoweit wurde im Zuge der Gesetzesberatung auch diskutiert, dass Deliktsunfähigkeit, beispielsweise nach § 828 BGB, auch insoweit zu privilegieren sei.[1089] Vor allem aber knüpft § 840 Abs. 1 BGB gewollt[1090] an (gemeinschaftliches) rechtswidriges Verhalten an. Der Gesetzgeber wollte insoweit eine (eng zu verstehende) Sonderregelung schaffen, die gerade für das Deliktsrecht (und nicht für andere Haftungsbereiche) gelten sollte. Entsprechend hat der Gesetzgeber gezielt und in ebenso engen Anwendungsbereichen in § 42 Abs. 2 S. 2 BGB, § 53 a. E. BGB, § 54 a. E BGB, § 536b Abs. 1 S. 1 BGB, § 613a Abs. 2 S. 1 BGB, § 651 Abs. 2 BGB, § 769 BGB, § 1390 Abs. 1 S. 3 BGB, § 1437 Abs. 2 S. 1 BGB, § 1459 Abs. 2 S. 1 BGB, § 1480 S. 1 BGB, § 1664 Abs. 2 BGB, § 1833 Abs. 2 S. 1 BGB, § 2058 BGB, § 2219 Abs. 2 BGB und – sogar im Bereich des Sachenrechts – in § 1108 BGB die Anordnung der Gesamtschuldnerschaft aufgenommen. Darauf, dass es sich beim Fehlen einer § 840 Abs. 1 BGB vergleichbaren Gesamtschuldanordnung für die Störerhaftung um eine planwidrige Regelungslücke handeln könnte, lassen sich daher keine Hinweise finden.

## III. Zwischenergebnis Gesamtschuld

Mangels planwidriger Regelungslücke lässt sich § 840 Abs. 1 BGB nicht auf den Bereich der Störerhaftung übertragen.[1091] Auch besteht in der Regel keine mit der Gesamtschuld vergleichbare Interessenlage bei mehreren Störern. Insoweit kommt in Einzelfällen zwar durchaus das Bestehen einer Gesamtschuld in Betracht.[1092] Regelmäßig handelt es sich bei Störerhaftung jedoch um individuelle Haftung des Einzelnen (für sein Verhalten).

1088 So auch bereits Mot. II, S. 738 in Mugdan II, S. 412.
1089 Prot. III, S. 2789 in Mugdan III, S. 1095.
1090 Siehe nur Prot. III, S. 2790 in Mugdan III, S. 1096.
1091 Oben S. 203 f.
1092 Oben S. 201 ff.

# H. Haftung für spezielle Beeinträchtigungen

## I. Wettbewerbsrechtliche Störerhaftung

Intendierter Erfolg wettbewerbsrechtlicher Störerhaftung sind unzulässige geschäftliche Handlungen, § 8 Abs. 1 UWG i.V.m. § 3 UWG o. § 7 UWG. Geschäftlich ist eine Handlung in diesem Sinne nach § 2 Abs. 1 Nr. 1 UWG jedenfalls dann, wenn der Handelnde über eine (eigene) Wettbewerbsförderungsabsicht verfügt.[1093] Fraglich ist nun, ob Störer auch derjenige sein kann, der sich zwar unzulässig im Sinne des Wettbewerbsrechts verhält, jedoch keine eigene Wettbewerbsförderungsabsicht hat.[1094] Nach der hier vertretenen Konzeption ist Störer grundsätzlich derjenige, dem ein intendierter Erfolg aufgrund seines hierfür adäquat kausalen Verhaltens zuzurechnen ist.[1095] Ein solches Verhalten kann sich hierbei auch aus der Verletzung einer Verkehrspflicht ergeben.[1096] Handelt der Anspruchsgegner ohne Wettbewerbsförderungsabsicht, kommt daher eine wettbewerbsrechtliche Störerhaftung nur dann in Betracht, wenn er eine ihm (wenigstens auch) gegenüber dem Anspruchsteller obliegende Verkehrspflicht verletzt hat und dieses Verhalten adäquat kausal für die wettbewerbsrechtliche Beeinträchtigung war.[1097] Da der zur Bejahung der Störerhaftung rechtswidrige intendierte Erfolg[1098] im Wettbewerbsrecht ein Verhalten ist, unterscheidet sich die Haftung des Störers aufgrund der Verletzung einer Verkehrspflicht im Wettbewerbsrecht auf Tatbestandsebene letztlich von der Schadensersatzhaftung dadurch, dass es eines Verschuldens nicht bedarf.[1099]

---

1093 Statt aller *Köhler* in Hefermehl/Köhler/Bornkamm, § 8 UWG, Rnr. 2.12.

1094 Zu solchen Fällen beispielsweise *BGH NJW 1972, S. 2302–2304*; *BGH NJW-RR 1991, S. 1258–1260 („Honorarfrage“)*; *BGH NJW-RR 1994, S. 872–874 („Kosmetikstudio“)*; *BGH NJW 1997, S. 2180–2182 („Architektenwettbewerb“)*; *BGH GRUR 1997, S. 909–912 („Branchenbuch-Nomenklatur“)*; *BGH NJW 2000, S. 213–217 („Räumschild“)*; *BGH GRUR 2002, S. 618–619 („Meißner Dekor“)*; *BGH GRUR 2004, S. 693–696 („Schöner Wetten“)*; *BGH NJW 2008, S. 758–764 („Jugendgefährdende Medien bei eBay“)*.

1095 Oben S. 42 ff., insbesondere S. 148 f.

1096 Oben S. 179 ff., insbesondere S. 197.

1097 Mit dieser Konzeption letztendlich auch *BGH NJW 2008, S. 758–764 („Jugendgefährdende Medien bei eBay“)*, S. 759/760.

1098 Siehe hierzu bereits oben S. 141 ff.

1099 Hinsichtlich der Bezeichnung als *Störerhaftung* kritisch, aber mit schlussendlich gleichem Ergebnis, wonach derjenige auf Unterlassung haften soll, der eine ihm obliegende Verkehrspflicht verletzt, die (auch) die Vermeidung einer wettbewerbsrechtlich relevanten Beeinträchtigung bezweckt *Köhler* in Hefermehl/Köhler/Bornkamm, § 8 UWG, Rnr. 2.16; *ders.* allerdings noch etwas zurückhaltender in Köhler 1997, S. 899/900; Haedicke 1999, S. 401/402; Ahrens 2007, S. 1287; Zumutbarkeits- und Interessensabwägungen im Einzelfall fordernd (siehe hierzu bereits oben S. 156 f.), eine generelle Lösung daher folgerichtig ablehnend und deswegen a. A. v. Gierke., S. 895/896.

# II. Haftung im Internet

Gerade im Bereich des Internets sehen sich Rechtsprechung[1100] und Literatur[1101] in letzter Zeit in gesteigerten Umfang dazu genötigt, sich mit der Störerhaftung auseinanderzusetzen. Hintergrund dessen ist regelmäßig, dass es den in ihren Rechten Beeinträchtigten gar nicht möglich ist, die tatsächlich handelnden Personen zu identifizieren. Vielmehr gelingt es oftmals nur, die jeweiligen Provider und „Inhaber" von Zugängen festzustellen.

## 1. Folgen für Host-Provider

Host-Provider, also Diensteanbieter, die fremde Informationen für einen Nutzer speichern, sind für diese Inhalte nach § 10 S. 1 TMG nicht verantwortlich, soweit sie keine Kenntnis davon haben oder unverzüglich tätig geworden sind. Die in Abschnitt 3 des Telemediengesetzes (TMG) aufgenommenen Privilegierungen lassen ledig-

1100 Siehe hierzu nur *BGH GRUR 2004, S. 860–864 („Internet-Versteigerung I"); BGH NJW 2007, S. 2558–2559 („Meinungsforum"); BGH GRUR 2008, S. 702–707 („Internet-Versteigerung III"); BGH NJW 2008, S. 758–764 („Jugendgefährdende Medien bei eBay"); BGH GRUR 2009, S. 597–599 („Halzband"); BGH NJW-RR 2009, S.1413–1416 („Focus-Online"); OLG München GRUR-RR 2005, S. 372–375; OLG Düsseldorf CR 2008, S. 182–183; OLG Frankfurt am Main MMR 2008, S. 603–609; OLG Hamburg ZUM-RD 2009, S. 246–268 („Usenet I"); OLG Hamburg NJOZ 2009, S. 1595–1621 („Alphaload-Usenet II"); LG Hamburg MMR 2007, S. 491–494; LG Hamburg MMR 2007, S. 131–132; LG Hamburg CR 2007, S. 54–55; LG Hamburg CR 2006, S. 780–782; LG Mannheim MMR 2007, S. 537–539; LG Mannheim CR 2007, S. 394–396; LG Frankfurt am Main CR 2007, S. 670–672.*

1101 Siehe hierzu nur *Spindler/Weber* in Spindler/Schuster, § 1004, Rnr. 9; *J.B. Nordemann* in Fromm/Nordemann, § 97, Rnr. 172; *Dreier* in Dreier/Schulze, Rnr. 34; *Meckel* in HK-UrhR, § 97, Rnr. 33; Freytag, S. 59 ff.; Mantz., S. 242 ff.; Heermann/Ohly, S. 9 ff.; Mießner, S. 130 ff.; *Wenzl*, Musiktauschbörsen im Internet – Haftung und Rechtsschutz nach deutschem und amerikanischem Urheberrecht, Baden-Baden, 2005, S. 93 ff.; *Kohl*, Die Haftung der Betreiber von Kommunikationsforen im Internet und virtuelles Hausrecht, Regensburg, 2007, S. 103 ff.; Samson-Himmelstjerna, S. 161 ff.; *Welp*, Die Auskunftspflicht von Access-Providern nach dem Urheberrechtsgesetz, München, 2009, S. 24 ff.; *Hartmann*, Unterlassungsansprüche im Internet, München, 2009, S. 27 ff.; Waldenberger, S. 176 ff.; Nordemann/Dustmann, S. 380 ff.; Spindler 1996, S. 533 ff.; Bortloff, S. 167 ff.; Kitz 2003, S. 1014 ff.; Mönkemöller, S. 663; Ehret, S. 754; Leible/Sosnitza, S. 3225 ff.; Kitz 2005, S. 298 ff.; Schmitz/Dierking, S. 420 ff.; Spindler/Leistner 2005, S. 773 ff.; Kitz 2006, S. 444 ff.; Zombik, S. 450 ff.; Langhoff, S. 457 ff.; Gercke 2006, S. 593 ff.; Wimmers/Schulz, S. 754 ff.; Hornung, S. 90; Ernst/Seichter, S. 513 ff.; Gietl, S. 630 ff.; Rössel/Kruse, S. 35 ff.; Volkmann, S. 232 ff.; Ott, S. 563 ff.; Stang/Hühner 2008, S. 273 ff.; Mühlberger, S. 1022 ff.; Verweyen, S. 590 ff.

lich die Verantwortung des Diensteanbieters, mithin dessen Verschulden, entfallen und sind insoweit nicht zum Ausschluss negatorischer Haftung geeignet.[1102] Demnach haftet der Host-Provider für jedes ihm zurechenbare Verhalten, das adäquat kausal zu einem von einer negatorischen Vorschrift intendierten Erfolg führt.[1103] Führt nicht ein unmittelbares Verhalten des in Anspruch Genommenen, beispielsweise ein eigener Foreneintrag, zu einer Beeinträchtigung, so könnte Anknüpfungspunkt der Haftung nach der hier vertretenen Konzeption die Verletzung einer Verkehrspflicht sein. Grundsätzlich obliegt demjenigen, der einen Verkehr eröffnet, eine solche Verkehrspflicht.[1104] Die Bereitstellung einer Speichermöglichkeit im Internet, also beispielsweise das Betreiben eines Forums, eines Internet-Auktionshauses, eines Bewertungsportals und so weiter, stellt eine Verkehrsöffnung in diesem Sinne dar.[1105] Der Host-Provider ist folglich verkehrspflichtig. Das bedeutet, dass ihm die Pflicht obliegt, die bei ihm abrufbaren Inhalte regelmäßig dahingehend zu überprüfen, ob Rechte Dritter beeinträchtigt werden. Ist dies zu bejahen, ist der Host-Provider verpflichtet, die betreffenden Inhalte aus seinem Angebot zu entfernen.

## 2. Folgen für Access-Provider

Ein wenig problematischer erscheint die Situation beim Access-Provider, also demjenigen Diensteanbieter, der fremde Informationen über seinen Zugang zur Nutzung vermittelt, § 8 Abs. 1 TMG. Ebenso wie bereits für den Access-Provider lässt die im Telemediengesetz enthaltene Privilegierung lediglich das Verschulden entfallen, nicht aber negatorische Haftungspflichten. Eine Störerhaftung des Access-Providers kommt folglich grundsätzlich in Betracht. Fraglich ist, was die Rechtsfolgen dieser Störerhaftung sein könnten.

---

1102 So auch *BGH GRUR 2004, S. 860–864 („Internet-Versteigerung I“)*, S. 862; Hoffmann in Spindler/Schuster, § 10 TMG, Rnr. 3; Leible/Sosnitza, S. 3225.

1103 Ebs. *Hoffmann* in Spindler/Schuster, § 10 TMG, Rnr. 3; *Wagner* in MünchKomm, 5. Aufl., § 823, Rnr. 555.

1104 *BGH NJW 1952, S. 1050–1053*, S. 1052; *BGH NJW 1961, S. 455–456*, S. 455; *BGH NJW 1971, S. 2308–2309*, S. 2309; *BGH NJW 1977, S. 1965–1966*, S. 1965; *BGH NJW 1982, S. 1144–1145*, S. 1144; *BGH NJW 1985, S. 620–621*, S. 620; *BGH NJW 1987, S. 2671–2673*, S. 2672; *BGH NJW 1991, S. 921–922*, S. 921; *BGH NJW 2002, S. 1263–1265*, S. 1264; *BGH CR 2007, S. 758–764 („Jugendgefährdende Medien bei eBay“)*, S. 730; ebs. *Hager* in Staudinger, § 823, Rnr. E 19; *Krause* in Soergel, § 823, Rnr. 21; *Sprau* in Palandt, § 823, Rnr. 46; *Schaub* in Prütting/Wegen/Weinreich, § 823, Rnr. 106; *Spindler* in Bamberger/Roth, § 823, Rnr. 230; *Schiemann* in Erman, § 823, Rnr. 93; siehe hierzu auch schon oben S. 182 ff.

1105 *BGH NJW 2008, S. 758–764 („Jugendgefährdende Medien bei eBay“)*, S. 761; *Wagner* in MünchKomm, 5. Aufl., § 823, Rnr. 570; *Krause* in Soergel, § 823 Anh. II, Rnr. 120.

### a. Beseitigung und Unterlassung der Störung

Der daher insoweit verkehrspflichtige Access-Provider müsste nun eigentlich von ihm vermittelte Kommunikationsverbindungen daraufhin kontrollieren, ob durch die dort übertragenen Inhalte Rechte Dritter beeinträchtigt werden und es unterlassen, Informationen, auf die dies zutrifft, zu vermitteln. Die Kontrolle von Inhalten einer Telekommunikationsverbindung würde allerdings gegen das sowohl einfachgesetzlich durch § 88 TKG[1106] als auch verfassungsrechtlich durch Art. 10 Abs. 1 GG gewährte Fernmeldegeheimnis verstoßen und wäre dem Diensteanbieter folglich verwehrt. Eine (präventiv wirkende) Kontroll- oder Prüfpflicht obliegt dem Access-Provider daher keinesfalls. Selbst wenn der Access-Provider von dritter Seite – beispielsweise durch den Rechteinhaber – Kenntnis von den Störungen erlangen sollte, würde die Beseitigung der Störung beziehungsweise deren (zukünftige) Unterlassung die Überwachung eines individuellen Kommunikations-

1106 § 88 TKG „(1) Dem Fernmeldegeheimnis unterliegen der Inhalt der Telekommunikation und ihre näheren Umstände, insbesondere die Tatsache, ob jemand an einem Telekommunikationsvorgang beteiligt ist oder war. Das Fernmeldegeheimnis erstreckt sich auch auf die näheren Umstände erfolgloser Verbindungsversuche.
(2) Zur Wahrung des Fernmeldegeheimnisses ist jeder Diensteanbieter verpflichtet. Die Pflicht zur Geheimhaltung besteht auch nach dem Ende der Tätigkeit fort, durch die sie begründet worden ist.
(3) Den nach Absatz 2 Verpflichteten ist es untersagt, sich oder anderen über das für die geschäftsmäßige Erbringung der Telekommunikationsdienste einschließlich des Schutzes ihrer technischen Systeme erforderliche Maß hinaus Kenntnis vom Inhalt oder den näheren Umständen der Telekommunikation zu verschaffen. Sie dürfen Kenntnisse über Tatsachen, die dem Fernmeldegeheimnis unterliegen, nur für den in Satz 1 genannten Zweck verwenden. Eine Verwendung dieser Kenntnisse für andere Zwecke, insbesondere die Weitergabe an andere, ist nur zulässig, soweit dieses Gesetz oder eine andere gesetzliche Vorschrift dies vorsieht und sich dabei ausdrücklich auf Telekommunikationsvorgänge bezieht. Die Anzeigepflicht nach § 138 des Strafgesetzbuches hat Vorrang.
(4) Befindet sich die Telekommunikationsanlage an Bord eines Fahrzeugs für Seefahrt oder Luftfahrt, so besteht die Pflicht zur Wahrung des Geheimnisses nicht gegenüber der Person, die das Fahrzeug führt oder gegenüber ihrer Stellvertretung."

vorgangs beziehungsweise – vergleichbar dem französischen *HADOPI-Modell*[1107] – die gänzliche Abschaltung eines Kommunikationszugangs durch den Diensteanbieter erfordern. Das Abhören individueller Kommunikationsverbindungen ist dem Diensteanbieter – wie erläutert – nicht erlaubt. Die gänzliche Kappung eines Kommunikationsanschlusses müsste sich an dem durch Art. 5 Abs. 1 S. 1 Var. 2 GG gewährten Grundrecht, sich aus allgemein zugänglichen Quellen – beispielsweise Massenmedien wie dem Internet[1108] – zu unterrichten, messen lassen, was regelmäßig zur Unverhältnismäßigkeit der Maßnahme führen wird.

Beseitigung oder Unterlassung der Störung selbst sind dem Diensteanbieter daher in der Regel (gesetzesbedingt) unmöglich und kommen daher nicht in Betracht.

### b. Unterstützung bei der Beseitigung und Unterlassung der Störung

In Betracht kommt, dass der Access-Provider den Inhaber des durch die Störung beeinträchtigten Rechts durch Preisgabe der Kontaktdaten des Anschlussinhabers unterstützt und seiner Störerverantwortung dadurch gerecht wird.

#### *aa. Unterstützung durch Auskunft*

In Umsetzung der *Enforcement-Richtlinie*[1109] wurden – unter anderem in § 140 Abs. 2 S. 1 Nr. 3 PatG, § 24b Abs. 2 S. 1 Nr. 3 GebrMG, § 19 Abs. 2 S. 1 Nr. 3 MarkenG, § 101 Abs. 2 S. 1 Nr. 3 UrhG und § 45 Abs. 2 S. 1 Nr. 3 GeschmMG – im deutschen Recht spezielle Auskunftsansprüche gegen denjenigen geschaffen, der für rechtsverletzende Tätigkeiten genutzte Dienstleistungen erbracht hat. Besteht ein solcher spezialgesetzlicher Anspruch nicht, wird sich ein hiervon unabhängiger Auskunftsanspruch in aller Regel nicht begründen lassen.

---

1107 Als *HADOPI-Modell* wird ein Modell bezeichnet, bei dem Internetanschlüsse, über die wiederholt Rechtsverletzungen begangen werden, vom Zugang zum Internet getrennt werden können. Seinen Namen erhält das Modell, weil es Grundlage des nunmehr in Frankreich (mit knapper Mehrheit) beschlossenen und vom *Conseil constitutionnel*, also dem französischen Verfassungrat, gebilligten Loi n°2009-669 du 12 juin 2009 favorisant la diffusion et la protection de la création sur internet ist und die auf Basis dieses Gesetzes einzurichtende Behörde HADOPI (= *Haute Autorité pour la Diffusion des oeuvres et la Protection des Droits sur Internet*) heißen soll. Das *HADOPI-Modell* firmiert teilweise auch nach dem Namen des Chefredakteurs der französischen Wochenzeitung Nouvel Observateur und ehemaligen Vorstand der Fédération nationale d'achats (FNAC), einer auf den Vertrieb von Unterhaltungsmedien (Bücher, Musik, Spiele etc.) spezialisierten Handelskette, *Denis Olivennes* als *Olivennes-Modell.*

1108 *Herzog* in Maunz/Dürig, Art. 5, Rnr. 87.

1109 RL 2004/48/EG.

### *bb. Unterstützung durch Speicherung der Nutzerdaten*

Besteht indes ein Auskunftsanspruch, könnte der Access-Provider aufgrund seiner Störerhaftung verpflichtet sein, den in seinem Recht Beeinträchtigten durch (weitere) Speicherung der für die Auskunftserteilung benötigten Daten dabei zu unterstützen, dessen Beseitigungs- und Unterlassungsansprüche durchzusetzen.

#### *aaa. Datenschutzrechtliche Fragen*

Vor der Erteilung einer Auskunft steht aber zunächst einmal die Frage, ob der in seinem Recht Verletzte einerseits und/oder der Access-Provider andererseits die insoweit erforderlichen Daten überhaupt erheben, speichern und verarbeiten darf. Hierbei ist zu unterscheiden zwischen der Erhebung, der Speicherung und der Verarbeitung der Quell- also Verletzungsdaten durch den Rechteinhaber beziehungsweise in dessen Auftrag, der Speicherung und Verarbeitung von Bestands- und Verkehrsdaten durch den (möglicherweise) Auskunftspflichtigen und der Zusammenführung der Quell- und Bestandsdaten unter Verwendung von Verkehrsdaten durch den Auskunftspflichtigen.

##### (1.) Erhebung, Speicherung und Verarbeitung der Quelldaten

Zunächst einmal fraglich ist, ob der Rechteinhaber überhaupt Daten über (ihn betreffende) Rechtsverletzungen erheben, speichern und verarbeiten darf, um diese dann für die Durchsetzung negatorischer Ansprüche zu verwenden. Vereinzelt wird die Auffassung vertreten, der Rechteinhaber, beziehungsweise ein von ihm beauftragter Dritter, dürfte die Daten über die ihn betreffende Rechtsverletzung nicht erheben oder gar speichern oder verarbeiten, weil dies ohne Mitwirkung des Betroffenen erfolge und nicht vom Ausnahmetatbestand des § 29 BDSG bzw. dem Ausnahmetatbestand von § 4 Abs. 2 S. 2 Nr. Lit. a BDSG gedeckt sei.[1110] Selbst wenn das Bundesdatenschutzgesetz – gerade in Anbetracht von § 1 Abs. 2 BDSG – für die Erhebung von Daten durch den Rechteinhaber oder dessen Beauftragten überhaupt anwendbar sein sollte, so wird niemand ernsthaft in Abrede stellen wollen, dass der Verletzte die Daten des Verletzers erheben, speichern und verarbeiten darf. Man vergleiche insoweit nur die Situation bei einem Verkehrsunfall, wo die Möglichkeit der Datenerhebung sogar noch durch § 142 StGB strafrechtlich bewehrt ist. Dogmatisch verknüpft ergäbe sich die Berechtigung zur Erhebung, Speicherung und Verarbeitung, die Anwendbarkeit des Bundesdatenschutzgesetzes einmal angenommen, bereits aus § 4 Abs. 2 S. 2 Nr. 1 Var. 2 BDSG. Erhebung, Speicherung und Verarbeitung der Quelldaten über die Rechtsverletzung sind

1110 So zumindest Maaßen, S. 513.

nämlich zur Durchsetzung der in Umsetzung der *Enforcement-Richtlinie*[1111] geschaffenen Auskunftsansprüche zwingend vorausgesetzt. Erhebung, Speicherung und Verarbeitung von Daten durch den Rechteinhaber beziehungsweise eines von ihm beauftragten Dritten zur Durchsetzung negatorischer Ansprüche sind demnach zulässig.[1112]

(2.) Speicherung und Verarbeitung von Bestandsdaten

Bei Bestandsdaten handelt es sich gemäß § 3 Nr. 3 TKG um die Daten eines Teilnehmers, die für die Begründung, die inhaltliche Ausgestaltung, die Änderung oder die Beendigung eines Vertragsverhältnisses über Telekommunikationsdienste erhoben werden. Umfasst sind also die Kundendaten eines Teilnehmers.[1113] Der Anbieter ist nach § 95 Abs. 1 S. 1 TKG berechtigt, Bestandsdaten zu erheben und zu verwenden, soweit dies für die Begründung, inhaltliche Ausgestaltung, Änderung oder Beendigung eines Vertragsverhältnisses erforderlich ist. Die Erhebung, Speicherung und Verarbeitung von Bestandsdaten durch den auskunftspflichtigen Dienstleister ist folglich – und soweit wird wohl auch keine gegenteilige Auffassung vertreten – zulässig.

---

1111 RL 2004/48/EG.

1112 So im Übrigen auch in der Gegenäußerung der Bundesregierung in BT-Drucks. 16/5048, S. 63/64; a. A. Maaßen, der aber als wesentliche Belege *OLG Karlsruhe MMR 2009, S. 412–416*, S. 414 und *OLG Zweibrücken MMR 2009, S. 43–45*, S. (= *OLG Zweibrücken ZUM 2009, 74 ff.*, S. 74) anführt. In der seinerseits zitierten Entscheidung des *OLG Karlsruhe* geht es aber nicht um die Erhebung von Daten durch den Rechtsverletzer bzw. in dessen Auftrag, sondern – völlig anders – um die Speicherung von Daten durch einen unbeteiligten Dritten, nämlich den Internetzugangsprovider. In der zweiten zum Beleg angeführten Entscheidung des *OLG Zweibrücken* ist nicht mit einem Wort die Rede davon, dass die Erhebung, Speicherung oder Verarbeitung von Daten über die Rechtsverletzung durch den in seinem Recht Verletzten bzw. dessen Beauftragten unzulässig sein könnte. Wohl auch eher a. A. Spindler 2008, S. 647, der allerdings davon ausgeht, dass Daten heimlich gesammelt würden; dabei ist es aber beispielsweise im Bereich der wohl von *Spindler* angesprochenen Internettauschbörsen gerade der Rechtsverletzer, also der Anbieter selbst, der dem Rechteinhaber bzw. dem von ihm beauftragten Dritten seine Verkehrsdaten zusendet, um eine Kommunikation, nämlich einen (kurzen) Download, zu ermöglichen (siehe hierzu auch *Kindt*, Grundrechtsschutz für Raubkopierer und Musikpiraten in MMR 2009, S. 147–153, S. 147). Insoweit *Spindler* weiter ausführt, dass die erforderliche Mitwirkungshandlung desjenigen, dessen Daten erhoben und gespeichert würden, ein bewusstes aktives oder passives Tun erfordere, so müsste er bei Berücksichtigung der Notwendigkeit des aktiven Zusendens der Daten an den Rechteinhaber, also richtiger technischer Einordnung, ebenfalls zu dem hier vertretenen Ergebnis kommen, dass von einer heimlichen Datensammlung in seinem Beispielfall keine Rede sein kann, weswegen auch die Erhebung, Speicherung und Verarbeitung der Daten seiner Meinung folgend zulässig sein müsste.

1113 Ebs. *Janik/Büttgen* in Geppert/Piepenbrock/Schütz/Schuster, § 3, Rnr. 10.

(3.) Speicherung und Verarbeitung von Verkehrsdaten

Deutlich fraglicher ist jedoch, ob und bejahendenfalls wie lange der Diensteanbieter berechtigt ist, Verkehrsdaten nach § 3 Nr. 30 TKG, also Daten, die bei der Erbringung von Telekommunikationsdiensten erhoben, verarbeitet oder genutzt werden, ohne konkreten Anlass zu speichern. Nach § 96 Abs. 2 S. 1 TKG darf der Diensteanbieter die gespeicherten Verkehrsdaten über das Ende der Verbindung hinaus nur verwenden, soweit diese zum Aufbau weiterer Verbindungen oder für die in den §§ 97, 99, 100 und 101 TKG genannten oder für die durch andere gesetzliche Vorschriften begründeten Zwecke erforderlich sind. Im Übrigen hat der Diensteanbieter die Verkehrsdaten nach § 96 Abs. 2 S. 1 TKG unverzüglich, sprich nach Verbindungsende, zu löschen. Demnach ist der Diensteanbieter grundsätzlich berechtigt, Verkehrsdaten gemäß § 97 Abs. 1 S. 1 TKG zu speichern, soweit diese für die Entgeltermittlung und Abrechnung erforderlich sind. Löschen muss er so gespeicherte Daten spätestens sechs Monate nach Versendung der (Ab-)Rechnung an seinen Kunden, § 97 Abs. 3 S. 2 TKG. Oftmals werden die für den Rechtsverletzer interessanten Daten – nämlich beispielsweise die an den Endkunden zu einer bestimmten Uhrzeit vergebene IP-Adresse – für Entgeltermittlung und Abrechnung nicht erforderlich sein; schon gar nicht im Rahmen sog. Flat-Rates, bei denen das vom Kunden zu entrichtende Entgelt völlig unabhängig von dessen individuellem Nutzungsverhalten ist. Nach § 100 Abs. 1 i.V.m. § 100 Abs. 3 S. 1 Var. 2 TKG darf der Diensteanbieter bei Vorliegen tatsächlicher Anhaltspunkte Bestands- und Verkehrsdaten erheben und verwenden, die zum Aufdecken sowie Unterbinden rechtswidriger Inanspruchnahmen der Telekommunikationsnetze und -dienste erforderlich sind, wovon ausdrücklich auch IP-Adressen erfasst sein können.[1114] Hierbei hat die Vorschrift des § 100 TKG – ebenso wie die vorhergehenden wortgleichen Regelungen in § 86 Abs. 2 Nr. 1 Lit. e TKG a.F. oder § 9 Abs. 1 Nr. 2 TDSV – rechtswidrige Störungen und Inanspruchnahmen des Telekommunikationsnetzes im Blick. Hierbei geht es primär – aber eben nicht einzig – um die Wahrung der Integrität von Telekommunikationsnetzen und die dazu notwendigen Anlagen. Vielmehr zielt § 100 Abs. 3 S. 1 Var. 2 TKG ausdrücklich auf jede rechtswidrige Inanspruchnahme eines Telekommunikationsnetzes.[1115] Man könnte nun die Auffassung vertreten, dass § 101 Abs. 3 S. 1 TKG nicht drittschützend sei und demnach auch nicht jede Urheberrechtsverletzung zugleich eine rechtswidrige Inanspruchnahme eines Telekommunikationsnetzes sei. Abge-

1114 So Regierungsbegründung in BT-Drucks. 15/2316, S. 90, damals noch zum seinerzeit insoweit wortgleichen § 98 Abs. 3 S. 1 TKG.

1115 Ebs. im Ergebnis *Wittern* in Geppert/Piepenbrock/Schütz/Schuster, § 100, Rnr. 10; *Kannenberg* in Scheurle/Mayen, § 100, Rnr. 26.

sehen davon, dass diese Auffassung unzutreffend ist, ergäbe sich die rechtswidrige Inanspruchnahme aber aus einem Verstoß gegen den mit dem Diensteanbieter selbst abgeschlossenen Vertrag.[1116] Dort ist dem Kunden nämlich regelmäßig die Pflicht auferlegt, fremde Urheberrechte nicht mittels des Telekommunikationsnetzes zu verletzen.[1117] Da dem Diensteanbieter nicht aufgebürdet werden kann, sämtliche Kommunikationsverbindungen in Echtzeit daraufhin zu untersuchen, ob sein Telekommunikationsnetz rechtswidrig in Anspruch genommen wird, ist ihm in gewissen, eng an der Erforderlichkeit orientiert, zu ziehenden Grenzen die Speicherung von Verkehrsdaten und etwaigen weiteren Auffälligkeiten hinsichtlich sämtlicher Nutzer erlaubt.[1118] Erforderlich zur angemessenen Nachbearbeitung der Daten wird eine Frist zwischen einer und vier Wochen sein.[1119] Insoweit ist dem Diensteanbieter die Speicherung von Verkehrsdaten für eigene Zwecke nach § 96 Abs. 1 TKG oder zum Zwecke der Aufdeckung und Unterbindung der rechtswidrigen Inanspruchnahme seiner Telekommunikationsnetze und -dienste nach § 100 Abs. 1 i.V.m. 100 Abs. 3 S. 1 Var. 2 TKG für einen eng begrenzten Zeitraum erlaubt.[1120]

#### (4.) Zusammenführung, Verarbeitung und Übermittlung von Daten

Der zur Speicherung nach § 96 Abs. 1 TKG oder § 100 Abs. 1 i.V.m. 100 Abs. 3 S. 1 Var. 2 TKG berechtigte Diensteanbieter dürfte die gespeicherten Verkehrsdaten zunächst lediglich im Rahmen der durch §§ 96 ff. TKG eng begrenzten Zweckbindung verwenden. Insoweit erweitert die für die Erteilung von Auskünften unter Verwendung von Verkehrsdaten notwendige (Gestattungs-)Anordnung diese eng begrenzte Zweckbindung auf die Erteilung einer entsprechenden Auskunft.[1121]

---

1116 Ein Verstoß des Kunden gegen den mit dem Diensteanbieter abgeschlossenen Vertrag ist auch nach *Wittern* in Geppert/Piepenbrock/Schütz/Schuster, § 100, Rnr. 10 ein klassischer Fall der rechtswidrigen Inanspruchnahme nach § 100 Abs. 3 S. 1 Var. 2 TKG.

1117 So beispielsweise in Ziffer 4.1 Lit. b 7. Spiegelstrich der AGB Call & Surf Basic, Comfort und Comfort Plus *Deutsche Telekom AG*; in Ziffer 5.6.1 der AGB für ISDN- und DSL-Produkte der *Versatel Nord GmbH, Versatel Süd GmbH, Versatel Ost GmbH, Versatel West GmbH und* der *Versatel BreisNet GmbH*; Ziffer 4.4.1 der AGB Alice Privatkundenprodukte der *HanseNet Telekommunikation GmbH*; Ziffer 4.1.9 der AGB Kabel/Internet der *Kabel Deutschland Vertrieb und Service GmbH & Co. KG.*

1118 *LG Darmstadt CR 2007, S. 574–577*, S. 576; *AG Bonn MMR 2008, S. 203–204*, S. 204; ebs. Spindler 2008, S. 646; *Czychowski* in Fromm/Nordemann, § 101, Rnr. 66.

1119 Für eine Frist von sieben Tagen: *LG Darmstadt CR 2007, S. 574–577*, S. 576 und *AG Bonn MMR 2008, S. 203–204*, S. 204.

1120 *LG Darmstadt CR 2007, S. 574–577*, S. 576; *AG Bonn MMR 2008, S. 203–204*, S. 204; ebs. Spindler 2008, S. 646; *Czychowski* in Fromm/Nordemann, § 101, Rnr. 66.

1121 *OLG Köln ZUM 2008, S. 978–981 („Ganz Anders“)*, S. 981; Maaßen, S. 513; Spindler 2008, S. 646/647.

Der Auskunftspflichtige wird daher durch die richterliche Anordnung berechtigt, die Daten (zusätzlich) für einen bestimmten Auskunftszweck zu speichern, zu verarbeiten, mit von ihm (rechtmäßig) gespeicherten Bestandsdaten zusammenzuführen und im Rahmen seiner Auskunftspflicht gegenüber dem Rechteinhaber in den Grenzen des jeweiligen Auskunftsanspruchs zu offenbaren.

(5.) ZWISCHENERGEBNIS

Grundsätzlich ist die Erhebung, Speicherung und Verarbeitung von Daten durch den Rechteinhaber beziehungsweise einen von ihm beauftragten Dritten zur Durchsetzung urheberrechtlicher Ansprüche zulässig.[1122] Einem Diensteanbieter im Sinne von § 3 Nr. 6 TKG ist es nach § 95 Abs. 1 S. 1 TKG erlaubt, Bestandsdaten über seine Kunden zu erheben, soweit dies für die Begründung, inhaltliche Ausgestaltung, Änderung oder Beendigung eines Vertragsverhältnisses erforderlich ist.[1123] Dem Diensteanbieter ist darüber hinaus – insbesondere in zeitlicher Hinsicht – in engen Grenzen die Speicherung von Verkehrsdaten erlaubt. Hierbei wird er die Daten für eine Frist von einer bis vier Wochen speichern dürfen.[1124] Durch die auf Verwendbarkeit von Verkehrsdaten gerichtete richterliche Anordnung werden diese engen Grenzen insoweit erweitert, als der Diensteanbieter hierdurch berechtigt wird, die Daten für einen bestimmten Auskunftszweck zu speichern, mit seinen Bestandsdaten zusammenzuführen und diese sowie das Ergebnis der Zusammenführung demjenigen zu offenbaren, dem er Auskunft zu erteilen hat.[1125]

*bbb. Vorhalten der für die Auskunft benötigten Daten*

(1.) SPEICHERPFLICHT BEZIEHUNGSWEISE LÖSCHUNGSVERBOT „AUF ZURUF"

Da der beeinträchtigte Rechteinhaber dann, wenn die Auskunft nur unter Verwendung von Verkehrsdaten erteilt werden kann, jedoch zunächst ein (wenn auch kurzes) gerichtliches Verfahren durchlaufen muss, ist es durchaus denkbar, dass der Auskunftspflichtige die für die Erteilung der Auskunft benötigten Daten löscht, bevor er die Auskunft überhaupt erteilen darf. Fraglich ist daher, ob der Access-Provider, der ja im Falle einer Beeinträchtigung mit Kenntniserlangung selbst zum Störer wird[1126], aufgrund seiner negatorischen Haftung, als Minus zu seiner Beseitigungs- und Unterlassungspflicht verpflichtet ist, die für die Auskunftser-

1122 Oben S. 210 f.
1123 Oben S. 211.
1124 Oben S. 212 f.
1125 Oben S. 213.
1126 Siehe oben S. 207.

teilung benötigten Daten (weiterhin) zu speichern, mithin es zu unterlassen hat, diese Daten zu löschen.[1127] Im Kern geht es also um die Frage, ob eine (Daten) Speicherpflicht auf Zuruf besteht.[1128]

Anders als beim „Abhören" einzelner Kommunikationsverbindungen sind für die Erteilung der Auskunft lediglich solche Daten erforderlich, die der Access-Provider auch erheben und verwenden darf, nämlich Bestands- und Verkehrsdaten. Auf Basis dieser Daten könnte der Diensteanbieter dann bei Vorliegen aller Anspruchsvoraussetzungen des jeweiligen Auskunftsanspruchs, insbesondere also auch der gerichtlichen Anordnung, dem in seinem Recht Gestörten Auskunft erteilen. Mittels dieser Auskunft könnte der Inhaber des beeinträchtigten Rechts dann selbst die Beseitigung der Störung und deren zukünftige Unterlassung beim Inhaber des Kommunikationsanschlusses erreichen. Nach § 96 Abs. 1 TKG oder § 100 Abs. 1 i.V.m. 100 Abs. 3 S. 1 Var. 2 TKG ist der Diensteanbieter berechtigt, Verkehrsdaten für eigene Zwecke, insbesondere zur Aufdeckung einer rechtswidrigen Inanspruchnahme seines Telekommunikationsnetzes zu speichern.[1129] Erst recht ist er bei Eingreifen dieser Ausnahmetatbestände nicht etwa verpflichtet, Verkehrsdaten zu löschen. Anders als die (eigenhändige) Beseitigung und Unterlassung der Störung sowie die Erteilung einer Auskunft ohne richterliche Anordnung gemäß § 101 Abs. 9 S. 1 UrhG ist dem Diensteanbieter die Nichtlöschung der Verkehrsdaten daher gerade nicht unmöglich. In Erfüllung seiner Beseitigungs- und Unterlassungspflicht ist er deshalb auch verpflichtet, das Löschen dieser Verkehrsdaten analog § 1004 Abs. 1 S. 1 BGB beziehungsweise einer spezielleren negatorischen Vorschrift zu unterlassen, also diese Daten weiterhin zu speichern. Wie bereits dargestellt, ist eine Speicherzeit von einer bis vier Wochen insoweit zulässig[1130], aber – gerade in Anbetracht der nach (dem insoweit für das Anordnungsverfahren einschlägigen) § 49 FamFG eröffneten Möglichkeit einer einstweiligen Anordnung – auch hinreichend. Für dieses Ergebnis spricht auch

1127 Siehe hierzu schon vor Geltung der neuen Auskunftsansprüche *LG Köln ZUM 2007, S. 873–876*, S. 874; nach Bestehen von § 101 UrhG in seiner durch die *Enforcement-Richtlinie* erhaltenen Fassung dann auch *LG Hamburg MMR 2009, S. 570–573*, S. 570; *OLG Frankfurt am Main MMR 2009, S. 542–544*, S. 544; Maaßen, S. 514/515; Hoffmann, S. 657. Denklogisch nicht vorstellbar ist in diesem Zusammenhang übrigens der Fall, bei dem der Auskunftspflichtige – wie beispielsweise bei sog. dynamischen IP-Adressen – Verkehrsdaten einerseits selbst vergibt und sich im Folgenden darauf beruft, diese Daten niemals erhoben zu haben. Daten, die selbst vergeben werden, können nicht mehr erhoben, sondern bestenfalls gelöscht werden.

1128 Mit dieser Formulierung *LG Hamburg MMR 2009, S. 570–574*, S. 571 eine solche Speicherverpflichtung auch bejahend.

1129 Im Einzelnen siehe hierzu oben S. 212 f.

1130 Oben S. 213.

die sich aus § 8 Abs. 1 S. 2 TMG ergebende Wertung, wonach der Diensteanbieter sich seines Durchleitungsprivilegs begibt, wenn er absichtlich mit einem Nutzer seines Dienstes zusammenarbeitet, um rechtswidrige Handlungen zu begehen. Genau dies würde er aber tun, wenn er Verkehrsdaten löscht, obwohl er hierzu nicht verpflichtet ist, und damit erst die Beseitigung und Unterlassung der Beeinträchtigung von Rechten Dritter unmöglich macht. Ebenfalls für dieses Ergebnis spricht Art. 20 Abs. 1 Lit. b des von Deutschland zwar unterzeichneten, aber noch nicht ratifizierten *Übereinkommens über Computerkriminalität des Europarates*[1131] (CCC[1132]), das – anders als die eine generelle Datenspeicherung vorsehende *Richtlinie über Vorratsdatenspeicherung*[1133] und § 113a TKG – eine bloß anlassbezogene Speicherung von Verkehrsdaten im Blick hat. Im Ergebnis ist der Diensteanbieter daher mit Erlangung der Kenntnis einer Rechtsverletzung über sein Kommunikationsnetz verpflichtet, Verkehrsdaten, die die ihm bekannte Rechtsverletzung betreffen, unabhängig vom Vorliegen der Anspruchsvoraussetzungen des Auskunftsanspruchs nach § 101 UrhG, für eine gewisse Frist, die sich

---

1131 „Article 20 – Real-time collection of traffic data
(1) Each Party shall adopt such legislative and other measures as may be necessary to empower its competent authorities to:
a collect or record through the application of technical means on the territory of that Party, and
b compel a service provider, within its existing technical capability:
i to collect or record through the application of technical means on the territory of that Party; or
ii to co-operate and assist the competent authorities in the collection or recording of, traffic data, in real-time, associated with specified communications in its territory transmitted by means of a computer system.
(2) Where a Party, due to the established principles of its domestic legal system, cannot adopt the measures referred to in paragraph 1.a, it may instead adopt legislative and other measures as may be necessary to ensure the real-time collection or recording of traffic data associated with specified communications transmitted in its territory, through the application of technical means on that territory.
(3) Each Party shall adopt such legislative and other measures as may be necessary to oblige a service provider to keep confidential the fact of the execution of any power provided for in this article and any information relating to it.
(4) The powers and procedures referred to in this article shall be subject to Articles 14 and 15."

1132 Im Original Cybercrime Convention.

1133 Richtlinie 2006/24/EG des Europäischen Parlaments und des Rates vom 15. März 2006 über die Vorratsspeicherung von Daten, die bei der Bereitstellung öffentlich zugänglicher elektronischer Kommunikationsdienste erzeugt oder verarbeitet werden, und zur Änderung der Richtlinie 2002/58/EG.

zwischen einer und vier Wochen bewegt, zu speichern.[1134] Ob die Kenntniserlangung insoweit in vom Diensteanbieter frei wählbar engen Geschäftszeiten erfolgen muss, ist zweifelhaft.[1135] Kommt er seiner Speicherpflicht nicht nach, so macht sich der Diensteanbieter nach §§ 280 Abs. 1, 3, 281 Abs. 1 S. 1 Var. 1 BGB sowie – durch Fortfall der Durchleitungsprivilegierung gemäß § 8 Abs. 1 S. 2 TMG bedingt – aufgrund deliktsrechtlicher Vorschriften (§ 823 Abs. 1 BGB u. a.) dem Inhaber des beeinträchtigten Rechts gegenüber schadensersatzpflichtig. Besteht Wiederholungsgefahr, macht er sich darüber hinaus analog § 1004 Abs. 1 S. 1 BGB beziehungsweise aufgrund einer speziellen *actio negatoria* gegenüber dem Rechteinhaber unterlassungspflichtig.

#### (2.) Speicherung nur im Rahmen der Vorratsdatenspeicherpflicht

Deutlich fraglicher als die Pflicht zur Speicherung „auf Zuruf" ist, ob der Access-Provider die Auskunft auch dann zu erteilen hat, wenn er Verkehrsdaten verwenden müsste, die er nicht zu eigenen Zwecken, sondern ausschließlich aufgrund seiner Vorratsdatenspeicherpflicht gemäß § 113a Abs. 1 S. 1 TKG gespeichert hat. Gemäß § 113b TKG dürfte der Diensteanbieter die allein aufgrund von § 113a TKG gespeicherten Daten nur zur Verfolgung von Straftaten, zur Abwehr erheblicher Gefahren für die öffentliche Sicherheit oder zur Erfüllung gesetzlicher Aufgaben bestimmter Behörden verwenden. Nach der in der Strafprozessordnung enthaltenen Datenabrufsnorm § 100g Abs. 1 Nr. 2 StPO ist die Weitergabe der erhobenen Verkehrsdaten an eine Staatsanwaltschaft auch dann zulässig, wenn die Straftat mittels Telekommunikation begangen wurde, soweit dies für die Erforschung des Sachverhalts erforderlich ist, die Erforschung auf andere Weise aussichtslos wäre und die Weitergabe in einem angemessenen Verhältnis zur Bedeutung der Sache steht. Auch wenn man nun – gestützt auf besondere, möglicherweise einschlägige Strafbarkeitsregelungen wie beispielsweise die in §§ 106 ff. UrhG – auf die Idee kommt, dass in § 100g Abs. 1 Nr. 2 StPO genau der hier interessierende Fall beschrieben sei, so ist die Datenherausgabe nur an die Staatsanwaltschaft, keinesfalls indes an einen privaten Anspruchsteller zulässig. Davon einmal abgesehen, dass die Benutzbarkeit der nach § 113a TKG gespeicherten Daten durch eine aktuelle Entscheidung des *Bundes-*

1134 Im Ergebnis ebs. *LG Hamburg MMR 2009, S. 570–574*, S. 570/571, allerdings weniger dogmatisch mit einer sich bereits aus dem urheberrechtlichen Auskunftsanspruch nach § 101 Abs. 2 UrhG und Treu und Glauben ergebenden Speicherpflicht; ebenfalls mit gleichem Ergebnis *LG Köln ZUM 2007, S. 873–876*, S. 875/876; ebs. Hoffmann, S. 657.

1135 So aber von einer Geschäftszeit zwischen 7–16 Uhr ausgehend *LG Hamburg MMR 2009, S. 570–574*, S. 573.

*verfassungsgerichts*[1136] weitestgehend eingeschränkt wurde, und ebenfalls davon abgesehen, dass der Gesetzgeber auf Basis dieser Entscheidung den Anwendungsbereich vermutlich zukünftig gegenüber der derzeitigen gesetzlichen Fassung weiter einschränken wird, ist auf Basis von § 113a,b TKG und der damit verbundenen Normen schon keine Verwendung der ausschließlich als Vorratsdaten gespeicherten Verkehrsdaten für die Auskunfterteilung an private Anspruchsteller denkbar.

Wie sich allerdings aus § 113a Abs. 2 S. 1 Nr. 2 Var. 2 TKG ergibt, wonach der Diensteanbieter Datum und Uhrzeit von Beginn *und Ende* einer Verbindung zu speichern hat, kommt eine alleinige, also ausschließliche Speicherung im Rahmen der Vorratsdatenspeicherpflicht erst am Ende, genauer nach Abschluss der Verbindung in Betracht. Die Verschaffung der Kenntnis über eine Rechtsverletzung vor Abschluss der laufenden Verbindung führt – wie oben bereits dargestellt – zur Verpflichtung des Diensteanbieters, die zur Erteilung der Auskunft benötigten Daten, insbesondere die hier erforderlichen Verkehrsdaten, (weiter) zu speichern. Verletzte Rechteinhaber sind daher darauf verwiesen, den betroffenen Diensteanbietern selbst so rechtzeitig Kenntnis von einer Rechtsverletzung zu verschaffen, dass diese verpflichtet sind, Verkehrsdaten unabhängig von § 113a TKG (weiter) zu speichern.

#### (3.) ZWISCHENERGEBNIS

Erlangt der Access-Provider Kenntnis von einer Rechtsverletzung, so ist er, insoweit er einem diesbezüglichen Auskunftsanspruch ausgesetzt ist, als Ausfluss der Störerhaftung analog § 1004 Abs. 1 BGB beziehungsweise einer spezielleren *actio negatoria* dazu verpflichtet, diejenigen Daten weiterhin zu speichern (also nicht zu löschen), die die jeweilige Rechtsverletzung betreffen. Ein Zugriff auf im Rahmen der Vorratsdatenspeicherung gemäß § 113a TKG gespeicherte Verkehrsdaten ist dem Rechteinhaber auch auf Basis von § 101 UrhG nicht möglich.

### *ccc. Zwischenergebnis*

Dem Access-Provier ist es erlaubt, erforderliche Bestandsdaten und – in engen Grenzen – Verkehrsdaten zu erheben, zu speichern und zu verarbeiten. Durch die auf Verwendbarkeit von Verkehrsdaten gerichtete richterliche Anordnung werden diese engen Grenzen insoweit erweitert, als der Diensteanbieter hierdurch berechtigt wird, die Daten für einen bestimmten Auskunftszweck zu speichern, mit seinen Bestandsdaten zusammenzuführen und diese sowie das Ergebnis der Zusammenführung demjenigen zu offenbaren, dem er Auskunft zu erteilen hat. Darüber hinaus hat es der Access-Provider als Ausfluss seiner Störerhaftung zu

1136 *BVerfGE 121, 1–3* (wiederholt); erweitert durch *BVerfGE ZUM 2009, S. 279–287.*

unterlassen, die für die Auskunftserteilung benötigten Daten zu löschen, insoweit er vor Löschung Kenntnis von der Rechtsverletzung erlangt hat.

### c. Zwischenergebnis

Der Access-Provider kann grundsätzlich als Störer haftbar sein. Beseitigung und/ oder Unterlassung scheitern jedoch als Rechtsfolge an der insoweit bestehenden (rechtlichen) Unmöglichkeit. Als Minus hierzu ist der Diensteanbieter, falls ihn eine spezialgesetzliche Auskunftspflicht trifft, in der (negatorischen) Pflicht, die für eine Auskunftserteilung benötigten Daten für eine angemessene Frist nicht zu löschen, sprich (weiterhin) zu speichern.

## 3. Folgen für Anschlussinhaber

Besonders umstritten scheint die Frage nach der negatorischen Haftung des Inhabers einer Zugangsberechtigung, beispielsweise eines Anschlussinhabers, zu sein.[1137] Dies nicht zuletzt schon deshalb, weil hiervon deutlich mehr Personen direkt betroffen würden als in den Fällen des Host- oder Access-Providers. Sobald jemand einen Zugang schafft, sei es beispielsweise zum Internet selbst, sei es aber auch zu einer Auktions-Plattform im Internet, öffnet er damit dem Verkehr ei-

1137 Siehe hierzu nur *BGH NJW 2010, S. 2061–2064 („Sommer unseres Lebens"); BGH GRUR 2009, S. 597–599 („Halzband"); OLG Düsseldorf Az. 12 O 594/07 v. 26.08.2009 (zitiert n. Juris); LG Köln CR 2009, S. 684–687; OLG Düsseldorf Az. I-20 W 146/08 v. 11.05.2009 (zitiert n. Juris); LG Düsseldorf ZUM 2008, S. 797–798; LG Düsseldorf MMR 2008, S. 684–685; LG Hamburg MMR 2008, S. 685–687; OLG Frankfurt am Main GRUR-RR 2008, S. 279–282; LG München I ZUM 2008, S. 661–664; LG Hamburg MMR 2008, S. 418; LG Leipzig MMR 2009, S. 219; OLG Düsseldorf CR 2008, S. 182–183; OLG Frankfurt am Main MMR 2008, S. 169–171; LG München I ZUM 2008, S. 157–161; LG Frankfurt am Main ZUM-RD 2008, S. 370–372; LG Frankfurt am Main Az. 2-06 O 824/06 v. 12.04.2007 (zitiert n. Juris); LG Frankfurt am Main Az. 2-06 O 12/07 v. 28.02.2007 (zitiert n. Juris); LG Köln ZUM-RD 2007, S. 93–95; LG Mannheim MMR 2007, S. 537–538; LG Mannheim MMR 2007, S. 394–396; LG Frankfurt am Main ZUM 2007, S. 406–407; LG Köln CR 2008, S. 184–186; LG Mannheim MMR 2007, S. 267–269; Hans. OLG Hamburg GRUR-RR 2007, S. 375–376; LG Köln MMR 2007, S. 337–339; LG Hamburg CR 2006, S. 780–782; LG Hamburg CR 2007, S. 121–122; LG Hamburg CR 2007, S. 54–55; LG Hamburg CR 2006, S. 780–782*; aber auch Mühlberger, S. 1022 ff.; Stang/Hühner 2008, S. 273 ff.; Ernst/Seichter, S. 513 ff.; Hornung, S. 88 ff.; Gercke 2006, S. 593 ff.; Spindler/Volkmann, S. 808 ff.; aber auch bereits *Meckel* in HK-UrhR, § 97, Rnr. 33; *Dreier* in Dreier/Schulze, § 97, Rnr. 34 (S. 1350); *J. B. Nordemann* in Fromm/Nordemann, § 97, Rnr. 172.

nen Zugang.[1138] Diesen Zugang muss er insoweit (verkehrs)sichern.[1139] Ihm obliegt folglich die Pflicht, sicherzustellen, dass diejenigen, für den er den Zugang öffnet, keine Rechte Dritter beeinträchtigen.[1140] Entspricht er dieser Verkehrspflicht nicht, so ist er selbst als Störer haftbar. Wie genau er seine Pflicht zu erfüllen hat, wird von Fall zu Fall unterschiedlich zu beurteilen sein. Klar ist allerdings, dass derjenige, der einen Zugang ohne jegliche Kontrollen schafft, also insoweit „Gottvertrauen" in den Verkehr setzt, seiner Verkehrspflicht nicht genügt. Insbesondere sind so Zugangsdaten Dritten gegenüber geheim zu halten[1141], Internetrouter, gerade wenn es sich um WLAN-Router handelt, sind dem Stand der Technik entsprechend zu sichern, Überreichweiten sind zu vermeiden, eine Firewall ist einzurichten und Verbindungsprotokolle sind regelmäßig daraufhin durchzusehen, ob Dritte unberechtigt Zugriff auf den Anschluss genommen haben.[1142] Den oben[1143] bereits angesprochenen Regeln zur Darlegungs- und Beweislast folgend, muss der Anspruchsteller die Beeinträchtigung eines ihm zustehenden Rechts, also den intendierten Erfolg, ein adäquat kausal hierzu führendes Verhalten des Anspruchsgegners sowie die Rechtswidrigkeit des Erfolgs darlegen und beweisen. Da das Verhalten des Anspruchsgegners im Falle einer über einen Internetanschluss begangenen Beeinträchtigung in dessen Sphäre liegt und für den Anspruchsteller (deswegen) verborgen bleibt, obliegt dem mutmaßlichen Störer eine sekundäre Darlegungs- und Beweislast, dass sein Verhalten nicht adäquat kausal zu der eingetretenen Beeinträchtigung geführt hat.[1144]

## 4. Zwischenergebnis

Auch wenn sich negatorische Haftung bei Fällen mit Anknüpfungspunkten zum Internet gewissen Belastbarkeitsproben stellen muss, so gilt doch nichts anderes als für jede Form der negatorischen Haftung oben festgestellt: Haften muss derje-

1138 Ebs. *OLG Düsseldorf CR 2008, S. 182–183*, S. 182.
1139 *OLG Düsseldorf CR 2008, S. 182–183*, S. 182.
1140 *OLG Hamburg Az. 5 W 61/06 v. 10.05.2006 (BeckRS 2008 12538).*
1141 So auch *BGH NJW 2009, S. 1960–1962 („Halzband")*, S. 1961.
1142 Ebs. und mit zahlreichen weiteren Sicherungsmöglichkeiten *Rech*, Wireless LANs – 802.11 – WLAN-Technologie und praktische Umsetzung im Detail, 3. Aufl., Hannover, 2008, S. 430/431 u. 447–448; *Schieb/Müller*, Stifung Warentest – PC konkret – WLAN einrichten und absichern, Berlin, 2006, S. 51–93.
1143 Oben S. 196.
1144 So auch *OLG Köln Az. 6 W 95/09 v. 11.09.2009 (BeckRS 2009 27330)*; ebs. *AG Frankfurt am Main Az. 32 C 1512/08-84 v. 20.11.2008*; *AG Frankfurt am Main Az.: 32 C 739/09-48 v. 24.07.2009.*

nige, dessen Verhalten adäquat kausal zu einem unerwünschten Erfolg im Sinne der jeweiligen *actio negatoria* geführt hat. Eine Besonderheit scheint lediglich zu sein, dass Spezialgesetze bestimmte Regelungen treffen, die die Störerhaftung berühren – so lassen beispielsweise die Vorschriften des TKG bestimmte Beseitigungs- und Unterlassungshandlungen unmöglich werden, weswegen aber negatorische Haftung nicht gänzlich auszuscheiden hat.[1145] Im Übrigen gelten bei Fällen mit Internetbezug die gleichfalls allgemeinen Regelungen zur Darlegungs- und Beweislastverteilung.

1145 Oben S. 207 ff.

# I. Notwendigkeit einer speziellen Gefährdungshaftung

Fraglich bleibt nach alledem, ob der Gesetzgeber nun für bestimmte Bereiche besondere Haftungsvorgaben darüber treffen soll, wer für welche Beeinträchtigungen wie zu haften hat. Für diejenigen Fälle, bei denen das Recht eines Dritten über einen Zugang zum Internet beziehungsweise einer Internetplattform beeinträchtigt wird, könnte so beispielsweise eine gesetzliche Regelung wie die folgende geschaffen werden:

> „[1]Wird ein absolutes Recht in anderer Weise als durch Entziehung oder Vorenthaltung des Besitzes beeinträchtigt, so kann der Rechteinhaber von dem Störer die Beseitigung der Beeinträchtigung verlangen. [2]Wurde zur Herbeiführung der Beeinträchtigung ein öffentliches Telekommunikationsnetz genutzt, so haftet der Inhaber der Zugangsberechtigung, über die die Störung vermittelt wurde, soweit er seinen Zugang nicht ausreichend gesichert hat. [3]Sind Beeinträchtigungen zu besorgen, so kann der Rechteinhaber auf Unterlassung klagen."

Vorteil einer solchen Regelung wäre, dass die grundlegende Frage geregelt wäre, wer für über das Internet herbeigeführte Störungen auf Beseitigung und Unterlassung haftet. Vergleichbare Vorschriften würden dann für andere Bereiche, für die die Details der Störerhaftung umstritten zu sein scheinen, geschaffen werden müssen.

Auf der anderen Seite würde eine hergebrachte, über 100 Jahre alte Bestimmung, deren Regelungsgehalt allen Problemen in dieser Zeit getrotzt und allen Herausforderungen standgehalten hat, die in anderen Rechtsgebieten nachgestaltet und übernommen wurde, durch eine Vielzahl spezifischer Regelungen für Einzelfälle ersetzt oder zumindest näher bestimmt. Die bestehenden Beseitigungs- und Unterlassungsansprüche geben – wie vorstehend gezeigt – für sämtliche derzeit (angeblich) problematischen Fälle, insbesondere solche mit Internetbezug, ausreichende Lösungen.[1146] Will der Gesetzgeber die Haftung gegenüber § 1004 Abs. 1 BGB und den entsprechend nachgestalteten negatorischen Regelungen nicht anders zuweisen, sondern eine bloße Konkretisierung schaffen, so würde diese

1146 So auch der bürgerlichrechtliche Gesetzgeber in BT-Drucks. 16/5048, S. 32, der im Rahmen der Umsetzung der *Enforcement-Richtlinie* (RL 2004/48/EG) insoweit keinen Umsetzungsbedarf sah.

Bestimmung wohl ähnlich wie § 90a BGB eher zu einer „gefühlten Deklamation ohne wirklichen rechtlichen Inhalt“[1147] werden.

Eine weitergehende Gefährdungshaftung scheint indes ebenso wenig wie eine gegenüber § 1004 Abs. 1 BGB enger gefasste Haftung gewünscht zu sein, vielmehr scheinen die bestehenden negatorischen Regelungen ausreichend Raum für Abwägung und Einzelfallgerechtigkeit zu lassen, sodass jede Frage negatorischer Haftung durch die „passende“ *actio negatoria* ausreichend beantwortet wird. Dass richterliche Entscheidungen nicht in jedem Einzelfall jedermann passen mögen, liegt im Wesen der Rechtsprechung, nötigt aber noch längst nicht den Gesetzgeber dazu, die bewährten Regelungen negatorischer Haftung über Bord zu werfen.

---

1147 So zu 90a BGB *Ellenberger* in Palandt, § 90a, Rnr. 1, der die Formulierung von *Heinrichs* „geerbt“ hat (siehe nur *Heinrichs* in Palandt 2002, § 90a, Rnr. 1).

# J Ergebnis

Nach alledem lassen sich die grundlegenden Ergebnisse dieser Arbeit wie folgt zusammenfassen:

(1.) Haftungsgrund der *actio negatoria* ist menschliches Verhalten.[1148]

(2.) Hierbei kann das erforderliche Verhalten freilich auch in der Verletzung einer Verkehrspflicht liegen.[1149]

(3.) Zur Bejahung negatorischer Haftung muss das haftungsbegründende Verhalten in adäquat[1150] kausalem[1151] Zusammenhang mit dem von der jeweiligen negatorischen Norm intendierten Erfolg stehen.

(4.) Indes erfordert negatorische Haftung keinen über ein menschliches Verhalten hinausgehenden Aufrechterhaltungswillen.[1152]

(5.) Auch bedürfen weder Beseitigungs- noch Unterlassungshaftung weiterer Zurechnungsmerkmale.[1153]

(6.) Eine zivilrechtliche Zustandshaftung im Sinne einer Erfolgshaftung ist mit geltendem Recht nicht zu vereinbaren.[1154]

(7.) Die sogenannte *Rechtsusurpationstheorie* ist mit geltendem Recht nicht zu vereinbaren.[1155]

(8.) Insoweit die herrschende Meinung immer wieder von Zustandshaftung im Sinne einer Erfolgshaftung spricht, beruht dies auf einem Missverständnis der Formulierung Zustandshaftung.[1156]

---

1148 Oben S. 42 ff.
1149 Oben S. 179 ff., insbesondere S. 197.
1150 Oben S. 140 f.
1151 Oben S. 139.
1152 Oben S. 80 ff., insbesondere S. 84.
1153 Oben S. 179 ff., siehe zum sich daraus ergebenden Tatbestandsaufbau oben S. 195 f.
1154 Oben S. 42 ff.
1155 Oben S. 47 ff., insbesondere S. 74 f.
1156 Oben S. 133 ff., insbesondere S. 137.

(9.) Der durch die jeweilige Anspruchsnorm intendierte Erfolg muss zur Bejahung eines negatorischen Anspruchs rechtswidrig sein.[1157] Auf die Rechtswidrigkeit des zum unerwünschten Erfolg führenden Verhaltens kommt es nicht an.[1158]

(10.) Negatorische Haftung ist durch Allgemeine Vorschriften, wie insbesondere durch die Regelungen zur Unmöglichkeit sowie den anerkannten (Rechtsmissbrauchs-)Einwendungen aus § 242 BGB (wie beispielsweise *venire factum proprium*), beschränkbar.

(11.) Inhalt des Beseitigungsanspruchs ist die Beseitigung desjenigen Erfolgs, der mit dem haftungsbegründenden menschlichen Verhalten adäquat kausal verbunden ist. Inhalt des Unterlassungsanspruchs ist die Pflicht, jedes typischerweise zu einem zu besorgenden intendierten Erfolg führende Verhalten zu unterlassen, für das eine Begehungsgefahr besteht.[1159]

(12.) Mehrere Störer haften in der Regel nicht als Gesamtschuldner.[1160]

(13.) Für über das Internet vermittelte Störungen können sowohl Host[1161]- als auch Access[1162]-Provider wie auch der „Inhaber" eines Internetanschlusses[1163] Störer sein, wenn sie ihre Verkehrspflichten verletzt haben. Die Rechtsfolgen dieser Haftung können allerdings – wie beispielsweise im Falle des Access-Providers – durch besondere Regelungen eingeschränkt werden.

(14.) Spezieller Regelungen, die die negatorische Haftung für sich jeweils neu ergebende Problembereiche, wie aktuell beispielsweise über das Internet vermittelte Störungen (weiter) ausgestalten, sind nicht erforderlich.[1164]

1157 Oben S. 141 ff.
1158 Oben S. 142.
1159 Oben S. 199 f.
1160 Oben S. 200 ff., insbesondere S. 204.
1161 Oben S. 205 f.
1162 Oben S. 201 ff., insbesondere S. 218 f..
1163 Oben S. 219 f.
1164 Oben S. 222 f.

# Quellen- und Literaturverzeichnis

**Achilles, Alexander (Begr.); Greiff, Max u. a. (Hrsg.)**
Bürgerliches Gesetzbuch nebst Einführungsgesetz;
11. Aufl., Berlin u. Leipzig, 1923
(zitiert als: *Bearbeiter* in Achilles-Greiff 1923)

**Achilles, Alexander (Begr.); Greiff, Joachim u. a. (Hrsg.)**
Bürgerliches Gesetzbuch nebst Jugendwohlfahrtsgesetz – mit Erläuterungen der Verordnung über das Erbbaurecht und des Gesetzes über die religiöse Kindererziehung sowie von Teilen des Blutschutzgesetzes und des Ehegesundheitsgesetzes;
14. Aufl., Berlin u. Leipzig, 1937
(zitiert als: *Bearbeiter* in Achilles-Greiff 1937)

**Achilles, Alexander (Begr.); Greiff, Joachim u.a. (Hrsg.)**
Bürgerliches Gesetzbuch mit Einführungsgesetz, Jugendwohlfahrtsgesetz, Schiffsrechtsgesetz, Ehegesetz, Testamentsgesetz;
17. Aufl., Berlin u. Leipzig, 1943
(zitiert als: *Bearbeiter* in Achilles-Greiff 1943)

**Ahrens, Hans-Jürgen**
Störerhaftung als Beteiligungsform im Deliktsrecht, in: *Heldrich, Andreas*; *Prölss, Jürgen*; *Koller, Ingo*; *Langenbucher, Katja* u. a. (Hrsg.), Festschrift für Claus-Wilhelm Canaris zum 70. Geburtstag;
München, 2007
(zitiert als: *Ahrens* in FS Canaris)

**Ahrens, Hans-Jürgen**
21 Thesen zur Störerhaftung im UWG und im Recht des Geistigen Eigentums,
in: Wettbewerb in Recht und Praxis (WRP), 2007, S. 1281–1290
(zitiert als: Ahrens 2007)

**Armbrüster, Christian**
Eigentumsschutz durch den Beseitigungsanspruch nach § 1004 I 1 BGB und durch das Deliktsrecht,
in: Neue Juristische Wochenschrift (NJW), 2003, S. 3087–3090
(zitiert als: Armbrüster)

**Bamberger, Heinz Georg; Roth, Herbert (Hrsg.)**
Kommentar zum Bürgerlichen Gesetzbuch;
2. Aufl.; München, 2003
(zitiert als: *Bearbeiter* in Bamberger/Roth)

**Bar v., Christian**
Verkehrspflichten;
Köln u. a., 1980
(zitiert als: *v. Bar* Verkehrspflichten)

**Bar v., Christian**
Vorbeugender Rechtsschutz vor Verkehrspflichtverletzungen, in: Zeitschrift für Versicherungsrecht, Haftungs- und Schadensrecht (VersR), 1983, Beiheft zu Nr. 33, S. 80–85;
(zitiert als: v. Bar 1983)

**Bar v., Christian**
Probleme der Haftpflicht für deliktsrechtliche Eigentumsverletzungen;
Karlsruhe, 1992
(zitiert als: v. Bar 1992)

**Baur, Fritz**
Der Beseitigungsanspruch nach § 1004 BGB, in: *ders.,* Beiträge zum materiellen Recht und Verfahrensrecht; Tübingen, 1986
(Originalerstveröffentlichung in Archiv für die civilistische Praxis (AcP), 1961, S. 465–493)
(zitiert als: Baur 1961)

**Baur, Fritz (Begr.); Baur, Jürgen; Stürner, Rolf**
Sachenrecht;
17. Aufl.; München, 1999
(zitiert als: Baur/Stürner)

**Baur, Fritz**
Sachenrecht;
1. Aufl.; München, 1960
(zitiert als: *Baur* Sachenrecht, 1. Aufl.)

**Beck, Hans (Hrsg.); Diederichsen, Uwe; Hefermehl, Wolfgang; Wolf, Manfred u. a. (Bearb.)**
Juristen im Portrait – Verlag und Autoren in 4 Jahrzehnten – Festschrift zum 225jährigen Jubiläum des Verlages C. H. Beck;
München, 1988
(zitiert als: *Bearbeiter* in FS Beck)

**Behrends, Okko; Knüttel, Rolf; Kupisch, Berthold; Seiler, Hans-Hermann (Hrsg.)**
Corpus Iuris Civilis, Bd. II: Digesten 1–10 – Text und Übersetzung;
Heidelberg, 1995
(zitiert als: Behrends/Knütel/Kupisch/Seiler)

**Benkhard; Georg (Begr.); Asendorf, Claus Dietrich; Ullmann, Eike u. a. (Bearb.)**
Kommentar Patentgesetz – Gebrauchsmustergesetz
10. Aufl.; München, 2006
(zitiert als: *Bearbeiter* in Benkhard)

**Bensching, Claudia**
Nachbarrechtliche Ausgleichsansprüche – zulässige Rechtsfortbildung oder Rechtsprechung contra legem?
Tübingen, 2002
(zitiert als: Bensching)

**Borck, Hans-Günther**
Das Prokrustesbett „Konkrete Verletzungsform“, in: Gewerblicher Rechtsschutz und Urheberrecht (GRUR) 1996, S. 522–526
(zitiert als: Borck)

**Bortloff, Nils**
Neue Urteile in Europa betreffend die Frage der Verantwortlichkeit von Online-Diensten,
in: Zeitschrift für Urheber- und Medienrecht (ZUM) 1997, S. 167–175
(zitiert als: Bortloff)

**Brehm, Wolfgang; Berger, Christian**
Sachenrecht;
2. Aufl.; Tübingen, 2006
(zitiert als: Brehm/Berger)

**Brinkel, Guido**
Filesharing;
Berlin, 2005
(zitiert als: Brinkel)

**Bucher, Ewald**
Urteilsanmerkung zu LG Essen in NJW 1973, S. 2290–2291 („Anbringen eines Wahlplakates am Fenster einer Mietwohnung“),
in: Neue Juristische Wochenschrift (NJW), 1973, S. 2291–2291
(zitiert als: Bucher)

**Canaris, Claus-Wilhelm (Hrsg.)**
Schuldrechtsmodernisierung 2002 – Materialien, Texte, Dokumente;
München, 2002
(zitiert als: Materialien Schuldrechtsmodernisierung 2002)

**Crome, Carl**
System des Deutschen Bürgerlichen Rechts;
Tübingen, 1905
(zitiert als: Crome System)

**Diener, Roger**
Wandlung des Eigentumsbegriffs – Ein Versuch zur Brechung bürgerlicher Rechtsbegriffe,
in: Deutsches Recht (DR) 1935, S. 175–179
(zitiert als: Diener)

**Döring, Reinhard**
Die Haftung für eine Mitwirkung an fremden Wettbewerbsverstößen, Urheberrechts-, Marken-, Patent-, Gebrauchsmuster- und Geschmacksmusterverletzungen – Eine kritische Untersuchung zu der Notwendigkeit einer „Störerhaftung“ im gewerblichen Rechtsschutz und im Urheberrecht;
Frankfurt am Main, 2007
(zitiert als: Döring)

**Dreier, Thomas; Schulze, Gernot**
Urheberrechtsgesetz – Kommentar;
3. Aufl.; München, 2008
(zitiert als: *Bearbeiter* in Dreier/Schulze)

**Dreier, Ralf; Sellert, Wolfgang (Hrsg.)**
Recht und Justiz im „Dritten Reich“;
Taschenbuchausgabe; Frankfurt am Main, 1989
(zitiert als: *Bearbeiter* in Dreier/Sellert)

| | |
|---|---|
| **Dreyer, Gunda;**<br>**Kotthoff, Jan;**<br>**Meckel, Astrid** | Urheberrecht – Heidelberger Kommentar;<br>2. Aufl.; Heidelberg, 2009<br>(zitiert als: *Bearbeiter* in HK-UrhR) |
| **Drews, Bill;**<br>**Wacke, Gerhard (Begr.);**<br>**Vogel, Klaus;**<br>**Martens, Wolfgang (Bearb.)** | Gefahrenabwehr – Allgemeines Polizeirecht (Ordnungsrecht) des Bundes und der Länder;<br>9. Aufl.; Köln, Berlin, Bonn, München, 1986<br>(zitiert als: Drews/Wacke/Vogel/Martens) |
| **Ehlers, Jochen;**<br>**Fock, Soenke;**<br>**Harlfinger, Philipp u. a.** | Haftung für die mittelbare Verletzung von Rechten des Geistigen Eigentums,<br>in: Gewerblicher Rechtsschutz und Urheberrecht international (GRUR Int) 2008, S. 935–944 (Q 204)<br>(zitiert als: Ehlers/Fock/Harlfinger) |
| **Ehret, Susanne** | Internet-Auktionshäuser auf dem haftungsrechtlichen Prüfstand,<br>in: Computer und Recht (CR) 2003, S. 754–761<br>(zitiert als: Ehret) |
| **Ernst, Stefan;**<br>**Seichter, Dirk** | Die Störerhaftung des Inhabers eines Internetzugangs,<br>in: Zeitschrift für Urheber- und Medienrecht (ZUM) 2007, S. 513–518<br>(zitiert als: Ernst/Seichter) |
| **Fezer, Karl Heinz** | Markenrecht – Kommentar;<br>3. Aufl.; München, 2001<br>(zitiert als: Fezer) |
| **Freytag, Stefan M.** | Haftung im Netz – Verantwortlichkeit für Urheber-, Marken- und Wettbewerbsrechtsverletzungen nach § 5 TDG und § 5 MDStV;<br>München, 1999<br>(zitiert als: Freytag) |
| **Fritzsche, Jörg** | Unterlassungsanspruch und Unterlassungsklage;<br>Halle, 1999<br>(zitiert als: Fritzsche) |
| **Fromm, Friedrich Karl;**<br>**Nordemann, Wilhelm (Begr.);**<br>**Nordemann, Wilhelm;**<br>**Nordemann, Axel;**<br>**Nordemann, Jan Bernd (Hrsg.)** | Urheberrecht – Kommentar zum Urheberrechtsgesetz und zum Urheberrechtswahrnehmungsgesetz;<br>10. Aufl.; Berlin, 2008<br>(zitiert als: *Bearbeiter* in Fromm/Nordemann) |
| **Fuchs-Wissemann, Hans** | Die Einwirkung des Mitverschuldens im Sachenrecht, insbesondere bei den Ansprüchen aus den §§ 985 und 1004 BGB;<br>Marburg, 1936<br>(zitiert als: Fuchs-Wissemann) |

**Gercke, Marco**
Die Bedeutung der Störerhaftung im Kampf gegen Urheberrechtsverletzungen – Möglichkeiten und Grenzen des auf die Störerhaftung gestützten Vorgehens gegen Urheberrechtsverletzungen im Internet,
in: Zeitschrift für Urheber- und Medienrecht (ZUM) 2006, S. 593–600
(zitiert als: Gercke 2006)

**Geppert, Martin; Piepenbrock, Hermann-Josef; Schütz, Raimund; Schuster, Fabian (Hrsg.)**
Beck´scher TKG-Kommentar;
3. Aufl.; München, 2006
(zitiert als: *Bearbeiter* in Geppert/Piepenbrock/Schütz/Schuster)

**Gietl, Andreas**
Störerhaftung für ungesicherte Funknetze – Voraussetzungen und Grenzen,
in: Multimedia und Recht (MMR) 2007, S. 630–634
(zitiert als: Gietl)

**Gierke von, Cornelia**
Grenzen der wettbewerbsrechtlichen Störerhaftung,
in: Wettbewerb in Recht und Praxis (WRP) 1997, S. 892–896
(zitiert als: v. Gierke)

**Götting, Horst-Peter; Schertz, Christian; Seitz, Walter**
Handbuch des Persönlichkeitsrechts;
München, 2008
(zitiert als: *Bearbeiter* in Götting/Schertz/Seitz)

**Grimm, Jakob; Grimm, Wilhelm**
Deutsches Wörterbuch;
16 Bände in 32 Teilbänden; Leipzig 1854 (Bd. 1)
(zitiert als: Grimm/Grimm DWB)

**Guillamón, Carmen Lázaro**
Von Ulpian bis Accursius: Responsa über D. 8.5.8.5,
in: Revue Internationale des Droits de l'Antiquité (RIDA), 2005, S. 233–247
(zitiert als: Guillamón)

**Gursky, Karl-Heinz**
Zur neueren Diskussion um § 1004 BGB,
in: Juristische Rundschau (JR), 1989, S. 397–402
(zitiert als: Gursky 1989)

**Haedicke, Maximilian**
Die Haftung für mittelbare Urheber- und Wettbewerbsrechtsverletzungen – Zugleich eine Besprechung von BGH v. 15.10.1998 – Möbelklassiker,
in: Gewerblicher Rechtsschutz und Urheberrecht (GRUR) 1999, S. 397-402
(zitiert als: Haedicke 1999)

| | |
|---|---|
| **Hart, Herbert Lionel Adolphus** | The Concept of Law;<br>2. Aufl.; Oxford, 1994 (1991)<br>(zitiert als: *Hart*, The Concept of Law) |
| **Harte-Bavendamm, Henning; Henning-Bodewig, Frauke (Hrsg.)** | Gesetz gegen den unlauteren Wettbewerb – Kommentar;<br>München, 2004<br>(zitiert als: *Bearbeiter* in Harte/Henning) |
| **Hartmann, Alexander** | Unterlassungsansprüche im Internet;<br>München, 2009<br>(zitiert als: Hartmann) |
| **Heermann, Peter W.; Ohly, Ansgar (Hrsg.)** | Verantwortlichkeit im Netz – Wer haftet wofür?;<br>Bayreuth, 2003<br>(zitiert als: *Bearbeiter* in Heermann/Ohly) |
| **Hefermehl, Wolfgang (Begr.); Köhler, Helmut; Bornkamm, Joachim u. a. (Bearb.)** | Gesetz gegen den unlauteren Wettbewerb –<br>Kommentar<br>24. Aufl.; München, 2006<br>(zitiert als: *Bearbeiter* in Hefermehl/Köhler/Bornkamm) |
| **Heinze, Meinhard** | Rechtsnachfolge im Unterlassen – Ein Beitrag zur dogmatischen Struktur des Unterlassungsanspruchs § 1004 I 2 BGB und der Rechtsnachfolge;<br>Tübingen, 1974<br>(zitiert als: Heinze) |
| **Heiß, Wilhelm** | Die Grundlagen und der Inhalt des negatorischen Beseitigungsanspruchs aus § 1004 Abs. I Satz 1 BGB; Gießen, 1935<br>(zitiert als: Heiß) |
| **Herrmann, Elke** | Der Störer nach § 1004 BGB;<br>Hamburg, 1987<br>(zitiert als: Herrmann) |
| **Herrmann, Elke** | Natureinflüsse und Nachbarrecht (§§ 1994, 906 BGB) – drei Entscheidungen,<br>in: Juristische Schulung (JuS) 1997, S. 153–158<br>(zitiert als: Herrmann 1997) |
| **Hohloch, Gerhard** | Die negatorischen Ansprüche und ihre Beziehungen zum Schadensersatzrecht;<br>Frankfurt am Main, 1976<br>(zitiert als: Hohloch) |
| **Hoffmann, Helmut** | Das Auskunftsverfahren nach § 101 Abs. 9 UrhG n. F. – Überblick über die Rechtsprechung im ersten Jahr nach Inkrafttreten der gesetzlichen Neuregelung,<br>in: Multimedia und Recht (MMR) 2009, S. 655–661<br>(zitiert als: Hoffmann) |

**Hornung, Gerrit**
Die Haftung von W-LAN Betreibern – Neue Gefahren für Anschlussinhaber – und die Idee „offener" Netze, in: Computer und Recht (CR) 2007, S. 88–94
(zitiert als: Hornung)

**Imenga, Ulrich; Mestmäcker, Ernst-Joachim**
Wettbewerbsrecht, Band. 2 GBW – Kommentar zum Europäischen Kartellrecht; 4. Aufl.; München, 2007
(zitiert als: *Bearbeiter* in Immenga/Mestmäcker)

**Ingerl, Reinhard; Rohnke, Christian**
Markengesetz (Kommentar)
2. Aufl.; München, 2003
(zitiert als: Ingerl/Rohnke)

**Jabornegg, Peter; Strasser, Ruldolf**
Nachbarrechtliche Ansprüche als Instrument des Umweltschutzes – Ein Beitrag zur Dogmatik der Negatorienklage; Linz, 1978
(zitiert als: Jabornegg/Strasser)

**Jakobs, Heinrich; Schubert, Werner (Hrsg.)**
Die Beratung des Bürgerlichen Gesetzbuchs in systematischer Zusammenstellung der unveröffentlichten Quellen, Bd. Allgemeiner Teil;
Berlin u. New York, 1985
(zitiert als: Jakobs/Schubert AT)

**Jakobs, Heinrich; Schubert, Werner (Hrsg.)**
Die Beratung des Bürgerlichen Gesetzbuchs in systematischer Zusammenstellung der unveröffentlichten Quellen, Bd. Sachenrecht I §§ 854–1017;
Berlin u. New York, 1985
(zitiert als: Jakobs/Schubert SR I)

**Jakobs, Heinrich; Schubert, Werner (Hrsg.)**
Die Beratung des Bürgerlichen Gesetzbuchs in systematischer Zusammenstellung der unveröffentlichten Quellen, Bd. Recht der Schuldverhältnisse III §§ 652–853;
Berlin u. New York, 1985
(zitiert als: Jakobs/Schubert RdSV III)

**Jakobs, Heinrich; Schubert, Werner (Hrsg.)**
Die Beratung des Bürgerlichen Gesetzbuchs in systematischer Zusammenstellung der unveröffentlichten Quellen, Bd. Sachenrecht II §§ 1018–1296;
Berlin u. New York, 1991
(zitiert als: Jakobs/Schubert SR II)

**Jakobs, Heinrich; Schubert, Werner (Hrsg.)**
Die Beratung des Bürgerlichen Gesetzbuchs in systematischer Zusammenstellung der unveröffentlichten Quellen, Bd. Sachenrecht III – Grundbuchordnung;
Berlin u. New York, 1982
(zitiert als: Jakobs/Schubert SR III)

**Jakobs, Heinrich; Schubert, Werner (Hrsg.)** — Die Beratung des Bürgerlichen Gesetzbuchs in systematischer Zusammenstellung der unveröffentlichten Quellen, Bd. Familienrecht; Berlin u. New York, 1989 (zitiert als: Jakobs/Schubert FR)

**Jauerning, Othmar (Hrsg.); Jauerning, Othmar; Berger, Christian; Stürner, Rolf u. a. (Bearb.)** — Bürgerliches Gesetzbuch mit Allgemeinem Gleichbehandlungsgesetz – Kommentar; 12. Aufl.; München 2007 (zitiert als: *Bearbeiter* in Jauerning)

**Jergolla, Maren** — Das Ende der wettbewerbsrechtlichen Störerhaftung?, in: Wettbewerb in Recht und Praxis (WRP) 2004, S. 655–660 (zitiert als: Jergolla)

**Johow, Reinhold (Verf.); Schubert, Werner (Hrsg.)** — Die Vorlagen der Rektoren für die erste Kommission zur Ausarbeitung des Entwurfs eines Bürgerlichen Gesetzbuches –, Sachenrecht, Teil 1 Allgemeine Bestimmungen, Besitz und Eigentum; Berlin u. New York, 1991 (Originalausgabe 1880) (zitiert als: Johow)

**Kant, Immanuel** — Kritik der reinen Vernunft (in zwei Bänden, herausgegeben von Wilhelm Weischedel); Frankfurt am Main, 1974, 1956; Riga 1781/1787 (zitiert als: Kant KrV)

**Kaser, Max** — Das Römische Privatrecht – Erster Abschnitt; 2. Aufl.; München, 1971 (zitiert als: Kaser)

**Kaser, Max; Knütel, Rolf;** — Römisches Privatrecht; 18. Aufl.; München, 2005 (zitiert als: Kaser/Knütel)

**Katzenstein, Matthias** — Störerhaftung des Mieters wegen rechtswidrig umgebauter Wohnung, in: Juristenzeitung (JZ) 2008, S. 1129–1134 (zitiert als: Katzenstein)

**Kawasumi, Yoshikazu** — Von der römischen actio negatoria zum negatorischen Beseitigungsanspruch des BGB; Tübingen, 2000 (zitiert als: Kawasumi)

**Kelsen, Hans** — Reine Rechtslehre – Einleitung in die rechtswissenschaftliche Problematik; 2. Neudruck der 1. Aufl.; Genf, 1934; Wien, 1994 (zitiert als: Kelsen)

**Kirchmann, Julius Heinrich** Die Wertlosigkeit der Jurisprudenz als Wissenschaft; 1. Aufl.; Heidelberg, 1847 (2000) (zitiert als: Kirchmann)

**Kitz, Volker** Die Auskunftspflicht des Zugangsvermittlers bei Urheberrechtsverletzungen durch seine Nutzer, in: Gewerblicher Rechtsschutz und Urheberrecht (GRUR) 2003, S. 1014–1019 (zitiert als: Kitz 2003)

**Kitz, Volker** § 101a UrhG: Für eine Rückkehr zur Dogmatik, in: Zeitschrift für Urheber- und Medienrecht (ZUM) 2005, S. 298–303 (zitiert als: Kitz 2005)

**Kitz, Volker** Urheberschutz im Internet und seine Einfügung in den Gesamtrechtsrahmen, in: Zeitschrift für Urheber- und Medienrecht (ZUM) 2006, S. 444–450 (zitiert als: Kitz 2006)

**Kluge, Friedrich; Seebold, Elmar** Etymologisches Wörterbuch der deutschen Sprache; 24. Aufl.; Berlin/New York, 2002 (zitiert als: Kluge/Seebold)

**Köhler, Helmut; Piper, Henning** Gesetz gegen den unlauteren Wettbewerb mit Preisabgabenverordung: Kommentar; 3. Aufl.; München, 2002 (zitiert als: *Bearbeiter* in Köhler/Piper)

**Köhler, Helmut** Die Beteiligung an fremden Wettbewerbsverstößen, in: Wettbewerb in Recht und Praxis (WRP) 1997, S. 897–902 (zitiert als: Köhler 1997)

**Kotz, Christian** Grundlagen negatorischer und quasi-negatorischer Haftung; Siegen, 2004 (zitiert als: Kotz)

**Kramer, Andreas** Zivilrechtlicher Auskunftsanspruch gegenüber Access Providern – Verpflichtung zur Herausgabe der Nutzerdaten von Urheberrechtsverletzern unter Berücksichtigung der Enforcement-Richtlinie (RL 2004/48/EG); Hamburg, 2007 (zitiert als: Kramer)

**Kübler, Friedrich Karl** „Eigentum verpflichtet“ – eine zivilrechtliche Generalklausel?, in: Archiv für die civilistische Praxis (AcP), 159 (1960/1961), S. 236–293 (zitiert als: Kübler)

**Langhoff, Helge** — Auskunftsanspruch gegen Internetprovider, in: Zeitschrift für Urheber- und Medienrecht (ZUM) 2006, S. 457–460 (zitiert als: Langhoff)

**Larenz, Karl** — Rechtswidrigkeit und Handlungsbegriff im Zivilrecht, in: *von Caemmerer, Nikisch, Zweigert* (Hrsg.), Vom Deutschen zum Europäischen Recht – Festschrift für Hans Dölle zum 70. Geburtstag; Tübingen, 1963 (zitiert als: *Larenz* in FS Dölle)

**Larenz, Karl (Begr.); Canaris, Claus-Wilhelm** — Lehrbuch des Schuldrechts – zweiter Band, besonderer Teil, 2. Halbband; 13. Aufl.; München, 1994 (zitiert als: Larenz/Canaris)

**Larenz, Karl (Begr.); Wolf, Manfred** — Allgemeiner Teil des Bürgerlichen Rechts; 9. Aufl.; München, 2004 (zitiert als: Larenz/Wolf)

**Lehmann, Heinrich** — Die Unterlassungspflicht im Bürgerlichen Recht; München, 1906 (zitiert als: Lehmann)

**Leible, Stefan; Sosnitza, Olaf** — Neues zur Störerhaftung von Internet-Auktionshäusern, in: Neue Juristische Wochenschrift (NJW) 2004, S. 3225–3227 (zitiert als: Leible/Sosnitza)

**Leible, Stefan; Jahn, David** — Urteilsanmerkung zu BGH NJW 2010, S. 2061–2066 („Sommer unseres Lebens“), in: Lindenmeier-Mörhing, Kommentierte BGH-Rechtsprechung (LMK) 2010, Nr. 306719 (zitiert als: Leible/Jahn)

**Leistner, Matthias** — Von „Grundig Reporter(n) zu Paperboy(s)“ – Entwicklungsperspektiven der Verantwortlichkeit im Urheberrecht, in: Gewerblicher Rechtsschutz und Urheberrecht (GRUR) 2006, S. 801–814 (zitiert als: Leistner 2006)

**Leistner, Matthias; Stang, Felix** — Die Neuerung der wettbewerbsrechtlichen Verkehrspflichten – Ein Siegeszug der Prüfungspflichten, in: Wettbewerb in Recht und Presse (WRP) 2008, S. 533–555 (zitiert als: Leistner/Stang)

**Liksen, Hans; Denniger, Erhard (Hrsg.); Rachor, Frederik; Stolleis, Michael u. a. (Bearb.)** — Handbuch des Polizeirechts – Gefahrenabwehr, Strafverfolgung, Rechtsschutz; 4. Aufl.; München, 2007 (zitiert als: *Bearbeiter* in Handbuch des Polizeirechts)

**Lement, Cornelius**
Zur Haftung von Internet-Auktionshäusern – Anmerkung zum Urteil des BGH „Internet-Versteigerung“ in: Gewerblicher Rechtsschutz und Urheberrecht (GRUR) 2005, S. 210–214
(zitiert als: Lement)

**Lepeska, Guido**
Der negatorische Beseitigungsanspruch – im System des privatrechtlichen Eigentumsschutzes;
Linz, 2002
(zitiert als: Lepeska)

**Löhr, H. Dieter**
Zur Haftung der Presse bei irreführender Werbung, in: Wettbewerb in Recht und Praxis (WRP) 1974, S. 524–625
(zitiert als: Löhr)

**Loewenheim, Ulrich (Hrsg.); Hoeren, Thomas; Katzenberger, Paul; Nordemann, Wilhelm (Bearb.)**
Handbuch des Urheberrechts;
Frankfurt am Main, 2003
(zitiert als: *Bearbeiter* in Loewenheim)

**Lorenz, Edward N.**
The Essence of Chaos;
Seattle, 1993
(zitiert als: Lorenz)

**Luden, Karl**
Die Lehre von den Servituten;
Gotha, 1837
(zitiert als: Luden)

**Loth**
Der nationalsozialistische Eigentumsbegriff, in: Juristische Wochenschrift (JW) 1935, S. 1752–1753
(zitiert als: Loth)

**Lutter, Marcus; Overrath, Hans-Peter**
Der Vermieter als Störer nach § 1004 BGB, in: Juristenzeitung (JZ) 1968, S. 345–353
(zitiert als: Lutter/Overrath)

**Maaßen, Stefan**
Urheberrechtlicher Auskunftsanspruch und Vorratsdatenspeicherung, in: Multimedia und Recht (MMR) 2009, S. 511–515
(zitiert als: Maaßen)

**Mantz, Reto**
Rechtsfragen offener Netze – Rechtliche Gestaltung und Haftung des Access Providers in zugangsoffenen (Funk-) Netzen;
Karlsruhe, 2008
(zitiert als: Mantz)

**Mantz, Reto** Anmerkung zum Urteil des BGH „Sommer unseres Lebens“ in: Multimedia und Recht (MMR) 2010, S. 568–570
(zitiert als: Mantz 2010)

**Matz, Thomas** Geräuschimmissionen durch Tennisanlagen – Zivilrechtlicher Unterlassungsanspruch des Nachbarn aus § 1004 BGB; Frankfurt am Main, 1990
(zitiert als: Matz)

**Maunz, Theodor; Dürig, Günter (Begr.); Herzog, Roman; Herdegen, Matthias u. a. (Hrsg.)** Grundgesetz Kommentar; Loseblattsammlung, Stand 12/2007 (L. 54) München, 1958–2009
(zitiert als: *Bearbeiter* in Maunz/Dürig)

**Mertens, Hans-Georg** Zum Inhalt des Beseitigungsanspruchs aus § 1004 BGB, in: Neue Juristische Wochenschrift (NJW) 1972, S. 1783–1786
(zitiert als: Mertens)

**Mes, Peter** Patentgesetz, Gebrauchsmustergesetz – Kommentar; 2. Aufl.; München, 2005
(zitiert als: Mes)

**Mießner, Sandra** Providerhaftung, Störerhaftung und Internetauktion; Marburg, 2007
(zitiert als: Mießner)

**Mittermaier, Karl Josef Anton** Zurechnung nach den Lehren der Phrenologie (Schädellehre), in: Blätter für Rechtsanwendung 1843, S. 137–138
(zitiert als: Mittermeier)

**Mönkemöller, Lutz** Moderne Freibeuter unter uns? – Internet, MP3 und CR-R als GAU für die Musikbranche!, in: Gewerblicher Rechtsschutz und Urheberrecht (GRUR) 2000, S. 663–669
(zitiert als: Mönkemöller)

**Mühlberger, Sven J.** Die Haftung des Internetanschlussinhabers bei Filesharing-Konstellationen nach den Grundsätzen der Störerhaftung, in: Gewerblicher Rechtsschutz und Urheberrecht (GRUR) 2009, S. 1022–1027
(zitiert als: Mühlberger)

**Münzberg, Wolfgang** Verhalten und Erfolg als Grundlagen der Rechtswidrigkeit und Haftung; Frankfurt am Main, 1966
(zitiert als: Münzberg)

**Mugdan, Benno (Hrsg. u. Bearb.)**
Die gesamten Materialien zum Bürgerlichen Gesetzbuch für das Deutsche Reich;
Berlin u. Stockstadt am Main, 1899–1900; Ausg. 2005
(zitiert als: Mugdan)

**Nellen, Eduard**
Straflose Vernichtung eigener Sachen?,
in: Deutsches Recht (DR) 1934, S. 280–281
(zitiert als: Nellen)

**Nenninger, Kristof**
Anmerkung zum Urteil des BGH „Sommer unseres Lebens“,
in: Neue Juristische Wochenschrift (NJW), 2010,
S. 2064–2065
(zitiert als: Nenninger)

**Neuner, Jörg**
Das nachbarrechtliche Haftungssystem,
in: Juristische Schulung (JuS) 2005, S. 385–391
(zitiert als: Neuner)

**Nordemann, Jan Bernd; Dustmann, Andreas**
To Peer Or Not To Peer –
Urheberrechtliche und datenschutzrechtliche Fragen der Bekämpfung der Internet-Piraterie,
in: Computer und Recht (CR) 2004, S. 380–388
(zitiert als: Nordemann/Dustmann)

**Nordemann, Jan Bernd**
Verkehrspflichten und Urheberrecht – oder: jugendgefährdende Medien für das Urheberrecht,
in: *Hilty, Reto M; Drexl, Josef; Nordemann, Wilhelm* (Hrsg.),
Festschrift für Ulrich Loewenheim zum 75. Geburtstag;
München, 2009
(zitiert als: *J. B. Nordemann* in FS Loewenheim)

**Offtermatt, Gerhard**
Dinglicher Beseitigungsanspruch und Duldungsanspruch;
Stuttgart, 1937
(zitiert als: Offtermatt)

**Ogorek, Regina**
Actio negatoria und industrielle Beeinträchtigung des Grundeigentums,
in: *Coing, Helmuth; Wilhelm, Walter* (Hrsg.), Wissenschaft und Kodifikation des Privatrechts im 19. Jahrhundert, Band IV;
Frankfurt am Main, 1979
(zitiert als: *Ogorek* in Coing/Wilhelm)

**Ott, Stephan**
Die Haftung von YouTube für urheberrechtsverletzende Uploads seiner Nutzer nach US-amerikanischem Recht,
in: Gewerblicher Rechtsschutz und Urheberrecht international (GRUR Int) 2008, S. 563–569
(zitiert als: Ott)

**Palandt, Otto (Begr.); Bassenge, Peter u. a.** Bürgerliches Gesetzbuch: Kommentar; 69. Aufl.; München, 2009 (für 2010) (zitiert als: *Bearbeiter* in Palandt)

**Palandt, Otto (Begr.); Danckelmann, Bernhard u. a.** Bürgerliches Gesetzbuch: Kommentar; 4. Aufl.; München und Berlin, 1941 (zitiert als: *Bearbeiter* in Palandt 1941)

**Palandt, Otto (Begr.); Danckelmann, Bernhard u. a.** Bürgerliches Gesetzbuch: Kommentar; 7. Aufl.; München und Berlin, 1949 (zitiert als: *Bearbeiter* in Palandt 1949)

**Palandt, Otto (Begr.); Danckelmann, Bernhard u. a.** Bürgerliches Gesetzbuch: Kommentar; 8. Aufl.; München und Berlin, 1950 (zitiert als: *Bearbeiter* in Palandt 1950)

**Palandt, Otto (Begr.); Danckelmann, Bernhard u. a.** Bürgerliches Gesetzbuch: Kommentar; 15. Aufl.; München und Berlin, 1956 (zitiert als: *Bearbeiter* in Palandt 1956)

**Palandt, Otto (Begr.); Danckelmann, Bernhard u. a.** Bürgerliches Gesetzbuch: Kommentar; 19. Aufl.; München und Berlin, 1960 (zitiert als: *Bearbeiter* in Palandt 1960)

**Palandt, Otto (Begr.); Danckelmann, Bernhard u. a.** Bürgerliches Gesetzbuch: Kommentar; 24. Aufl.; München und Berlin, 1965 (zitiert als: *Bearbeiter* in Palandt 1965)

**Palandt, Otto (Begr.); Danckelmann, Bernhard u. a.** Bürgerliches Gesetzbuch: Kommentar; 26. Aufl.; München und Berlin, 1967 (zitiert als: *Bearbeiter* in Palandt 1967)

**Palandt, Otto (Begr.); Danckelmann, Bernhard u. a.** Bürgerliches Gesetzbuch: Kommentar; 27. Aufl.; München und Berlin, 1968 (zitiert als: *Bearbeiter* in Palandt 1968)

**Palandt, Otto (Begr.); Danckelmann, Bernhard u. a.** Bürgerliches Gesetzbuch: Kommentar; 28. Aufl.; München und Berlin, 1968 (zitiert als: *Bearbeiter* in Palandt 1969)

**Palandt, Otto (Begr.); Bassenge, Peter u. a.** Bürgerliches Gesetzbuch: Kommentar; 61. Aufl.; München und Berlin, 2002 (zitiert als: *Bearbeiter* in Palandt 2002)

**Pawlowski, Hans-Martin** Methodenlehre für Juristen – Theorie der Normen und des Gesetzes; 3. Aufl.; Heidelberg, 1999 (zitiert als: Pawlowski)

**Pfeifer, Wolfgang**
Etymologisches Wörterbuch des Deutschen;
8. Aufl.; München, 2005
(zitiert als: Pfeifer)

**Picker, Eduard**
Der negatorische Beseitigungsanspruch;
Bonn, 1972
(zitiert als: Picker)

**Picker, Eduard**
Zur Beseitigungshaftung nach § 1004 BGB – eine Apologie,
in: *Lange, Hermann; Nörr, Knut W.; Westermann, Harm P.* (Hrsg.), Festschrift für Joachim Gernhuber zum 70. Geburtstag;
Tübingen, 1993
(zitiert als: *Picker* in FS v. Gernhuber)

**Pieroth, Bodo;**
**Schlink, Bernhard**
Grundrechte Staatsrecht II;
24. Aufl.; Berlin u. Münster, 2008
(zitiert als: Pieroth/Schlink)

**Pleyer, Klemens**
Die Haftung des Eigentümers für Störungen aus seinem Eigentum,
in: Archiv für die civilistische Praxis (AcP), 156 (1957), S. 291–310
(zitiert als: Pleyer)

**Prütting, Hanns;**
**Lent, Friedrich (Begr.);**
**Schwab, Karl Heinz (Fortf.)**
Sachenrecht – Ein Studienbuch;
33. Aufl.; München 2008
(zitiert als: Schwab/Prütting)

**Prütting, Hanns;**
**Wegen, Gerhard;**
**Weinreich, Gerd (Hrsg.)**
BGB Kommentar;
Köln u. a., 2006
(zitiert als: *Bearbeiter* in Prütting/Wegen/Weinreich)

**Puchta, Georg Friedrich**
Über die Negatorienklage (1827),
in: *ders.*; Kleine civilistische Schriften;
Leipzig, 1851
(zitiert als: Puchta)

**Rauscher, Thomas;**
**Wax, Peter;**
**Wenzel, Joachim (Hrsg.)**
Münchener Kommentar zur Zivilprozessordnung mit Gerichtsverfassungsgesetz und Nebengesetzen
3. Aufl.; München, 2008 (Bd. 1)
(zitiert als: *Bearbeiter* in MünchKomm-ZPO)

**Rebmann, Kurt;**
**Säcker, Franz-Jürgen;**
**Rixecker, Roland (Hrsg.)**
Münchener Kommentar zum Bürgerlichen Gesetzbuch;
5. Aufl.; München, 2007 (Bd. 2)
(zitiert als: *Bearbeiter* in MünchKomm, 5. Aufl.)

| | |
|---|---|
| **Rebmann, Kurt; Säcker, Franz-Jürgen; Rixecker, Roland (Hrsg.)** | Münchener Kommentar zum Bürgerlichen Gesetzbuch; 4. Aufl.; München, 2004 (Bd. 6) (zitiert als: *Bearbeiter* in MünchKomm, 4. Aufl.) |
| **Reichenbach, Sandy Bernd** | § 1004 BGB als Grundlage von Beweisverboten; Tübingen, 2004 (zitiert als: Reichenbach) |
| **Rössel, Markus; Kruse, Wilhelm** | Schadensersatzhaftung bei Verletzung von Filterpflichten – Verkehrssicherungspflicht der Telemediendienstanbieter, in: Computer und Recht (CR) 2008, S. 35–41 (zitiert als: Rössel/Kruse) |
| **Rückert, Joachim (Hrsg,); Laudenklos, Frank; Rohls, Michael (Bearb.)** | Fälle und Fallen in der neueren Methodik des Zivilrechts seit Savigny; Baden-Baden, 1997 (zitiert als: *Bearbeiter* in Rückert) |
| **Rüthers, Bernd** | Die unbegrenzte Auslegung – Zum Wandel der Privatrechtsordnung im Nationalsozialismus; Taschenbuchausgabe; Frankfurt am Main, 1973 (zitiert als: Rüthers) |
| **Samson-Himmelstjerna von, Fabian** | Haftung von Internetauktionshäusern; München, 2008 (zitiert als: Samson-Himmelstjerna) |
| **Schapp, Jan** | Über die Freiheit im Rechte, in: *ders.*; Über Freiheit und Recht; Tübingen, 2008 (zitiert als: *Schapp* Freiheit im Rechte) |
| **Schapp, Jan; Schur, Wolfgang** | Sachenrecht; 3. Aufl.; München, 2002 (zitiert als: Schapp/Schur) |
| **Schaefer, Martin** | Anmerkungen zu BGH, Urteil vom 12. Mai 2008 – I ZR 121/08 [= BGH NJW 2010, S. 2061–2066 („Sommer unseres Lebens“)] in: Zeitschrift für Urheber- und Medienrecht (ZUM) 2010, S. 699–701 (zitiert als: Schaefer) |
| **Schimansky, Herbert; Bunte, Hermann-Josef; Lwowski, Hans-Jürgen (Hrsg.)** | Bankrechts-Handbuch; 3. Aufl.; München, 2007 (zitiert als: *Bearbeiter* in Schimansky/Bunte/Lwowski) |

**Scheurle, Klaus-Dieter; Mayen, Thomas**
Telekommunikationsgesetz: Kommentar;
2. Aufl.; München, 2008
(zitiert als: *Bearbeiter* in Scheurle/Mayen)

**Schenke, Wolf-Rüdiger**
Polizei- und Ordnungsrecht;
3. nb. Aufl.; Heidelberg, 2004
(zitiert als: Schenke)

**Schilling, Bruno; Otto, Carl; Sintenis, Friedrich Ferdinand**
Corpus Iuris Civilis – ins Deutsche übersetzt, Bd. II;
Leipzig, 1831
(zitiert als: Schilling/Otto/Sintenis)

**Schleusener, Jan**
Eigentumspolitik im NS-Staat – Der staatliche Umgang mit Handlung- und Verfügungsrechten über privates Eigentum 1933–1939;
Frankfurt am Main, 2009
(zitiert als: Schleusener)

**Schubert, Werner (Hrsg.)**
Akademie für Deutsches Recht 1933–1945 – Protokolle der Ausschüsse, Bd. III, 6 – Ausschuss für Fahrnisrecht und geeinsame Sitzungen mit dem Ausschuss für Bodenrecht (1937–1942);
Berlin u. New York, 1994
(zitiert als: Schubert Protokolle Akademie für Deutsches Recht, Bd. III, 6)

**Schünemann, Wolfgang B.**
Die wettbewerbsrechtliche „Störer"-Haftung – Ein Konstrukt zwischen „praktischer Notwendigkeit" und dogmatischer Begründbarkeit,
in: Wettbewerb in Recht und Praxis (WRP) 1998, S. 120–124
(zitiert als: Schünemann)

**Schmidt, Rudolf**
Der negatorische Beseitigungsanspruch;
Stuttgart, 1924
(zitiert als: Schmidt)

**Schmitt, Carl**
Über die drei Arten des rechtswissenschaftlichen Denkens;
3. Neudruck der 1. Aufl.; Hamburg, 1934; Berlin, 2006
(zitiert als: Schmitt)

**Schmitz, Peter; Dierking, Laura**
Inhalte- und Störerverantwortlichkeit bei Telekommunikations- und Telemediendiensten – Anregungen für das geplante neue Telemediengesetz,
in: Computer und Recht (CR) 2005, S. 420–428
(zitiert als: Schmitz/Dierking)

**Schmoeckel, Mathias; Rückert, Joachim; Zimmermann, Reinhard (Hrsg.)**
Historisch-kritischer Kommentar zum BGB;
Tübingen, 2003 (Bd. I), 2007 (Bd. II)
(zitiert als: *Bearbeiter* in HKK)

**Schricker, Gerhard (Hrsg.); Katzenberger, Paul; Loewenheim, Ulrich (Bearb.)**
Urheberrecht – Kommentar;
3. Aufl.; München, 2006
(zitiert als: *Bearbeiter* in Schricker)

**Schulze, Marcel**
Materialien zum Urheberrecht (in zwei Bänden);
2. Aufl.; Weinheim u. a., 1997
(zitiert als: Schulze)

**Schwartmann, Rolf; Kocks, Sebastian**
Haftung für Missbrauch offener WLAN-Anschlüsse – Zugleich Kommentar zu BGH 12.5.2010 – I ZR 121/08 [= BGH NJW 2010, S. 2061–2066 („Sommer unseres Lebens")],
in: Kommunikation und Recht (K&R) 2010, S. 433–437
(zitiert als: Schwartmann/Kocks)

**Soergel, Hans Th. (Begr.); Baur, Jürgen; Wolf, Manfred u. a. (Bearb.)**
Bürgerliches Gesetzbuch mit Einführungsgesetz und Nebengesetzen – Kohlhammer-Kommentar;
13. Aufl.; Stuttgart, 2002 (Bd. 14), 2005 (Bd. 12), 2006 (Bd. 15/1)
(zitiert als: *Bearbeiter in* Soergel)

**Spießhofer, Birgit**
Der Störer im allgemeinen und im Sonderpolizeirecht;
Frankfurt am Main, 1989
(zitiert als: Spießhofer)

**Spindler, Gerald**
Deliktsrechtliche Haftung im Internet – nationale und internationale Rechtsprobleme,
in: Zeitschrift für Urheber- und Medienrecht (ZUM) 1996, S. 533–563
(zitiert als: Spindler 1996)

**Spindler, Gerald**
Urteilsanmerkung zu BGH JZ 2005, S. 33–36 [= BGH GRUR 2004, S. 860–864 („Internet-Versteigerung I")],
in: Juristenzeitung (JZ) 2005, S. 37–40
(zitiert als: *Spindler* Anm. zu BGH Internet-Versteigerung I)

**Spindler, Gerald; Volkmann, Christian**
Die zivilrechtliche Störerhaftung des Internet-Providers;
in: Wettbewerb in Recht und Praxis (WRP) 2003, S. 1–15
(zitiert als: Spindler/Volkmann)

**Spindler, Gerald; Leistner, Matthias**
Die Verantwortlichkeit für Urheberrechtsverletzungen im Internet – Neue Entwicklungen in Deutschland und in den USA,
in: Gewerblicher Rechtsschutz und Urheberrecht international (GRUR Int) 2005, S. 773–796
(zitiert als: Spindler/Leistner 2005)

**Spindler, Gerald; Schuster, Fabian (Hrsg.)**
Recht der elektronischen Medien – Kommentar;
München, 2008
(zitiert als: *Bearbeiter* in Spindler/Schuster)

**Stang, Felix; Hühner, Sebastian**
Haftung des Anschlussinhabers für fremde Rechtsverletzungen beim Betrieb eines ungesicherten WLAN-Funknetzes – Zugleich Anmerkung zu OLG Frakfurt a.M., GRUR-RR 2008, 279 „Ungesichertes WLAN“;
in: Gewerblicher Rechtsschutz und Urheberrecht Rechtsprechungs- Report (GRUR-RR) 2008, 273–275
(zitiert als: Stang/Hühner 2008)

**Stang, Felix; Hühner, Sebastian**
Anmerkung zum Urteil des BGH „Sommer unseres Lebens“
in: Gewerblicher Rechtsschutz und Urheberrecht (GRUR) 2010, S. 636–637
(zitiert als: Stang/Hühner 2010)

**Staudinger von, Julius (Begr.); Gursky, Karl-Heinz; Fezer, Karl-Heinz; Schmidt, Karsten u. a. (Bearb.)**
Kommentar zum Bürgerlichen Gesetzbuch mit Einführungsgesetz und Nebengesetzen;
Aufl. 2006; Berlin, 1898–2006
(zitiert als: *Bearbeiter* in Staudinger)

**Staudinger von, Julius (Hrsg.); Kober, Karl; Löwenfeld, Theodor u. a. (Bearb.)**
Kommentar zum Bürgerlichen Gesetzbuche für das Deutsche Reich nebst Einführungsgesetz;
1. Aufl., München, 1898 (Reprint Berlin, 1997)
(zitiert als: *Bearbeiter* in Staudinger 1898)

**Staudinger von, Julius (Begr.); Kober, Karl; Pätzold, Erwin u.a. (Bearb.)**
Kommentar zum Bürgerlichen Gesetzbuche für das Deutsche Reich nebst Einführungsgesetz;
10. Aufl., München, Berlin u. Leipzig, 1935
(zitiert als: *Bearbeiter* in Staudinger 1935)

**Staudinger von, Julius (Begr.); Berg, Hans; Coing, Helmut u.a. (Bearb.)**
Kommentar zum Bürgerlichen Gesetzbuch nebst Einführungsgesetz;
11. Aufl., Berlin, 1956
(zitiert als: *Bearbeiter* in Staudinger 1956)

**Staudinger von, Julius (Begr.); Honsell, Heinrich; Herrmann, Elke; Martinek, Michael u. a. (Bearb.)**
Kommentar zum Bürgerlichen Gesetzbuch – Eckpfeiler des Zivilrechts;
Aufl. 2005; Berlin, 2005
(zitiert als: *Bearbeiter* in Staudinger/Eckpfeiler)

**Steinbach, Dietwin Johannes** Der Eigentumsfreiheitsanspruch nach § 1004 im System der Ansprüche zum Schutz des Eigentums;
Frankfurt am Main, 1993
(zitiert als: Steinbach)

**Stickelbrock, Barbara** Angleichung zivilrechtlicher und öffentlich-rechtlicher Haftungsmaßstäbe beim Störerbegriff des § 1004 BGB, Der Beseitigungsanspruch nach § 1004 BGB,
in: Archiv für die civilistische Praxis (AcP), 197 (1997), S. 456–504
(zitiert als: Stickelbrock)

**Stiebler, Hartwig** Vorbeugender Rechtsschutz vor Verkehrspflichtverletzungen;
Osnabrück, 1986
(zitiert als: Stiebler)

**Stolleis, Michael** Recht im Unrecht – Studien zur Rechtsgeschichte des Nationalsozialismus;
Taschenbuch-Ausg.; Frankfurt am Main, 1994
(zitiert als: Stolleis)

**Strohal v., Emil (Hrsg.)** Planck´s Kommentar zum Bürgerlichen Gesetzbuch nebst Einführungsgesetzen;
4. Aufl.; Berlin u. Leipzig, 1920 (Bd. 3)
(zitiert als: *Bearbeiter* in Planck)

**Stönner, Heinz** Voraussetzungen, Inhalt und Vollstreckung der Eigentumsfreiheitsansprüche des § 1004 BGB;
Heidelberg, 1934
(zitiert als: Stönner)

**Süss, Philipp** Die verschuldensunabhängige Haftung analog § 906 Absatz 2 Satz 2 BGB; Frankfurt am Main, 1998
(zitiert als: Süss)

**Teplitzky, Otto** Die jüngste Rechtsprechung des Bundesgerichtshofes zum wettbewerbsrechtlichen Anspruchs- und Verfahrensrecht IX,
in: Gewerblicher Rechtsschutz und Urheberrecht (GRUR) 1999, S. 1050–1058
(zitiert als: Teplitzky 1999)

**Teplitzky, Otto** Wettbewerbsrechtliche Ansprüche und Verfahren;
9. Aufl; Köln, 2006
(zitiert als: Teplitzky)

**Traeger, Ludwig** Der Kausalbegriff im Straf- und Zivilrecht – Zugleich ein Beitrag zur Auslegung des B.G.B;
Marburg, 1904
(zitiert als: Traeger)

**Ullmann, Eike (Hrsg.)**
juris PraxisKommentar UWG – Gesetz gegen den unlauteren Wettbewerb;
2. Aufl.; Saarbrücken, 2009
(zitiert als: *Bearbeiter* in Ullmann)

**Vangerow, Karl Adolph von**
Leifaden für Panadekten-Vorlesungen, Band 1;
3. Aufl.; Marburg 1843
(zitiert als: Vangerow)

**Verweyen, Urs**
Grenzen der Störerhaftung in Peer-to-Peer-Netzwerken,
in: Multimedia und Recht (MMR) 2009, S. 590–594
(zitiert als: Verweyen)

**Volkmann, Christian**
Verkehrspflichten für Internet-Provider,
in: Computer und Recht (CR) 2008, S. 232–238
(zitiert als: Volkmann)

**Voss, Laurenz**
Die Verkehrspflichten – Eine dogmatische Legitimierung;
Hamburg, 2007
(zitiert als: Voss)

**Waas, Bernd**
Zur Abgrenzung des Beseitigungsanspruchs gem. § 1004 Abs. 1 S. 1 BGB von dem Anspruch auf Schadensersatz wegen unerlaubter Handlung,
in: Versicherungsrecht Aufsätze (VersR) 2002, S. 1205–1213
(zitiert als: Waas)

**Waldenberger, Arthur**
Zur zivilrechtlichen Verantwortlichkeit für Urheberrechtsverletzungen im Internet,
in: Zeitschrift für Urheber- und Medienrecht (ZUM) 1997, S. 176–188
(zitiert als: Waldenberger)

**Wandtke, Artur-Axel; Bullinger, Winfried (Hrsg.)**
Praxiskommentar zum Urheberrecht;
2. Aufl.; München, 2006
(zitiert als: *Bearbeiter* in Wandtke/Bullinger)

**Wenzel, Christian**
Der Störer und seine verschuldensunabhängige Haftung im Nachbarrecht,
in: Neue Juristische Wochenschrift (NJW), 2005, S. 241–247
(zitiert als: *Wenzel* Nachbarrecht)

**Wenzel, Karl Egbert (Begr.); Burkhardt, Emanuel H.; Gamer, Waldemar u. a.**
Das Recht der Wort- und Bildberichterstattung;
5. Aufl.; Köln, 2003
(zitiert als: *Bearbeiter* in Wenzel)

| | |
|---|---|
| **Warnemeyer, Otto; Schelcher, Walter** | Das Bürgerliche Gesetzbuch für das Deutsche Reich nebst dem Einführungsgesetz, erläutert durch die Rechtsprechung, 2. Band (3. – 5. Buch und EG)<br>5. Aufl.; Leipzig, 1931<br>(zitiert als: Warnemeyer) |
| **Wassermann, Rudolf (Hrsg.); Derleder, Peter; Kohl, Helmut u. a. (Bearb.)** | Kommentar zum Bürgerlichen Gesetzbuch – Reihe Alternativkommentare;<br>Neuwied, 1983 (Bd. 4)<br>(zitiert als: *Bearbeiter* in AK) |
| **Wesel, Uwe** | Zur Frage des materiellen Anspruchs bei Unterlassungsklagen, in: *Becker, Walter G.* und *Carolsfeld von, Ludwig Schnorr* (Hrsg.), Festschrift für Ulrich von Lübtow zum 70. Geburtstag, *„Sein und Werden im Recht“;*<br>Berlin, 1970<br>(zitiert als: *Wesel* in FS v. Lübtow) |
| **Westermann, Harm Peter (Hrsg.); Armbrüster, Peter; Ebbing, Frank u. a. (Bearb)** | Erman – Bürgerliches Gesetzbuch: Handkommentar;<br>12. Aufl.; München, 2008<br>(zitiert als: *Bearbeiter* in Erman) |
| **Wetzel, Rita** | Die Zurechnung des Verhaltens Dritter bei Eigentumsstörungs-tatbeständen;<br>Tübingen, 1971<br>(zitiert als: Wetzel) |
| **Wieacker, Franz** | Privatrechtsgeschichte der Neuzeit;<br>2. Aufl.; Göttingen, 1996 (Originalausgabe der 2. Aufl. 1967)<br>(zitiert als: *Wieacker* in Privatrechtsgeschichte) |
| **Wieacker, Franz** | Zur Struktur des Berichtigungsanspruchs, in: *Wollenschläger, Christian* (Hrsg.), Zivilistische Schriften (1934–1942) / Franz Wieacker (Reihe Studien zur europäischen Rechtsgeschichte, Bd. 137);<br>Frankfurt am Main, 2000<br>(zitiert als: *Wieacker* in Wollenschläger) |
| **Wieacker, Franz** | Eigentum und Eigen,<br>in: Deutsches Recht (DR) 1935, S. 496–501<br>(zitiert als: *Wieacker* Eigentum und Eigen) |
| **Wiegand, Michael** | Die Passivlegitimation bei wettbewerbsrechtlichen Abwehransprüchen;<br>Baden-Baden, 1997<br>(zitiert als: Wiegand) |

**Wieling, Hans Josef** Sachenrecht;
4. Aufl.; Berlin u. a., 2001
(zitiert als: Wieling)

**Wiethölter, Rudolf** Der Rechtfertigungsgrund des verkehrsrichtigen Verhaltens;
Karlsruhe, 1960
(zitiert als: Wiethölter)

**Wimmers, Jörg;**
**Schulz, Carsten** Stört der Admin-C? – Eine kritische Betrachtung der Störerhaftung am Beispiel des sog. administrativen Ansprech-partners,
in: Computer und Recht (CR) 2006, S. 754–764
(zitiert als: Wimmers/Schulz)

**Windscheid, Bernhard** Lehrbuch des Panadektenrechts, Band 1;
6. Aufl.; Frankfurt am Main, 1887
(zitiert als: Windscheid)

**Wolf, Ernst** Lehrbuch des Sachenrechts;
2. Aufl.; Köln u. a., 1979
(zitiert als: E.Wolf)

**Wolf, Marc** Negatorische Beseitigung und Schadensersatz;
Marburg, 2006
(zitiert als: Wolf)

**Zöller, Richard (Begr.)**
**Herget, Kurt;**
**Vollkommer, Max u. a. (Bearb)** Zöller – Zivilprozessordnung – mit Gerichtsverfassungsgesetz und den Einführungsgesetzen, mit internationalem Zivilprozessrecht, EG-Verordnungen, Kostenanmerkungen – Kommentar;
27. Aufl.; Köln, 2009
(zitiert als: *Bearbeiter* in Zöller)

**Zombik, Peter** Der Kampf gegen Musikdiebstahl im Internet,
in: Zeitschrift für Urheber- und Medienrecht (ZUM) 2006, S. 450–456
(zitiert als: Zombik)

# Fundstellenverzeichnis wesentlicher gerichtlicher Entscheidungen

| Gericht | Datum | Schlagwort | RGZ BGHZ | GRUR | NJW | Sonstige |
|---|---|---|---|---|---|---|
| RG | 19.06.1911 | | RGZ 78, 84 | | | |
| RG | 30.10.1902 | Verkehrspflicht I | RGZ 52, 373 | | | |
| RG | 23.02.1903 | Verkehrspflicht II | RGZ 54, 53 | | | |
| RG | 09.01.1918 | Zum Begriffe der Störung im Sinne des § 1004 BGB | RGZ, 92, 22 | | | |
| RG | 14.11.1934 | Zentrifugaldrehzahl | RGZ 146, 29 | 1935, S. 157–161 | | |
| RG | 14.11.1936 | Rundfunksendung von Schallplatten | RGZ 153,1 | | | |
| BGH | 26.10.1951 | Constanze I | BGHZ 3, 270 | | 1952, S. 660–661 | |
| BGH | 24.04.1952 | | | | 1952, S. 1010–1011 | |
| BGH | 25.09.1952 | | BGHZ 7, 199 | | 1953, S. 700–701 | |
| BGH | 18.05.1955 | Grundig-Reporter | BGHZ 17, 266 | 1955, S. 492–502 | | |
| BGH | 19.06.1956 | Tanzkurse | | 1956, S. 515–519 | | |
| BGH | 15.01.1957 | Pertusin II | | 1957, S. 352–354 | | |
| BGH GS | 04.03.1957 | Verrichtungsgehil-fe im Straßen- und Eisenbahn-verkehr | | | 1957, S. 785–787 | |
| BVerfG | 15.01.1958 | Lüth | | | 1958, S. 257–259 | BVerfGE 7, 198 |
| BVerfG | 15.01.1958 | Form der freien Meinungs-äußerung | | | 1958, S. 259 (nur auszugsweise) | BVerfGE 7, 230 |
| BVerfG | 11.06.1958 | Verfassungskonforme Gesetzesauslegung | | | 1958, S. 1227–1228 | BVerfGE 8, 34 |
| BGH | 27.05.1959 | Tanzcafé | | | 1959, S. 2013–2014 | MDR 1959, S. 921–921 |
| BGH | 18.12.1959 | Auto-Skooter | | 1960, S. 253–256 | | |
| BGH | 12.01.1960 | Plagiatsvorwurf | | 1960, S. 500–505 | 1960, S. 672 | |
| BGH | 22.01.1960 | Werbung für Tonband-geräte | | 1960, S. 340–346 | | MDR 1960, S. 376–376 |
| BGH | 19.01.1962 | Im weißen Rößl | | 1962, S. 256–258 | | |
| BGH | 05.03.1963 | Fernsehansagerin | BGHZ 39, 124 | | 1963, S. 902–904 | |
| BGH | 26.06.1963 | Tonbandgeräte-Her-steller | | 1964, S. 94–99 | | |
| BGH | 29.05.1964 | Personalausweise | BGHZ 42, 118 | 1965, S. 104–110 | | |
| BGH | 29.05.1964 | Sicherungseigentümer als Störer | | | 1964, S. 1894–1795 | |
| BGH | 16.06.1971 | Konzertveranstalter | | 1972, S. 141–142 | 1971, S. 2173 | |
| BGH | 30.06.1972 | | | | 1972, S. 2302–2304 | |
| BGH | 03.02.1976 | VUS | | 1977, S. 114–117 | 1976, S. 799–801 | |
| BGH | 02.10.1979 | Verkehrssicherungs-pflicht bei Massenver-anstaltungen | | | 1980, S. 223–224 | JuS 1980, S. 373–374 |
| BGH | 27.11.1979 | Wahlkampf-Illustrierte | | 1980, S. 259–261 | 1980, S. 994–996 | MDR 1980, S. 301–301 |
| BGH | 09.06.1983 | Kopierläden | | 1984, S. 54–56 | 1984, S. 1106–1108 | |
| BGH | 16.02.1989 | Professorenbezeich-nung in der Arztwer-bung | | 1989, S. 445–446 | 1989, S. 1545–1546 | |
| BGH | 12.10.1989 | Schönheits-Chirurgie | | | 1990, S. 1529–1531 | ZUM 1990, S. 365–368 |

| Gericht | Datum | Schlagwort | RGZ BGHZ | GRUR | NJW | Sonstige |
|---|---|---|---|---|---|---|
| BGH | 17.10.1989 | Pferdeboxen | | | 1990, S. 906–908 | WM 1990, S. 272–274 |
| BGH | 20.05.1991 | Honorarfrage | | | | NJW-RR 1991, S. 1258–1260 |
| OLG Stuttgart | 26.03.1993 | Finanz-Agentur | | | | ZIP 1993, S. 1394–1495 |
| BGH | 03.02.1994 | Kosmetikstudio | | | | NJW-RR 1994, S. 872–874 |
| BGH | 07.07.1995 | Wollläuse | | | 1995, S. 2633–2635 | WM 1995, S. 1844–1846 |
| BGH | 09.11.1995 | Wegfall der Wiederholungsgefahr I | | 1996, S. 290–292 | 1996, S. 723–725 | |
| BGH | 16.11.1995 | Wegfall der Wiederholungsgefahr II | | 1996, S. 379–380 | | NJW-RR 1996, S. 554–555 |
| BGH | 10.10.1996 | Architektenwettbewerb | | 1997, S. 313–316 | 1997, S. 2180–2182 | WM 1997, S. 930–933 |
| LG Berlin | 26.11.1996 | Berlins gierigster Lehrer | | | 1997, S. 1373–1375 | |
| BGH | 10.04.1997 | Branchenbuch-Nomenklatur | | 1997, S. 909–912 | | NJW-RR 1997, S. 1468–1470 |
| BGH | 15.10.1998 | Möbelklassiker | | 1999, S. 418–420 | 1999, S. 1960–1961 | MMR 1999, S. 280–282 |
| BGH | 18.05.1999 | Räumschild | BGHZ 142, 7 | | 2000, S. 213–217 | K&R 1999, S. 465–466 |
| BVerfG | 25.05.1999 | | | | | Aktz. 1 BvR 369/96 (z. n. Juris) |
| BVerfG | 16.02.2000 | Haftung des Grundstückseigentümers für Altlasten | | | 2000, S. 2573–2576 | |
| LG München I | 20.12.2000 | | | | | NJW-RR 2001, S. 1053–1054 |
| BGH | 17.05.2001 | ambiente.de | BGHZ 148, 13 | 2001, S. 1038–1042 | 2001, S. 3265–3269 | ZUM 2001, S. 869–873 |
| BGH | 18.10.2001 | Meißner Dekor | | 2002, S. 618–619 | | WRP 2002, S. 532–534 |
| BGH | 24.06.2003 | Buchpreisbindung | BGHZ 155, 189 | 2003, S. 807–809 | 2003, S. 2525–2527 | ZUM 2003, S. 773–776 |
| BGH | 17.07.2003 | Paperboy | BGHZ 156, 1 | 2003, S. 958–963 | 2003, S. 3406–3410 | ZUM 2003, S. 855–860 |
| BGH | 03.02.2004 | Röhrenrutsche | | | 2004, S. 1449–1451 | JuS 2004, S. 628–630 |
| BGH | 01.04.2004 | Schöner Wetten | BGHZ 158, 343 | 2004, S. 693–696 | 2004, S. 2158–2161 | ZUM 2004, S. 666–669 |
| BGH | 11.03.2004 | Internet-Versteigerung I | BGHZ 158, 236 | 2004, S. 860–864 | 2004, S. 3102–3106 | JZ 2005, S. 33–37 |
| BGH | 4.02.2005 | Umfang der Beseitigungspflicht bei Bodenkontamination | | | 2005, S. 1366–1369 | JuS 2005, S. 751–753 |
| OLG Hamburg | 28.04.2005 | | | | | MMR 2005, S. 453–458 |
| BGH | 14.06.2006 | Stadt Geldern | | 2006, S. 957–958 | | ZUM-RD 2006, S. 547–549 |
| OLG München | 28.07.2005 | anyDVD | | | | GRUR-RR 2005, S. 372–375 |
| LG Hamburg | 2.12.2005 | | | | | MMR 2006, S. 491–494 |
| LG München I | 8.12.2005 | | | | | CR 2007, S. 496–498 |
| BGH | 27.01.2006 | Störerhaftung des Vermieters für vom Mieter am Nachbarhaus verursachten Brandschaden | | | 2006, S. 992–993 | |

| Gericht | Datum | Schlagwort | RGZ BGHZ | GRUR | NJW | Sonstige |
|---|---|---|---|---|---|---|
| OLG Hamburg | 08.02.2006 | Cybersky | | | | NJW-RR 2006, S. 1054–1061 |
| LG Hamburg | 21.04.2006 | | | | | MMR 2007, S.131–132 |
| LG Hamburg | 26.07.2006 | | | | | CR 2007, S. 54–56 |
| LG Hamburg | 02.08.2006 | | | | | CR 2006, S. 780–782 |
| LG Mannheim | 25.01.2007 | | | | | MMR 2007, S. 537–539 |
| LG Mannheim | 30.01.2007 | | | | | CR 2007, S. 394–396 |
| BGH | 06.02.2007 | Firmenrufnummer | | | 2007, S. 1683–1685 | |
| LG Frankfurt/M | 22.02.2007 | | | | | CR 2007, S. 670–671 |
| BGH | 27.03.2007 | Meinungsforum | | 2007, S. 724–726 | 2007, S. 2558–2559 | CR 2007, S. 586–588 |
| BGH | 19.04.2007 | Internet-Versteigerung II | BGHZ 172, 119 | GRUR Int 2007, S. 933–938 | 2007, S. 2636–2640 | CR 2007, S. 523–529 |
| BGH | 12.07.2007 | Jugendgefährdende Medien bei eBay | BGHZ 173, 188 | | 2008, S. 758–764 | CR 2007, S. 728–734 |
| LG Hamburg | 07.09.2007 | | | | | MMR 2008, S. 355–356 |
| OLG Frankfurt/M | 20.12.2007 | | | | | CR 2008, S. 243–245 |
| OLG Düsseldorf | 27.12.2007 | | | | | Aktz. 20 W 157/07 (z. n. Juris) |
| LG Offenburg | 17.04.2008 | | | | | MMR 2008, S. 480–484 |
| BGH | 30.04.2008 | Internet-Versteigerung III | | 2008, S. 702–707 | | MMR 2008, S. 531–534 |
| OLG Frankfurt/M | 01.07.2008 | | | | | MMR 2008, S. 603–609 |
| OLG Düsseldorf | 15.01.2008 | Usenet | | | | MMR 2008, S. 254–256 |
| Hanseatisches OLG Hamburg | 02.07.2008 | | | | | ZUM-RD 2008, S. 527–552 |
| Hanseatisches OLG Hamburg | 04.07.2008 | | | | | Az. 3 U 216/06 (z. n. BeckRS 2008, 20363) |
| Hanseatisches OLG Hamburg | 14.01.2009 | Spring nicht – Usenet I | | | | ZUM-RD 2009, S. 246–268 |
| BGH | 15.01.2009 | Cybersky | | | | MMR 2009, S. 625–627 |
| Hanseatisches OLG Hamburg | 28.01.2009 | Alphaload – Usenet II | | | | NJOZ 2009, S. 1595–1621 |
| BGH | 11.03.2009 | Halzband | BGHZ 180, 134 | 2009, S. 597–599 | 2009, S. 1960–1962 | CR 2009, S. 450–453; MMR 2009, S. 391–394; K&R 2009, S. 401–404; ZUM-RD 2009, S. 310–314 |
| BGH | 30.06.2009 | Focus-Online | | | | NJW-RR 2009, S. 1413–1416 |
| BGH | 17.09.2009 | MP3-Player-Import | | 2009, S. 1142–1138 | | WRP 2009, S. 1394–1401 |

| Gericht | Datum | Schlagwort | RGZ BGHZ | GRUR | NJW | Sonstige |
|---|---|---|---|---|---|---|
| BGH | 12.05.2010 | Sommer unseres Lebens | | 2010, S. 633–636 | 2010, S. 2061–2064 | CR 2010, S. 458–461; MMR 2010, S. 565–568; K&R 2010, S. 492–496; WRP 2010, S. 912–916 |

**Schriften zum Medien-, Urheber- und Wirtschaftsrecht**

Herausgegeben von Prof. Dr. Georgios Gounalakis

Band 1 Thomas Lang: Immaterialgüterrechtliche Lizenzierung und kartellrechtliche Verhaltenskontrolle. Eine Untersuchung der Reichweite gemeinschaftskartellrechtlicher Eingriffsbefugnisse in Immaterialgüterrechtspositionen vor dem Hintergrund der schutzrechtsspezifischen wettbewerblichen Ausschließlichkeit. 2009.

Band 2 Anna-Karina Bonacker: Der Widerruf von Fernabsatzverträgen am Beispiel der Internetauktion eBay. 2009.

Band 3 Rainer Jürgen Scharf: Der unbefristete Widerruf internetbasierter Verträge. Zugleich ein Beitrag zur Dogmatik des § 355 BGB. 2009.

Band 4 Sebastian Gorski: Effizienz, Wahlfreiheit und Gleichbehandlung? Eine Untersuchung der Einführung von Wettbewerb zwischen musikalischen Verwertungsgesellschaften durch die Europäische Kommission. 2009.

Band 5 Daniel Walter: Die rechtliche Behandlung der Erbringung unbestellter Leistungen nach § 241a BGB. 2009.

Band 6 Richard Helwig: Die Kompetenz der Europäischen Gemeinschaft zur Schaffung eines europäischen Medienkonzentrationsrechts. Notwendigkeit, Voraussetzungen und Reichweite einer möglichen Regulierung zur Sicherung von Medien- und Meinungsvielfalt in Europa. 2009.

Band 7 Bettina Yunis: Alternative Streitbeilegung über elektronische Datennetze. 2011.

Band 8 Andreas Walter: Störerhaftung bei Handeln Dritter. 2011.

www.peterlang.de